Franz-Michael Konrad

Der Kindergarten

Seine Geschichte von den Anfängen bis in die Gegenwart

Franz-Michael Konrad

Der Kindergarten

Seine Geschichte von den Anfängen bis in die Gegenwart

Lambertus

ISBN 3-7841-1532-2

Alle Rechte vorbehalten
© 2004, Lambertus-Verlag, Freiburg im Breisgau
Umschlag: Christa Berger, Solingen
Illustrationen im Buch, Satz: Ursi Aeschbacher, Biel-Bienne
Herstellung: Franz X. Stückle, Druck und Verlag, Ettenheim

Bibliografische Information Der Deutschen Bibliothek

Die Deutsche Bibliothek verzeichnet diese Publikation in der
Deutschen Nationalbibliografie; detaillierte bibliografische Daten
sind im Internet über http://dnb.ddb.de abrufbar.

Inhalt

1. Die sozial- und geistesgeschichtlichen Voraussetzungen der öffentlichen Kleinkinderziehung in Deutschland

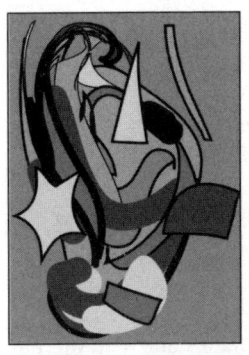

Einleitung – Armut und Industrialisierung – Der Strukturwandel der Familie – Die „Entdeckung" der Kindheit – Die ersten Konzepte der Kleinkinderziehung – Zusammenfassung

EINLEITUNG

Seit alters her sind Kinder in ihrer Herkunftsfamilie aufgewachsen und von den Eltern oder nahen Verwandten erzogen worden. Was sie für ihr späteres Leben zu lernen hatten, das lernten sie, indem sie den Erwachsenen bei der täglichen Arbeit zusahen und ihnen mit zunehmendem Alter mehr und mehr zur Hand gingen. Alles in allem galten die ersten Lebensjahre des Kindes als eine so schnell wie möglich zu überwindende Lebensphase, sah man in den kleinen Kindern doch vor allem lästige und von der Arbeit abhaltende Wesen. Um die Störungen, die von ihnen ausgingen, so gering wie möglich zu halten, wurden die Säuglinge in Wickelkissen eingeschnürt und so von den Eltern aufs Feld oder in den Stall mitgenommen. Im Adel und meist auch im städtischen Bürgertum wurden Kinder in den ersten Lebensjahren häufig zu Ammen gegeben, und erst wenn sie nicht mehr gestillt zu werden brauchten, kamen sie wieder in ihr Elternhaus zurück.

Eine wichtige Zäsur in der kindlichen Biographie stellte der sechste oder siebte Geburtstag dar. Danach wurden Kinder als vollwertige Arbeitskräfte angesehen und in die Arbeitswelt der Hauswirtschaft einbezogen. Viele Kinder von Kleinbauern und Tagelöhnern verließen schon in diesem frühen Alter ihre Familie, um anderswo den Gesindedienst anzutreten. Auch für diejenigen Kinder, deren Lebensperspektive nicht die des Bauern oder Knechts war, stellte das Ende des sechsten Lebensjahres einen wichtigen Einschnitt dar. Waren sie für die Laufbahn eines Kleri-

9

kers vorgesehen, wurden sie in diesem Alter in die seit dem Mittelalter bestehenden und als Internate geführten Klosterschulen gegeben. Die Kinder des städtischen Bürgertums begannen ihre Schullaufbahn mit dem Eintritt in eine städtische Elementarschule. Der männliche Nachwuchs des ritterlichen Adels kam mit sieben Jahren an fremde Höfe, um die von den Eltern begonnene Erziehung unter fremder Aufsicht und Anleitung zu vollenden.

Mit dem Siegeszug der Schule jedoch dehnte sich dieser schon in antiken Lebensalterstheorien „Kindheit", lateinisch „infantia", genannte erste und früheste Lebensabschnitt immer weiter aus (vgl. Rosenmayr 1978). Im 18. Jahrhundert, als der Staat mit der Durchsetzung der in den meisten deutschen Ländern rein rechtlich gesehen schon länger bestehenden Schulbesuchspflicht ernst zu machen begann, wurden der Beginn der Schulerziehung als das Ende der „frühen Kindheit" und die vom Schulbesuch geprägten Jahre als „späte Kindheit" bezeichnet. Für die frühe Kindheit, die in dieser Zeit erstmals in den Aufmerksamkeitshorizont der Pädagogen geriet, blieb weiterhin die Familie zuständig. Die Erziehungsverantwortung in der späten Kindheit hatte sich die Familie mit der Schule zu teilen. Dass sich jedoch ab ca. 1800 auch im Bereich der frühen Kindheit, ungeachtet des grundsätzlichen Vorrangs der Zuständigkeit der Familie, Formen der außerfamilialen, öffentlichen und institutionellen Erziehung herausbilden konnten, hat mit sozial- und geistesgeschichtlichen Entwicklungen zu tun, die im Folgenden knapp skizziert werden sollen.

Armut und Industrialisierung

Bis weit in die Neuzeit hinein ist in Europa praktisch ausschließlich auf subsistenzwirtschaftliche (das heißt selbstversorgende) Weise und auf agrarischer Basis produziert worden. Das auf Warentausch angelegte Gewerbewesen der Städte fiel dagegen kaum ins Gewicht. Erst die Verbesserung der Verkehrswege, die den Fernhandel in Schwung brachte, und vollends die im 18. Jahrhundert einsetzende, in Deutschland aber erst im 19. Jahrhundert zur Entfaltung kommende Industrialisierung veränderten die vormodernen Formen des Produzierens nachhaltig (vgl. Henning 1993). Die Produktionsverfahren wurden rationalisiert und maschinisiert. Geld spielte als Produktionsfaktor eine zunehmend wichtigere Rolle (Kapitalismus), und die Vielfalt der erzeugten Produkte nahm zu. Vor allem aber: Diese Produkte wurden nicht mehr unmittelbar von den Produzenten konsumiert, sondern auf dem Markt zum Verkauf angeboten. An die Stelle der selbstversorgenden Autarkiewirtschaft trat die Marktwirtschaft.

Allerdings verlief dieser ökonomische Umstrukturierungsprozess auf äußerst krisenhafte Weise. Die alten agrarischen Hungersnöte gehörten trotz verbesserter landwirtschaftlicher Produktionsweisen noch längst nicht der Vergangenheit an. Wohl führten Maßnahmen wie die Einführung der Fruchtwechselwirtschaft, der Gebrauch von Metallgeräten zur Feldarbeit oder der Anbau neuer Feldfrüchte – zu denken ist hier vor allem an die schnell zum Grundnahrungsmittel werdende Kartoffel – zu Produktivitätsfortschritten in der Landwirtschaft. Und dieser Aufschwung der Landwirtschaft hat überhaupt erst die Industrialisierung und die Marktwirtschaft möglich werden lassen, weil zunehmend mehr Menschen nicht mehr unmittelbar mit der Nahrungsmittelerzeugung zu tun haben mussten (vgl. Abel 1978, 285-350). Fiel aber eine Kartoffelernte schlecht aus, wie das immer wieder – zuletzt 1847 – geschah, dann führte dies zu dramatischen Notständen unter der Bevölkerung. Neu hinzu kamen die konjunkturellen Absatzkrisen der frühen Industrie, die sich bis in die 1830er Jahre hinein noch ganz auf dem Niveau von Verlagswesen und Heimarbeit (Textilherstellung) oder bestenfalls von Manufakturen (das heißt großen Werkstätten, in denen allerdings schon arbeitsteilig produziert wurde) bewegte (vgl. Kriedte, Medick & Schlumbohm 1977). Beide, die Agrarkrise alten Typs und die neue konjunkturelle Krise, verstärkten sich wechselseitig in ihrer Wirkung. Die Jahrzehnte zwischen 1770 und 1850 waren deshalb für die Masse der Bevölkerung in einer zuvor kaum bekannten Weise von Not und Armut geprägt.

Die Hauptbetroffenen dieses Zusammenfallens von landwirtschaftlichen und frühindustriellen Krisen waren die Kleinbauern und ländlichen Tagelöhner, die Heuerlinge, Büdner, Häusler und wie sie sonst noch genannt wurden, die weder genügend Feldfrüchte ernten noch mit Heimarbeit (Weben, Stricken, Klöppeln, Holzbearbeitung) so viel Geld verdienen konnten, dass ihr Überleben gesichert war. Hinzu kam, dass diese Menschen nicht selten große Schwierigkeiten hatten, aus ihrer alten Lebensweise herauszufinden, um sich auf das neue Wirtschaften und Produzieren einzustellen. Der Schweizer Ulrich Bräker schildert in

11

seinem im Revolutionsjahr 1789 erschienenen Lebensbericht die Not jener Jahre, als das Elend so groß war, dass er einen seiner „erbarmungswürdigen Landsmänner" dabei beobachten musste, „wie er mit seinen Kindern von einem verreckten Pferd einen ganzen Sack voll Fleisch abhackte, woran sich schon mehrere Tage Hunde und Vögel sattgefressen" (Bräker 1965, 147; zum zeitgeschichtlichen Hintergrund vgl. Böning 1985).

Es waren allerdings nicht nur Gründe der agrarischen und der frühindustriellen Konjunktur sowie der mangelnden geistigen Beweglichkeit, sich den gewandelten Bedingungen zu stellen, sondern auch solche struktureller Art, der technische Fortschritt, der die Existenz der Menschen immer wieder bedrohte. Kaum hatten die Kleinbauern und Tagelöhner in der Handweberei einen, wenn auch nur dürftigen Nebenerwerb gefunden, der ihnen über die Runden half, so ließen technische Neuerungen die Maschinenarbeit an die Stelle der Handarbeit treten und entwerteten dadurch die Heimarbeit der bitterarmen Landleute oder machten sie gar völlig arbeitslos, wenn sich nicht schnell genug Alternativen ergaben. Noch in der gesamten ersten Hälfte des 19. Jahrhunderts sollen in Deutschland bis zu zwei Drittel der Bevölkerung arm oder ständig von Armut bedroht gewesen sein. Die in großer Zahl umherziehenden Bettler und Vaganten waren ein äußeres Zeichen dieser Pauperisierung genannten Verarmung (vgl. Jantke & Hilger 1965). Viele Menschen sahen ihre einzige Überlebenschance in der Auswanderung nach Nordamerika.

Das eigentliche Drama der damaligen Zeit aber war die Kinderarbeit (vgl. Kuczynski 1958). Statt in die Schule gehen zu dürfen, mussten viele Kinder durch eigene Arbeit zum Unterhalt der Familie beitragen – und zwar auf sehr viel härtere Weise als dies im Rahmen der alten Hauswirtschaft immer schon üblich gewesen war. In seinem 1845 erschienenen Buch „Die Lage der arbeitenden Klasse in England" beschrieb Friedrich Engels das Schicksal der in den Bergwerken beschäftigten Kinder, die zum Teil nur vier Jahre oder kaum älter waren und dort unter unmenschlichen Bedingungen elf bis zwölf Stunden zu arbeiten hatten. Zu den Folgen dieser täglichen Schinderei führte er u.a. aus: „Es kommt jeden Augenblick vor, dass die Kinder, so wie sie nach Hause kommen, sich auf den steinernen Fußboden vor dem Herde werfen und sogleich einschlafen, dass sie keinen Bissen Nahrung mehr zu sich nehmen können und im Schlaf von den Eltern gewaschen und zu Bette gebracht werden müssen, ja dass sie unterwegs sich vor Müdigkeit hinwerfen und tief in der Nacht von ihren Eltern dort aufgesucht und schlafend gefunden werden" (Engels 1892, 248). Zwar nimmt Engels hier auf England Bezug, aber in Deutschland lagen die Verhältnisse kaum anders. Erst 1839 hat man in Preußen staatlicherseits eingegriffen und wenigstens für die unter neun Jahre alten Kinder regelmäßige Fabrikarbeit verboten. Außerdem tat die Durchsetzung der Schulpflicht ein Übriges und drängte den Schrecken der Kinderarbeit nach und nach zurück.

Trotz ständigem Mangel an bezahlter Arbeit, immer wieder fehlenden Nahrungsmitteln und fast grenzenloser Ausbeutung nahmen die Menschen ihr Schicksal mit großem Fatalismus hin. Zwar gab es immer wieder im ausgehenden 18. und im beginnenden 19. Jahrhundert kleinere lokale Hungerrevolten. Zu einer Revolution nach dem Beispiel Frankreichs ist es in Deutschland jedoch nicht gekommen. Immerhin liegen in den Handwerkerbünden und Arbeitervereinen der unruhigen 1830er und 1840er Jahren die Anfänge der sozialistischen Bewegung, die 1848 mit dem Kommunistischen Manifest, verfasst von Karl Marx und dem eben erwähnten Friedrich Engels, erstmals in Mitteleuropa großes Aufsehen erregte (vgl. Schieder 1963; Schraepler 1972).

Auch wenn die schlimmsten Auswüchse der Not ab der Mitte des 19. Jahrhunderts überwunden werden konnten, weil sich sowohl die Ernährungslage stabilisierte wie auch der Übergang zur Hochindustrialisierung vollzogen war, besserte sich die Lage der ländlichen Unterschichten und vor allem des Industrieproletariats in den an Einwohnerzahl rasch wachsenden Städten nur sehr langsam. Schließlich basierte die Industrialisierung zu einem nicht geringen Teil auf dem reichlichen Angebot billiger, das heißt schlecht entlohnter Arbeitskräfte.

DER STRUKTURWANDEL DER FAMILIE

Die „Kern-" oder „Kleinfamilie" ist ein sozialgeschichtlich neues Familienmodell, das seine Entstehung der Industrialisierung verdankt (vgl. zum Beispiel Weber-Kellermann 1974).

In der bäuerlichen Familie der vorindustriellen Zeit lebten die Großeltern, die Eltern und die Kinder sowie unverheiratet gebliebene Verwandte mit dem Gesinde als sogenannte „große Haushaltsfamilie" oder „ganzes Haus", wie diese Lebensform von den Sozialhistorikern auch genannt wird, unter einem Dach zusammen. Die große Haushaltsfamilie des „ganzen Hauses" ihrerseits war in ein Geflecht aus Nachbarschaftsbeziehungen und in die dörfliche Gemeinschaft fest eingebunden; eine Rechts- und Wirtschaftseinheit, ein kleiner sozialer Kosmos und ein System der kollektiven Verpflichtungen, das den Einzelnen zwar in weitgehender Unmündigkeit hielt, ihm zugleich aber ein gewisses Maß an Schutz und persönlicher Sicherheit gewährte.

Unter dem Druck der Frühindustrialisierung und der oben geschilderten ökonomischen Krisen löste sich dieser enge soziale Zusammenhang auf. Ein Übriges tat das moderne Denken der Aufklärung, das den Menschen als freies, selbstverantwortliches und mit eigenen Rechten ausgestattetes Individuum sah und in der traditionellen ländlichen Sozialordnung eine fortschrittsfeindliche Fessel erblickte (vgl. Schneiders 1995). Die alten feudalen Abhängigkeitsverhältnisse wurden deshalb im Zuge der Bauernbefreiung, der Auflösung der Zünfte und der Einführung der Gewerbefreiheit (zuerst ab 1810 in Preußen, danach auch in den anderen deutschen Ländern) entschlossen beseitigt – damit aber auch der großfamiliale Sozialverband der Vormoderne. An seine Stelle trat die weitgehend auf sich gestellte Kern- oder Kleinfamilie, bestehend aus den Eltern und ihren Kindern, gelegentlich auch noch den Großeltern.

Die Reduktion der Großen Haushaltsfamilie auf die Kern- oder Kleinfamilie ging einher mit einer sprunghaften Vermehrung der Anzahl selbstständiger familialer Einheiten. Während zuvor eine Familie nur gründen durfte, wer über eine bäuerliche Vollerwerbsstelle verfügte, war es jetzt auch dem Gesinde erlaubt zu heiraten. Und die Angehörigen der ländlichen Unterschichten taten dies so zahlreich, dass ein erhebliches Bevölkerungswachstum die oben geschilderten Wirtschaftskrisen erst recht verschärfte. Die Bevölkerung Preußens wuchs zwischen 1748 und 1816 von 3,5 Millionen auf 10,4 Millionen Menschen an (und weiter auf 19,3 Millionen im Jahre 1864); die Bevölkerung ganz Deutschlands betrug 1816 knapp 24 Millionen (1864 aber schon 37,8 Millionen). Viele Kinder zu haben war jetzt einerseits wichtig, weil die älteren Kinder als Arbeitskräfte genutzt werden konnten; auch dies ein Faktor, der das starke Bevölkerungswachstum – das übrigens ein das ganze Westeuropa erfassendes Phänomen war – förderte (vgl. Livi Bacci 1999). Andererseits erhöhten die zum Arbeiten noch zu kleinen Kinder das Verarmungsrisiko, denn sie belasteten die Familie, ohne selbst etwas zu ihrem Unterhalt beitragen zu können. Ein Dilemma, aus dem die Familien der Armen nicht herausfanden.

Noch war die Familie dieser Landarmen auch Produktionseinheit, weil alle Familienmitglieder zur Sicherung des Lebensunterhalts eng zusammenarbeiten mussten, etwa beim Spinnen und Weben oder in der kleinen Landwirtschaft. Die meist nur aus einem Zimmer bestehende Familienwohnung, die neben dem Webstuhl auch die Schlafstellen und den Kochherd enthielt, war zugleich die Produktionsstätte. Das Produkt aber verließ den Haushalt der Produzenten, es war nicht mehr für den eigenen Bedarf, sondern für den Verkauf gegen Geld bestimmt. Erst mit der Entstehung der Manufaktur in der Frühindustrialisierung und des Fabrikwesens in der Hochindustrialisierung, die aus den Landarmen, die in die Städte zogen (was ihnen unter den Bedingungen der alten Sozialverfassung noch verboten gewesen war), das Industrieproletariat werden ließen, löste sich die Produktionssphäre von der Wohnung der Familie. Jetzt war die Familie nur noch der Ort der privaten Reproduktion, das heißt der Ort, wo gegessen, geschlafen und erzogen wurde. Der Ort der Produktion hingegen, das waren die Manufakturen, dann die Fabriken, die Bergwerke, der Eisenbahnbau und wo sonst Arbeit zu finden war. Die Aufspaltung in einen privaten Raum der Familie und eine öffentliche Sphäre von Arbeit und Beruf ist auch im Bürgertum festzustellen, jener seit dem Ende des 18. Jahrhunderts an quantitativer Stärke zunehmenden sozialen Trägerschicht von Industrialisierung und Kapitalismus (vgl. Claessens 1973). Dort hat dieser Dissoziationsprozess sogar noch früher eingesetzt und ist aufgrund der fehlenden aushäusigen Erwerbstätigkeit der Frau tiefer gehend gewesen als im Proletariat. Immerhin musste die Arbeitermutter neben der Haushalts- und Erziehungsarbeit täglich die Familienwohnung verlassen, um durch Fabrikarbeit den Lebensunterhalt der Familie sichern zu helfen. Das war im Bürgertum anders, dort war der männliche Erwerbstätige in der Lage, eine ganze Familie zu ernähren. Man konnte es sich also leisten, dass sich die Ehefrau und Mutter auf die von der früher üblichen arbeitsaufwendigen Herstellung der Güter des täglichen Bedarfs mehr und mehr entlastete Haushaltsführung sowie auf die Kindererziehung konzentrierte und dem Mann die Rolle des Ernährers überließ, die dieser in Büro, in Kaufmannshandlung, auf Katheder und Kanzel spielte. Charakteristisch für die bürgerliche Familienideologie ist jedoch, dass diese geschlechtsspezifische Rollenteilung – obgleich sie sich historisch erst aus dem Strukturwandel der Familie heraus ergeben hatte – als natürlich ausgegeben worden ist. Mann und Frau verfügten, so hieß es, von Natur aus über unterschiedliche Gaben und Anlagen: Der männlichen kühlen Vernunft korrespondierten die weiblichen Eigenschaften der Emotionalität, Empathie und Fürsorglichkeit, und daraus ergäben sich die unterschiedlichen Zuständigkeitsbereiche von Mann und Frau (vgl. Hausen 1978). Es wird im Folgenden zu zeigen sein, wie diese zuerst im Bürgertum sich durchsetzende Familienideologie, die natürlich auch eine subtile Form der Herrschaft des Mannes über die Frau darstellte, von der Formulierung einer auf diese neue Lage zugeschnittenen Erziehungstheorie begleitet wurde. Einer Erziehungstheorie, die die Wichtigkeit und Bedeutung der Familienerziehung und insbesondere der mütterlichen Zuwendung für eine gesunde Entwicklung der kleinen Kinder betont hat.

Die „Entdeckung" der Kindheit

Jahrhundertelang hatte man, es ist oben schon angemerkt worden, den kleinen Kindern keine allzu große Beachtung geschenkt. Man hat in ihnen einfach nur so etwas wie unvollständige Erwachsene gesehen, die möglichst rasch groß werden sollten, um kräftig mitarbeiten zu können. Wenn es darauf ankam, dann konnten sie sehr rau angefasst werden. Liebevolle Zuwendung und Zärtlichkeit dem kleinen Kind gegenüber gehörte nicht zum üblichen Verhaltensrepertoire der Eltern. Der hohen Kindersterblichkeit wegen (nur etwa jedes zweite Neugeborene erlebte seinen sechsten Geburtstag!) war es – so fremd uns dies heute auch erscheinen mag – für die Eltern gar nicht sinnvoll, sich emotional zu sehr an ihre zahlreichen Kinder zu binden. Im Falle des frühen Todes eines dieser Kinder wäre der Schmerz über den Verlust zu groß gewesen. In dem Maße allerdings, in dem sich die hygienischen Verhältnisse besserten, das Gesundheitsbewusstsein der Eltern zunahm und in der Kinderheilkunde große Fortschritte erzielt wurden, begannen die Überlebenschancen der kleinen Kinder zu steigen. Jetzt stellte sich die Frage neu: Waren nicht gerade die ersten Lebensjahre eines Kindes im Blick auf seine Zukunft die entscheidenden? Sollte nicht deshalb gerade ihnen die besondere Aufmerksamkeit gelten? Man begann im 18. Jahrhundert die frühe Kindheit, die Jahre vor dem Schuleintritt, als einen besonders prägungsfähigen und erziehungsbedürftigen Lebensabschnitt zu „entdecken". Gerade die zuvor so wenig beachteten kleinen Kinder galten nunmehr als mit großer Sorgfalt und Liebe zu erziehende Wesen (vgl. Ariès 1975; de Mause 1980).

Es ist leicht verständlich, dass diese Bewegung zunächst nur das Bürgertum erfasst hat. Dort war man auf die kindliche Arbeitskraft nicht angewiesen und konnte sich folglich den Luxus eines pädagogischen Schutz- und Schonraumes leisten. Zudem stand mit der bürgerlichen Mutter jemand bereit, der sich – entlastet von der Aufgabe, den Lebensunterhalt der Familie sichern zu müssen – um die Erziehung der Kinder kümmern konnte und dies nach bürgerlicher Vorstellung auch tun sollte. Hierfür wurde, wie im vorigen Abschnitt ausgeführt, die angeblich spezifisch weibliche Eignung und im Gefühl der „Mutterliebe" sich Ausdruck verschaffende weibliche Veranlagung für Aufgaben der Pflege, Versorgung und Erziehung konstruiert, über die der Mann, wie man meinte, so nicht verfüge (vgl. Badinter 1981; Schütze 1991). Tatsächlich lässt sich zeigen, dass sich die Mütter des Bürgertums in der zweiten Hälfte des 18. Jahrhunderts verstärkt um die Pflege, Versorgung und Erziehung ihrer Kinder zu kümmern begannen. Was zuvor den Dienstboten überlassen war, das übernahmen die Mütter jetzt selbst. Auch das Stillen des eigenen Neugeborenen – zuvor im Adel und im Bürgertum die Ausnahme – wurde jetzt, von der entstehenden Disziplin der Kinderheilkunde nachdrücklich gefordert, zur Regel. Das traditionelle Ammenwesen verlor weitgehend seine Bedeutung. Auch das Recht unterstützte diese Entwicklung, indem zum Beispiel das preußische Allgemeine Landrecht von 1794 bestimmte, Pflege und Erziehung der Kinder bis zum vierten Geburtstag solle vorrangig Pflicht und Aufgabe der Mutter sein. Erst bezüglich der älteren Kinder wurde das mütterliche Erziehungsrecht dem des Vaters untergeordnet.

DIE ERSTEN KONZEPTE DER KLEINKINDERZIEHUNG

Vor diesem Hintergrund wurden in der zweiten Hälfte des 18. Jahrhunderts und im ersten Drittel des 19. Jahrhunderts zahlreiche Schriften veröffentlicht, die sich mit der Erziehung des kleinen Kindes befassten. Die Adressatinnen dieser Schriften waren die Frauen des Bürgertums (wobei zu beachten ist, dass das Bürgertum als soziale Schicht kaum zehn Prozent der gesamten Bevölkerung ausmachte). Die bürgerlichen Frauen galt es mittels derartiger Schriften von der Wichtigkeit ihrer Aufgabe als Mütter und Erzieherinnen ihrer kleinen Kinder zu überzeugen und das eben angesprochene Gefühl der „Mutterliebe" in ihnen zu wecken. Daneben sollten praktische Erziehungsratschläge gegeben werden.

Ein früher Vorläufer dieses Diskurses ist der böhmische Theologe Johann Amos Comenius (1592–1670) gewesen, der schon im 17. Jahrhundert in mehreren Büchern einen Erziehungsplan vorgelegt hat, der auch die ersten sechs Lebensjahre des Kindes umfasste. Hinzuweisen ist hier vor allem auf das „Informatorium der Mutterschul" (1633), eine Art Leitfaden, den der Autor den Müttern zur planmäßigen Erziehung und Unterweisung ihrer Kinder an die Hand geben wollte (vgl. Comenius 1962). Comenius ging es vor allem darum darzulegen, was Kinder an Kenntnissen aus den verschiedensten Wissensgebieten zu vermitteln sei und welche Tugenden sie schon erworben haben sollten, wenn sie mit sechs Jahren eingeschult würden: Kenntnisse aus Physik, Astronomie, Geographie, Geschichte, sogar Politik zählte Comenius auf; zu Reinlichkeit, Gehorsam, Wahrhaftigkeit, Arbeitsfreude, Mäßigung, vor allem aber zur Gottesfurcht sollten sie erzogen sein. Wegweisend war Comenius vor allem da, wo er neuartige methodische Prinzipien entwickelte, etwa das Prinzip der Anschaulichkeit und den Grundsatz, das Lernen der Kinder von deren nächsten Erfahrungen seinen Ausgang nehmen zu lassen. Basierend auf diesen Prinzipien hat Comenius mit dem „Orbis Pictus Sensualium", einer Art Bild-Text-Buch, das dem Leser und/oder Betrachter die ganze Welt in Bildern und Worten zu erklären versuchte, das womöglich erste Kinder-Buch der europäischen Moderne verfasst. Comenius' Vorschläge sind in ihrer Zeit allerdings kaum beachtet worden. Für die Zeitgenossen kam die Auseinandersetzung mit Erziehungsfragen, erst recht mit solchen des vorschulischen Alters, einfach noch zu früh. Das änderte sich dann – aus den im vorausgegangenen Abschnitt genannten Gründen – im Zeitalter der Aufklärung, im 18. Jahrhundert. Anders als Comenius stieß deshalb der Philosoph John Locke (1632–1704), einer der herausragenden Vertreter der englischen Aufklärung, mit seinen 1693 veröffentlichten „Gedanken über Erziehung", worin er die Erziehung eines Knaben von der frühen Kindheit bis zum „Gentleman" schilderte, auf großes Publikumsinteresse (vgl. Locke 1970). Noch zu Lebzeiten des Autors erschienen eine französische und eine niederländische Übersetzung. Ganz im Stil der Aufklärung glaubte Locke an die fast grenzenlose Macht der Erziehung. Das Kind war ihm „wie ein unbeschriebenes Blatt Papier", „wie Wachs, das man pressen und formen kann, wie man will". Wenn man nur früh genug beginne, bei den kleinen Kindern die richtigen – wie er sich ausdrückte – „Gewohnheiten" auszubilden, dann könne man aus den Kindern nahezu al-

les, vor allem aber vernünftig denkende und handelnde Menschen machen. Umgekehrt, meinte Locke, könnten Versäumnisse der frühen
Kindheit in späteren Lebensaltern kaum noch wettgemacht werden. Locke setzte auf die Vernunft, und zwar nicht nur als Erziehungsziel, sondern auch als Erziehungsmittel. Der Erzieher solle mit den Kindern vernünftig argumentieren, die Kinder müssten überzeugt werden, Strafe
komme nur als letzter Ausweg in Frage.

Einen noch größeren Erfolg als Locke errang der Genfer Schriftsteller
Jean-Jacques Rousseau (1712–1778) beim lesenden Publikum mit seinem Erziehungsroman „Emil oder Über die Erziehung" aus dem Jahr
1762 (vgl. Rousseau 1978). Dieses Buch, dessen erstes Kapitel der Erziehung des kleinen Kindes gewidmet war, stieß in kürzester Zeit in
ganz Europa auf eine außergewöhnlich starke Resonanz. Revolutionär
an den Ideen Rousseaus war zweierlei: Erstens sollte sich Erziehung
nicht länger an den Wünschen der Erwachsenen und deren Zukunftsvor-
stellungen für das Kind orientieren, sondern an den Bedürfnissen des
Kindes selbst. Diese Haltung rührte bei Rousseau aus einer tiefen Skepsis gegenüber der von den Erwachsenen hervorgebrachten Kultur, einer
Sicht, aus der sich folgerichtig die zweite Forderung ergab: die Erwachsenen sollten sich als aktive Erzieher so weit wie möglich zurückneh-
men. Ihre Aufgabe bestehe allein darin, die Umwelt des Kindes so zu
arrangieren, dass diese erzieherisch auf das Kind einwirke. „Negative
Erziehung" nannte Rousseau dies, mehr ein Begleiten, Stützen und Fördern des kindlichen Entwicklungsprozesses als Erziehung im üblichen
Sinne.

In Deutschland waren es die sogenannten Philanthropen („Menschenfreunde"), die sich als Anhänger Rousseaus und seiner Ideen zur Erziehung der kleinen Kinder bekannten (vgl. Herrmann 1979). So hat zum
Beispiel der Philanthrop Joachim Heinrich Campe (1746–1818) nicht
nur ein Buch über die Bedeutung der ersten Lebensjahre für die weitere
Entwicklung des Kindes geschrieben, sondern auch die von Rousseau
den Kindern zur Lektüre (beziehungsweise zum Vorlesen) empfohlene
Robinson-Geschichte unter dem Titel „Robinson der Jüngere" zu einem
weit verbreiteten Kinder- und Jugendbuch umgearbeitet. Überhaupt waren es die Philanthropen, die das Kinder- und Jugendbuch als ein Medium, das auf unterhaltsame Weise belehren sollte, als ein Erziehungsmittel also, entdeckt haben (vgl. Dirks 1975). Die Gestalt des Robinson
reizte sie deshalb so sehr, weil sich in ihr auf überzeugendste Weise das

19

von den Philanthropen verfochtene Erziehungsziel der Tüchtigkeit und der persönlichen Fähigkeit verkörperte, sich auf unvorhergesehene Lebensumstände flexibel einstellen zu können.

Auch sonst fiel den Philanthropen manch Zukunftsweisendes ein. Christian Heinrich Wolke (1741–1826) zum Beispiel hat in seiner „Anweisung für Mütter und Kinderlehrer" von 1805 vorgeschlagen, die Kinder mit Kugel, Walze und Würfel umgehen zu lassen, um ihnen auf diese Weise mathematisches und physikalisches Elementarwissen beizubringen. Diese Idee hat Wolke möglicherweise von Johann Heinrich Gottlieb Heusinger (1766–1837) übernommen, der sich schon ab 1795 über das Kinderspiel und dessen pädagogische Förderung Gedanken gemacht und dabei auch das Legen und Aufreihen von Perlen und Knöpfen usw. propagiert hat (vgl. Prüfer 1923, 37-42). Beides ist später von Friedrich Fröbel übernommen worden.

Einen eigenen Beitrag zur Kleinkinderziehung hat der Schweizer Johann Heinrich Pestalozzi (1746–1827) vorgelegt. Pestalozzi hat ein ganz auf der Mutter-Kind-Beziehung basierendes Modell der frühkindlichen Erziehung konzipiert (vgl. Pestalozzi 1924). Fast ein Jahrhundert bevor die moderne Entwicklungspsychologie dies bestätigen sollte, hat Pestalozzi die herausragende Bedeutung des frühen Mutter-Kind-Verhältnisses entdeckt und es als Wurzel und Ursprungsort dessen erkannt, was Psychoanalytiker später „Urvertrauen" nennen werden, ein Gefühl, das den Menschen ein ganzes Leben lang sicher trägt. Pestalozzi ist unter allen Theoretikern der frühkindlichen Erziehung der entschiedenste Pädagoge der „Mutterliebe" und ein genau beobachtender Psychologe des frühen Kindesalters gewesen. Hauptaufgabe der Erziehung im frühen Kindesalter war für Pestalozzi neben der sozial-moralischen Erziehung die intellektuelle Elementarbildung. Zur Schulung des Denkvermögens hat er einfache, auf der Verwendung der Grundkategorien der Zahl, der Form und des sprachlichen Lauts basierende Übungen erfunden und später zu seiner berühmten Elementarmethode – die den bezeichnenden Untertitel trug: „Ein Versuch, den Müttern Anleitung zu geben, ihre Kinder selbst zu unterrichten" – ausgebaut (vgl. Pestalozzi 1956).

Diese Hinweise Pestalozzis hat dann der eben erwähnte Friedrich Fröbel (1782–1852) in seinen „Mutter- und Koseliedern" zu einer regelrechten Methodik des Mutter-Kind-Bezugs weiterentwickelt. Die Elementarmethode dürfte Fröbel, der insgesamt zwei Jahre als Pestalozzis Schüler an dessen Wirkungsstätte in Yverdon in der Schweiz verbracht hat, zur Entwicklung seiner Spielgaben und Beschäftigungsmittel animiert haben. Vor allem aber hat Fröbel das Spielen für die entscheidende Triebfeder in der kindlichen Entwicklung gehalten und seinen Kindergarten deshalb um das Kinderspiel herum konzipiert. Weil Fröbel in der Geschichte der öffentlichen Kleinkinderziehung eine so bedeutende Rolle gespielt hat, wird in einem der folgenden Kapitel dieses Buches noch gesondert auf ihn eingegangen werden.

Vorbereitet von entsprechenden Gedanken Rousseaus hat sich schon in der späten Aufklärung und dann insbesondere bei Pestalozzi und Fröbel im Zeitalter der Romantik ein neues Bild vom Kinde durchgesetzt (vgl. Alefeld 1995; Ullrich 1999). Waren die Aufklärer vom Kind als einem defizitären Erwachsenen ausgegangen, hatten sie im Kind das unfertige Wesen gesehen, das durch Erziehung (notfalls auch durch Strafe) zu einem vernünftigen Menschen gemacht werden müsse, anerkannten die von der Romantik beeinflussten Pädagogen das Kind als eigenständig, anders zwar, aber nicht weniger vollkommen als der Erwachsene. Im Gegenteil: In seiner Natürlichkeit und Unverdorbenheit, seiner schöpferischen Urkraft, sollte das Kind dem Erwachsenen sogar ein Vorbild sein. Phantasie und Einbildungskraft, das Denken in den Formen des Symbols usw., wurden als den Kindern eigentümliche Erkenntnisquellen anerkannt, die es zu pflegen und erzieherisch zu fördern gelte. Während die an den Verstand appellierende Fabel das pädagogische Medium der Aufklärung gewesen ist, wurden nun Märchen, Sagen und Legenden als kindgemäße literarisch-pädagogische Formen entdeckt.

Dass im Blick auf das Verhältnis von aufklärerischem und romantischem Denken nicht von einem klaren Nacheinander, vielmehr von einem wenigstens zeitweisen Nebeneinander auszugehen ist, zeigt der Blick auf Johann Friedrich Herbart (1776–1841), der, obschon Zeitgenosse von Fröbel und den Romantikern, noch ganz in der Aufklärung wurzelte und nicht zufällig als Nachfolger des Aufklärungsphilosophen Immanuel Kant an der Universität Königsberg Philosophie und Pädagogik lehrte. Für Herbart war Kindheit eine Zeit der Vorbereitung auf das Erwachsenenleben, und er hat daran erinnert, dass auch die kleinen Kinder sich zu fügen hätten und nicht allein ihren Bedürfnissen folgend leben könnten (vgl. Herbart 1965, bes. 44ff.). Wie Kant, der in seinen Pädagogik-Vorlesungen für den Zwang in der Erziehung auch der kleinen Kinder plädiert und von der „Brechung des Willens", der Erziehung zur

21

Abhärtung usw. sprach (vgl. Kant 1963), hat auch Herbart die Bedeutung einer durchaus strengen, auch strafenden Erziehung betont. Der romantischen Idee Fröbels, Kindheit als Schonraum zu begreifen, mochte Herbart nicht zustimmen.

So weit ein Ausschnitt aus der Fülle der in diesen Jahrzehnten erschienenen Beiträge zu einer Theorie der frühkindlichen Erziehung. Bei aller Verschiedenheit im Einzelnen ist allen diesen beispielhaft genannten Konzepten zur frühkindlichen Erziehung gemeinsam, dass sie im Verhältnis zu den vorausgegangenen Epochen eine grundlegend neue beziehungsweise, wenn man so will, erstmals überhaupt eine Sicht auf das Kind in seiner Eigenart markieren. Unterstützt von den ersten Beiträgen zu einer empirischen Kinderpsychologie, die nicht zufällig ebenfalls in den letzten Jahrzehnten des 18. Jahrhunderts vorgelegt wurden – so zum Beispiel Dietrich Tiedemanns „Beobachtungen über die Entwicklung der Seelenfähigkeit bei Kindern" von 1787 (vgl. dazu Jaeger & Staeuble 1978, 116ff.) –, wurde die frühe Kindheit jetzt als Lebensabschnitt mit eigener, vor allem pädagogischer Bedeutung gesehen.

Gemeinsam war den Entwürfen zur frühkindlichen Erziehung von Locke bis Herbart auch die Präferenz des Ortes dieser ersten Erziehung des kleinen Kindes. Zwar haben Locke und Rousseau die Erziehung des etwas älteren Kindes im Stile der exklusiven Hofmeistererziehung außerhalb der Familie angesiedelt und in die Hand des Erziehers, eines Mannes, gelegt. Selbst bei diesen beiden Autoren aber war die Erziehung des Kindes in seinen ersten Lebensjahren Sache der Mutter. Bei den Philanthropen, wie vollends bei Pestalozzi und Fröbel, wurde dann die Familie uneingeschränkt zum bevorzugten Ort der Erziehung. Zweifellos ist diese Hochschätzung der Familienerziehung dem oben skizzierten Wandel der Familie und der Herausbildung einer um die Kern-Familie sich kristallisierenden Privatsphäre mit der Erziehung des Nachwuchses als deren zentralem Mittelpunkt geschuldet. Wie schon gesagt, dieser Wandel hat zuerst das Bürgertum erfasst und sich dort – alle die genannten Pädagogen waren ausnahmslos Angehörige des Bürgertums – unter anderem in der Ausbildung dieser spezifischen Erziehungsideologie niedergeschlagen.

Dennoch kam auch die außerfamiliale Kleinkinderziehung, selbst wenn sie nur als Notbehelf gesehen wurde, in diesen Entwürfen einer frühkindlichen Erziehung vor, nämlich für den Fall, dass die Familie ihrer Erziehungspflicht nicht gerecht werden konnte (vgl. grundlegend Paterak 1999). So schrieb schon Comenius in seiner Schrift „Pampaedia" (1657): „Wir müssen doch sicher eingestehen, dass es am natürlichsten ist, wenn die Eltern die ersten Lehrer ihrer Kinder sind … Weil sich aber nicht alle Eltern ihrer Beschäftigung wegen der Lenkung ihrer Kinder in ausreichendem Maße widmen können, selbst wenn sie es wollen, ziehen sie mit Recht Erzieher und Wärter als Helfer in der Kinderführung gegen Entgelt hinzu" (Comenius 1960, 245). Sehr anschaulich tritt dieser Dualismus aus Familie und familienunterstützender oder -ergänzender Erziehung auch bei Pestalozzi hervor, der durch seine Arbeit mit den Kindern der Armen von allen hier vorgestellten Pädagogen wohl den besten Einblick in die tatsächliche Lage der Bevölkerung und damit auch der Familien hatte. So hat Pestalozzi in seinem großen Erziehungsroman „Lienhard und Gertrud", erstmals 1781 erschienen, einerseits das Urbild einer familial-hausmütterlichen Erziehung entworfen („Wohnstubenpädagogik"). Andererseits aber ließ er seinen „Helden", den Sozialreformer Glüphi, davon träumen, „wie leicht es in kurzer Zeit möglich werden müsse … ein Kinderhaus zu eröffnen, wohin arme Mütter, die die Notdurft des Lebens von der Seite ihrer Kinder wegreißt, dass sie den Tag über ihren Geschäften nachgehen, ins Feld hinaus und an den Tagelohn müssen, ihre noch nicht schulpflichtigen Kinder bringen und wo sie den Tag über besorgen lassen können" (abgedruckt in: Quellen … [1983], 88).

Einen Schritt weiter ging der Philanthrop Wolke mit seinem 1805 geäußerten Vorschlag, nicht nur die unbeaufsichtigten Kinder der Armen, sondern alle kleinen Kinder eines Ortes in einer „Bewahr- und Vorbereitungsanstalt" zusammenzuführen (abgedruckt in: Erning 1976, 18ff.). Ebenso der im Oberfränkischen wirkende, vom romantischen Zeitgeist geprägte Theologe und Pädagoge Jean Paul (1763–1825), der in seiner berühmten „Levana oder Erziehlehre" von 1807 ebenfalls dafür eintrat, alle Kinder in die „Spielschule" gehen zu lassen, bevor sie anschließend in die „Lehrschule" kämen (vgl. Paul 1963). Jean Paul, der auch als erster (und lange vor Fröbel) den Begriff „Kindergarten" verwendet haben soll, hat mit seinen Ansichten einen großen Einfluss auf den in der ersten Hälfte des 19. Jahrhunderts im evangelischen Deutschland hoch bedeutenden Schöpfer der christlichen Kleinkinderschule Theodor Fliedner ausgeübt.

Zusammenfassung

Die Entstehung der zahlreichen Einrichtungen zur öffentlichen Kleinkinderziehung in Deutschland in der ersten Hälfte des 19. Jahrhunderts lässt sich nicht verstehen, ohne die entsprechenden sozial- und geistesgeschichtlichen Hintergründe zur Kenntnis zu nehmen. Historisch neu ist zum Beispiel die besondere Beachtung, die die frühe Kindheit, jene Phase vor der biographischen Zäsur um das sechste und siebte Lebensjahr herum, unter Gesichtspunkten der Erziehung findet. Um die Jahrhundertwende vom 18. zum 19. Jahrhundert wird nicht nur in einer ungewöhnlichen Fülle von Publikationen die Erziehungsbedürftigkeit schon der kleinen Kinder, der Kinder im vorschulischen Alter, festgestellt – etwas überspitzt ausgedrückt: „entdeckt" – und ihre Erziehung mit Nachdruck gefordert, es werden auch in großer Zahl Ideen entwickelt, wie eine solche Erziehung auszusehen hätte. Ohne dieses besondere pädagogische Bewusstsein von der frühen Kindheit und die entsprechenden erziehungstheoretischen Vorarbeiten, auch wenn sie sich meist noch auf die Familie als den primären Ort der Kleinkinderziehung beziehen, wäre die spätere pädagogische Ausgestaltung der außerfamilialen Kleinkinderziehung kaum möglich gewesen. Soweit die geistesgeschichtlichen Voraussetzungen der außerfamilialen, öffentlichen Kleinkinderziehung.

Zwar kann man nicht von einem monokausalen Zusammenhang von Industrialisierung und öffentlicher Kleinkinderziehung ausgehen; in einem späteren Kapitel wird zu zeigen sein, dass die Verhältnisse tatsächlich etwas komplizierter sind. Dennoch bilden die Folgen der Industrialisierung den entscheidenden sozialgeschichtlichen Hintergrund, vor dem die Entstehung von Einrichtungen zur außerfamilialen Kleinkinderziehung und deren zahlreiche Verbreitung zu sehen ist. Die schlimme Armut der Jahrzehnte vor und nach 1800 zwingt alle Angehörigen einer inzwischen auf den Kern der mit ihren Kindern zusammenlebenden Eltern geschrumpften Proletarierfamilie zur unausgesetzten Arbeit. Solange – wie in der frühindustriellen Phase – die Familienwohnung zugleich Produktionsstätte ist, gibt es kein Beaufsichtigungsproblem: Selbst wenn die Kinder noch nicht in den Produktionsprozess eingespannt sind, können sie doch von ihren arbeitenden Eltern leicht beaufsichtigt werden.

Das ändert sich beim Fabrikproletariat. Der Lebensraum der Familie ist nicht mehr länger mit der Arbeitsstätte identisch. Da zudem beide Eltern erwerbstätig sein müssen, ergibt sich jetzt ein Betreuungsproblem für die noch nicht schulpflichtigen kleinen Kinder. Dieses Betreuungsproblem ist um so gravierender, als die Kleinfamilie des Fabrikarbeiters ohne den Beistand und die Hilfe einer weitläufigen Verwandtschaft auskommen muss, wie sie die Menschen in der „großen Haushaltsfamilie" umgeben hatte. In ihrer Ratlosigkeit greifen viele Mütter zu drastischen Methoden, indem sie ihre kleinen Kinder in den Wohnungen einschließen, sie sogar mit Alkohol ruhig zu stellen versuchen. Im ersten Jahrhundertdrittel mehren sich in den Zeitungen die Berichte von zu Hause verunglückten Kindern.

Man kann diesen Prozess auch anders, allgemeiner ausdrücken: Ein unter dem Druck der sich wandelnden wirtschaftlichen Verhältnisse erzwungener familialer Umstrukturierungsprozess führt zu der Notwendigkeit, zuvor von der Familie wie selbstverständlich erbrachte soziale Leistungen auf Institutionen außerhalb der Familie zu übertragen. Da die Hauptbetroffenen, die ländlichen Unterschichten und das Industrieproletariat, aufgrund der schweren Armutszustände kaum in der Lage sind, dies selbst zu organisieren, ein Sozial- und Wohlfahrtsstaat aber noch nicht einmal in Umrissen vorhanden ist, bedarf es des (freiwilligen) Engagements derjenigen sozialen Schichten, die dies vermögen, des Adels und des Bürgertums. Vorbilder und Modelle für ein solches Engagement finden sich nicht zuletzt im Ausland.

2. Die Anfänge im europäischen Ausland

Einleitung – Friedrich Oberlin: Von der „Strick-schule" zur Kleinkinderschule – Robert Owen, Samuel Wilderspin und die britischen Infant Schools – Die französischen Ecoles du premier Age – Zusammenfassung

EINLEITUNG

Im letzten Kapitel sind die sozial- und geistes-geschichtlichen Hintergründe der Entstehung von Einrichtungen zur Erziehung kleiner Kinder außerhalb der Familie dargestellt worden. Allerdings ist nicht zuerst Deutschland, sondern es sind zuvor die westeuropäischen Länder, ins-besondere Frankreich und Großbritannien, zum Schauplatz der Indus-trialisierung und des von ihr ausgelösten Wandels der Familienformen geworden. Dasselbe gilt für die geschilderte „Entdeckung" des Kindes als eines erziehungsbedürftigen Wesens mit der Folge einer breiten kleinkindpädagogischen Publizistik. Auch dies fand in den beiden ge-nannten Ländern früher statt als in Deutschland (zu Frankreich vgl. Sny-ders 1971). So gesehen überrascht es nicht, dass in den westeuropäi-schen Ländern Modelle der außerfamilialen frühkindlichen Erziehung entwickelt und praktiziert worden sind, auf die man dann in ganz Europa mit großem Interesse geblickt hat. Davon soll im Folgenden die Rede sein.

Wenn wir uns dabei auf einige wenige Beispiele beschränken, dann heißt das nicht, dass es sich hierbei um die seinerzeit einzigen bemer-kenswerten Fälle gehandelt hat. Allerdings haben sich die folgenden In-itiativen im Laufe der Jahrzehnte als die am besten erforschten und do-kumentierten Beispiele erwiesen, was seinen Grund nicht zuletzt darin haben dürfte, dass sie es gewesen sind, die schon in den ersten Jahrzehn-ten des 19. Jahrhunderts, als auch in Deutschland die Notwendigkeit ei-ner außerfamilialen Kleinkinderziehung erkannt wurde, immer wieder zitiert und als anregungsreich empfunden worden sind. Schon die damaligen Zeitgenossen haben in den Versuchen eines Friedrich Oberlin, eines Robert Owen und eines Samuel Wilderspin etwas Besonderes gesehen, und insofern ist es kein Zufall und keine Willkür der Historiker, wenn es gerade diese frühen Versuche sind, derer wir uns bis heute erinnern.

Friedrich Oberlin: Von der „Strickschule" zur Kleinkinderschule

Unter den Pionieren der außerfamilialen Kleinkinderziehung wird immer wieder der Name des elsässischen evangelischen Pfarrers Friedrich Oberlin (1740–1826) genannt (vgl. Kurtz 1976; Psczolla 1979). Oberlin hatte in seinem Pfarrsprengel in den Vogesen, dem Steintal (frz.: Ban de la Roche) mit dem Hauptort Waldersbach, ab 1769/70 die Möglichkeit geschaffen, dass kleine Kinder den Tag über von eigens dafür angestellten Frauen beaufsichtigt und zu kleinen Arbeiten angehalten wurden. Die junge Frau, die Oberlin 1770 als erste zur Wahrnehmung dieser Aufgabe angestellt hat, Sara Banzet aus dem Weiler Bellefosse, ist noch heute namentlich bekannt; der Arbeitsvertrag, in dem ihr Oberlin freie Unterkunft und Verpflegung im Pfarrhaus sowie ihrem Vater (!) eine monatliche Geldzahlung (als Ersatz für die ihm entgangene Arbeitsleistung seiner Tochter) zusicherte, wird in einem Straßburger Archiv aufbewahrt.

Bei den erwähnten Tätigkeiten der Kinder – Mädchen und Jungen gleichermaßen – handelte es sich überwiegend um solche Arbeiten, die im Zusammenhang mit der Herstellung von Textilien standen, in der Hauptsache ging es um das Stricken. Deshalb auch der Name „Strickschule" (frz.: école-à-tricoter), den Oberlin für seine Einrichtung wählte. Der Name – „Schule" (frz.: école) – zeigt freilich, dass es Oberlin um mehr ging als nur um die Betreuung aufsichtsloser Kinder und deren Beschäftigung mit anspruchslosen kleinen Arbeiten. Oberlins pädagogische Initiative war vielmehr Teil eines weit gespannten Netzes sozialpolitischer Reformmaßnahmen. Nur so glaubte Oberlin der bedrückenden Notlage begegnen zu können, in die die Bewohner dieser abgelegenen, in ihrer wirtschaftlichen Entwicklung zurückgebliebenen und durch Kriege, Missernten und Hungersnöte schwer getroffenen Talregion geraten waren. Oberlin regte die Intensivierung des Landbaus an, ließ Wege anlegen, Brücken und Häuser bauen, unterstützte die Intensivierung der Landwirtschaft, die Baumwollspinnerei und das Handwerk. Am Ende gründete er sogar Genossenschaften und eine Art Sparkasse.

Vor allem aber wurde Oberlin, wie gesagt, auf dem Feld der Erziehung aktiv. Bereits der Vorgänger Oberlins im Amt des Pfarrers hatte erste Anstrengungen unternommen, um das Schulwesen zu verbessern, etwa indem er die Stelle des Lehrers von der des Gemeindehirten trennte und den Inhaber der Lehrerstelle verpflichtete, des Lesens und Schreibens kundig zu sein. Auch verfasste er Schulbücher, ein damals noch ganz ungewöhnliches Unterrichtsmittel. Auf diesen Grundlagen konnte Oberlin aufbauen. Oberlin intensivierte die vom Vorgänger angestoßene Reform des Elementarschulwesens durch Schulbauten, die Einführung eines Lehrergehalts und die Durchsetzung des Schulbesuchs unter den Kindern. Er gründete Fortbildungsschulen, in denen die schulentlassene Jugend in Techniken der Textilherstellung und Textilverarbeitung unterwiesen wurde – und er bezog erstmals die Kleinkinder, die Kinder im Alter bis sechs oder sieben Jahren, in dieses umfassende pädagogische Entwicklungsprojekt ein (vgl. Buch 1932). Die notwendigen finanziellen Mittel, soweit sie nicht selbst erwirtschaftet werden konnten, wurden von einem Straßburger Freundeskreis vermögender Honoratioren aufgebracht.

Dass Oberlin in den „Strickschulen" das Lernen und das Arbeiten miteinander verband, hatte seinen Grund zwar auch darin, dass in den Waisenhäusern und Armenanstalten die Kinder der Armen immer schon mit Spinnen und Stricken zu ihrem Lebensunterhalt hatten beitragen müssen. In diesem besonderen Fall aber dürften die Gründe im Aufkommen der Textilindustrie und in den Chancen zu suchen sein, die sich daraus für die Menschen des Steintals ergaben. Erstmals war jetzt für die Bewohner des Tals die Möglichkeit gegeben, ihren kärglichen Lebensunterhalt mit Hilfe der Heimarbeit aufzubessern. Da sie aber große Mühe hatten, sich mit den neuen Produktionsweisen zu arrangieren – das stundenlange konzentrierte Arbeiten am Webstuhl erforderte eine ungewohnte Form der Selbstdisziplin –, und auch das Verfügen über Geld eine völlig neue Erfahrung für sie war, glaubte Oberlin nur über die Erziehung und Bildung der Kinder und Jugendlichen langfristig die notwendigen Einstellungs- und Verhaltensänderungen herbeiführen zu können. Zudem erforderte es eine bis dahin unbekannte geistige Flexibilität, um unter den Bedingungen der Frühindustrie erfolgreich zu sein.

Ein weiterer Grund, schon die kleinen Kinder sorgfältig zu erziehen. In Deutschland stehen die im letzten Kapitel erwähnten Philanthropen, deren Schriften Oberlin nachweislich gelesen hat, für dieses Denken aus bürgerlich-aufklärerischem Geist. Hinzu kam bei Oberlin, der stark im Pietismus verwurzelt war, ein religiöser Impuls. Er sah sich nicht in erster Linie als Sozialreformer, sondern in allen seinen Maßnahmen als Seelsorger an seiner Gemeinde.

Mit den zukünftigen Entwicklungen in der außerfamilialen Kleinkinderziehung waren diese Aktivitäten insofern verbunden, als Oberlin bald erkannte, dass seine ehrgeizigen Ziele nicht mit der Gewöhnung an bestimmte Arbeitstugenden allein zu erreichen waren: Die kleinen Kinder bedurften einer speziellen, nicht primär auf das Arbeiten ausgerichteten Behandlung. Zwar wurde das Stricken in den „Strickschulen" auch später nicht aufgegeben, blieb doch das regelmäßige Arbeiten ein wesentliches Erziehungsmittel; ganz abgesehen von der Notwendigkeit, die Anstalten durch den Verkauf der Produkte finanzieren zu müssen. Aber das Stricken stand schon bald nicht mehr im Vordergrund, sondern das Spielen der Kinder, die leichte Gartenarbeit sowie, vor allem, das Lernen. Wichtiges Kriterium für die Auswahl der zu lernenden Gegenstände war deren Nützlichkeit im Hinblick auf das spätere Leben der Kinder. So forderte Oberlin von den an seinen Anstalten eingesetzten jungen Frauen zum Beispiel, diese sollten die Kinder „auf den Spaziergängen mit den inländischen Pflanzen, ihren Eigenschaften und ihrem Nutzen für die Haushaltung bekannt machen, und insbesondere sie die Giftpflanzen genau unterscheiden lehren" (in: Erning 1976, 13). Hinzu kam, für den Pfarrer Oberlin besonders wichtig, die Unterweisung in Religion. Ferner die Einführung in die Anfangsgründe der Naturkunde, das Buchstabenmalen, das Turnen und die Sprachübungen. Gerade auf letzteres legte Oberlin großen Wert: Den Kindern wurden Abbildungen gezeigt und die dazu gehörigen französischen Begriffe in artikulierter Weise vorgesagt, die sie dann im Chor nachsprechen mussten, in der Erwartung, sie könnten auf diese Weise besser gelernt werden. Die Kinder sollten ihre heimische Mundart, das so genannte Patois, ablegen und korrektes Französisch lernen, weil Oberlin die Bedeutung der Kommunikationsfähigkeit für ein auf dem Handel basierendes zeitgemäßes Wirtschaften erkannt hatte. Bemerkenswert im Blick auf die spätere Entwicklung bis hin zu den Spielgaben des Fröbelschen Kindergartens sind die Beschäftigungsmittel, die Oberlin vorsah: Papierbemalen und -ausschneiden, das Figurenlegen mit Hölzchen und Steinchen, das Papierfalten, das Ordnen von Gegenständen und Ähnliches mehr. Diese spielerischen Tätigkeiten waren – besonders im Blick auf das verwendete Material – dem Alltag der Kinder noch sehr nahe, und doch verrieten sie in ihrer Auswahl und der Systematik des Umgangs mit ihnen pädagogische Absicht.

Trotz des insgesamt stark lehrerinnenhaften Rollenmusters nannte Oberlin die jungen Frauen, die er in den „Strickschulen" einsetzte, nicht „institutrices" (Lehrerinnen), sondern sprach etwas pathetisch von „conductrices de la tendre jeunesse" (Führerinnen der zarten Jugend). Möglicherweise wollte er dadurch den Abstand zur Schule sinnfällig werden lassen, so wie er in den Schulen auch durchwegs Männer, in den vorschulischen Einrichtungen dagegen nur Frauen einsetzte. Vielleicht folgte Oberlin in diesem Punkt aber auch nur den Empfehlungen des von ihm hoch geschätzten Rousseau, der in seinem „Emile" die Sorge für die kleinen Kinder ausschließlich zur Frauensache – genauer: zur Sache der Mütter – erklärt hatte. Die Mütter seines Pfarrsprengels aber hielt Oberlin für unfähig, ihre Kinder im Sinne der Anforderungen der neuen Zeit vernünftig zu erziehen. Dazu bedürfe es der Umsicht und der fachlichen Kenntnisse, und die brachten eben nur die sorgfältig ausgewählten und speziell geschulten „conductrices" mit. Der fachlichen Qualifizierung für die erzieherische Tätigkeit in den Oberlinschen Einrichtungen widmete sich vor allem Oberlins Mitarbeiterin Luise Scheppler (1763– 1837), deren Name ebenfalls über die Zeiten hinweg bekannt geblieben ist und bis heute zusammen mit Oberlin genannt wird (vgl. Psczolla 1963).

Fazit: Der Umgang mit den Kindern in den Oberlinschen Kleinkindereinrichtungen war von einer pädagogischen Idee bestimmt, es ging nicht mehr nur um die reine Verwahrung und Beaufsichtigung der Kinder oder darum, sie ihren Kräften und Fähigkeiten entsprechend einfach arbeiten zu lassen. Das wäre Armenkinderfürsorge gewesen, wie sie in den Armen-, Findel- und Waisenhäusern sowie in den salles d'asile, die in den folgenden Jahrzehnten in Frankreich an vielen Orten entstanden, betrieben wurde. Oberlin ist mit seinen „Strickschulen" vielmehr zu einem wichtigen Impulsgeber für die Pädagogisierung des Umgangs mit den kleinen Kindern und durch seine religiöse Prägung beispielgebend für die spätere christliche Kleinkinderschule geworden.

Obwohl ihn das revolutionäre Frankreich seines äußerst erfolgreichen sozialen Engagements wegen mit hohen Ehren bedachte, gelang es ausgerechnet in seinem Heimatland erst wenige Jahre vor Oberlins Tod, seine bahnbrechenden Ideen einer breiteren Öffentlichkeit bekannt zu machen. Erst in den 1820er Jahren konnte Oberlins Beispiel anregend auf die französische Entwicklung einwirken. Im Übrigen weiß man, dass Pestalozzi Oberlins Einrichtungen genau studiert hat, um aus ihnen Anregungen für die eigene Arbeit zu gewinnen.

Robert Owen, Samuel Wilderspin und die britischen Infant Schools

Die nächsten Beispiele für die frühen Versuche in Europa, eine außerfamiliale Kleinkinderziehung zu etablieren, führen nach Großbritannien, und zwar zuerst nach Schottland. Dort hatte der als frühsozialistischer Theoretiker, praktischer Sozialpolitiker und Gründer von Genossenschaftssiedlungen in Nordamerika (New Harmony) und England (Queenwood) bekannt gewordene Baumwollspinnereibesitzer Robert Owen (1771–1858) (vgl. Simon 1925) im Rahmen seiner weitgespannten philanthropischen Aktivitäten zur Förderung der Arbeiter seiner Spinnereien in dem schottischen Dorf New Lanark zwischen 1812 und 1816 in mehreren Etappen ein ambitioniertes Bildungsprojekt gestartet (vgl. Silver 1969; Hofmann 1978, 121-202).

Owen, dessen Denken ganz in der Tradition des Aufklärers John Locke wurzelte, war fest von der den Menschen prägenden Kraft der Umwelt und dabei insbesondere vom Einfluss der Erziehung überzeugt. Owen glaubte, durch eine Optimierung der Erziehung nicht nur der Vernunft zum Durchbruch verhelfen, sondern auch die soziale Lage des Proletariats bessern und überhaupt auf diese Weise das friedliche und gerechte Zusammenleben der Menschen herbeiführen zu können. Weil er die Arbeitereltern aber mangels materieller Möglichkeiten und auch wegen fehlender Einsicht für außerstande hielt, ihre Kinder gut zu erziehen, gründete er sein Bildungsprojekt auf die frühzeitige Herausnahme der Kinder aus den Herkunftsfamilien und die Überführung der Erziehung in öffentliche Verantwortung. So richtete er eine Schule für die Sieben- bis Zehnjährigen ein, der er eine Abteilung zum Aufenthalt für die anderthalb- bis sechsjährigen Kinder seiner Arbeiter und Arbeiterinnen zur Seite stellte, die so genannte Infant School (Kinderschule). Im Mittelpunkt der dort praktizierten Kleinkindpädagogik stand das Spiel auf dem Spielplatz (play ground), das Turnen, Tanzen und Singen. Auch die Körperhygiene war ihm sehr wichtig. Daneben finden sich erste Ansätze einer intellektuellen Früherziehung, etwa der Unterricht in Naturgeschichte. Mehrmals in der Woche sollten den kleinen Kindern in unterhaltsamer Form und anhand großer Schautafeln allerlei Gegenstände der Natur vorgestellt werden. In seiner sozialreformerischen und aufgeklärten Zielsetzung ähnelte Owens Versuch demjenigen Oberlins, den er selbst – ebenso wie Pestalozzi und sein Institut in Yverdon – persönlich aufgesucht hatte, um sich Anregungen für sein eigenes Reformwerk zu holen (vgl. Mäder 1916, 26ff.). Insofern aber als Owens Praxis vom sozialutopischen Gedanken des gleichberechtigten genossenschaftlichen Zusammenlebens der Menschen bestimmt war, trug sein Ansatz geradezu revolutionäre Züge und ging darin weit über die pragmatischen Absichten Oberlins und Pestalozzis hinaus.

Owen ist in vielerlei Hinsicht sehr einflussreich gewesen (vgl. Elsässer 1984, 222ff.). Zum einen sind seine Einrichtungen in New Lanark von zahlreichen in- und ausländischen Besuchern aufgesucht worden. Als Anschauungsobjekt für pädagogische Reformen hat New Lanark eine ähnliche, wenn auch nicht ganz so bedeutsame Rolle gespielt wie die Anstalt Pestalozzis in Yverdon. Zum andern ist Owen zur Verbreitung seiner Ideen selbst aktiv geworden. So hat er in einem Memorandum der britischen Regierung Vorschläge für ein nationales Erziehungssystem unterbreitet, unermüdlich die Notwendigkeit der Volksbildung propagiert und dabei natürlich auch für sein Modell der vorschulischen Erziehung geworben. Der preußische König Friedrich Wilhelm III. soll 1817 den Auftrag gegeben haben, die Owenschen Erfahrungen bei der Planung der preußischen Schul- und Bildungsreformen zu berücksichtigen. Bis heute wird in Verlautbarungen des britischen Erziehungsministeriums auf Robert Owen Bezug genommen, weil dieser als erster die Bedeutung der Kleinkinderziehung erkannt und zu diesem Zweck als eigenständige Erziehungseinrichtung die Infant School geschaffen habe. Sogar die Begründer des Sozialismus, Karl Marx und Friedrich Engels, haben Bezug auf Owen genommen. Zwar übten sie heftige Kritik an dessen, wie sie meinten, allzu idealistischen Vorstellungen von der verändernden Kraft der Erziehung. Gleichwohl hat Marx Owens Idee der polytechnischen Erziehung, der Verbindung von Arbeiten und Lernen, wie sie Owen in seinen Elementarschulen praktizieren ließ, übernommen und zu einem Kernelement sozialistischer Pädagogik gemacht. Bis heute namentlich bekannt sind Molly Young, die erste Mitarbeiterin Owens, und James Buchanan, der erste Leiter der Kleinkindereinrichtung Owens. Buchanan ist deshalb wichtig, weil sich mit ihm die folgenreiche, wenn auch nicht kopiehafte Weiterverbreitung des Owenschen Experiments verbindet. 1819 nämlich verlegte Buchanan, von Hause aus ein Weber, durch die Mitarbeit in New Lanark aber zum anerkannten Experten für Kleinkinderziehung geworden, seine Wirkungsstätte nach London, wo er im Auftrag eines Kreises wohlhabender Mäzene in Brewers Green im Armenviertel Westminster eine Art Mustereinrichtung zur Aufbewahrung und Erziehung von Kleinkindern aufbauen sollte. Dabei setzte er, weswegen er ja auch nach London geholt worden war, die pädagogischen Ideen Owens um, fügte aber – wohl auf Veranlassung seiner Geldgeber, die der anglikanischen Kirche nahe standen – die religiöse Unterweisung der Kinder (die bei Owen, dem radikalen Aufklärer, noch gefehlt hatte) seinem pädagogischen Programm hinzu.

Zu den ersten Mitarbeitern Buchanans in London gehörte Samuel Wilderspin (1791–1866). Wilderspin trennte sich jedoch nach nur einem Jahr von Buchanan, um 1820 eine eigene Kleinkindereinrichtung im Londoner Stadtteil Spitalfields ins Leben zu rufen. Von der Initiative Owens unterschied sich die Wilderspinsche Fortentwicklung vor allem durch ihr völliges Fehlen einer sozialkritischen und sozialutopischen Stoßrichtung (vgl. Paterson 1906; Swift 1984, 20-36). Owen hatte die Kleinkinderziehung noch als Teil eines gesellschaftsverändernden Reformkonzepts behandelt. Bei Wilderspin dagegen war als Grundmotiv ein aus christlich-karitativem Geist gespeister kinderschützerischer Impuls wirksam, der jedoch von der Vorstellung überlagert wurde, nicht nur die Kinder in den Anstalten frühzeitig an ihre bescheidenen Lebensperspektiven gewöhnen, sondern auch, mit Hilfe der Fürsorge für die Kinder des Proletariats, die Arbeiter mit dem frühkapitalistischen System versöhnen zu können. Insofern als sich damit die Erwartung verband, auf diesem Wege auch die stets drohende Revolutionsgefahr bannen zu können, war Wilderspins Ansatz ein im Kern konservativer Beitrag zur Lösung der sozialen Frage.

Auch in pädagogischer Hinsicht trennte Wilderspins Einrichtung von Owens Modell in New Lanark und Buchanans Wirken in London einiges. Das betrifft vor allem den stark verschulten Charakter der Wilderspinschen Anstalt in Spitalfields und aller späteren unter seinem Einfluss eröffneten Kleinkinderanstalten. Das freie Spiel, so hat Wilderspin selbst in seinem 1823 erschienenen Bericht über Spitalfields ausgeführt, wurde dort allenfalls in der Mittagspause gepflegt. Immerhin aber kamen die Gymnastik und das Turnen vor, die der körperlichen Ertüchtigung der häufig gesundheitlich angeschlagenen Kinder dienen sollten. Dafür stand die Vermittlung elementarer Kenntnisse in Rechnen, Lesen, Schreiben, im artikulierten Sprechen, in Geschichte, Geometrie, Naturkunde und biblischer Geschichte im Mittelpunkt, Inhalte, die an Hand von allerlei Lernmaterialien sowie Kreide und Tafel vermittelt wurden. Mit Hilfe eines Stundenplans wurde auf diese Weise regelrechter Unterricht erteilt. Die Kinder saßen in Bänken, die so angeordnet waren, dass der Lehrer eine möglichst große Anzahl von Kindern beaufsichtigen konnte. Die Grenzen zur Elementarschule waren fließend. Wilderspin benützte in seinem eben erwähnten Buch zur Erläuterung seines pädagogischen Ansatzes durchgängig Begriffe, die dem Bereich der Schule entstammen: Schulzimmer, Klasse, Unterricht (Lessons), Lehrer usw. Bezeichnenderweise kamen in Spitalfields allein Männer, nicht Frauen, als Erzieher zum Einsatz. Zur Unterstützung der Lehrkräfte griff man auf eine aus dem englischen Elementarschulwesen bekannte Methode der Unterweisung der jüngeren Kinder durch ihre älteren Mitschüler zurück, das so genannte Monitoring-System nach Andrew Bell und Joseph Lancaster, das auch schon bei Owen, dort aber nur in der Schule, nicht in der vorschulischen Einrichtung, praktiziert worden war.

Bei Owen war die Kleinkinderziehung Teil eines die verschiedenen Lebensalter übergreifenden Erziehungsplanes gewesen und die Grenze zwischen der Kleinkinderziehung einerseits und der schulischen Ausbildung andererseits noch relativ scharf gezogen worden. Ganz so wie es Oberlin praktizierte und Fröbel sowie die romantischen Theoretiker der Kleinkinderziehung propagierten (siehe erstes Kapitel), wollte Owen der natürlichen Spiellust des Kindes Raum geben und nicht einer zu frühen Verzweckung des Kinderlebens durch eine Vorwegnahme des schulischen Lernens Vorschub leisten. Mit seiner Skepsis gegenüber einer allein auf dem Rationalen sich gründenden Erziehung stand Owen ausnahmsweise der Romantik näher als seinem Vorbild John Locke.

Das war bei Wilderspin, wie gesagt, anders. Dabei sollte man allerdings beachten, dass es Wilderspin mit Kindern zu tun hatte, die bereits mit fünf oder sechs Jahren zur Fabrikarbeit herangezogen wurden und des-

halb nie eine Elementarschule besuchen konnten, während Owens Pädagogik sich nur an die (insofern privilegierten) Kinder seiner Mustereinrichtung in New Lanark und allenfalls die Kinder der umliegenden Dör-
fer wandte. Man versteht Wilderspin besser, wenn man sich zu diesem
Zweck noch einmal die Beschreibung des Elends der in den Bergwerken
tätigen Kinder durch Friedrich Engels (siehe erstes Kapitel) vor Augen
führt. Wilderspin wollte sicherstellen, dass auch diese Kinder wenigstens ein Minimum an Unterricht und formaler Bildung erhielten. Immerhin sollen 1835 in Großbritannien nach einer Schätzung höchstens jedes
zwölfte Kind eine Schule, dafür aber fast eine Million Kinder die zu diesem Zeitpunkt bereits mehr als 2000 Infant Schools besucht haben.

Die im Jahr 1825 gegründete Infant School Society, die von Angehörigen des wohlhabenden Bürgertums getragen wurde, ermöglichte es
Wilderspin, sich nach und nach aus der Leitung seiner Anstalt in Spitalfields zurückzuziehen und auf zahlreichen Reisen in Großbritannien seine Vorstellungen von Kleinkinderziehung zu verbreiten. Die Gesellschaft ihrerseits kümmerte sich um die Gründung eines immer weiter
ausgreifenden Netzes entsprechender Institutionen, die die hier und da
bereits bestehenden Warte- und Hüteschulen, die so genannten „Dames
Schools" – das waren von Frauen, die sich damit einen Verdienst geschaffen hatten, betriebene reine Aufbewahrungsanstalten – ablösen
sollten. Die in enger Verbindung zur anglikanischen Kirche stehende
Gesellschaft war gewissermaßen die erste Vereinigung zur Förderung
und Pflege einer modernen Kleinkinderziehung in Europa. Der Kreis
von vermögenden Privatleuten, der als Keimzelle der späteren Infant
School Society Buchanan nach London geholt hatte, ermöglichte es
Wilderspin 1823, sein äußerst einflussreiches Buch „Über die frühzeitige Erziehung der Kinder und die englischen Kleinkinderschulen" zu
verfassen. Dieses Buch, eine Art kleinkindpädagogische Programmschrift, verbunden mit einem Erfahrungsbericht aus Wilderspins Einrichtung in Spitalfields, war selbst ein Spiegel der Internationalität der
Entwicklung, denn es enthielt einen breiten Überblick über den Stand
der Dinge in den anderen europäischen Ländern. Schnell hat es mehrere
auch fremdsprachige Auflagen erlebt und seinerseits in verschiedenen
europäischen Ländern, darunter auch in Deutschland, der Bewegung zur
Einrichtung von Institutionen zur Aufbewahrung, Pflege und Erziehung
von Kleinkindern wichtige Impulse verliehen (Wilderspin 1828; vgl.
dazu das folgende Kapitel in diesem Buch). Auch die planmäßige Aus-

bildung von Personal für die Infant Schools ist von der Gesellschaft frühzeitig als wichtig erkannt und aktiv betrieben worden. So wurden schon 1827 in London drei Mustereinrichtungen eröffnet, an denen – und darin wich man von Wilderspins Praxis ab – Männer wie Frauen auf eine berufliche Tätigkeit in den Infant Schools vorbereitet wurden.

An der weiteren Entwicklung in Großbritannien bis zur Jahrhundertmitte ist der wachsende Einfluss Pestalozzis auffällig. Der schulartige Charakter der Infant School kam der Rezeption der Elementarmethode des Schweizer Pädagogen sehr entgegen. Und noch in einer anderen Hinsicht gibt es einen engen Bezug Pestalozzis zu Großbritannien: Soweit Pestalozzi seine kleinkindpädagogischen Ideen nicht bereits in den Schriften zur Elementarmethode sowie in seinem 1825 ins Englische übersetzten Erziehungsroman „Lienhard und Gertrud" niedergelegt hatte, entwickelte er sie 1818/19 in einer Serie von Briefen an einen englischen Adeligen, den Lord Greaves, der eine zeitlang in Yverdon Pestalozzis Gast gewesen war. 1827 wurden diese Briefe in einer englischen Übersetzung einem größeren Publikum bekannt gemacht, ohne dass sie allerdings maßgeblichen Einfluss auf die öffentliche Kleinkinderziehung hätten gewinnen können (vgl. Pestalozzi 1975). Die frühkindliche Erziehung, so wie sie in diesen Briefen thematisiert wurde, nämlich als mütterliche Erziehung, passte mit der Bedürfnislage der Infant School nicht zusammen. Zu den Engländern, die zum Teil mehrere Jahre bei Pestalozzi in Yverdon verbracht hatten, gehörte auch der ab den 1840er Jahren durch seine Ausbildungskonzepte in der Kleinkindpädagogik einflussreiche Charles Mayo.

In der zweiten Hälfte des 19. Jahrhunderts wurde es dann die Pädagogik Fröbels, die in Großbritannien einige Bedeutung erlangte und wenigstens in den von der Fröbel-Bewegung eingerichteten Kindergärten die starke Fixierung aufs Lernen etwas abmildern konnte. Verschiedentlich haben sich sogar die Schulbehörden für den Einsatz der Fröbelschen Spielgaben in den Elementarschulen stark gemacht. Schließlich ist der Schriftsteller Charles Dickens (1812–1870) zu erwähnen, der mit seinen Romanen (zum Beispiel „Oliver Twist", 1838) einerseits ein Ausdruck des öffentlichen Interesses am Kind im viktorianischen Großbritannien war, wie er andererseits dieses Interesse und damit mittelbar auch das Interesse an den Infant Schools durch seine schriftstellerische Arbeit förderte. Dickens soll sich mehrfach lobend über den 1851 in London eingerichteten ersten Fröbel-Kindergarten geäußert haben.

Die französischen Ecoles du Premier Age

In Frankreich bestanden schon im 18. Jahrhundert an verschiedenen Orten die so genannten salles d'asile pour la première enfance, auch salles d'hospitalité genannt, reine Kleinkinderaufbewahrungseinrichtungen, ähnlich den britischen Dames Schools (vgl. zum Folgenden u.a. Gilbert 1981; Harth 1983). In einer Quelle aus den 1820er Jahren heißt es über die in ihnen tätigen so genannten Kinderhüterinnen (frz.: gardeuses d'enfants): „Sie behandeln die Kinder mit unvernünftiger Strenge ... und beschränken sich darauf, sie möglichst unbeweglich und schweigend zu halten ... Man hat erfahren, dass diese Frauen die Unmenschlichkeit so weit treiben, dass sie den unglücklichen Geschöpfen betäubende Getränke verabreichen, um sie schläfrig zu machen" (in: Harth 1983, 50).

Zum Zeitpunkt dieser Äußerung war jedoch bereits eine Bewegung zur Weiterentwicklung der salles d'asile in Gang gekommen. Als frühe Schlüsselfigur wird hier immer wieder Josephine Beauharnais, die Frau Napoleon Bonapartes und ab 1804 Kaiserin Frankreichs, genannt, die um die Jahrhundertwende herum einen Kreis an der Armenfürsorge interessierter Frauen aus dem französischen Adel zusammenführte. Aus diesem, wie er sich selbst nannte, Kreis der Ehrendamen (frz.: comité des dames patronnesses) heraus ist neben anderem auch ein Verein gegründet worden, der sich, noch ganz konventionell, um die verstärkte Einrichtung von salles d'asile in der französischen Hauptstadt und darüber hinaus kümmern wollte. Einen qualitativen Durchbruch erfuhren die von jenem Verein gesteuerten Bemühungen Jahre später aus, wenn man so will, privaten oder zufälligen Gründen. Es war ein Pariser Bezirksbürgermeister namens Jean Denis Maria Cochin (1789–1841), der sich durch seine frühe Verwitwung vor die Notwendigkeit gestellt sah, die Erziehung seiner kleinen Kinder organisieren zu müssen, und der dadurch für die Notlage unbetreuter Kinder sensibilisiert wurde. Dieser auch kraft seines Amtes mit Fragen der Armenfürsorge befasste Mann hat deshalb aus eigener Initiative ab 1826/27 eine auf größere Kindgemäßheit abzielende Reform, genauer: eine Pädagogisierung der Einrichtungen des besagten Vereins in die Wege geleitet. Ausschlaggebend dafür war der Kontakt, den ein gewisser Baron de Gérano noch kurz vor dessen Tod zu Oberlin im Elsass hatte herstellen können. So waren Einzelheiten des Oberlinschen Modells in Paris bekannt geworden und konnten entsprechend genutzt werden. Auch hatte man von den britischen Infant Schools – nicht zuletzt durch das Buch Wilderspins, aber auch durch einen Besuch Cochins und einer Mitarbeiterin in den Wilderspinschen Anstalten – Kenntnis bekommen. Beide Ereignisse sorgten dafür, dass in der Pariser kleinkindpädagogischen „Szene" Alternativen zu den herkömmlichen salles d'asile diskutiert wurden und aus diesen reinen Aufbewahrungseinrichtungen mit ihren zum Teil recht drastischen Methoden pädagogische Institutionen werden konnten. Bereits 1829 sind die auf diese Weise weiter entwickelten Pariser Einrichtungen in kommunale Trägerschaft übergegangen. Im Jahr 1836 sollen in Frankreich bereits 100 salles d'asile, 1843 in 750 französischen Gemeinden schon 1.480 Einrichtungen mit rund 96.000 Plätzen bestanden haben, die sich weitgehend an dem Pariser Vorbild orientierten, also mehr oder weniger pädagogisch arbeiteten.

Nicht nur wegen ihrer konzeptionellen Nähe zu den englischen infant schools, sondern auch als Folge ihrer schnellen Integration in das System der staatlichen Erziehung, lässt sich eine starke Affinität dieser französischen kleinkindpädagogischen Einrichtungen zur Primarschule (frz.: école primaire) feststellen. Schon 1833 finden sich in einem Erziehungsgesetz Formulierungen, die einen engen Bezug zur Volksschule nahe legen. 1835 erfolgte konsequenterweise ihre Unterstellung unter die Schulaufsicht und die Überführung in den Verantwortungsbereich des Erziehungsministeriums. Folgerichtig wurden 1837 die noch verbliebenen Beziehungen zur privaten Wohltätigkeit weiter gelockert, indem die Kommunen, da wo sie Träger der entsprechenden Einrichtungen waren, verpflichtet wurden, einen eigenen Etat für die salles d'asile aufzustellen und diesen vom Fürsorgeetat strikt getrennt zu halten. Außerdem wurde ein Name eingeführt, der sehr gut das Wesentliche der pädagogischen Orientierung auf den Begriff brachte, auch wenn er sich nur sehr langsam gegen den alten Namen durchsetzen konnte: „école du premier age" (Schule des frühen Kindesalters). 1838 schließlich wurde das Amt einer Generalinspektorin zur Überwachung dieser Anstalten eingerichtet und mit Marie Pape-Carpentier (1815–1878) besetzt, die 1846 das erste einschlägige Lehrbuch publizierte, die „Conseils sur la direction des salles d'asile" (Ratschläge zur Leitung von salles d'asile), in dem sie sich als Anhängerin der Ideen Fröbels und Pestalozzis zu erkennen gab. 1849 richtete Pape-Carpentier auch das erste staatliche Seminar zur Ausbildung von Fachpersonal für die écoles du premier age ein. Damit hatten in Frankreich die kleinkindpädagogischen Anstalten innerhalb weniger Jahrzehnte fast alle Züge einer fürsorgerischen Notfalleinrichtung abgelegt und waren zu allgemeinen Erziehungsanstalten, besser: Lernanstalten, geworden, in denen nach einem Erlass von 1855 u.a. das Lesen, das Schreiben, das Kopfrechnen zu lernen, der Gesang zu üben, mit den biblischen Geschichten bekannt zu machen, Turnübungen, praktische Arbeiten u.a. m. auszuführen waren. Ein Katalog an Strafen und Belobigungen wurde formuliert und dem Erlass beigefügt. Die in den écoles tätigen Frauen hießen bezeichnenderweise „institutrices", Lehrerinnen, die Räume der Anstalten wurden als „salles de classe", Klassenzimmer, bezeichnet.

Obwohl es verschiedentlich Versuche in diese Richtung gegeben hat, ist der Besuch dieser vorschulischen Einrichtungen allerdings nie obligatorisch geworden. So sollen in den 1840er Jahren tatsächlich auch nur rund 4,5% aller Kinder der entsprechenden Altersstufe (zwei bis sechs oder sieben Jahre) eine Anstalt besucht haben, und erst zu Beginn der III. Republik, ab 1871, soll dieser Wert auf über 10% geklettert sein. Ein bescheidener Wert zwar, aber ein Wert, der über den vergleichbaren Zahlen in Deutschland lag. 1880 waren es dann schon 4.655 écoles du premier age, die von über 600.000 Kindern besucht wurden und die ab 1885 generell in die Trägerschaft der Kommunen übergingen.

1881 wurde per Dekret ein neuer Name behördlich eingeführt und verpflichtend gemacht. Die Einrichtungen hießen fortan „école maternelle" (Mutterschule). Pädagogisch blieben sie, was sie bis dahin gewesen waren: stark auf das Lernen fokussierte Einrichtungen, was trotz vieler Bemühungen weder die Generalinspektorin Pape-Carpentier noch ihre Nachfolgerin Pauline Kergomard zu mildern vermochten. Berichte aus den 1920er Jahren bestätigen die stark schulähnlichen Züge der écoles maternelles insbesondere in ihrem letzten Jahr vor dem Schuleintritt der Kinder, der so genannten „section enfantine" (Kinderklasse), in der bereits Primarschullehrerinnen eingesetzt wurden (vgl. Frieden 1927, 145f.). An diesem dezidiert vorschulischen Charakter der inzwischen von nahezu allen französischen Kindern auf freiwilliger Basis besuchten „maternelles" hat sich bis heute nichts Grundlegendes geändert (vgl. Céleste 1992; s. auch das letzte Kapitel dieses Buches).

ZUSAMMENFASSUNG

Im Jahre 1792 erscheint in einem Gothaer Verlag ein Bericht „Über die vereinigten Niederlande". In diesem Buch weist der Autor darauf hin, in den Niederlanden gebe es „sogenannte Spielschulen". Sobald ein Kind laufen könne, werde es in eine solche Spielschule geschickt, wo „zehn, zwanzig und mehrere Kinder von gleichem Alter und Stande mit kleinen Beschäftigungen" unterhalten würden. „Hier lernen sie spielend buchstabieren, lesen, kleine moralische und geistliche Lieder, Stricken und dergleichen. Spielen bleibt indessen immer die Hauptbeschäftigung." Diese Einrichtungen, so der Autor, verdienten es, „allenthalben nachgeahmt zu werden" (zit. in: Erning, Neumann & Reyer 1987, 1. Bd., 16). Man sieht also, dass die Entstehung von Einrichtungen der außerfamilialen Kleinkinderziehung kein deutsches, sondern ein internationales (und eben auch nicht, worauf einleitend schon hingewiesen worden ist, nur auf die hier vorgestellten Beispiele beschränktes) Phänomen ist: In Ungarn (in Ofen, dem späteren Budapest) wird 1828 die erste Bewahranstalt eingerichtet; Mitte der 1840er Jahre bestehen in Belgien 516 Anstalten mit 28.000 Plätzen, in Italien gibt es zum selben Zeitpunkt rund 200 asili infantili (Kinderasyle).

Die Beispiele des Elsässers Oberlin, der Briten Owen und Wilderspin, der Infant School Society und der französischen salles d'asile beziehungsweise écoles du premier age sind deshalb erwähnenswert, weil sie zum einen diese Internationalität der Entwicklung im Bereich der außerfamilialen Kleinkinderziehung dokumentieren und sie zum andern auf die gleichgerichteten deutschen Bemühungen vorbildgebend einwirken. Immer wieder verweist man, wie im folgenden Kapitel zu zeigen sein wird, in den deutschen Debatten auf diese Modelle, werden sie zur Nachahmung empfohlen. Das gilt für Oberlin und Wilderspin und die von ihnen vertretenen Modelle der Kleinkinderschule, die damit im Laufe der Zeit gewissermaßen zu „Klassikern" der öffentlichen Kleinkinderziehung von internationalem Rang werden. Das gilt auf ihre Weise auch für die Infant School Society, die den bürgerlichen Verein als Trägerorganisation von Einrichtungen der öffentlichen Kleinkinderziehung ins Spiel bringt. Viel mehr als in späteren Zeiten ist die pädagogische Szene zu Beginn des 19. Jahrhunderts vom internationalen Austausch geprägt.

Im Übrigen sind alle diese genannten Modelle von Strukturmerkmalen gekennzeichnet, die sich später auch in Deutschland wiederfinden werden. Das betrifft zum Beispiel den Wandel von der Kleinkinderbewahranstalt, die es vereinzelt auch in der vorindustriellen Zeit bereits gibt, hin zur Kleinkinderschule mit ihrem eigenen, wenngleich in den vorgestellten Fällen stark schulisch gefärbten pädagogischen Anspruch. Auch ist der enge Zusammenhang von Kleinkinderziehung und aktivem bürgerlichem Engagement aus sozialpolitischem beziehungsweise sozialreformerischem Geist, wie sich dies in der Infant School Society verkörpert, kennzeichnend für die Frühphase der Entwicklung. Während dieser soziale Impuls bei Owen dezidiert gesellschaftskritische, fast revolutionäre Züge trägt, ist die Beteiligung an der öffentlichen Kleinkinderziehung ansonsten von dem Wunsch der sozial engagierten Angehörigen des wohlhabenden Bürgertums getragen, die Klassengegensätze abzumildern und das Los der Proletarier zu bessern, nicht aber von der Absicht, die bürgerlich-kapitalistische Gesellschaftsordnung in Frage zu stellen. Im Gegenteil: Mittels fürsorgerischer Zuwendung hofft man, die Akzeptanz der Wirtschafts- und Gesellschaftsordnung gerade bei den Opfern des Systems zu erhöhen. Das erklärt das auffallende privatmäzenatische Engagement der gesellschaftlichen Eliten in der Kleinkinderziehung. Schließlich ist es kein bloßer Zufall, dass sich mit Oberlin ein Pfarrer in der öffentlichen Kleinkinderziehung hervortut. Im folgenden Kapitel wird gezeigt werden, dass auch in Deutschland häufig die Ortsgeistlichen zu den Förderern der öffentlichen Kleinkinderziehung gehören. Viele Pfarrer verstehen ihr diesbezügliches Engagement als selbstverständlichen Teil ihres seelsorgerlichen Auftrags.

Bei allen Analogien lassen sich jedoch die Unterschiede ebenfalls nicht übersehen. Anders als in Großbritannien (und auch in Deutschland) setzt sich in Frankreich recht schnell die öffentliche (das heißt in der Regel kommunale) Trägerschaft durch und schaltet sich der Staat in Form von Gesetzen, die die landesweite Einrichtung von salles d'asile beziehungsweise écoles du premier age vorsehen, aktiv in die außerfamiliale Kleinkinderziehung ein. Ursächlich für diese im europäischen Vergleich doch recht anders verlaufende Entwicklung in Frankreich dürfte die seit der Ära Napoleons vorherrschende Idee vom zentralistischen Charakter und dem aktiven Handeln des französischen Staates sein. Der Preis allerdings, der – zumindest in Frankreich – für dieses bemerkenswerte staatliche Engagement zu zahlen ist, besteht im uniformen Erscheinungsbild der Einrichtungen, was einen bedeutsamen Unterschied zu den Einrichtungen in Deutschland markiert, wo die Abwesenheit des Staates zur Voraussetzung der pädagogischen Pluralität wird.

3. Von der Kinderbewahranstalt zur Kleinkinderschule (1800 bis 1850)

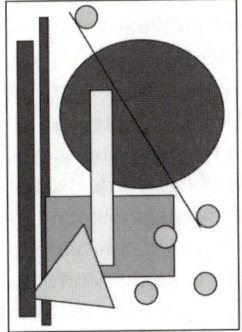

Einleitung – Institutionelle Formen der außerfamilialen Kleinkinderziehung – Die Kleinkinderbewahranstalt – Eine erste Programmschrift: Die Initiative der Pauline von Lippe-Detmold – Die Kleinkinderschule – Der Staat greift ein: Die ersten Erlasse zur öffentlichen Kleinkinderziehung – Johann Georg Wirth und Julius Fölsing – Theodor Fliedner und die Anfänge der fachlichen Ausbildung – Wege der Ausbreitung der Kleinkinderschule: das Beispiel Württemberg – Die Anfänge der katholischen Kleinkinderziehung in den Bewahranstalten – Zur quantitativen Entwicklung und Trägerstruktur – Zusammenfassung

EINLEITUNG

Nachdem im letzten Kapitel ein Blick auf Großbritannien und Frankreich geworfen worden ist, um zu zeigen, dass es sich bei der Schaffung von Einrichtungen zur außerfamilialen Erziehung drei- bis sechsjähriger Kinder um ein internationales Phänomen gehandelt hat, stehen nunmehr die Anfänge dieser Bewegung in Deutschland im Mittelpunkt. Deutschland in der ersten Hälfte des 19. Jahrhunderts, das war ein Land im Umbruch. Viele der im ersten Kapitel geschilderten sozialgeschichtlichen Entwicklungen griffen in Deutschland so richtig erst in den Jahrzehnten bis 1850. Vor allem die Industrialisierung mit allen ihren Folgeerscheinungen – darauf wurde im letzten Kapitel schon hingewiesen – erfasste Deutschland später als zum Beispiel England. Noch zwei Mal, nämlich 1816/1817 und 1847, durchlitt die Bevölkerung der deutschen Länder schwere Hungersnöte. Auch in politischer Hinsicht waren die Jahrzehnte bis zur Jahrhundertmitte bewegt wie kaum vorher und nachher (vgl. dazu Botzenhart 1985). Gleich zu Beginn des Jahrhunderts geriet Deutschland unter französischen Einfluss. Der auf Druck Frankreichs zu Stande gekommene Reichsdeputationshauptschluss 1803 führte zur Aufhebung der Reichsstädte, zur Säkularisation zahlloser Klöster und geistlicher Herrschaften. 1806 legte der deutsche Kaiser die Krone nieder, das Deutsche Reich hörte auf zu existieren. Die Heere Napoleons fielen in Deutschland ein, und unter dem Druck des französischen Kaisers fand eine territoriale Neugliederung größten Ausmaßes statt, die aus dem kleinkarierten „Flickenteppich" des alten Reiches u.a. die süddeutschen Flächenstaaten Baden, Württemberg und Bayern in ihrer uns heute bekannten Gestalt entstehen ließ. Ab 1807 leitete das von Frankreich vollständig besiegte Preußen die im ersten Kapitel dieses Buches erwähnten Reformen ein, die aus dem wichtigsten deutschen Einzelstaat einen modernen Militär- und Verwaltungsstaat werden ließen: Aufhebung der Leibeigenschaft, Judenemanzipation, Einführung der allgemeinen Wehrpflicht, Bildungsreformen, Kommunalreform. Auf diese Weise reorganisiert gelang es den deutschen Staaten im Verein mit Russland und Österreich, 1813/14 in den so genannten „Befreiungskriegen" die französische Herrschaft wieder abzuschütteln.

Die Jahrzehnte nach dem Wiener Kongress 1814/15, auf dem die europäische Ordnung der nachnapoleonischen Ära und die Gründung eines Deutschen Bundes als Nachfolgeorgan des untergegangenen Deutschen Reiches beschlossen wurden, waren vom Kampf des liberalen Bürgertums um Teilhabe an der Macht und der Verweigerung dieser Ansprüche durch die Vertreter der alten Ordnung bestimmt, an deren Spitze der österreichische Kanzler Clemens Fürst von Metternich stand. Man nennt diese Jahrzehnte auch das Zeitalter der Restauration und Reaktion, was zum Ausdruck bringen soll, welche der beiden eben genannten Kräfte sich schließlich durchsetzen konnte. Der Höhepunkt waren die so genannten Karlsbader Beschlüsse 1819 (zum Beispiel Pressezensur; Verbot der studentischen Burschenschaften) und die darauf einsetzende als „Demagogenverfolgung" bezeichnete Unterdrückung jeglicher Opposition. Immerhin erhielten die meisten deutschen Einzelstaaten erstmals moderne Verfassungen und (wenn auch noch nicht demokratisch gewählte) parlamentarische Vertretungen. Jeder weitergehende Anspruch des liberalen Bürgertums aber wurde von der Adelsmacht abgewehrt, die die Entstehung einer politisch engagierten Öffentlichkeit mit Argwohn verfolgte und unterdrückte. Die bürgerliche Revolution 1848/49 verlief ergebnislos. Die vergleichsweise bescheidenen Ziele der Revolution, die kaum diesen Namen verdient, nämlich die Errichtung eines deutschen Nationalstaats und die Wahl von Parlamenten, wurden nicht erreicht. Die Masse des Bürgertums ließ es an Entschlossenheit fehlen, man war verunsichert, war doch allen das abschreckende Beispiel der Französischen Revolution mit der Terrorherrschaft der Jakobiner noch in frischer Erinnerung. Zudem hatten es die Landesherren verstanden, durch eine vorsichtige Reformpolitik „von oben" der Unzufriedenheit die Spitze zu nehmen. Der Historiker Hans-Ulrich Wehler spricht von einem für die deutsche Entwicklung typischen „bürokratischen Reformabsolutismus nach 1800", der mit seiner moderaten Reformpolitik dafür gesorgt habe, dass es in Deutschland nicht zu den revolutionären Ausbrüchen wie etwa in Frankreich gekommen sei (Wehler 1987, 361). Zudem machte sich das „Gespenst des Kommunismus" bemerkbar, das in Europa umging, wie es im Kommunistischen Manifest hieß. Zwar handelte es sich dabei noch für längere Zeit um ein wenig furchteinflößendes Gespenst, da ja die sozialen Unterschichten – wie im ersten Kapitel bereits ausgeführt – ebenfalls keine revolutionären Neigungen erkennen ließen. Doch wurde die sich allmählich formierende Arbeiterbewegung vom Bürgertum als noch größere Bedrohung der eigenen Interessen empfunden als die fortdauernde Adelsherrschaft. So konnte das Aufbegehren 1848/49 der alten Ordnung letztlich nichts anhaben, und das für einen kurzen historischen Moment aufmüpfige Bürgertum arrangierte sich schnell wieder mit ihr.

INSTITUTIONELLE FORMEN DER AUSSERFAMILIALEN KLEINKINDERZIEHUNG

Um die Mitte des 19. Jahrhunderts finden wir in Deutschland die verschiedensten Einrichtungen, die sich der Betreuung und Erziehung von Kindern im vorschulischen Alter widmen. Den Variantenreichtum dieser Einrichtungen können wir auf drei Grundtypen zurückführen: Die Kleinkinderbewahranstalt, die Kleinkinderschule und den Kindergarten (so zum Beispiel Prüfer 1923, 78ff.).
In der Praxis haben sich diese drei Grundtypen nicht selten durchmischt. Außerdem sind in Deutschland – regional unterschiedlich – die verschiedensten Benennungen für dieselbe Einrichtungsform, aber auch dieselbe Bezeichnung für die unterschiedlichsten Einrichtungsformen gebräuch-

lich gewesen (vgl. dazu Erning, Neumann & Reyer 1987, Bd. 2, 18ff.).
So war zum Beispiel im Großherzogtum Baden im Blick auf alle Einrichtungen einfach und unterschiedslos von der „Kinderpflege" die Rede. Anderswo ist anstelle der „Kleinkinderschule" der Begriff „Warteschule" üblich gewesen. Oder man sprach von der „Kleinkinderpfle-
geanstalt" und der „Spielschule" und meinte eine Kleinkinderbewahranstalt. Andererseits konnte eine „Bewahranstalt" in Wirklichkeit eine
Kleinkinderschule sein. Und so weiter. Zu Beginn des 20. Jahrhunderts
waren im Königreich Sachsen fast 90% aller Einrichtungen nominell
„Kindergärten" – obgleich keinesfalls in derartig vielen Kleinkindereinrichtungen nach der Pädagogik Fröbels gearbeitet worden ist (was allein,
streng genommen, die Bezeichnung „Kindergarten" gerechtfertigt hätte). Es ist also deutlich zu unterscheiden zwischen den drei im Folgenden
näher zu beschreibenden Typen vorschulischer Anstalten und den Bezeichnungen, die für sie üblich waren. Längst nicht in jedem Fall lässt
sich umstandslos von der Bezeichnung auf den Typus rückschließen.
Dennoch ist es sinnvoll, die drei genannten Grundtypen zu unterscheiden, weil sich an ihnen trotz aller Abgrenzungsprobleme die Etappen eines Entwicklungsweges aufzeigen lassen. Eine Entwicklung übrigens,
wie sie uns schon aus den im letzten Kapitel dargestellten Verhältnissen
in Großbritannien und Frankreich vertraut ist, denen die Verhältnisse in
Deutschland, wie sich zeigen wird, durchaus ähnelten. Neu war in
Deutschland allein der Kindergarten Fröbels, der seinen Siegeszug allerdings erst in der zweiten Jahrhunderthälfte angetreten hat. In diesem
Kapitel soll es um die beiden älteren Formen der Kleinkinderziehung in
familienersetzenden beziehungsweise familienergänzenden Institutionen gehen, der Kleinkinderbewahranstalt und der Kleinkinderschule.
Der Kindergarten wird Gegenstand des folgenden Kapitels sein.
Noch eine Vorbemerkung ist an dieser Stelle notwendig. Wenn im vorliegenden Buch die Geschichte der Kleinkinderziehung in außerfamilialen Einrichtungen in Deutschland zum Thema gemacht wird, dann sind
damit immer Einrichtungen gemeint, deren Besuch freiwillig gewesen
ist. Sich dies zu vergegenwärtigen ist deshalb wichtig, weil natürlich
auch schon in früheren als den hier behandelten Zeiten die außerfamiliale Unterbringung und Erziehung kleiner Kinder üblich war. Allerdings
erfolgte dies ausschließlich im Rahmen armenfürsorgerischer Maßnahmen, das heißt als Zwangseingriff in das elterliche Erziehungsrecht, also
wenn nötig auch gegen den Willen der Eltern. Kamen – aus welchen

Gründen auch immer – Eltern ihren Erziehungspflichten nicht nach, dann konnten ihnen die kleinen Kinder entzogen und entsprechenden Anstalten, Arbeitshäusern, Rettungshäusern usw. übergeben werden. Im 18. Jahrhundert wurde dafür per Gesetz die Amtsvormundschaft eingeführt und ein Gerichtsbeschluss für erforderlich erklärt. Zuvor war die Wegnahme der Kinder nicht selten willkürlich erfolgt (vgl. dazu Scherpner 1966). Diese Fälle von erzwungener Fremdunterbringung sind also im Folgenden ausdrücklich nicht gemeint. Ohnehin ging es bei der Letzteren nicht um die nur stundenweise, sondern die vollständige und mitunter jahrelange Trennung der Kinder von ihren Familien.

DIE KLEINKINDERBEWAHRANSTALT

Die Kleinkinderbewahranstalt ist die früheste Einrichtung zur Beaufsichtigung kleiner Kinder außerhalb der Familie gewesen. Ihre Wurzeln reichen – auch wenn es davor schon vereinzelt Formen der gemeinsamen Betreuung von Kindern durch dafür von den Eltern beauftragte Kinderfrauen, Ammen, Wärterinnen, Bonnen oder wie die Bezeichnungen auch immer gelautet haben, gegeben hat – bis ins 17. und 18. Jahrhundert zurück. In den Städten finden wir zum Beispiel im Handwerk, wo im Zeichen der wachsenden Konkurrenz durch den aufkommenden Manufakturkapitalismus jede Hand gebraucht wurde, die außerfamiliale Betreuung der kleinen Kinder. Nur so waren die Mütter frei, um ihre Männer bei der Arbeit zu unterstützen.

Allerdings handelte es sich bei der aushäusigen Kleinkinderziehung keineswegs nur um eine Erscheinung des handwerklichen Kleinbürgertums, sondern kam mindestens ebenso häufig im wohlhabenden Bürgertum vor, wo zudem die nötigen finanziellen Mittel vorhanden waren, um eine derartige Betreuungsform auf einem entsprechenden Niveau ermöglichen zu können. Verbürgt ist zum Beispiel der Besuch der „Spielschule" der Maria Magdalena Hoff in Frankfurt am Main durch den Patriziersohn Johann Wolfgang Goethe und seiner Schwester Cornelia ab 1752 (vgl. Thiersch 1999). Dass des kleinen Goethe sehr wohlhabende Eltern ihren erst dreijährigen Sohn (und später – noch ungewöhnlicher – auch ihre Tochter) außer Hauses gaben, hat seinen Grund vermutlich darin gehabt, dass sie ihr Kind schon im Kleinkindalter bestmöglich fördern wollten. Eine solche Spielschule brauchte also kein Notbehelf für die Familien, sondern konnte eine gesuchte pädagogische Einrichtung sein.

Auslöser der außerfamilialen Betreuung war in den besser gestellten bürgerlichen Familien jedoch meist nicht, wie im eben geschilderten Fall, der Wunsch nach einer optimalen Ergänzung der häuslichen Erziehung oder – wie im Falle der Kleinhandwerker – das Erfordernis der Mithilfe der Frau im Betrieb, sondern die Notwendigkeit, die Mütter wenigstens für ein paar Stunden von der Kinderbetreuung zu entlasten, damit diese Zeit fanden, den großen Familienhaushalt zu organisieren, die Mägde und das Dienstpersonal anzuweisen, die Einkäufe zu überwachen, gegebenenfalls diese selbst zu erledigen usw. In den städtischen Haushalten der Vormoderne wurde von der Nahrungsmittelverarbeitung über die Herstellung der Kleidung bis hin zum Möbelbau praktisch der gesamte Bedarf des täglichen Lebens durch Eigenarbeit gedeckt. Eingekauft wurden nur die dafür benötigten Rohstoffe (vgl. Freudenthal 1978, 381-388).

Während dieser Stunden also wurden die Kinder entweder innerhalb, besser aber außerhalb des Hauses bei den Betreuungspersonen selbst beaufsichtigt, um den Eltern und Dienstboten aus dem Weg zu sein. Häufig waren es Frauen, die als Ammen ohnehin schon im Dienste der Familie standen, oder es handelte sich um Witwen, die auf ein kleines Einkommen angewiesen waren, die sich um diese Aufgabe bewarben. Mitunter gründeten diese Frauen selbst kleine Anstalten, die sie auf eigene Rechnung betrieben. Die erwähnte Maria Magdalena Hoff in Frankfurt dürfte hierfür ein Beispiel sein. Zwar ist in manchen derartigen Einrichtungen durchaus engagiert und auf kindgemäße Weise pädagogisch gearbeitet worden – soweit dies der Kenntnisstand der Zeit und die äußeren Verhältnisse zugelassen haben. Auch hier darf man wohl wieder an die Hoffsche Anstalt denken. Meist aber wurden die Kinder mit einfachen Spielen oder geringfügigen Handarbeiten beschäftigt, über eigenständige, auf die besonderen Bedürfnisse kleiner Kinder bezogene pädagogische Ambitionen verfügten die Frauen, die sich um die Kinder kümmerten, in der Regel nicht. Eine ganz wichtige Rolle dagegen spielte die Hygiene und die körperliche Pflege der Kinder. Darin lag ein nicht gering zu schätzender Beitrag der Bewahranstalten im Kampf gegen Kinderkrankheiten und damit letztlich gegen die Kindersterblichkeit.

Diese in quantitativer Hinsicht wenig auffälligen Einrichtungen entdeckte man nun zu Beginn des 19. Jahrhunderts, als aufgrund der im ersten Kapitel geschilderten Umstände das Unvermögen der proletarischen Familien, den Sozialisations- und Erziehungsbedarf ihrer Kinder zu decken, immer offenkundiger wurde und der Bedarf an aushäusiger Kinderbetreuung rapide anwuchs. Jetzt mussten die Mütter nicht mehr entlastet werden, um einen großen und mitunter wohlhabenden Haushalt zu organisieren, sondern um das kärgliche Einkommen der Familie durch eigene Lohnarbeit aufbessern zu können. Mit der Einrichtung von Kinderbewahranstalten erübrigte sich auch die bisher übliche, aber zunehmend kritisierte Praxis, die aufsichtslosen Kinder der Armen in Waisen- und Findelhäusern unterzubringen oder die Kinder in Pflegefamilien zu geben (Haltekinderwesen), wo sie nicht selten ebenso erbärmliche Lebensverhältnisse vorfanden wie in ihren Herkunftsfamilien. Notwendig geworden war der Schritt hin zur Kinderbewahranstalt auch durch den Umstand, dass die Schulen, in die die älteren Kinder ihre jüngeren, noch nicht schulpflichtigen Geschwister aus Mangel an Betreuungsalternativen bisher einfach mitgenommen hatten, dies immer häufiger untersagten, weil sie ihren eigenen Bildungs- und Erziehungsauftrag dadurch gefährdet sahen. Jetzt war mit der Bewahranstalt eine Lösung auch für dieses Problem gefunden.

Die Kleinkinderbewahranstalt war mit Tischen und Bänken einfach ausgestattet; in manchen Einrichtungen wurden ausrangierte Schulmöbel verwendet. Die Betreuerin saß an einem Tisch oder auf einem Katheder. Die Unterbringung von 50 und mehr Kindern in einem Raum war üblich, erst bei einer höheren Kinderzahl wurde ein zweiter Raum für nötig erachtet. An Spielsachen gab es nur einfache Materialien, daneben ein paar Puppen und Bauklötze, Bälle, Bilderbücher und Musikinstrumente. Die Kinderbewahranstalt war ganztägig, das heißt nicht selten zwölf Stunden und länger geöffnet und bot den Kindern ein einfaches Mittagessen an. Das untere Aufnahmealter der Kinder betrug etwa zwei Jahre.

EINE ERSTE PROGRAMMSCHRIFT: DIE INITIATIVE DER PAULINE VON LIPPE-DETMOLD

Die Einrichtung öffentlicher Institutionen zur Betreuung kleiner Kinder ist so recht erst durch eine Reihe privatmäzenatischer Initiativen, konkret: durch das Engagement bürgerlicher, in Ausnahmefällen auch adeliger Kreise in Gang gekommen. Unter den Adeligen waren es vor allem

Frauen und unter diesen wiederum die Ehefrauen der Landesherren, die sich der Aufgabe verschrieben hatten, die Armen- und Krankenfürsorge – und jetzt eben auch die öffentliche Kleinkinderziehung – in ihren Ländern zu fördern. Es scheint in jenen Jahrzehnten dem Rollenbild der fürsorglichen „Landesmutter" entsprochen zu haben, aus der fürstlichen Privatschatulle den damals noch nicht über den Staatsetat alimentierten Armenasylen, Waisenhäusern, Hospitälern und zunehmend den Kinderbewahranstalten Mittel zukommen zu lassen.

Bei der immer wieder als besonders herausragendes Beispiel für diese Art der Förderung des Wohls der Armen und Fürsorgebedürftigen genannten Fürstin Pauline von Lippe-Detmold (1769–1820) stellte dieses Engagement allerdings das übliche Maß deutlich in den Schatten (vgl. Kittel 1957, 165ff.). Meist beschränkte sich die Herrschergattinnen auf die materielle Ausstattung der Einrichtungen, um anschließend allenfalls noch eine oberflächliche Anteilnahme zu zeigen. Fürstin Pauline dagegen betrieb eine zielgerichtete Politik der Propagierung und Verbreitung von Kleinkinderbewahranstalten aus sozialpolitischem Geist, und vor allem äußerte sie selbst konkrete Ideen, wie diese Einrichtungen über ihren damaligen Stand hinaus weiter zu entwickeln wären. Nachdem die Fürstin bereits 1801 im Zuge einer grundlegenden Reform des lippischen Armenpflegewesens eine Krankenpflegeanstalt, ein Arbeitshaus, eine Erwerbsschule und ein Waisenhaus gegründet hatte, folgte kurze Zeit später eine Kleinkinderbewahranstalt. Alle diese Initiativen waren in Maßnahmen der Landesentwicklung, wie Straßenbau, die Anlage von Kornmagazinen zur Abwehr von Hungersnöten und Ähnlichem mehr eingebettet, wie wir das schon von Oberlin her kennen. Allerdings befand sich die Fürstin auch in einer besonderen Lage, konnte sie doch nach dem Tod ihres Mannes, nachdem sie ihr kleines Ländchen politisch geschickt sowohl aus den napoleonischen territorialen Neuordnungsmaßnahmen heraushalten wie nach 1815 vor dem Zugriff Preußens hatte bewahren können, dieses von 1802 bis 1820 selbstverantwortlich regieren. Das Wirken der Fürstin in Sachen Kleinkinderziehung war Teil ihres praktischen politischen Handelns und trug somit durchaus Züge staatlichen Engagements. Es ist deshalb nicht falsch, in der Fürstin und ihren diesbezüglichen Aktivitäten eine frühe Form der staatlichen Hinwendung zur außerfamilialen Kleinkinderziehung zu sehen.

Bis heute immer wieder zitiert wird Pauline von Lippe-Detmolds 1803 in einem Journal zur Förderung der Volksbildung abgedruckte programmatische Schrift zur Einrichtung und Durchführung einer Kinderbewahranstalt. An diesem konzeptionellen Entwurf, den die Fürstin unter dem bezeichnenden Titel: „Vorschlag, eine Pariser Mode nach Detmold zu verpflanzen", hatte veröffentlichen lassen (abgedruckt in: Erning 1976, 15ff.), ist tatsächlich mehrerlei bemerkenswert. Die Verfasserin

- erklärt, vom Ausland – genauer von einem entsprechenden Vorgang in Paris (gemeint war der im vorigen Kapitel angesprochene Kreis um die Gattin Napoleons) – angeregt worden zu sein („Übertragung jener Pariser Sitte"), was die Bedeutung des Auslands in der Frühphase der außerfamilialen Kleinkinderziehung eindrücklich unterstreicht;

- wendet sich als Frau an die Frauen ihres Standes („Meine Mitbürgerinnen");

- begründet die Einrichtungen mit der Notlage der Proletarierfrauen („Wie manches bedrängte Weib wäre ihrer peinlichsten Sorge entlastet, könnte den Ihrigen durch fleißige Arbeit und unermüdete Geschäftigkeit zu weiterem Emporkommen recht viel sein, wenn die Pflege ihrer Kinder bis zum vierten und fünften Jahre es nicht hinderte; wie manche muss die Kleinen verlassen und bebt nun im Kampf zwischen Brotsorgen und der Angst, wie es ihren armen Kindern ergehen wird, während sie fern ist.");

- gibt praktische Hinweise zur Durchführung („Jede arme Mutter wird dort tags vorher ihre Absicht anzeigen, und dann am folgenden Morgen, ehe ihre auswärtige Arbeit begänne, ihre Kinder mit Ruhe und Vertrauen hinbringen und am Abend wieder abholen.");

- legt fest, was mit den Kindern während ihres Aufenthaltes zu geschehen hat („Sie würden bei ihrem Eintritte gewaschen, gesäubert, und wann ihr Bedürfnis es erheischte, für die Zeit des Dortseins mit dazu vorrätigen im Waisenhause, in der Erwerbsschule gefertigten Kittelchen und reiner Wäsche versehn, bekleidet, überhaupt genährt, getragen, gepflegt; ihnen würden vorzügliche Milchspeisen zuteil, und wir sännen auf ihrem Alter angemessene Beschäftigungen.");

- bestimmt den Kreis derer, die sich um die Kinder zu kümmern haben und sorgt sich um deren Qualifikation („Zu Wärterinnen wählten wir die älteren Töchter des Waisenhauses und der Erwerbsschule in der Periode der herannahenden Konfirmation und Entlassung aus der

Pflegeanstalt, um sie sodann auch zu Kinderwärterinnen zu bilden.");

- hält eine Aufsicht über das Unternehmen für nötig („... bitte und wünsche aber, dass es mehreren Gebildeten meines Geschlechts, sie mögen nun verheiratet oder unverheiratet sein, interessant genug werden könne, um sich einen Wochentag zur Übernahme der Oberaufsicht zu wählen.");

- bestimmt die außerfamiliale Betreuung von kleinen Kindern als Leistung der Armenpflege („Nebenzweig der Armenversorgung").

Es ist gar nicht so entscheidend, ob bei den Gründungen der Fürstin Pauline in dem kleinen westfälischen Fürstentum tatsächlich genau so verfahren wurde, wie es der Entwurf vorsah. In den meisten Geschichtsbüchern wird das Konzept der Fürstin schon für die Realität der Einrichtungen gehalten, wovon wir so ohne weiteres kaum ausgehen dürfen. Immerhin wird schon von den Zeitgenossen berichtet, dass die Detmolder Kinderbewahranstalt bald nach ihrer Eröffnung zu einer vielbesuchten Musteranstalt geworden sei, die auf mancherlei Art anregend gewirkt habe. Entscheidend ist, dass in diesem Konzept zu einem historisch sehr frühen Zeitpunkt wesentliche Strukturmerkmale der institutionellen Kleinkinderziehung festgehalten sind, die das ganze 19. Jahrhundert über Geltung haben sollten. In wenigen Stichworten: Öffentliche Kleinkinderziehung ist – trotz mancher Ausnahmen – eine Domäne der Frauen. Zunächst einmal der Frauen der höheren und höchsten gesellschaftlichen Stände, die anregend, planend, finanzierend und Aufsicht führend in Erscheinung treten. Sodann der Proletarierfrauen, deren Kinder die Zielgruppe der vorschulischen Bewahreinrichtungen sind. Schließlich der Mädchen und jungen Frauen des Kleinbürgertums (in der Frühphase nicht selten jedoch auch Proletariermädchen, die Insassinnen von Armen- und Waisenhäusern), die die praktische Arbeit in den Einrichtungen leisten und dafür auch rudimentär ausgebildet werden sollen, weshalb Fürstin Pauline für die Einrichtung einer „Wärterinnenbildungsanstalt" Sorge trug. Die Arbeit der „Wärterinnen" an und mit den Kindern sollte sich nämlich nicht auf die reine Beaufsichtigung, Verpflegung und hygienische Versorgung der Kinder beschränken, sondern – und darin ging die Fürstin einen Schritt über die damals gängige Praxis hinaus – eine den kindlichen Bedürfnissen angemessene Beschäftigung mit einschließen. Das ist genau der Punkt, an dem schon die allmähliche Fortentwicklung der Kleinkinderbewahranstalt zur späteren Kleinkinderschule in Andeutungen erkennbar wird. Höchstwahrscheinlich hat auch die Detmolder Musteranstalt nach dem Tode ihrer Gründerin diese Entwicklung mitgemacht, denn ab 1845 trat ein „Frauenverein zum Besten der Kinderschule" als Träger dieser Einrichtung auf!

DIE KLEINKINDERSCHULE

In England ist uns die Kleinkinderschule als Infant School begegnet, aus Frankreich kennen wir sie durch Oberlin und als Ecole du Premier Age. In beiden Ländern hat sich dieser neue Typus aus älteren Formen heraus entwickelt, im Falle Englands aus den Dames Schools, in Frankreich waren es die Salles d' Asile. Ähnlich verlief die Entwicklung in Deutschland, wo wir die Kleinkinderbewahranstalt als Frühform kennen gelernt haben. Im deutschen Sprachraum fand die Kleinkinderschule der Sache nach bereits kurz nach der Wende zum 19. Jahrhundert in einzelnen pädagogischen Schriften Erwähnung. So schlug der im ersten Kapitel erwähnte Philanthrop Christian Heinrich Wolke 1805 vor, in jeder „Bewahr- und Vorbereitungsanstalt" zur systematischen Unterweisung der Kinder ein so genanntes „Denkzimmer" einzurichten. In einem amtlichen Dokument begegnet uns die Kleinkinderschule rund ein Jahrzehnt später, und zwar (unter dem Namen „Aufsichtsschule") 1814 in einer Schulordnung für die damals zu Dänemark gehörenden Herzogtümer Schleswig und Holstein. In dieser Schulordnung wurde bestimmt, dass neben der bloßen Beaufsichtigung „die Kinder auch schon in diesen Anstalten unvermerkt belehrt, mit den Buchstaben bekannt gemacht, zum Zählen angeleitet und im Aufmerken auf die äußeren Gegenstände und beiläufig im Vergleichen und Unterscheiden geübt und durch leichte moralische und religiöse Erzählungen und Denksprüche, vorzüglich aus der Bibel, frühzeitig auf den Unterschied zwischen dem Guten und Bösen aufmerksam gemacht (werden sollen)" (abgedruckt in: Erning 1976, 25). Ein Erlass der preußischen Regierung von 1828 bezog sich ebenfalls auf die Errichtung von Kleinkinderschulen und gab Hinweise auf die inhaltliche Ausgestaltung der Arbeit in diesen Anstalten. Unter anderem hieß es da, Zweck besagter Einrichtungen sei es, die Kinder „auf eine, ihren Kräften und Neigungen angemessene Weise durch Vorführung und Anschauung sinnlicher Gegenstände der mannigfaltigsten Art, durch Erzählungen, Übungen des Gedächtnisses, des Auges und der Hand, durch religiöse und sittliche Einwirkungen, durch Übung der Sprachfertigkeit, durch Gewöhnung an Zucht und Ordnung, durch das Zusammenleben mit einer Menge anderer Kinder, durch freundliche Verbindung mit einem väterlichen und kinderliebenden Lehrer oder mit einer mütterlich gesinnten Lehrerin, endlich durch zweckmäßiges, geordnetes Spiel, durch körperliche Bewegung und Übung usw. angenehm zu entwickeln …" (abgedruckt in: Gehring 1929, 71). Man sieht: Die Kleinkinderschule, und darin ging sie einen Schritt weiter als die Kleinkinderbewahranstalt, war von der Idee der Erziehung und Bildung beherrscht. Die Kinder sollten nicht mehr nur aufbewahrt und versorgt werden, wie in der Kleinkinderbewahranstalt, sie sollten auch nicht mehr arbeiten, jedenfalls nicht mehr in der strengen und ausschließlichen Form wie im Waisen- oder Findelhaus, sondern sie sollten etwas lernen. Die Kleinkinderschule gab ihre fürsorgerischen Absichten zwar nicht auf, sie war de facto nach wie vor eine Einrichtung der Armenkinderpflege, sah sich selbst aber weniger unter diesem Aspekt, sondern orientierte sich an einer anderen volkserzieherischen Einrichtung, nämlich der Schule, auf die sie vorbereiten wollte. Die oben zitierten Ausführungen aus Schleswig-Holstein (1814) entstammen nicht zufällig der Schulordnung des Herzogtums. Ein anderes Beispiel ist Sachsen, wo die Errichtung von Kleinkinderschulen (dort „Warteschulen" genannt) 1835 ebenfalls im Rahmen einer Verordnung über das Elementar- und Volksschulwesen angeregt worden ist.

Die Nähe zur Schule schlug sich auch im Tagesablauf nieder. Im Jahre 1826 beispielsweise konnte der Tagesablauf in einer Kleinkinderschule wie folgt aussehen: Gebet und Gesang, biblische Erzählungen, Übungen des Erkenntnisvermögens, körperliche Übungen, Rechnen, Essen und Handarbeiten, Spiel (Vormittag); Gebet und Gesang, Unterhaltungen über Gott, Übungen des Verstandes, körperliche Übungen, Buchstabenerkennen und Buchstabieren, Essen und Handarbeiten, Spiel (Nachmittag); wobei für alle diese Tätigkeiten stundenplanmäßig genaue Zeitvorgaben bestanden (abgedruckt in: Erning 1976, 145). In dem Maße allerdings, in dem sich die Schulbesuchspflicht faktisch durchsetzen ließ, wurde zunehmend strenger darauf geachtet, dass die Kleinkinderschule nicht mehr länger die der Schule vorbehaltenen Inhalte, vor allem das Schreiben und Lesen, vorwegnahm, sondern ihr eigenes elementares Bildungsprogramm entwickelte.

Nun hat die Sache der Kleinkinderschule nicht nur durch staatliche Erlasse, wie die eben erwähnten, sondern nicht zuletzt auch durch die Publikation eindrücklicher Praxisberichte Auftrieb erhalten. Ein solcher Praxisbericht ist die im letzten Kapitel erwähnte Schrift des Engländers Samuel Wilderspin gewesen. Sein Buch ist erstmals 1826 in deutscher Sprache veröffentlicht worden, und zwar von dem Wiener Joseph Wertheimer. Eine zweite, um Ausführungen des Übersetzers und Herausgebers Wertheimer ergänzte Auflage kam schon zwei Jahre später heraus; ein über 400 Seiten starkes Buch (vgl. Wilderspin 1828). Damit war zum ersten Mal in Deutschland ein Werk verfügbar, das in bisher ungewohnter Genauigkeit die Notwendigkeit und den gesellschaftlichen Nutzen der außerfamilialen Kleinkinderziehung darlegte, ein Modell der praktischen Durchführung dieses Vorhabens auf der Ebene der Kleinkinderschule entwickelte und die Ausbildung des in derartigen Einrichtungen tätigen Personals begründete.

Nach diesem bahnbrechenden Buch Wilderspin-Wertheimers folgte sechs Jahre später auch der erste umfassend ausgearbeitete Grundriss einer Pädagogik der Kleinkinderschule (obwohl er in seinem Buch noch den Begriff „Bewahranstalt" verwandte) aus der Feder eines deutschsprachigen Autors: 1832 veröffentlichte der Österreicher Leopold Chimani unter dem bezeichnenden Titel „Theoretisch-practischer Leitfaden für Lehrer und Kinder-Bewahranstalten. Enthaltend die Organisation derselben und die Gegenstände, welche und wie sie in denselben vorgenommen werden sollen" (vgl. Chimani 1832), ein Werk, das als deutscher Beitrag zum internationalen Meinungsaustausch über die Kleinkinderschule nicht mehr lange einzigartig bleiben sollte. Den Büchern Wilderspin-Wertheimers und Chimanis folgten in den 1830er Jahren schnell zahlreiche weitere Schriften anderer Autoren, aber ähnlichen Inhalts: „Die Kleinkinderschulen, Vorteile derselben in moralischer und physischer Hinsicht"; „Die Bewahrschule"; „Einige Worte über Kleinkinderschulen"; „Die Verwahr- und Kleinkinderschulen". So und ähnlich lauteten die Titel dieser Schriften. Es war, wie wenn um die Wende zum dritten Jahrzehnt des 19. Jahrhunderts ein Damm gebrochen wäre. Noch einflussreicher als diese Schriften ist in Deutschland allerdings die sich auf Oberlin rückbeziehende Variante einer dezidiert christlichen Kleinkinderschule geworden. Deren Hauptvertreter war im 19. Jahrhundert Theodor Fliedner, von dem noch ausführlich zu berichten sein wird.

Die Anmerkungen des Herausgebers Wertheimer zu den Ausführungen Wilderspins liefern übrigens ein erstaunlich klares Bild vom politischen Hintergrund, vor dem man die Diskussion um die öffentliche Kleinkinderziehung jener Jahre sehen muss. Es war, wie einleitend bemerkt, die Epoche der Restauration, eine Zeit, als man sich nicht sicher sein konnte, ob mit der Niederwerfung Napoleons auch der Geist der Französischen Revolution besiegt war. Während die Reaktionäre mit Verbot und Verfolgung arbeiteten, setzten die bürgerlichen Liberalen und die aufgeklärteren unter den Landesherren auf andere Mittel: Nur durch eine „vernünftige Volkserziehung", so Wertheimer, könne die „innere Sicherheit eines Staates" gewährleistet und das Gespenst der Revolution verscheucht werden. Genau deshalb müsse der Staat ein Interesse daran haben, „dass die Kinder der Armen erzogen werden" (in: Erning 1976, 40). Das lenkt die Aufmerksamkeit noch einmal auf das staatliche Engagement in der öffentlichen Kleinkinderziehung zurück.

Der Staat greift ein: Die ersten Erlasse zur öffentlichen Kleinkinderziehung

Allgemein kann gesagt werden, dass sich der Staat in der öffentlichen Kleinkinderziehung längst nicht in der Weise engagierte, wie er das zum Beispiel im Schulwesen getan hat. Während die Schule – so jedenfalls bestimmte es das preußische Allgemeine Landrecht (1794) – spätestens seit dem ausgehenden 18. Jahrhundert (trotz des faktisch weiter bestehenden starken kirchlichen Einflusses) eine „Veranstaltung des Staates" gewesen ist, das heißt unter staatlicher Aufsicht stand und vom Staat beziehungsweise den Kommunen finanziert wurde, galt der vorschulische Bereich mehr oder weniger als Privatsache. Da die bisher bekannten Formen außerfamilialer Betreuung und Erziehung kleiner Kinder in den Armen- und Waisenhäusern im Rahmen des privaten oder kirchlichen Engagements in der Armenpflege erfolgt waren und sich auch das neue Angebot – jedenfalls solange es sich um den Typus der Kleinkinderbewahranstalt handelte – noch ganz in diesen Bahnen bewegte, schien für die Regierungen und Behörden keine Veranlassung gegeben, sich hier intensiver einzumischen, gar als Träger und Finanzier entsprechender Einrichtungen aufzutreten. Diese, vor allem was die finanzielle Mitverantwortung betraf, defensive Haltung blieb im Prinzip während des gesamten 19. Jahrhunderts bestimmend. Zwar wurden insbesondere während der Revolution von 1848 und auch danach immer wieder von einzelnen Bürgern oder Gruppen von Bürgern Vorstöße unternommen, die die Übernahme der öffentlichen Kleinkinderziehung in staatliche Trägerschaft zum Ziel hatten. Diese Initiativen blieben aber sämtlich erfolglos.

Daraus zu schließen, es habe gar keine staatlichen Interventionen gegeben, den Behörden sei dieses neue Feld pflegenden und erziehenden Handelns an kleinen Kindern völlig gleichgültig gewesen, wäre jedoch falsch. Das Gegenteil ist der Fall. Einige derartige Initiativen wurden ja bereits vorgestellt. Anregend, überwachend, sogar (teil-)finanzierend ist der Staat durchaus in Erscheinung getreten. Pauline zu Lippe-Detmold beispielsweise hat sich zwar einerseits als Privatperson, aber andererseits eben auch in ihrer Eigenschaft als Regentin ihres Landes um die öffentliche Kleinkinderziehung gekümmert. Unbezweifelbar staatliches Engagement begegnet uns dann 1814 mit der erwähnten „Allgemeinen Schulordnung" der Herzogtümer Schleswig und Holstein. Dort finden sich Hinweise auf „Aufsichtsschulen" zur Betreuung der unter sechs Jahre alten Kinder, „wenn die Geschäfte der Eltern sie verhindern, diese selbst zu übernehmen". Aus dem Jahr 1825 kennen wir eine Verordnung des Kurfürsten von Hessen-Kassel, in der „Landleute, Tagelöhner und Handwerker" aufgefordert wurden, zumindest in den Sommermonaten ihre kleinen Kinder „der Obhut der Stadträthe oder Ortsvorgesetzten" anzuvertrauen. Diese wiederum hätten, so die Verordnung weiter, in den Räumen der „öffentlichen Armenanstalt" Betreuungsmöglichkeiten für diese Kinder bereitzustellen – der Einfachheit halber am besten gleich durch weibliche Insassen des Armenhauses (abgedruckt in: Erning 1976, 26f.).

Mehrere Erlasse der königlich preußischen Regierung nahmen in den späten 1820er Jahren das Erscheinen der deutschen Übersetzung des Buches von Samuel Wilderspin zum Anlass, um die Einrichtung von Kleinkinderschulen anzuregen. So ließ sich das Ministerium der geistlichen, Unterrichts- und Medizinalangelegenheiten in Berlin in einem Zirkularreskript im Juni 1827 an die preußischen Provinzialregierungen wie folgt vernehmen: „Der Vorsteher der Londoner Kleinkinderschulen, Samuel Wilderspin, hat über diese Schulen und die frühzeitige Erziehung der Kinder eine Schrift herausgegeben, welche seit 1823 die dritte Auflage erlebt hat und von Joseph Wertheimer in Wien 1826 ins

Deutsche übersetzt worden ist. Das Ministerium beauftragt die königlichen Regierungen zur Verbreitung oder Empfehlung dieser wichtigen Schrift, welche nicht nur durch die trefflichen pädagogischen Winke für die Behandlung und den Unterricht der Kinder vielen Lehrern nutzbar werden, sondern auch Menschenfreunde, Kommunalbehörden, Schulinspektoren usw. veranlassen kann, in ihren Orten ähnliche Kleinkinderschulen anzulegen, auf jede zweckdienliche Weise hinzuwirken" (abgedruckt in: Dammann & Prüser 1981, 17). Aus zahlreichen preußischen Provinzen sind für die 1820er bis 1850er Jahre derartige Erlasse überliefert, die allesamt auf das Wilderspinsche Werk Bezug nehmen. Die ebenfalls schon genannte sächsische Verordnung über das Volks- und Elementarschulwesen regte die Einrichtung von „Warteschulen" an, damit „die älteren Geschwister nicht durch das Warten kleinerer Geschwister vom Schulbesuch abgehalten würden". 1839 begegnet uns eine preußische Staatsministerialinstruction, welche ebenfalls von Warte-Schulen spricht und festlegt: „Warte-Schulen, welchen Kinder, die das schulpflichtige Alter noch nicht erreicht haben, anvertraut worden, sind als Erziehungsanstalten zu betrachten und stehen als solche unter der Aufsicht der Orts-Schulbehörde" (abgedruckt in: Reyer 1985, 42). 1852 subsumierte die Regierung von Schwarzburg-Sondershausen in ihrem Volksschulgesetz unter die behördlich zu beaufsichtigenden Einrichtungen auch die „Kinderschulen", ebenso verfuhr die Regierung von Waldeck-Pyrmont 1855, die darüber hinaus eine staatliche Genehmigungspflicht statuierte. 1856 stellte ein Abgeordneter der 2. Preußischen Kammer den Antrag, die Regierung möge die Einrichtung von Kleinkinderbewahranstalten fördern und diese auch finanziell unterstützen. Und so weiter. Eine Vielzahl ähnlicher Beispiele ließe sich finden. Allen diesen regierungsamtlichen Äußerungen und gelegentlich auch parlamentarischen Initiativen ist eine Reihe von Merkmalen gemeinsam, die hier noch einmal zusammenfassend genannt werden sollen:

- Sie akzeptieren eine prinzipielle Verantwortung des Staates für die öffentliche Kleinkinderziehung beim Vorliegen eines entsprechenden Bedarfs.

- Sie fordern die führenden Beamten der Staatsverwaltung des betreffenden Landes, die Ortsgeistlichen, die Lehrer und darüber hinaus ganz allgemein die Angehörigen des wohlhabenden Bürgertums auf, sich um die Einrichtung entsprechender Anstalten zu bemühen.

- Sie geben Hinweise auf die Ausgestaltung der praktischen Arbeit in diesen Anstalten, die erkennen lassen, dass den Behörden der Typus der Kleinkinderschule, also eine pädagogische Einrichtung, vorschwebt.

- Sie unterstellen die Anstalten staatlicher Aufsicht, die – aufgrund des pädagogischen Zuschnitts derselben nicht überraschend – in der Regel von der Ortsschulbehörde wahrgenommen werden soll.

- Sie legen die Altersgruppe der in Frage kommenden Kinder fest: Es darf sich nur um die Zwei- bis Sechsjährigen handeln, also Kinder im vorschulischen, aber nicht mehr ganz jungen Alter.

- Sie beschreiben die öffentliche Kleinkinderziehung als Angebot; ein Besuchszwang besteht nicht.

- Sie machen keinerlei Zusagen hinsichtlich einer staatlichen (Mit-)Finanzierung, ohne allerdings zu sagen, woher die Mittel kommen sollen.

Die Motive der Regierungen waren vielfältig. Zum einen war man im Zeitalter der beginnenden Hochindustrialisierung an der ungeschmälerten Arbeitskraft beider Eltern interessiert, die nicht durch die Kinderbetreuung beeinträchtigt werden sollte. Die sich immer mehr durchsetzende kapitalistisch-industrielle Wirtschaftsform und die dadurch angestoßene positive ökonomische Entwicklung in Deutschland sollte nicht durch einen Mangel an Arbeitskräften in Gefahr kommen. Deshalb sollten die Mütter unbeschwert von der Sorge um ihre unbeaufsichtigt zu Hause gebliebenen Kinder dem expandierenden Arbeitsmarkt zur Verfügung stehen können. Erinnert sei in diesem Zusammenhang an die oben zitierten eindrücklichen Passagen aus dem Aufruf der Fürstin Pauline. Eine Rolle in diesem Motivbündel spielten auch Überlegungen, wie der grassierenden Armut begegnet werden könnte, denn die Armut der Proletarierfamilie schien, wenn überhaupt, nur überwindbar, wenn auch die Mütter sich in die Lage versetzt sahen, zum Familieneinkommen beitragen zu können. Eng damit verbunden war der Wunsch, die der drohenden Aufsichtslosigkeit entzogenen Kinder im Sinne der kirchlichen und weltlichen Obrigkeit zu „proletarischer Sittlichkeit" (Reyer 1985, 13) erzogen zu sehen. Damit wollte man der in Zeiten des ökonomischen und sozialen Wandels nach Meinung der bürgerlichen Beobachter steigenden Gefahr der Halt- und Bindungslosigkeit, dem, wie es hieß, grassierenden „sittlichen Elend", begegnen, woraus – so jedenfalls die Befürchtung – schnell Aufsässigkeit und Revolutionslust erwachsen konnten. Sodann sollte endlich die Schulpflicht durchgesetzt werden, und deshalb musste mit der Praxis der Betreuung der kleinen Kinder durch ihre älteren Geschwister, die dadurch vom Schulbesuch abgehalten wurden, gebrochen werden. Schließlich aber war das Eintreten für die Anstalten zur öffentlichen Kleinkinderziehung Teil kinderschützerischer Aktivitäten, die in den 1830er Jahren im Zuge einer vorsichtigen obrigkeitlichen Reformpolitik, so zum Beispiel auch im Kampf gegen die Kinderarbeit, entfaltet wurden.

Fassen wir das zum Verhältnis von Staat und privatem Engagement in der außerfamilialen Kleinkinderziehung Herausgearbeitete kurz zusammen: Für die öffentliche Kleinkinderziehung in ihren Anfängen war kennzeichnend, dass der Staat sich des unmittelbaren eigenen Handelns enthielt, er das notwendige Tätigwerden vielmehr an private Akteure, entweder an kirchennahe Vereine oder die in den Wohltätigkeitsvereinen organisierte bürgerliche Honoratiorenschaft, delegierte. Die Genannten handelten damit als Private in öffentlichem Auftrag und unterlagen zudem, insofern als die Vereine grundsätzlich der staatlichen Zulassung bedurften, ständiger staatlicher Kontrolle. Der Staat hatte den Vorteil, nicht selbst aktiv werden, weitergehende Verpflichtungen eingehen oder finanziell für die Anstalten einstehen zu müssen. Trotzdem war gewährleistet, dass ein sozialpolitisch notwendiges Angebot vorhanden war, das zudem für die potenzielle Klientel nicht den Charakter eines obrigkeitlichen Eingriffs in ihre Privatsphäre, sondern den des Angebots und der Freiwilligkeit seiner Inanspruchnahme trug. Der auf diese Weise bereits im ersten Drittel des 19. Jahrhunderts begründete Vorrang des privaten vor dem staatlichen Engagement in der familienergänzenden Kleinkinderziehung sollte fortan bestimmend für die deutschen Verhältnisse bleiben und auch durch ein nach 1900 stärkeres legislatives, administratives und finanzielles Engagement des Staates nicht prinzipiell in Frage gestellt werden.

Wenn sich die Behörden auch schon in der ersten Hälfte des 19. Jahrhunderts für die Kleinkinderschule interessiert und sich für sie stark gemacht haben, dann hatten sie dabei übrigens keineswegs den Wilderspinschen Typus von Kleinkinderschule vor Augen, auch wenn auf das Buch Wilderspins immer wieder amtlicherseits hingewiesen wurde. Wilderspin hat zwar die Kleinkinderschule in Deutschland bekannt gemacht, direkt nachgeahmt worden ist er hingegen nicht. Sein pädagogisches Konzept wurde in Deutschland als zu schulnah empfunden. Der

Abstand der Kleinkinderschule zur Elementarschule wurde, wie schon gesagt, zunehmend genauer beachtet. In manchen deutschen Ländern war sogar, um die Trennlinie deutlich zu markieren, der Name „Kleinkinderschule" untersagt, so beispielsweise in Bayern, wo der Augsburger Waisenhauslehrer Johann Georg Wirth sein für die deutschen Verhältnisse sehr viel repräsentativeres Konzept als das Wilderspinsche deshalb in einer „Kleinkinderbewahranstalt" verwirklicht hat.

JOHANN GEORG WIRTH UND JULIUS FÖLSING

Einem Auftrag der königlichen Regierung des bayerischen Oberdonaukreises und des Magistrats der Stadt folgend eröffnete der Lehrer am städtischen Armenhaus Johann Georg Wirth (1807–1851) in den Jahren 1834 und 1835 in Augsburg drei Anstalten zur Betreuung kleiner Kinder, die allesamt sehr erfolgreich gewesen sein müssen. Die Wirthschen Einrichtungen gehörten zu den ersten in Bayern und lösten eine Fülle von Nachfolgegründungen in den verschiedenen Teilen des Landes aus. Wirth setzte sich mit seiner Kleinkindpädagogik, die er 1838 in seinem Buch „Über Kleinkinder-Bewahranstalten. Eine Anleitung zur Errichtung solcher Anstalten so wie zur Behandlung der in denselben vorkommenden Lehrgegenstände, Handarbeiten, Spiele und sonstigen Vorgänge" publizierte, ausdrücklich von einem Ansatz ab, wie ihn Wilderspin vertreten hatte (vgl. Wirth 1838). Es komme nicht darauf an, so Wirth, die kleinen Kinder zur „Vielwisserei" zu erziehen. Aufgabe der Kleinkinderziehung sei es vielmehr, sich an den Bedürfnissen des Kindes auszurichten und seine Kräfte und Anlagen auf natürliche Weise zur Entfaltung kommen zu lassen: „Eine frühzeitige Erziehung möge sich nicht aufs Lehren und Lernen ausdehnen, sondern sich beschränken auf vernünftiges, naturgemäßes Entwickeln der noch schlummernden Kräfte des Kindes" (in: Erning 1976, 50). „Weder Schule noch Einsperrungs-Anstalt" solle die neue Einrichtung sein, wünschte sich Wirth, der nach einem Weg suchte, die alte Bewahrpädagogik überwinden zu können, ohne zugleich in das Wilderspinsche Extrem einer weitgehend verschulten Kleinkindpädagogik fallen zu müssen. Dementsprechend war in Wirths Einrichtungen das Spiel von herausgehobener Bedeutung, die Kinder sollten sich frei betätigen können, so wenig wie möglich gegängelt werden. Die Arbeit spielte in Form von diversen Handarbeiten wie

Wollezupfen, Strohflechten, Sortieren, Klöppeln usw. eine nur untergeordnete Rolle. Zwar mochte Wirth auf die schulmäßige Belehrung der
Kinder nicht völlig verzichten: Zeichnen, das Benennen von Gegenständen, das Anhören und Nacherzählen von biblischen Geschichten, Sprachübungen und Ähnliches mehr kamen auch in Wirths pädagogischem
Konzept vor. Auffällig an Wirths Versuch sind aber vor allem die Überlegungen, die er zur Methodik der erzieherischen Arbeit in Kleinkinderschulen anstellte, und die von dem Versuch zeugen, eine Kleinkindpädagogik auf die „Kenntnis der Kindesnatur" zu begründen. Wenn er seine Methode eine „heuristische Methode" nannte, und damit ein Verfahren meinte, das die Kinder mit kleinen Aufgaben konfrontierte, die
selbstständig zu bewältigen waren, er ganz allgemein die Bedeutung des
Fragens betonte und abriet, den Kindern Antworten vorzugeben, wo
doch das Fragen dem Lernen viel dienlicher sei, dann war Wirth mit seiner Sensibilität für die Psychologie des Kindes seiner Zeit zweifellos
voraus. Und dies, obwohl er sich trotz allererster Anfänge schon im ausgehenden 18. Jahrhundert noch längst nicht auf eine ausgearbeitete Kin-
der- und Entwicklungspsychologie stützen konnte. Bis zur Entstehung
einer breiten kinderpsychologischen Forschung auf empirischer Basis
sollten noch mehr als sieben Jahrzehnte vergehen. „Diese Anstalt ist ein
Garten", schwärmte Wirth von seinem eigenen Unternehmen, und tatsächlich kam er mit seinem Konzept dem Kindergarten seines Zeitgenossen Friedrich Fröbel, dessen Schriften er möglicherweise gekannt
und in seine eigenen Überlegungen einbezogen hat, schon sehr nahe.
Wie nur wenige Jahre später es Fröbel tun wird, betonte auch Wirth die
Notwendigkeit einer Ausbildung für das „Erziehungspersonal" seiner
Anstalt. Für eben diesen Personenkreis sowie die Mütter kleiner Kinder
veröffentlichte Wirth 1840 eine Erziehungsanleitung. Mit seinem „Buch
für Mütter und Kindsmägde" (vgl. Wirth 1840) reihte sich Wirth einerseits in die Reihe der seit der Wende zum 19. Jahrhundert zahlreich erscheinenden Erziehungsratgeber für die Hand der bürgerlichen Mutter
ein und trug andererseits zu der nach der Wilderspin-Wertheimerschen
Publikation in Deutschland intensiv diskutierten Professionalisierung
der Arbeit in den Kleinkinderschulen bei.
Unter den deutschen Pionieren der außerfamilialen Kleinkinderziehung
muss auch der Lehrer Julius Fölsing (1818–1882) genannt werden. Fölsing gründete 1843 in Darmstadt eine Anstalt, dem Typus nach eine
Kleinkinderschule. Bemerkenswerterweise handelte es sich dabei um

eine Einrichtung, mit der sich Fölsing – insofern an die vormoderne Tradition der Bewahranstalt anknüpfend – ausdrücklich an die bürgerlichen Eltern der Stadt wandte. Denk- und Sprachübungen, das Zählen, das Buchstabenmalen, aber auch das Spielen und Gärtnern spielten in seinem Konzept eine wichtige Rolle. Erst später, wohl unter dem Eindruck der Armutskrisen der Jahre um 1847/48, empfahl er derartige Anstalten auch für die Kinder der Armen. Fölsing vertrat eine dezidierte Klassenpädagogik: Schulvorbereitung für die Kinder des Bürgertums, Arbeitserziehung für die Kinder des Proletariats. Dass die Erziehung zur Frömmigkeit für beide eine große Rolle spielen sollte, versteht sich von selbst. Ansonsten verband Fölsing viel mit seinem Zeitgenossen Fröbel, den er von mehrfachen Besuchen des Thüringer Pädagogen in Darmstadt her gut kannte und von dem er die Idee der Spielgaben in etwas modifizierter Form (vor allem im Blick auf die Vielfalt und die Freiheit des Umgangs mit ihnen) übernahm. Selbst einen Baukasten hat Fölsing entwickelt, in diesem Falle sogar vor Fröbel und variantenreicher als bei diesem. Seine Ideen hat Fölsing 1846 in einem Buch, „Geist der Kleinkinderziehung" (vgl. Fölsing 1846), und in den 1850er Jahren in einer Zeitschrift zu verbreiten versucht.

Wie zuvor schon Wirth hat auch Fölsing der Ausbildung für die Arbeit mit den Kindern große Bedeutung beigemessen und in diesem Sinne 1847 eine entsprechende Einrichtung in Darmstadt eröffnet. Bis zu seinem Tod soll diese Anstalt mehrere hundert junge Frauen entlassen haben, die z. T. sogar ins Ausland gingen. Nach 1882 wurde diese Ausbildungseinrichtung auf der Basis einer privaten Stiftung weitergeführt.

Zum eigentlichen Begründer einer fachlichen Ausbildung und Qualifizierung für die Kleinkinderziehung aber sind weder Wirth noch Fölsing und auch nicht Fröbel geworden. Hier gilt es vielmehr an den rheinischen Pastor Theodor Fliedner zu erinnern.

THEODOR FLIEDNER UND DIE ANFÄNGE DER FACHLICHEN AUSBILDUNG

Auch im Falle Theodor Fliedners (1800–1864) bestätigt sich der bedeutende Einfluss Wilderspins, denn Fliedner war erstmals in den 1820er Jahren auf verschiedenen Reisen, so genannten „Collektenreisen", die er im Auftrage seiner Gemeinde nach England und Holland unternommen hatte, mit der Idee der Infant School und schließlich auch mit Wilderspin selbst bekannt geworden. Mit der Publikation eines Berichts über diese Reisen hat Fliedner in Deutschland eine der ersten umfassenden Auswertungen der im Ausland gemachten Erfahrungen mit öffentlicher Kleinkinderziehung vorgelegt und damit die These von der Internationalität des (kleinkind-)pädagogischen Diskurses im ersten Drittel des 19. Jahrhunderts nachdrücklich bestätigt (vgl. Fliedner o. J.).

1835 eröffnete Fliedner eine erste Kleinkinderschule in Kaiserswerth bei Düsseldorf, wo er als evangelischer Pastor amtierte. Übrigens geschah dies unter tätiger Mitwirkung des Regierungspräsidenten von Düsseldorf, den Fliedner um die Installierung eines „Ausschusses zur Errichtung einer evangelischen Kinderschule" gebeten hatte, was noch einmal die besondere Rolle staatlicher Stellen bei der Implementation der Kleinkinderschulidee bezeugt: man agiert im Hintergrund, unterstützt und fördert, überlässt aber das praktische Tätigwerden der privaten Initiative; in diesem Fall dem Pastor Theodor Fliedner. In der pädagogischen Ausrichtung der 1835 und aller weiteren im Verlauf der Zeit von ihm gegründeten Anstalten folgte Fliedner dem Typus der Kleinkinderschule, legte aber gesteigerten Wert auf die religiöse Unterweisung, so dass sein Modell als eigenständiger Beitrag einer christlich-evangelischen Kleinkindpädagogik und Teil des Gedankens der in den 1830er und 1840er Jahren entstehenden Inneren Mission gelten darf (vgl. dazu Gerhardt 1937; Sticker 1958).

Vor allem aber gründete Fliedner gemeinsam mit seiner Frau Friedericke (1800–1842), die entscheidenden Anteil am Gelingen des Werks hatte (vgl. Sticker 1961), im Jahre 1836 in Kaiserswerth eine Diakonissenanstalt zur Ausbildung von Fachkräften in der Krankenpflege („Krankendiakonissen") sowie der kinder- und jugendfürsorgerischen Arbeit in den zahlreich entstehenden evangelischen „Rettungshäusern", der er schon ein Jahr später eine ebensolche Einrichtung zur Ausbildung von „Lehrerinnen für Kleinkinderschulen" („Kinderdiakonissen") – eine „Pflanzschule für Kleinkinderlehrerinnen", wie sich Fliedner ausdrückte – angliederte. Als Träger dieser Einrichtung agierte ein privater Verein zur Förderung der Kleinkinderziehung, der auch die Finanzierung übernahm. Nach diesem Muster wurden in den folgenden Jahren überall in Deutschland weitere Diakonissenmutterhäuser ins Leben gerufen, die sich als Mitglieder des Kaiserswerther Verbandes ebenfalls entsprechenden Seminaren angliederten und darin der fachlichen Ausbildung von Kleinkinderschullehrerinnen nachgingen, denn Fliedner war der

Meinung: „Die gute … Gesinnung tut's nicht allein. Es muss auch eine besondere Begabung gerade für diesen Beruf hinzukommen und diese Begabung muss durch tägliche Gewöhnung an einer ganzen Reihe von Handgriffen, Fertigkeiten usw. zur wirklichen Gewohnheit ausgebildet werden. Und gerade dazu ist wiederum eine oft mühsamste Übung für jede einzelne Seminaristin erforderlich" (in: Gehring 1929, 109). Fliedner wollte, anders als in dem von ihm sonst für vorbildlich gehaltenen England üblich, ausdrücklich nur Frauen in den Kleinkinderschulen eingesetzt sehen. Damit war noch vor der Entstehung der Fröbel-Kindergärtnerin der erste qualifizierte (sozial)pädagogische Frauenberuf entstanden, wobei dieser Beruf aufgrund seines engen Bezugs zum kirchlichen Amt („Frauendiakonie") und einer betont religiös motivierten Dienstauffassung nur für kirchlich orientierte Frauen in Frage kam, für diese aber eine ernsthafte Alternative zu Ehe und Mutterschaft bildete (vgl. dazu Schauer 1960).

Ins Seminar aufgenommen wurden vorzugsweise 18- bis 30-jährige junge Frauen, das Höchsteintrittsalter lag bei 40 Jahren. Formelle Aufnahmevoraussetzungen waren die Kenntnis des Lesens und Schreibens sowie Gesundheit, eine gewisse Musikalität und, vor allem, christliche Gesinnung. Anfangs dauerte eine solche Ausbildung, für die die jungen Frauen je nach ihren finanziellen Möglichkeiten zu bezahlen hatten, nur ein bis zwei Monate. 1842 aber waren daraus schon drei Monate, 1848 ein halbes, ab 1854 gar ein ganzes Jahr geworden. 1843 ist dem Fliednerschen Seminar zudem noch eine Abteilung zur Ausbildung von evangelischen Elementarschullehrerinnen angegliedert worden, was die Berufsmöglichkeiten junger Frauen im pädagogischen Bereich weiter verbesserte. Im Übrigen ist das Fliednersche Konzept der kleinkinderschulischen Arbeit nicht nur über die Seminare, sondern auf unsystematische Weise auch über die zahlreichen nach seinen Vorgaben in ganz Deutschland von evangelischen kirchennahen Vereinen getragenen Kleinkinderschulen weiter verbreitet worden, in denen ebenfalls junge Frauen von in Kaiserswerth ausgebildeten Kleinkinderlehrerinnen in der praktischen Arbeit unterwiesen wurden. Dabei beschränkte sich die praktische Tätigkeit der Kleinkinderlehrerinnen nicht auf die Kleinkinderschule, sondern sollte sich nach den Vorstellungen Fliedners und im Sinne der Inneren Mission in volkserzieherischer Absicht auch auf die Familien der kleinen Kinder erstrecken. Vor dem Hintergrund einer solch anspruchsvollen Aufgabe hat sich Fliedner von Anfang an für eine wenigs-

tens minimale soziale Absicherung der Kleinkinderlehrerinnen eingesetzt und bei den (von den Trägervereinen stark nachgefragten) Absolventinnen seiner Ausbildungseinrichtung die Zahlung eines kleinen Ge-
halts und sogar einige Wochen Jahresurlaub zur Anstellungsbedingung
gemacht. Das Gehalt sollte u.a. durch die Elternbeiträge und über wo immer möglich an die Kleinkinderschulen anzuschließende Strick- und
Nähschulen hereinkommen.

Zu den Inhalten der Ausbildung hat sich Fliedner in den 1830er Jahren
geäußert. Danach haben die Seminaristinnen durch ihn selbst und einen
Mitarbeiter täglichen Unterricht erhalten „über die Methode, die Kinder
zu behandeln, angenehm zu beschäftigen und spielend zu unterrichten,
über Sprech- und Denkübungen mit denselben, über Anschauungsunter-
richt an naturgeschichtlichen und ähnlichen Bildern, über das Erzählen
biblischer und anderer moralischer Geschichten unter Vorzeigung von
Bildern, über die Weise, die Kinder mit Hilfe einer kleinen Rechenma-
schine und körperlicher Bewegung zählen, sodann lautieren und auf
Schiefertafeln allerlei zeichnen zu lassen, ihnen Begriffe von Winkeln
und Figuren zu geben durch Übungen mit einem sechsgliedrigen, sechs-
füßigen Maßstab, mit dem dann zugleich spielend gemessen wird, allerlei leichte Liedchen mit ihnen zu singen und passende Spiele mit ihnen
zu treiben. Bedürfen es die Lehrerinnen, so erhalten sie noch Unterricht
in der biblischen Geschichte und biblischen Geographie, im Rechnen,
den Anfangsgründen der Formenlehre und des Zeichnens, im Aufsätze-
machen, Naturgeschichte und von unserem Elementarlehrer, Herrn Le-
kebusch, im Singen" (abgedruckt in: Dammann & Prüser 1981, 74).

Trotz dieses auf einen eher schulähnlichen Betrieb der Kleinkinderschule schließen lassenden Lehrplans der Ausbildungseinrichtung betonte
Fliedner immer wieder, das Spiel der Kinder, „nicht systematischer Unterricht" und keinesfalls die Vorwegnahme schulischer Lerninhalte habe
im Vordergrund der pädagogischen Arbeit zu stehen. Und wenn doch in
unterrichtsähnlicher Manier gearbeitet wurde, dann sollte dies spielerisch und auf anschauliche Weise erfolgen. Wenn etwa im Rahmen der
biblischen Geschichten den Kindern vom Manna in der Wüste erzählt
wurde, dann sollte die Kleinkinderlehrerin für jedes Kind eine Honig-
semmel bereit halten, um so die Süße der Wüstenspeise sinnlich erfahrbar werden zu lassen. Im Dienste der Anschaulichkeit wurden Natura-
lienkästchen eingesetzt, an denen die Kinder die Getreidearten und die
Gartenfrüchte kennen lernen konnten. Fliedner selbst hat zwar mehrere

Liederbücher verfasst, die im Rahmen der Seminar-Ausbildung verwendet werden konnten, aber keine Gesamtdarstellung seiner Kleinkinderpädagogik hinterlassen. Das hat dann einer seiner Mitarbeiter, der in der evangelischen Kleinkindpädagogik später sehr bekannt gewordene Johann Friedrich Ranke (1821–1892), getan. Ranke brachte ab den 1840er Jahren in der Fliednerschen Tradition erarbeitete und jahrzehntelang viel benutzte Lehr- und Unterrichtswerke zur Ausbildung an den Seminaren heraus. Damit lagen auch für die christliche Kleinkinderschule Materialien zur fachlichen Professionalisierung bereit, die den Grundrissen aus den Federn Wilderspin-Wertheimers, Chimanis, Wirths und anderer gleichwertig zur Seite treten konnten (vgl. Ranke 1879).

Fliedner ist zwar nicht der erste gewesen, der die Ausbildung für den Einsatz in den vorschulischen Einrichtungen propagiert hat; so haben zum Beispiel schon Oberlin und Scheppler in den 1770er Jahren die bei ihnen arbeitenden jungen Frauen im Umgang mit den kleinen Kindern unterweisen lassen. Dem Vorbild Oberlins folgend (den er gut kannte!) ließ Pestalozzi in seinem Roman „Lienhard und Gertrud" seinen Helden sich vorstellen, „was für eine himmlisch schöne und bildende Übung das für ältere Schulmädchen sein würde, der Reihe nach diese Kinder den ganzen Tag über in allem Nötigen zu versorgen und sich selbst die Art und Weise einzuüben, wie dieses geschehen müsse und wie die Anfangspunkte der sittlichen, geistigen und Kunstentwicklung für diese Kinder in ihrer ersten Einfachheit ergriffen und für ihre Bildung von der Wiege auf benützt werden könnte" (zit. in: Gehring 1929, 15). Auch sind aus Freiberg in Sachsen und aus Berlin frühe Versuche, die in den Kleinkinderanstalten eingesetzten Frauen auszubilden, bekannt. Von Pauline von Lippe-Detmold, Wirth und Fölsing ist schon die Rede gewesen. Das Wirken Fliedners für die Ausbildung aber ist weder nur punktuell gewesen, wie das bei Oberlin und Wirth oder in den genannten Städten der Fall war, noch ist es gar nur im Bereich der Fiktion geblieben, wie bei Pestalozzi. Es hat vielmehr – zunächst im Rahmen des Kaiserswerther Verbands und dann über diesen hinaus – erheblich in die Breite gewirkt. Am Ende des 19. Jahrhunderts gab es in Deutschland mehr als 13.000 Diakonissen, die in Krankenhäusern, in der Armenpflege und eben auch in Kleinkinderschulen arbeiteten.

Diese Breitenwirkung kann an einem Beispiel aus Süddeutschland aufgezeigt werden. Hier wird immer wieder die 1844 im badischen Leutesheim gegründete und später in Nonnenweier bei Lahr angesiedelte Anstalt der Regine Jolberg (1800–1870) genannt (vgl. Jacobi 2002). Die Existenz dieser Einrichtung von „Mutter Jolberg", wie die nach ihrer Konversion vom Judentum zum Christentum im selben pietistisch-romantischen Milieu wie Fliedner beheimatete Jolberg von ihren bis 1860 mehr als 700 Absolventinnen genannt wurde, verdankte sich dem Vorbild und der Anregung Fliedners. Nachdem Jolberg zu Beginn noch geglaubt hatte: „Ein freundlicher Umgang, einfache Unterhaltung, Vorzeigen von Bildern und allerlei Gegenständen, Gebet, Gesang, kleine Spiele und Fertigkeit im Stricken ist alles, was man für solche kleine Kinder bedarf" (zit. in: Hübener 1888, 49), ist auffällig, wie sehr die Aufnahmebedingungen und der Lehrplan der späteren Einrichtung in Nonnenweier dem der Kaiserswerther Anstalt entsprachen. In Nonnenweier entwickelte sich die Einrichtung zu einem Diakonissenmutterhaus im Fliednerschen Sinne weiter. Als solches ist die Jolbergsche Gründung zwar vor allem im Großherzogtum Baden wichtig gewesen, wo bis in die 1860er Jahre hinein rund 350 „Kinderpflegen", wie die Kleinkinderschulen in Baden genannt wurden, von Leutesheim und später von Nonnenweier aus gegründet worden sind. Die Wirkungen gingen aber in Einzelfällen auch über die Landesgrenzen hinaus. So ist zum Beispiel, vermittelt über die Jolberg-Schülerin Wilhelmine Canz, in den 1850er Jahren im benachbarten Königreich Württemberg mittelbar von Nonnenweier aus die Professionalisierungsbewegung in der Kleinkinderziehung in Gang gesetzt worden (s. folgenden Abschnitt).

Nicht zuletzt ist die Initiative Fliedners auch langfristig folgenreich gewesen: Bis ins 20. Jahrhundert hinein waren die evangelischen Ausbildungsseminare an Diakonissenmutterhäuser angeschlossen, und ebenso lange ist dort der Fliednersche Lehrplan in Kraft geblieben. Eine vergleichbar große Bedeutung und Breitenwirkung kamen in jener Zeit der fachlichen Qualifizierung nur noch der Fröbel-Pädagogik zu. Letztere aber hat Fliedner als ganz und gar unchristlich abgelehnt.

Wege der Ausbreitung der Kleinkinderschule: Das Beispiel Württembergs

Was bisher vorgestellt wurde, das waren einzelne, gewissermaßen punktuelle Ereignisse aus der frühen Geschichte der außerfamilialen Kleinkinderziehung. Am Beispiel des in der öffentlichen Kleinkinderziehung in Deutschland führenden Königreichs Württemberg soll nun gezeigt werden, wie sich die Kleinkinderschulen – dieser Typus ist bis zur Jahrhundertmitte zu einem wichtigen, wenn auch noch nicht zum Mehrheits-Modell geworden – in einem der größeren deutschen Staaten in der ersten Jahrhunderthälfte in der Fläche ausgebreitet haben.

Dass direktes staatliches Engagement bei der Einrichtung von Anstalten zur Betreuung und Erziehung kleiner Kinder, wie überhaupt in der Armenpflege, kaum eine Rolle gespielt hat, ist in den bisherigen Ausführungen schon deutlich geworden. In Württemberg ist das ein wenig anders gewesen, wobei zudem darauf hinzuweisen ist, dass es der aus diesem Land stammende Philosoph Georg Friedrich Hegel war, der sich unter den Theoretikern des modernen Staates als erster des Problems der Armut angenommen und nachdrücklich das Engagement des Staates in der Armenpflege gefordert hat (vgl. Avineri 1976).

Auch in Württemberg, einem agrarisch geprägten, armen und dabei außergewöhnlich dicht besiedelten Land mit in den 1820er Jahren rund anderthalb Millionen Einwohnern sowie einer in der ersten Jahrhunderthälfte bewegten Geschichte (vgl. dazu Weller & Weller 1975, 223-257; Mann 1992), war es die Frau des Regenten, Königin Katharina (1788-1819), eine Tochter des russischen Zaren, die nach schweren Hungerjahren zur Jahreswende 1816/17 die „Centralleitung des Wohltätigkeitsvereins in Württemberg" gründete (vgl. dazu im einzelnen Weller 1979, 105ff.). Hatte bisher der evangelische Oberkirchenrat die Aufsicht über das württembergische Armenwesen geführt, trat nun mit der Centralleitung eine Quasi-Behörde an seine Stelle.

Die Gründung der Centralleitung war Teil eines Reformprogramms, mit dessen Hilfe König Wilhelm I. nach preußischem Vorbild das Land auf dem Wege einer effizienteren Verwaltung zu modernisieren suchte. Herausragende Marksteine waren hier u.a. die Verabschiedung einer fortschrittlichen, ja geradezu liberalen Verfassung im Jahre 1819, der Aufbau eines modernen Heereswesens, die Bauernbefreiung zwischen 1817 und 1836, eine aktive, die beginnende Industrialisierung nachdrücklich unterstützende Wirtschaftspolitik, sowie eben die Reform des Armenwesens. Im Vorstand der Centralleitung waren ausgewählte Repräsentanten des Bürgertums, aber auch Spitzenbeamte der königlichen Regierung versammelt. So fungierte der Präsident der Oberrechnungskammer als Stellvertreter der Königin, die den Vorsitz innehatte, was dem Ganzen einen zumindest halbstaatlichen Charakter verlieh.

Die Centralleitung sollte in allen größeren Städten des Landes lokale Wohltätigkeitsvereine ins Leben rufen und deren Arbeit koordinieren, beraten und teilweise auch finanzieren, aber auch selbst Armenfürsorgeeinrichtungen, Industrieschulen oder landwirtschaftliche Versuchsgüter gründen, um damit dem Armenwesen neue Impulse auf dem Weg zu mehr Rationalität und Effizienz zu verleihen. In den Worten eines Aufrufs vom Frühjahr 1818: „In die ganze Armenpflege soll eine Ordnung und Zweckmäßigkeit gebracht werden, wodurch die Quellen der Armut und Nahrungslosigkeit verstopft und die sittlichen Verderbnisse, die im Gefolge der Dürftigkeit zu sein pflegen, vertilgt werden" (zit. in: Sauer 1995, 266). Königin Katharina starb zwar, noch nicht dreißigjährig, bereits ein Jahr nach dem zitierten Aufruf, 1819. Ihre Gründung aber, die Centralleitung, entwickelte sich – nicht zuletzt dank des Engagements ihrer Nachfolgerin, Königin Pauline – sehr erfolgreich und richtete ab den 1820er Jahren ihr Augenmerk auch auf die Kleinkinderfürsorge. (Wie desolat die Lage hier gewesen ist, zeigt sich nicht zuletzt an der hohen Kindersterblichkeit, die noch Mitte des 19. Jahrhunderts in Württemberg bei 32% der unter einem Jahr alten Kinder lag!)

Zwar waren bereits 1806 in Stuttgart die beiden ersten Kleinkinderbewahranstalten des Landes gegründet worden. Ein Gründungsboom setzte jedoch erst in den 1820er Jahren ein. Die Initiatoren waren in den meisten Fällen die von der Centralleitung unterstützten örtlichen Wohltätigkeitsvereine in Zusammenarbeit mit eigens zur Trägerschaft der Kleinkinderbewahranstalten ins Leben gerufenen Vereinen. Weil dies aus vereinsrechtlichen Gründen für Frauen noch nicht möglich war, traten durchwegs Männer als Vereinsgründer und -vorsitzende in Erscheinung. Die eigentliche Arbeit jedoch wurde von deren Ehefrauen geleistet, indem sie das Personal für die Anstalten aussuchten und dieses bei der täglichen Arbeit unterstützten, aber auch überwachten (ganz wie das Pariser „Komitee der Ehrendamen", und so wie es zuletzt Fürstin Pauline gefordert hatte). Während das Betreuungs- und Erziehungspersonal Lohn erhielt, erfolgte die Arbeit der bürgerlichen Initiatoren und ihrer Frauen selbstverständlich auf ehrenamtlicher Basis. Ein etwas anderes Modell lag da vor, wo die Gründung der Einrichtungen unmittelbar durch evangelische Gemeindepfarrer beziehungsweise deren Ehefrauen betrieben wurde, die im Pfarrhaus mit der Kinderbetreuung begannen. Spätestens, wenn außerhalb des Pfarrhauses eigene Räume bezogen wurden, kam es jedoch auch in diesen Fällen zur Gründung eines Trägervereins.

Der qualitative Sprung zur Kleinkinderschule wurde 1829 wiederum in Stuttgart geschafft, und zwar durch das Engagement eines Kreises von sozial interessierten Honoratioren der Stadt, die das Wilderspinsche Buch gelesen hatten und dadurch angeregt dem Beispiel der Infant Schools nacheifern wollten. Zu diesem Zweck schlossen sie sich zu einem mit der Centralleitung kooperierenden „Privatverein für Kleinkinderschulen in Stuttgart" zusammen und übernahmen eine erste bereits bestehende Einrichtung, um sie ihren Ideen gemäß umzugestalten. Dabei kam ihnen die Mitarbeit einer zufällig in Stuttgart weilenden Schottin, die über praktische Erfahrungen mit dem Wilderspinschen System verfügte, sehr gelegen. Nachdem die Anfangsschwierigkeiten überwunden und sich Bedarf für weitere derartige Einrichtungen gezeigt hatte, bemühte man sich um die behördliche Anerkennung, die das Ministerium des Kultus nach eingehender Prüfung auch aussprach. Das Protektorat, das Königin Pauline über die Musteranstalt übernommen hatte, sowie die Rolle der Centralleitung dürften sich positiv auf die Entscheidungsfindung ausgewirkt haben. Direkte finanzielle Zuwendungen seitens des Staates gab es gleichwohl nicht. Die meisten Mittel steuerte die Centralleitung bei, die ihrerseits von Spenden des wohlhabenden Bürgertums und Geld aus der Privatschatulle des Königshauses lebte, den Rest versuchte man, wo möglich, durch Elternbeiträge oder mittels Wohltätigkeitsveranstaltungen der verschiedensten Art (zum Beispiel Wohltätigkeitsbälle) aufzubringen.

Nachdem es in der Landeshauptstadt in zügiger Folge zu Neugründungen gekommen war, verbreiteten sich derartige Anstalten, „Kleinkinderschulen" genannt, „welche, von Lehrerinnen geleitet, die Erziehung und Bildung der noch nicht schulpflichtigen Kinder bis zum sechsten Jahr bezwecken, besonders solche, deren Eltern durch ihre Berufsarbeiten sehr in Anspruch genommen, ihren Kindern nicht die gehörige Zeit widmen können" (Römer 1865, 558), bis Ende der 1830er Jahre in den größeren Städten des Königreichs, entweder als Neugründungen oder in Weiterentwicklung der bereits bestehenden Bewahranstalten. Getragen wurden sie von lokalen Vereinen und teilfinanziert von der Centralleitung. Pädagogisch (so weit davon die Rede sein konnte; s.u.) folgte die Einrichtung dem Modell der Kleinkinderschule, der bekannten Mischung aus Spielen, „geistigen Übungen", Handarbeiten und einfachen Lernaufgaben. Und zwar dürfte es sich aufgrund der evangelisch-pietistischen Prägung des alt-württembergischen Landesteils um eine Kleinkinderschulpädagogik nach dem Vorbild Oberlins mit hohen Anteilen an religiöser Unterweisung gehandelt haben, wie sie dann ein Jahrzehnt später in der Fassung Theodor Fliedners prägend geworden ist.

1835 griff die Regierung, unterstützt von den beiden Kammern des Landtags, noch einmal helfend ein, indem sie im Rahmen eines Schulgesetzes anordnete, bei Schulneubauten müsse jeweils auch ein Raum eingeplant werden, in dem bei Bedarf eine Kleinkinderschule eingerichtet werden könne. Das scheint gefruchtet zu haben, denn in Württemberg sind für das Jahr 1841 bereits 70 Einrichtungen mit mehr als 4.000 Kindern nachgewiesen; im Revolutionsjahr 1848/49 waren es 99 Einrichtungen mit 6.400 Kindern. Ab den 1860er Jahren kam es nach verschiedenen Besuchen der Fröbel-Anhängerin Bertha von Marenholtz-Bülow auch in Württemberg zu ersten Gründungen von Fröbel-Vereinen und in der Folge zur Einrichtung von Fröbel-Kindergärten. Wie anderswo auch spielten die Fröbel-Kindergärten in Württemberg jedoch quantitativ nie eine große Rolle.

Was in Württemberg bis zur Jahrhundertmitte noch fehlte, das war eine Ausbildungseinrichtung nach Art der Fliednerschen Anstalt beziehungsweise der nach Kaiserswerther Muster eingerichteten Diakonissenmutterhäuser mit ihren angeschlossenen Kleinkinderlehrerinnenseminaren. Es sollte in Württemberg noch bis 1853 dauern, als sich ein „Comité zur Ausbildung von Kleinkinderpflegerinnen" konstituierte, um diese Aufgabe in Angriff zu nehmen. Dank der Tatkraft einer einzelnen Frau, der schon erwähnten Wilhelmine Canz (1815–1901) (vgl. Bornhak o. J.), die auf Empfehlung Jolbergs nach Württemberg gekommen war und in den folgenden Jahren zur Begründerin des Ausbildungswesens in diesem Lande wurde, gelang es, ab 1855 in Großheppach bei Stuttgart, wohin sie der dortige evangelische Ortsgeistliche geholt hatte, eine Ausbildungseinrichtung zu eröffnen. Das muss auch dringend nötig gewesen sein. Außer in den besonders geförderten Stuttgarter Musteranstalten scheint nämlich eine Praxis vorgeherrscht zu haben, die Canz so beschrieb: „Man nahm … eine für andere Arbeit untaugliche Person, oder wohl eine gesunde Magd mit christlichem Sinn, die ein paar Lieder noch aus der Schule her wusste, und stellte sie zu den Kindern. Dann glaubte man Alles gethan zu haben" (Die Bildungsanstalt … [1863], 4). In ihrem Ausbildungsprogramm entsprach die Großheppacher „Bildungsanstalt für Kleinkinderpflegerinnen", deren Absolventinnen sich „Schwestern" nannten und zölibatär sowie in enger Bindung an die evangelische Kirche lebten, weitgehend den Vorgaben Fliedners (vgl. Cramer 1980). Man kann daher auch die Canzsche Gründung mittelbar den Fernwirkungen des rheinischen Reformers zurechnen. 1881 wurde Großheppach der Centralleitung unterstellt. Dass sich recht schnell der Einsatz qualifizierter Kräfte durchsetzte, man sogar von der Einrichtung neuer Kleinkinderanstalten absah, wenn entsprechendes Personal nicht vorhanden war, zeigt sich nicht zuletzt am (vorübergehenden) Rückgang der Zahl von Kleinkindereinrichtungen im mittleren 19. Jahrhundert. Gab es in Württemberg 1855 schon 155 Anstalten mit mehr als 10.000 Plätzen, so waren es 1866 nur noch 142 Anstalten mit knapp 9.000 Plätzen.

Es wurde schon angedeutet, dass ein Charakteristikum aller württembergischen Kleinkinderanstalten deren betont religiöser Charakter war. Für Alt-Württemberg meint dies, dass sie zwar keine Einrichtungen der evangelischen Kirche waren, sie über ihre Gründer aber selbst da, wo es sich nicht um die Gemeindepfarrer handelte, der Kirche doch sehr nahe standen. Württemberg kann als ein Beispiel für das Engagement bürgerlicher Honoratioren gelten, die aus einem christlichen Impuls, in enger Zusammenarbeit mit Kirchenleuten und aus der Absicht heraus, einen Beitrag zur Entschärfung der Klassengegensätze leisten zu wollen, tätig geworden sind. Mittels der Centralleitung wurden sie darin in Maßen von den staatlichen Organen unterstützt. Die Verhältnisse in Württemberg sind deshalb im Blick auf die Trägerstruktur durchaus in Analogie zur britischen Infant-School-Society zu sehen.

Die Bevölkerung der erst nach 1800 im Zuge der von Napoleon veranlassten territorialen Neuordnung an Württemberg gefallenen Gebiete Oberschwabens, im Wesentlichen das ehemalige Vorderösterreich, die großen Reichsabteien, zahlreiche kleine Reichsritterschaften und Reichsdörfer und die oberschwäbischen Reichsstädte, war katholisch. Hier hatte sich die Auflösung von Klöstern, traditionell Zentren der karitativen Arbeit im katholischen Raum, im Zuge der Säkularisation 1803 auf die Verhältnisse in der Armenpflege sehr negativ ausgewirkt. Umso wichtiger waren die Impulse durch die Centralleitung. Dennoch blieben sowohl die Zahl an kleinkindpädagogischen Einrichtungen als auch ihr Besuch durch die in Frage kommenden Kinder im ganzen 19. Jahrhundert geringer als im evangelischen Landesteil. Allerdings hatte dies auch Gründe, die im Verhältnis der katholischen Kirche zur öffentlichen Kleinkinderziehung zu suchen sind.

DIE ANFÄNGE DER KATHOLISCHEN KLEINKINDERZIEHUNG
IN DEN BEWAHRANSTALTEN

Unter den in der Frühphase der außerfamilialen Kleinkinderziehung relevanten Akteuren taten sich die Katholiken am schwersten, denn nach katholischer Lehre war die Erziehung der Kinder Sache der Eltern, die gewissermaßen als Stellvertreter Gottes und im Auftrage der Kirche an ihren Kindern handelten. Außerfamiliale Kleinkinderziehung kam nur ausnahmsweise und allenfalls dann infrage, wenn die Eltern selbst unter keinen Umständen in der Lage waren, ihre Kinder in rechter Weise, und das hieß vor allem, zu gottesfürchtigen Menschen und treuen Untertanen der weltlichen Obrigkeit zu erziehen, oder wenn die Kinder verwaist waren (vgl. Beeking 1929, 78ff.). Jedem Versuch, die außerfamiliale Erziehung der kleinen Kinder über diese Fälle hinaus auszudehnen, stieß daher auf den entschiedenen Widerstand der katholischen Kirche. Nicht zuletzt daraus erklärt sich die Ablehnung der Fröbel-Pädagogik seitens der Katholiken. Dazu an anderer Stelle Genaueres.

Dass sich das karitative Engagement auf katholischer Seite schließlich auch um den Aspekt der öffentlichen Kleinkinderziehung erweiterte, hat seinen Grund in den ökonomischen und sozialen Umbrüchen der Zeit. Die Jahrzehnte vor der Revolution von 1848 wirkten auf die Entstehung eines sozial und politisch engagierten Katholizismus wie ein Katalysator. Ein Motiv dabei war der Abwehrkampf gegen die angeblich drohende sozialistische Gefahr (vgl. Rauscher 1986). Indem man Maßnahmen gegen die soziale Not der Unterschichten, insbesondere gegen die Zerrüttung der Familie ergriff, indem man sich der aufsichtslosen und von Verwahrlosung bedrohten Kinder des Proletariats annahm, glaubte man, nicht nur einen Beitrag zur Entschärfung der „sozialen Frage", sondern auch zur Stabilisierung der gefährdeten politischen Ordnung leisten zu können. Schließlich galt die Familie in der katholischen Soziallehre als wichtigste Keimzelle der gottgegebenen gesellschaftlichen Ordnung. In diesem Zusammenhang entstanden in der ersten Hälfte des 19. Jahrhunderts zahlreiche weibliche Orden und (Frauen-)Kongregationen, die sich der Wohlfahrtsarbeit verschrieben, worunter eben zunehmend auch die Sorge für die Kinder des Proletariats fiel (vgl. Meiwes 2000). Namentlich zu nennen sind hier die Vinzentinerinnen, die Franziskanerinnen, die Borromäerinnen.

Initiiert und mit finanziellen Mitteln versehen wurden die Einrichtungen der öffentlichen Kleinkinderziehung auch auf katholischer Seite von

Vereinen, und zwar solchen, die in der Regel von den Ortsgeistlichen gegründet wurden und denen jedes Gemeindemitglied beitreten konnte (und sollte). Die finanziellen Mittel kamen aus den Mitgliedsbeiträgen, der sonntäglichen Kollekte, auch aus Schenkungen, Vermächtnissen und Stiftungen. Häufig widmeten sich diese Vereine neben der Kleinkinderziehung auch der Krankenpflege. Anders als in den nicht-konfessionellen Vereinen, die von der städtischen Oberschicht bestimmt wurden, dominierten in den (katholischen und evangelischen) kirchennahen Vereinen die Angehörigen der Mittel- und Unterschicht. Der Vereinsvorsitz wurde vom Ortspfarrer wahrgenommen, die praktische Arbeit in den Einrichtungen wurde von Ordensschwestern geleistet, die sich von jungen Frauen aus den Gemeinden zur Hand gehen ließen. In der hier behandelten frühen Phase der Entwicklung verfügten allerdings weder die Ordensfrauen noch die Laienkräfte über eine einschlägige Ausbildung. Eine Theodor Fliedner entsprechende Initiative hat es im katholischen Bereich zu diesem Zeitpunkt nicht gegeben. Auch sind kleinkindpädagogische Schriften katholischen Hintergrunds, die den Beiträgen aus dem Fliedner-Umkreis vergleichbar gewesen wären, erst im Zuge der Entstehung einer genuin „katholischen" Pädagogik im letzten Drittel des 19. Jahrhunderts vorgelegt worden (vgl. Willmann 1898). Bis dahin erwarben sich die in den Einrichtungen tätigen Frauen das notwendige Wissen allein durch das praktische Handeln an den Kindern.

Ihrer Verfassung nach entsprachen die katholischen Einrichtungen dem Typus der Bewahranstalt im Übergang zur Kleinkinderschule (vgl. dazu Krieg 1987). Im Vordergrund stand die religiöse Erziehung, die in der Gebetserziehung, in der Unterweisung in biblischer Geschichte, im Erzählen von Heiligenlegenden und in der Einführung in die kirchlich-religiösen Praktiken bestand. Die für die Kleinkinderschule typische, mehr oder weniger intensiv betriebene intellektuelle Ausbildung spielte demgegenüber noch eine sehr untergeordnete Rolle. Wenn sie vorkam, dann beschränkte sie sich auf das mechanische Auswendiglernen abfragbaren Wissens, von Sprüchen, Versen und Liedern. Sehr wichtig war die Erziehung zu Gehorsam, Ordnung und Disziplin, die man nicht zuletzt durch den schulmäßig genau vorgegebenen Tages- und Wochenplan zu sichern versuchte. Gemäß der Erbsündenlehre wurden Kinder als für das Böse stets anfällig betrachtet, dem es, auch wenn sie getauft und damit im Prinzip von der Erbschuld befreit waren, immer zu wehren galt. Es herrschte deshalb ein durchaus strenger, strafender Umgangsstil vor. Gespielt wurde nur wenig, allenfalls zur Belohnung und Erholung von den zahlreichen kleineren Arbeiten, die die Kinder in diesen Einrichtungen – hierin ganz Bewahranstalt – den Tag über auszuführen hatten. Im freien Spiel wurde immer eine Gefahr für die mühsam durchgesetzte äußere Ordnung gesehen.

Kindheit war in dieser Sicht alles andere als Spielkindheit. Vielmehr stand die zeitige Gewöhnung an Arbeit, an Entsagung und Genügsamkeit im Vordergrund, denn im Fehlen eben dieser Einstellungen glaubte man einen wesentlichen Grund für die Verwahrlosungserscheinungen der gesellschaftlichen Unterschichten erkannt zu haben. Deshalb auch wurden (wie in den evangelischen Einrichtungen) lange Zeit keine unehelichen Kinder aufgenommen, was zwar aus fürsorgerischer Sicht zwingend geboten gewesen wäre, aber in der Überzeugung wurzelte, durch die Aufnahme der Unehelichen das angeblich sittenlose Verhalten ihrer Mütter nicht noch „belohnen" zu dürfen.

Übrigens wurde keineswegs streng darauf geachtet, dass die Kinder stets nur die Einrichtungen der eigenen Konfession besuchten. Anders als im Elementarschulwesen, wo katholische Kinder eher auf den Schulbesuch verzichten sollten, als eine evangelische Volksschule zu besuchen, wurde dies im vorschulischen Bereich längst nicht so streng gehandhabt: Nicht selten waren katholische Kinder in evangelischen Einrichtungen anzutreffen und umgekehrt.

ZUR QUANTITATIVEN ENTWICKLUNG UND TRÄGERSTRUKTUR

Über die quantitative Seite der öffentlichen Kleinkinderziehung sind wir im hier verhandelten Zeitraum nur unzureichend informiert. Ein verlässliches Dokumentations- und Archivwesen befand sich, wie die moderne Bürokratie überhaupt, in der ersten Hälfte des 19. Jahrhunderts noch im Aufbau. Manche Einrichtung wird nie Eingang in eine amtliche Statistik gefunden haben. Insofern sind die im Folgenden genannten Zahlen mit Vorbehalt zu nehmen.

Immerhin weisen die vorliegenden Quellen bis zur Jahrhundertmitte rund 480 Anstalten nach, wobei die Masse der Anstalten erst in den späten 1830er und in den 1840er Jahren eingerichtet worden ist (vgl. Reyer 1985, 19ff.). Die meisten Anstalten gab es 1850 in Preußen, in Württemberg und in Bayern. Mit Ausnahme von Preußen zeigt sich also ein deut-

liches Nord-Süd-Gefälle, das allen Erwartungen über einen allzu monokausalen Zusammenhang von Industrialisierung und öffentlicher Kleinkinderziehung widerspricht, denn die süddeutschen Länder waren weit
weniger industrialisiert als zum Beispiel Sachsen, das nur über kaum
mehr als ein halbes Dutzend Anstalten verfügt haben soll.

Auch bezüglich der Betreuungsquote kann man nur von ungefähren
Werten ausgehen. In Preußen soll etwa ein Prozent der unter fünfjährigen Kinder eine Anstalt besucht haben. Dabei muss man berücksichtigen, dass ganze Landstriche ohne jede Einrichtung auskommen mussten, während in den Städten schon bis zu 10% der infrage kommenden
Altersgruppe eine Anstalt besuchten. Ganz normal waren übrigens Verhältnisse, in denen eine Betreuungsperson auf 100 und mehr Kinder
kam.

Nach den bisherigen Ausführungen zur Trägerschaft der Einrichtungen
überrascht es nicht zu sehen, dass 1850 drei Viertel der auf dem Gebiet
des Deutschen Bundes bestehenden Einrichtungen von mehr oder weniger kirchennahen Vereinen getragen wurden. Alle anderen Trägerfor-
men fielen demgegenüber stark ab: Bei weiteren 20% traten Einzelpersonen, bei 5% die Kommunen als Träger in Erscheinung.

ZUSAMMENFASSUNG

In der ersten Hälfte des 19. Jahrhunderts kommt auch in Deutschland die
öffentliche Kleinkinderziehung in Gang. Zwar ist die außerfamiliale
Betreuung kleiner Kinder schon in den Jahrhunderten davor bekannt.
Diese historisch frühen Einrichtungen werden jedoch vom städtischen
Bürgertum geschaffen, um die Mütter, die einem großen und arbeitsauf-
wändigen Haushalt vorstehen, stundenweise bei der Hausarbeit zu entlasten. Jetzt werden derartige Anstalten erstmals für die Mütter des Proletariats eingerichtet, um diesen die aushäusige Erwerbstätigkeit zu ermöglichen und ihre Kinder vor Aufsichtslosigkeit und Verwahrlosung
zu schützen.

Als Initianten und Träger der Anstalten treten Angehörige des Bürgertums in Erscheinung, häufig Menschen mit starken kirchlichen Bindungen, aber auch die Ortsgeistlichen und ihre Gemeinden. Gegründet und
formell geleitet werden die Trägervereine von Männern, deren Frauen
sich um die inhaltliche Ausgestaltung der Arbeit kümmern und die Auf-

sicht über das Tun der Kleinkinderlehrerinnen ausüben. Auf katholischer Seite treten meist die Gemeindepfarrer als Gründer und Vorsitzende in Erscheinung. Sieht man von dem wohltätigen, allerdings in dieser Hinsicht halbprivaten Engagement zahlreicher Herrschergattinnen ab, hält sich der Staat zunächst abseits beziehungsweise bedient sich der genannten Vereine, die gewissermaßen an seiner Stelle und in seinem Auftrag agieren. Nur ausnahmsweise, wie verschiedentlich insbesondere in Preußen, treten Vertreter des Adels in gewissermaßen privatmäzenatischer Weise als Gründer von Einrichtungen (und deren Unterhalter) auf. Die Behörden animieren allerdings in Form allgemeiner Appelle an das aufgeklärte und sozial engagierte Bürgertum sowie an die Kommunen, in entsprechender Weise initiativ zu werden, lassen es an finanzieller Unterstützung allerdings weitgehend fehlen. Eine Sonderrolle spielt in Württemberg die Zentralleitung, eine de facto praktisch halbstaatliche Einrichtung. Die notwendigen Mittel müssen ansonsten über Zuwendungen der gründenden Honorationen, zum Teil auch über Stiftungen, über Spenden, kirchliche Pfründen und, wo möglich, die Beiträge der Eltern aufgebracht werden. Trotzdem beanspruchen die staatlichen Organe, so wie sie durch die Genehmigungspflicht die Kontrolle über die Trägervereine ausüben, von Anfang an auch das Recht, die neu gegründeten Anstalten kontrollieren zu dürfen, indem sie die Schulinspektoren auch in die Bewahranstalten schicken. Gleichwohl sind die Einrichtungen der öffentlichen Kleinkinderziehung nicht Teil des Bildungswesens, sondern Teil der Armenfürsorge. Dass das staatliche Interesse im Laufe des Jahrhunderts zunehmen wird, ist einerseits dem Einfluss fortschrittlicher Beamter in der Staatsverwaltung und andererseits einem spezifisch deutschen aufgeklärten Reformabsolutismus geschuldet, der die Wohlfahrt seiner Bürger als Aufgabe staatlichen Handelns entdeckt. Inhaltlich entwickelt sich die alte Bewahranstalt zum neuen Typus der Kleinkinderschule weiter, auch wenn die Bewahranstalten damit keineswegs von heute auf morgen verschwinden. Die Kleinkinderschule verfolgt bereits eine pädagogische Absicht, sie will die kleinen Kinder sittlich-moralisch bilden, sie auf dem Pfad der Tugend halten beziehungsweise sie dorthin zurückführen. Deshalb dominieren die religiösen Inhalte. Anders als in Großbritannien und Frankreich, wo sich die vergleichbaren Einrichtungen bewusst als Vor-Schule begreifen und schulisches Lernen und schulische Lernformen vorwegnehmen, häufig sogar institutionell mit der Elementarschule verschmelzen, bemüht sich die Kleinkinderschule in Deutschland trotz nicht selten schulmäßigen Betriebs um Abstand zur Schule. Keinesfalls, so bestimmen es auch die staatlichen Vorgaben, dürfen schulische Inhalte vorweggenommen werden. Das betrifft vor allem das Lesen und Schreiben, das die Kinder erst in der Elementarschule lernen sollen (was dort freilich meist misslingt). Auf diese Weise kann sich ein eigenständiges elementarpädagogisches Bildungsprogramm entwickeln, das neben den religiösen Anteilen und dem Auswendiglernen besondere Beschäftigungsmittel kennt, die den kleinen Kindern grundlegende Einsichten intellektueller Art ermöglichen sollen. Im nächsten Kapitel wird dieser Aspekt an Hand der Fröbelschen Spielgaben exemplarisch und vertieft behandelt werden.

Mit dem Durchbruch der Kleinkinderschule zeigt sich auch die Notwendigkeit, die ausschließlich weiblichen Kräfte auf ihre Tätigkeit in der öffentlichen Kleinkinderziehung gezielt vorzubereiten. Jetzt ist es nicht mehr länger mit der bloßen Beaufsichtigung der kleinen Kinder getan. Einen ersten Beitrag zu Qualifizierung und Professionalisierung auf diesem sich allmählich pädagogisch definierenden Feld leistet der rheinische (evangelische) Pfarrer Theodor Fliedner mit seiner Diakonissenausbildung in Kaiserswerth, die für die evangelischen Anstalten überall in Deutschland schnell maßgebend wird.

4. Idee und Praxis des Kindergartens:
Fröbel und die Fröbelbewegung (1840 bis 1914)

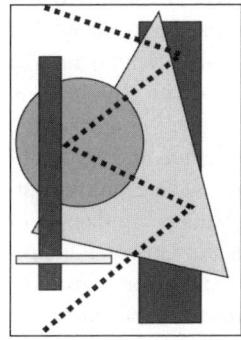 Einleitung – Die Elemente der Fröbelpädagogik – Die ersten Kindergärten und die Kindergartenbewegung – Die Fröbelvereine und der Fröbelverband – Kindergartenbewegung und bürgerliche Frauenbewegung – Die Kindergärtnerinnenseminare und ihr Beitrag zur fachlichen Qualifizierung der öffentlichen Kleinkinderziehung – Die Fröbelpädagogik im Ausland – Zusammenfassung

Einleitung: Zur Biographie Friedrich Fröbels

Weil der Kindergarten so eng mit der Person Friedrich Fröbels verbunden und dieser zudem einer der wenigen deutschsprachigen Pädagogen von Weltgeltung ist, soll Fröbels Lebensgang etwas ausführlicher dargestellt werden (zur Biographie zum Beispiel Giel 1979; Heiland 1982): Friedrich Fröbel wurde am 2. April 1782 in Oberweißbach in Thüringen als sechstes und jüngstes Kind einer evangelischen Pfarrersfamilie geboren. Schon ein Jahr nach seiner Geburt, 1783, starb die Mutter, eine in jener Zeit nicht seltene Erfahrung kleiner Kinder, die auch, wie seine Biographen immer wieder feststellten, bei Fröbel traumatische Eindrücke hinterlassen haben soll. Nach insgesamt achtjährigem Schulbesuch – das war weit mehr als die allermeisten Kinder damals an schulischer Bildung erhielten – begann Fröbel 1797 eine Lehre als Feldmesser, wechselte aber zwei Jahre später, 1799, an die Universität Jena, um dort ein Studium der Naturwissenschaften aufzunehmen, das er allerdings bereits nach drei Semestern wegen fehlender Geldmittel wieder abbrechen musste. Fröbel kehrte nach Hause zurück, um dort auf einem großen Hofgut seinen Lebensunterhalt zu verdienen.
1802 starb der Vater. Fröbel ging als Landvermesser – den Beruf hatte er ja gelernt – nach Bayern, danach als Privatsekretär nach Mecklenburg.

81

Auf der Suche nach einer neuen Anstellung kam Fröbel schließlich nach Frankfurt am Main, wo er 1805 Lehrer an einer Reformschule wurde. Der erste Kontakt zur Pädagogik war hergestellt. In der Folge begann Fröbel sich intensiv mit den Schriften Pestalozzis, des damals meist gelesenen pädagogischen Autors, zu beschäftigen. Bereits im Sommer des Jahres erfolgte ein erster Besuch bei Pestalozzi in Yverdon in der Schweiz, wo dieser eine in ganz Europa berühmte Erziehungsanstalt betrieb. 1807 gab Fröbel seine Tätigkeit an der Frankfurter Schule auf und wurde in der selben Stadt Privatlehrer bei der Familie von Holzhausen. Mit den drei Söhnen der Familie, für deren Erziehung er verantwortlich war, reiste Fröbel 1808 erneut zu Pestalozzi nach Yverdon und verbrachte dort zusammen mit seinen Zöglingen zwei Jahre. Nach Frankfurt zurückgekehrt verließ Fröbel 1811 seine Hauslehrerstelle, um das abgebrochene Studium wieder aufzunehmen – zuerst an der Universität Göttingen (wo er vor allem orientalische Sprachen studierte) und ab 1812 an der neu gegründeten Universität Berlin. In Berlin setzte er seine einst in Jena angefangenen naturwissenschaftlichen Studien fort und interessierte sich nunmehr vor allem für die Kristallographie. Aus diesen naturwissenschaftlichen Studien ging später ein von Fröbel so genanntes „Sphärengesetz" hervor, womit sein Entdecker nichts weniger als das Grundgesetz des Aufbaus der Welt entdeckt haben wollte. In den Baugesetzen der Natur glaubte Fröbel eine Erklärung für alle Erscheinungsformen der Welt gefunden zu haben: Die Einheit birgt in sich die Mannigfaltigkeit und die Mannigfaltigkeit mündet wieder in die Einheit. Zur Veranschaulichung wählte er das Beispiel des Samenkorns, aus dem die Pflanze entstehe, die in sich wieder die Einheit verkörpere, oder das Ei, aus dem ein Lebewesen wächst, das ebenfalls in allen seinen Teilen Einheit ist. Dieser Gedanke wurde später in seiner Pädagogik und dort insbesondere in den Spielgaben relevant. Ein anderes, das erzieherische Denken Fröbels fundierendes Gesetz, das er allerdings nicht seinen naturwissenschaftlichen Studien, sondern der Philosophie der Zeit (insbesondere der Schellings und Hegels) entnahm, ist das Gesetz über den polaren Aufbau der Welt, der nach dialektischer Vermittlung strebe. Auch hierfür hat Fröbel in seiner Berliner Zeit den Grund gelegt. 1813 beendete Fröbel sein Studium und nahm als Freiwilliger an den antinapoleonischen Kriegen teil.

Im Jahr darauf, 1814, folgte eine Tätigkeit am mineralogischen Museum in Berlin. Diese Stelle gab Fröbel auf, als er sich überraschend verpflichtet sah, für die Erziehung seiner drei vaterlos gewordenen Neffen zu sorgen. Deshalb kehrte er schon früher als beabsichtigt in die Heimat zurück und plante dort die Einrichtung einer Erziehungsanstalt nach dem Vorbild Pestalozzis. 1816 kam es tatsächlich zur Gründung einer internatsmäßig geführten Einrichtung in Griesheim/Thüringen, und zwar unter dem Namen „Allgemeine Deutsche Erziehungsanstalt", die 1817 nach Keilhau bei Rudolstadt verlegt wurde. Finanziert wurde die Keilhauer Anstalt aus dem Schulgeld der Zöglinge und Mitteln eines Fröbel-Bruders, der als Unternehmer zu Geld gekommen war. In den Jahren von 1820 bis 1823 erschien eine Reihe kürzerer Abhandlungen, die ersten publizistischen Äußerungen Fröbels, die heute als „Kleine Keilhauer Schriften" bekannt sind (vgl. Friedrich Fröbels ... [1966], 214-398). In ihnen versuchte Fröbel seine Keilhauer Erziehungsarbeit theoretisch zu begründen. Diese Schriften sind stark vom romantischen, aber auch vom national-chauvinistischen Geist der „Befreiungskriege" beeinflusst. Mitte der 20er Jahre sollen fast 60 Zöglinge die Keilhauer Anstalt besucht haben.

1826 veröffentlichte Fröbel sein Hauptwerk, „Die Menschenerziehung" (Fröbel 1982). Dieses Buch, das die Entwicklung des Kindes und seine Erziehung bis ins Primarschulalter hinein behandelt, folgt einem streng systematischen Aufbau: Zuerst klärt der Autor die Grundbegriffe seiner Erziehungstheorie und prägt dabei das berühmte Begriffspaar von der „vorschreibenden" und der „nachgehenden" Erziehung. Anschließend entwickelt er eine Anthropologie des Menschen und unterwirft diesen einer entwicklungspsychologischen Betrachtung. Am Ende folgen Überlegungen zum ersten Unterricht des Kindes. Eingestreut in das Werk finden sich Beobachtungen und Analysen, beispielsweise zum Kinderspiel, zur Entwicklung der ästhetischen Ausdrucksfähigkeit oder zur Kindersprache, die noch heute aktuell und lesenswert sind. Fröbel erweist sich in dieser Schrift als Anhänger eines organisch-natürlichen Erziehungsverständnisses, wonach Erziehung vor allem die Aufgabe habe, den selbsttätig ablaufenden geistig-seelischen Entwicklungsprozess des Kindes zu begleiten und zu fördern.

1831 verließ Fröbel Keilhau, das aber von seinen Mitarbeitern weitergeführt wurde, und übersiedelte in die Schweiz, wo er auf Einladung eines Mäzens auf dessen Schloss am Sempachersee eine Erziehungsanstalt nach dem Muster Keilhaus gründen sollte. Diese Anstalt kam jedoch nicht so recht in die Gänge und wurde zwei Jahre später nach

Willisau bei Luzern verlegt. Von dort aus bereitete Fröbel 1834 seinen Wechsel in das bernische Städtchen Burgdorf vor. In Burgdorf hatte er bereits seit geraumer Zeit auf Wunsch der Berner Kantonsregierung die Durchführung von Lehrerfortbildungskursen übernommen. Ein Jahr später wurde Fröbel in Burgdorf zum Leiter eines Waisenhauses mit angeschlossener Elementarschule ernannt. In diese Zeit fallen seine ersten Ideen zur Einrichtung eines „Kindergartens", die er zwar noch nicht unter diesem Namen, sondern unter der etwas umständlichen Bezeichnung „Anstalt zur Selbstbelehrung, Selbsterziehung und Selbstbildung des Menschen, wie zur allgemeinen, so zur in sich einigen Ausbildung desselben durch Spiele, schaffende Selbsttätigkeit und freitätigen Selbstunterricht, zunächst für Familien und Kleinkinder-Pflegeschulen, für Begründungs- und Volksschulen" zu Papier brachte.

Um diese Idee realisieren zu können, gab Fröbel seine Stellung in Burgdorf auf und kehrte 1837 nach Thüringen zurück. In Bad Blankenburg eröffnete er eine „Anstalt zur Pflege des Beschäftigungstriebes der Kindheit und Jugend" und begann, die Spielgaben zu entwickeln, die ihn später weltberühmt machen sollten. Diese Spielgaben wollte er über die eben gegründete Anstalt vertreiben. Ursprünglich hatte Fröbel vorgehabt, mit Hilfe dieser Spielgaben die Eltern – insbesondere die Mütter – in ihrer Erziehungstätigkeit zu unterstützen. Ferner sah Fröbel stets auch die Elementarschule als einen Ort an, an dem die Gaben eingesetzt werden könnten, was das frühe Engagement der Volksschullehrerbewegung für die Fröbelsche Sache erklärt. Der Kindergarten sollte nur so etwas wie die Vorbereitungs- oder Eingangsstufe eines nach pädagogischen Grundsätzen reformierten Bildungswesens sein.

Bald musste Fröbel jedoch einsehen, dass die meisten Mütter mit der Handhabung der Spielgaben in dem von ihm beabsichtigten Sinne überfordert waren. Aus diesem Grund richtete er sein Augenmerk auf die Bewahranstalten und das dort tätige Personal, das er in entsprechender Weise schulen wollte – ohne dass er damit das Ziel einer Verbesserung der Familienerziehung aufgegeben hätte. Er versuchte es nur auf anderem Wege zu erreichen. Deshalb gründete Fröbel 1839 – gewissermaßen als Modelleinrichtung, an der sich die Bewahranstalten (aber eben auch die Familien) orientieren sollten – in Bad Blankenburg eine nunmehr „Kindergarten" genannte „Spiel- und Beschäftigungsanstalt". „Wie in einem Garten" und unter der Anleitung „erfahrener einsichtiger Gärtner im Einklange mit der Natur" sollten die Kinder „wie Gewächse gepflegt" werden, führte Fröbel 1840 in seiner programmatischen Schrift „Plan zur Begründung eines Kindergartens" zur Wahl des Namens „Kindergarten" aus. Fröbel wollte diese Anstalt zu einer großen, in alle deutschen Länder ausstrahlenden Musteranstalt, zu einem „Allgemeinen deutschen Kindergarten" werden lassen. Zu diesem Zweck sollten Aktien gezeichnet werden, um das notwendige Kapital zur Realisierung des ehrgeizigen Planes hereinzubekommen; ein Unternehmen das jedoch völlig scheiterte. Fröbel antwortete auf diesen Misserfolg mit einer ausgedehnten Reisetätigkeit durch Deutschland zur Propagierung seiner Idee.

1843 veröffentlichte Fröbel die „Mutter- und Koselieder", eine Sammlung von 50 Spielliedern, Reimen, kleinkindpädagogischen Reflexionen und Handlungsanleitungen, die, für die Hand der Mutter bestimmt, eine Art elementare Schule des Sehens, der Körperbewegung, des Sprechens und des Empfindens des kleinen Kindes darstellt (Fröbel & Pfaehler 1982). Durch Anschauung, Bewegung, Melodie und Wort sollte das Kind allmählich aus der engen Mutter-Kind-Symbiose herausgelöst und in die es umgebende Welt der Menschen und Dinge eingeführt werden. Die Mutter- und Koselieder wurden im Laufe der Zeit mehrfach aufgelegt, illustriert und sogar vertont. 1849 kam es zur Gründung der „Anstalt für allseitige Lebenseinigung durch entwickelnd-erziehende Menschenbildung" in Bad Liebenstein (Thüringen), dem nunmehrigen Wohnort Fröbels.

Am 7. August 1851 wurden die bis dahin wenigen Anstalten, die nach Fröbels Kindergarten-Idee arbeiteten, in Preußen auf Betreiben des reaktionären Kultusministers Karl Otto von Raumer verboten. Ob dieses Verbot, das mit den restaurativen politischen Tendenzen in der Zeit nach der Revolution von 1848 zu erklären ist, auf eine Verwechslung Friedrich Fröbels mit dessen Neffen Karl Fröbel, dem eine revolutionsfreundliche Haltung nachgesagt wurde, zurückzuführen ist, ist bis heute umstritten. Auffallend ist jedoch, dass sich im Revolutionsjahr 1848 die positiven öffentlichen Verweise auf Fröbel und seinen Kindergarten häufen. So konnte der Kindergarten bei den Kräften des Konservatismus, von den politischen Machthabern bis hin zur evangelischen Orthodoxie, leicht in den Ruf des Liberalismus, des Freien und Unkonventionellen geraten. An Pfingsten 1852 erfuhr Fröbel durch die in Gotha tagende allgemeine deutsche Lehrerversammlung eine große und öffentlich bekundete Zustimmung zu seiner Kindergartenidee. Wenige Tage später, am 21. Juni, starb Fröbel in Marienthal in Thüringen.

DIE ELEMENTE DER FRÖBELPÄDAGOGIK

Maßgebend für den Kindergarten war und blieb die Familienerziehung. Fröbel hat zwar ein Modell der außerfamilialen Kleinkinderziehung geschaffen, dies aber nach dem Vorbild der Familienerziehung. Im Grunde sollte der Kindergarten nach Art eines, wie sich Fröbel ausdrückte, „erweiterten" und damit „bewussteren" und „vollkommeneren" Familienlebens funktionieren, die Kindergärtnerin dem Bild der Mutter entsprechen. Mit Hilfe des Kindergartens – es wurde schon angedeutet – hoffte Fröbel, auch der Familienerziehung neue Impulse geben zu können. Deshalb hatte die Kindergärtnerin stets den Auftrag, über ihre eigentliche Arbeit im Kindergarten hinaus, auf die Familien der ihr anvertrauten Kinder positiv einzuwirken.

Die auffälligste der von Fröbel vorgenommenen Erweiterungen des einfachen Familienmodells betraf zweifellos die drei zentralen methodischen Elemente der Fröbelpädagogik: die Spielgaben (1), die Beschäftigungsmittel (2) und die Bewegungsspiele (3) (vgl. dazu Bollnow 1977, 92ff.). Zusammen mit der Arbeit im Garten bilden sie den Kern der auf das Spiel als der dem Kind angemessenen Lebens- und Lernform bezogenen Kindergartenpädagogik, so wie sie von Fröbel ersonnen und – selbstverständlich mit gewissen Modifikationen – bis weit ins 20. Jahrhundert hinein in den Kindergärten praktiziert worden ist.

(Zu 1) Die erste Spielgabe ist der Ball (Fröbel 1982a, 57-68). Fröbel hielt ihn für die Urform aller Formen. Durch seine vollendete Abgeschlossenheit sei er das Symbol für die am Beginn des Lebens stehende Einheit zwischen Mutter und Kind. Als erstes Spielzeug des Kindes sei er deshalb so geeignet, weil der an einem Faden über dem Bettchen des Kindes aufgehängte Stoffball, den das Kind hin und her bewegen kann, ein erstes und noch mehr ahnendes Gegenstandsbewusstsein vermittle. Außerdem bahne diese Bewegung aus Ergreifen, Festhalten, Loslassen und Wiederhaben die Kind-Welt-Differenzierung an. So Fröbel, der sich hier als genialer Psychologe der allerfrühesten Kindheit erweist.

Kugel, Würfel und Walze bilden gemeinsam die zweite Spielgabe (ebd., 68-96). In ihnen drückt sich Fröbels Philosophie des Polaren samt dessen Überwindung aus, insofern nämlich, als Würfel und Kugel den größtmöglichen Formgegensatz bilden, der sich in der Walze aufhebt. Die dritte bis achte Spielgabe bildet der auf immer kompliziertere Weise geteilte Würfel (Fröbel 1982b, 89-146; Hoof 1977). Möglicherweise ist dieser Einfall von dem seinerzeit weit verbreiteten Steinbaukasten der Rudolstädter Firma Richter angeregt worden, der ebenfalls auf dem Prinzip des mehrfach geteilten Würfels basierte. Am Ende stand jedenfalls auch im System der Fröbelschen Spielgaben ein Baukasten, der allerdings nicht mehr von Fröbel selbst, sondern erst in seiner Nachfolge entwickelt worden ist. Zu seiner abschließenden Gestalt hat der Fröbel-Baukasten überhaupt erst in den 20er Jahren des 20. Jahrhunderts unter der Fröbel-Pädagogin Luise Klostermann gefunden.

Zwar hat sich Fröbel auch im Falle des Umgangs mit den mehrfach geteilten Würfeln wieder als guter Beobachter der kleinen Kinder erwiesen, denen er mit dieser Spielgabe die Gelegenheit geben wollte, in ihrem Tun dem verborgenen Wesen der Dinge, dem, was die Welt im Innersten zusammenhält, auf die Spur kommen zu können, was überhaupt das eigentliche Motiv des kindlichen Tätigkeitstriebes sei. Im Prinzip der Teilung des Würfels spiegelt sich aber auch Fröbels Idee von der Einheit in der Vielheit und der Vielheit in der Einheit wider. Deshalb forderte Fröbel von den Kindern, am Ende eines jeden Spiels mit dem geteilten Würfel die einzelnen Elemente desselben stets in die Ausgangsform des Würfels zurückzuversetzen. Streng achtete Fröbel auch darauf, dass die Kinder nicht beliebig mit den Würfelteilen spielten, sie gar zu Objekten ihrer Phantasie werden ließen, sondern sie vielmehr entweder als „Lebens- und Gebrauchsformen" nutzten (indem sie damit Gegenstände des täglichen Lebens nachkonstruierten) oder zu „Erkenntnisformen" gruppierten (an denen sich mathematische Gesetzmäßigkeiten visualisieren und damit nachvollziehen ließen) oder sie zu „Schönheitsformen" zusammenfügten (geometrischen Figuren, die eine ästhetische Wirkung entfalten sollten). So wird deutlich, wie im Umgang mit den Spielgaben das Begreifen der Welt zugleich auf kognitive und auf symbolische Weise erfolgen sollte. Gerade das Letztere war Fröbel wichtig. In der Bedeutung des Symbols und der symbolischen Weltbegegnung drückte sich nicht nur die eigentümliche Philosophie Fröbels, sondern auch ein zutiefst psychologisches Verständnis des Kindes aus: Weil der vernünftigen Erkenntnisfähigkeit des kleinen Kindes noch enge Grenzen gesetzt sind, muss das Begreifen auf symbolische Weise notwendig hinzutreten; was es noch nicht klar erkennt, soll das Kind wenigstens erahnen.

(Zu 2) Als Beschäftigungsmittel bezeichnete Fröbel das Erbsenlegen und das Legen von Fruchtkernen; das Stäbchenlegen; das Perlensticken mittels Ausstechheftchen; das Umgehen mit Legetäfelchen und Papierquadraten; das Streifenschneiden aus Karton oder Papier; das Flechten; das Herstellen von Raumkörpern aus Papier. Einerseits griff Fröbel hier auf Formen der Beschäftigung zurück, wie sie auch in den Bewahranstalten und Kleinkinderschulen üblich waren und wie sie uns schon bei Oberlin begegnet sind. Zum andern aber konnte er den Einsatz der Beschäftigungsmittel mit Hilfe seiner Symboltheorie begründen. Den Kindern sollte auf symbolhafte Weise die Erfahrung des Aufbaus mehrdimensionaler Formen – vom Punkt über die Linie zur Fläche und zum Raum – vermittelt werden. Zudem erführen die Kinder – etwa beim Streifenschneiden – die Auflösung des Flächigen und anschließend – beim Flechten mit Hilfe der zuvor hergestellten Streifen – den umgekehrten Vorgang und mit diesem Wechsel aus Werden und Vergehen ein Grundgesetz allen natürlichen Lebens. Außerdem kann man in den Beschäftigungsmitteln wieder das Fröbelsche Denken in mathematischen, hier: geometrischen, Kategorien erkennen. Punkt, Linie, Fläche, Raum, allesamt elementare geometrische Gestalten, die den Kindern im Hantieren sinnlich erfahrbar würden. Während die Schüler(innen) und Nachfolger(innen) Fröbels an den Spielgaben, dem eigentlichen Herzstück der Fröbelpädagogik, von der Einführung des Baukastens abgesehen, keine Weiterentwicklungen oder Abänderungen vornahmen, sind die Beschäftigungsmittel immer wieder Gegenstand erfindungsreicher Fröbelpädagog(inn)en gewesen. So sind im Laufe der Jahrzehnte das Ringelegen, das Fadenspiel, das Ausnähen, das Spiel mit Sand usw. hinzugekommen.

(Zu 3) Die Bewegungsspiele fügten die alten Gemeinschaftsspiele, wie sie Kinder immer schon auf der Straße oder auf dem Hof gespielt haben, in die tägliche Kindergartenarbeit ein. Deshalb bestanden die Bewegungsspiele in ihrem Grundmuster im Wesentlichen aus Lauf- und Ballspielen, Kreis- und Turnspielen. Auch Nachahmungsspiele, heute würde man von sozialen Rollenspielen sprechen, gehören hierher. Die Kinder sollten ihre Bewegungslust ausleben, den eigenen Körper und die Kräfte, die in ihm steckten, spüren können. Für seinen Ur-Kindergarten in Bad Blankenburg hatte Fröbel neben dem Garten, in dem die Kinder arbeiteten, auch einen großen „Bewegungs- und Laufspielplatz" fest eingeplant. Dennoch hat sich Fröbel mit den Bewegungsspielen nicht annähernd so ausführlich befasst wie mit den Spielgaben und den Beschäftigungsmitteln. Einige der Bewegungsspiele stammen auch gar nicht von Fröbel selbst, sondern wurden von seinen Mitarbeitern beigesteuert.

Die ersten Kindergärten und die Kindergartenbewegung

Von den noch von Fröbel selbst vorgenommenen und gelegentlich auch gescheiterten Kindergartengründungen ist schon im Rahmen des biographischen Abrisses die Rede gewesen (vgl. auch Kuntze 1952, 110ff.). 1847 jedoch konnte Fröbel von immerhin sieben Kindergärten berichten, die in Deutschland nach seiner Methode arbeiteten. Seine pädagogischen Ideen hatten in der Öffentlichkeit also allem Anschein nach Anklang gefunden, seine Werbereisen hatten gefruchtet.

Eines von zahlreichen Beispielen dieser öffentlichen Resonanz der Fröbelschen Ideen ist die von einer im Revolutionsjahr 1848 in Rudolstadt in Thüringen zusammengekommenen Lehrerversammlung formulierte „Bitte an die deutschen Regierungen und den Reichstag zu Frankfurt", worin die Petenten „den Staat" auf seine Pflicht aufmerksam machten, die „Kinder der Armen" mit Hilfe familienergänzender Erziehung vor Verwahrlosung und Elend zu bewahren. Hier wird, und zwar an der Stelle, wo es um die Nennung einschlägiger Modelle einer zeitgemäßen öffentlichen Kleinkinderziehung geht, erstmals in einem Dokument von Rang „Fröbel in Keilhau" nicht nur in einem Atemzug mit „Fliedner in Kaiserswerth" und „Fölsing in Darmstadt", der „Kindergarten" neben den „Spielschulen" und den „Kleinkinderbewahranstalten" genannt, sondern im weiteren Fortgang des Textes der Petition Fröbels Wirken mehrfach und ausdrücklich lobend erwähnt und gefordert, bei allen Kindern solle der Kindergartenbesuch dem Schuleintritt vorhergehen (abgedruckt in: Erning 1976, 111ff.).

Im Todesjahr Fröbels, 1852, hatte sich die Zahl der Fröbel-Kindergärten bereits mehr als verdoppelt, 18 Kindergärten sind in Betrieb gewesen. So ungeschickt sich Fröbel in organisatorischer Hinsicht bei den von ihm selbst in die Wege geleiteten Gründungen angestellt hatte, so viel Charisma besaß er, um immer wieder einflussreiche und energische Persönlichkeiten, zumeist Frauen, für seine Absichten gewinnen zu können (vgl. Müller 1929; Berger 1995). Unter diesen dürfte in der Frühphase der Kindergartenbewegung die Baronin Bertha von Marenholtz-Bülow (1810–1893), die sich eng an Fröbel anschloss und als Gründerin von Fröbel-Vereinen und Kindergärten in Berlin und Dresden, später sogar im europäischen Ausland mehrfach in Erscheinung getreten ist, die wichtigste gewesen sein (vgl. Heiland 1992, 27-115).

Das Muster der Verbreitung war immer dasselbe und ist uns im Prinzip schon aus der allgemeinen Vereinsprivatwohltätigkeit bekannt (vgl.

Heerwart 1906a): Zuerst erfolgte die Gründung eines Vereins, der dann als Träger eines Kindergartens auftrat. In einem letzten Schritt konnten den Kindergärten – was allerdings nur bei den großen Einrichtungen der Fall war – Ausbildungsseminare angegliedert werden. Das schon erwähnte Verbot der Kindergärten in Preußen ab 1851 konnte die weitere Ausbreitung der Fröbel-Pädagogik nur kurzzeitig bremsen. Regionale Zentren waren neben Thüringen und Berlin vor allem Hamburg und Sachsen. Auffallend ist das weitgehende Fehlen der süddeutschen Länder. Dort tat sich der Kindergarten gegenüber der christlichen Kleinkinderschule lange sehr schwer. Erst im letzten Jahrhundertdrittel kam es auch in Süddeutschland zu Kindergarten-Gründungen.

Kaum hatte sich die Bewegung nach Aufhebung des Verbots 1860 einigermaßen – wenn auch in quantitativer Hinsicht immer noch in bescheidenem Rahmen – etabliert, da wurde sie erneut auf eine Bewährungsprobe gestellt. Diesmal war es ein interner Konflikt, der die Fröbel-Anhängerschaft entzweite. Die inzwischen erfolgreich arbeitenden Kindergärten hatten sich nämlich schnell als Einrichtungen erwiesen, die vor allem das begüterte Bürgertum ansprachen. Das war einerseits Folge des Umstands, dass sich die Kindergärten anfangs allein aus den Beiträgen der Eltern finanzieren mussten. Andererseits war diese Entwicklung von nicht wenigen Anhänger(inne)n Fröbels ausdrücklich so gewollt, um den Kindergarten auch in sozialer Hinsicht von den Bewahranstalten und den Kleinkinderschulen – Einrichtungen der Armenpflege – abzusetzen, wohingegen Fröbel den Kindergarten für alle Kinder, die der Wohlhabenden wie die der Armen gleichermaßen, vorgesehen hatte. Dass sich jetzt der Kindergarten als krasses Minderheitenangebot herauszustellen begann, hätte Fröbels Absichten nicht entsprochen. Freilich waren nicht alle seine Anhänger(innen) bereit, ihm hierin zu folgen. Um die Frage nach der eigentlichen Zielgruppe der Kindergärten entbrannte also unter den Nachfolgern Fröbels ein heftiger Streit. Eine Gruppe von Fröbel-Anhänger(inne)n unter Führung der schon genannten Baronin von Marenholtz-Bülow gründete 1863, um ihrer Vorstellung von einer möglichst breiten sozialen Öffnung des Kindergartens Nachdruck zu verleihen, in Berlin einen eigenen Verein, den „Verein für Familien- und Volks-Erziehung", und verfocht die Idee des „Volks-Kindergartens" (vgl. Voß 1937). Die daraus resultierende Spaltung der Kindergartenbewegung konnte erst zu Beginn des 20. Jahrhunderts völlig überwunden werden. Zwar hatten in Berlin die beiden rivalisierenden Fröbel-Vereine bereits 1874 wieder zusammengefunden, in der Fröbel-Bewegung insgesamt jedoch war die Idee des die fürsorgerische Zielsetzung ausdrücklich mit einschließenden Volkskindergartens erst in den Jahren vor dem Ersten Weltkrieg völlig akzeptiert.

Zu diesem Zeitpunkt hatte sich der Kindergarten freilich längst in eine Vielzahl von Varianten ausdifferenziert, der lange so heftig befehdete Volkskindergarten war nur noch ein Typus unter mehreren (vgl. Heerwart 1906a, 886ff.): Da gab es neben dem als Ganztagsangebot betriebenen Volkskindergarten den Normal- (oder auch Vereins-)Kindergarten, fast ausschließlich von Kindern des mittleren und höheren Bürgertums für wenige Stunden am Tag besucht; dann den Familienkindergarten, der von jeweils einigen befreundeten Familien gewissermaßen in Form einer privaten Familienassoziation betrieben wurde, ohne öffentliche Mittel allein von den Eltern finanziert; dann den Privat-Kindergarten als Angebot einer auf eigene Rechnung, also unternehmerisch tätigen Kindergärtnerin; (besonders in den stark industrialisierten Gegenden) den Fabrikkindergarten sozial engagierter Fabrikanten; den Schulkindergarten in Verbindung mit einer Schule; den Gemeindekindergarten in kommunaler Trägerschaft. Um 1900 existierten nach einer Erhebung des Deutschen Fröbel-Verbands in ganz Deutschland 130 Kindergärten, 1908 sollen es schon rund 350 gewesen sein, was ein starkes Wachstum nach der Jahrhundertwende anzeigt, wobei noch zu berücksichtigen ist, dass eine ganze Reihe von Privat-Kindergärten in den amtlichen Statistiken gar nicht aufgetaucht sein dürfte. So sehr die Kindergartenbewegung nach innen eine heterogene Angelegenheit war, sich die Kindergärten im Blick auf ihre Klientel, die Art ihrer Trägerschaft und Finanzierung voneinander unterschieden, nach außen trat sie geschlossen auf; ein Verdienst ihrer verbandlichen Organisation.

DIE FRÖBELVEREINE UND DER FRÖBELVERBAND

Das Vereinswesen spielte, wie schon gesagt, in der Geschichte der Ausbreitung der Kindergartenidee eine wichtige Rolle. Dem Aufbau eines Kindergartens ist anfangs fast immer und später zumindest sehr häufig die Gründung eines (Träger-)Vereins vorausgegangen. Mit der steigenden Zahl von Kindergärten musste so zwangsläufig auch die Zahl der lokalen Fröbel-Vereine steigen. Auf diesem vielfältigen lokalen Vereinswesen bauten zunächst regionale Dachvereine, am Ende der Deutsche Fröbelverband (DFV) auf. Ohne dessen zielstrebige Lobbytätigkeit hätte sich der Kindergarten sicher nicht so schnell durchgesetzt. Die Frühgeschichte des DFV zeigt, wie sich die Fröbelbewegung vom Heimatland Fröbels, Thüringen, ausgehend schnell in Deutschland ausgebreitet hat (vgl. Hanschmann 1874; Heerwart 1906b):

1859: erstes Treffen thüringischer „Freunde Fröbelscher Erziehungsgrundsätze" in Gotha

1862: der „Deutsche Fröbelverein zunächst für Thüringen" wird gegründet

1867: erste „Generalversammlung" des „Deutschen Fröbelvereins …" in Köthen; der Verein beginnt sich durch Aufnahme weiterer lokaler und auch regionaler Vereine über Thüringen hinaus auszudehnen

1868: Abänderung des Vereinsnamens in „Deutscher Fröbel-Verein"

1872: Umbenennung in „Allgemeiner Fröbel-Verein"

1873: Gründung des „Deutschen Fröbel-Verbands" (DFV) in Nordhausen in Thüringen als Dachverband aller bisher bestehenden regionalen Fröbel-Vereine. 1878 sind elf regionale Vereine unter dem Dach des DFV organisiert; 1910 ist deren Zahl auf 45 und 1915 auf 69 Vereine angewachsen. 1913 organisiert der DFV über seine lokalen und regionalen Vereine rund 7.000 Mitglieder.

Der DFV sah sich für Vielerlei zuständig. Neben der Traditionspflege, der 1908 die Eröffnung des Friedrich-Fröbel-Hauses als Zentrum einer geplanten Fröbel-Gedenkstätte in Bad Blankenburg sowie die Initiierung von biographischen Arbeiten zu Fröbel und die Herausgabe seiner Schriften diente, ging es zuerst darum, die Aktivitäten der immer zahlreicher werdenden lokalen Fröbelvereine zu koordinieren. Sodann versuchte man durch die Förderung der internen Kommunikation ein Gemeinschaftsbewusstsein unter den Anhängerinnen und Anhängern der Fröbelpädagogik herzustellen. Dazu wurde eine eigene Zeitschrift herausgegeben, der ab 1860 erscheinende „Kindergarten". Hinzu kamen die in der Regel alle zwei Jahre stattfindenden großen Tagungen des DFV. Hier trafen sich die Kindergärtnerinnen, lernten ihre Kolleginnen kennen und tauschten Erfahrungen aus. Auf diesen Tagungen wurden aber auch öffentlichkeitswirksam aktuelle Themen der Kleinkinderziehung aufgegriffen, die Fröbel-Pädagogik (zum Beispiel mit Hilfe von Ausstellungen) einer größeren Öffentlichkeit präsentiert und über ihre Weiterentwicklung debattiert. Die Teilnehmerzahlen steigerten sich kontinuierlich und erreichten in den 1920er Jahren bis zu 2.000 Interessierte. Die große Zahl war nicht unwichtig, weil damit – und das war eine weitere Aufgabe des DFV – der Sache des Kindergartens politisches Gewicht zu verleihen war. Man wollte auf der politischen Bühne etwas für den Kindergarten erreichen, nicht zuletzt auch eine finanzielle Unterstützung durch den Staat. So trat der DFV schon 1876 – wenn auch letztlich vergebens – an den damaligen preußischen Kultusminister Falk mit der Bitte heran, eine Empfehlung zugunsten der Fröbel-Pädagogik auszusprechen. Einen großen Erfolg hingegen brachte das Jahr 1910 mit der Eröffnung des ersten staatlichen Seminars in Preußen, der Königlichen Elisabethschule in Berlin. Dort wurde ausdrücklich die Fröbel-Pädagogik gelehrt. In den am Beginn des zweiten Jahrzehnts des 20. Jahrhunderts vermehrt gegründeten staatlichen und kommunalen Seminaren war die Fröbel-Pädagogik fest verankert. 1912 erhielten alle preußischen Fröbel-Kindergärtnerinnenseminare die staatliche Anerkennung (die anderen deutschen Länder folgten bald dem preußischen Beispiel nach). Nicht zufällig standen die Seminare im Mittelpunkt der Politik des DFV. Seine Hauptaufgabe sah der DFV nämlich auf dem Gebiet der Förderung der Ausbildung. So konnte man die Expansion der Fröbel-Pädagogik vorantreiben und hatte zugleich die Sicherheit, die Kontrolle über ihre inhaltliche Weiterentwicklung in der Hand zu behalten. Der Ausbildungs-Aufgabe widmeten sich die zahlreichen Fröbel-Seminare, die überall in Deutschland (meist in Verbindung mit einem Kindergarten) gegründet wurden und die alle auch dem DFV beitraten.

Zwar hatte Fröbel selbst bereits in groben Zügen einen Ausbildungsplan entworfen, der allerdings zur praktischen Umsetzung in den Seminaren zu wenig konkret war. So behalf man sich zunächst mit den entsprechenden Vorschlägen und Lehrbüchern von Marenholtz-Bülows. 1895 schließlich publizierte der DFV den ersten „Normallehrplan", der maßgebend für die Ausbildung der Fröbel-Kindergärtnerinnen, darüber hinaus aber vorbildhaft für den gesamten Bereich der öffentlichen Kleinkinderziehung sein sollte. Auf diesen „Normallehrplan" wird noch zurückzukommen sein.

Als berufsständisches Organ der Interessensvertretung der Kindergärtnerinnen verstand sich der DFV übrigens nicht. Dieser Aufgabe widmete sich ab 1893/94 der „Allgemeine internationale Kindergärtnerinnen-

Verein" (ab 1915 unter dem Namen „Berufsorganisation der Kindergärtnerinnen und Hortnerinnen"), den man als eine Art Nebengründung des DFV, dessen Mitglied er selbstverständlich war, bezeichnen könnte. Der DFV war auch nach 1918 auf allen eben genannten Feldern aktiv und an den im übernächsten Kapitel darzustellenden politischen Weichenstellungen aktiv beteiligt. Nach 1933 führte der DFV nur noch ein Schattendasein, auch wenn er bis zu seiner Selbstauflösung 1938 formell unabhängig blieb. Bezeichnenderweise war es, nachdem sich zuvor Frauen mühsam in die Führung des DFV hatten vorarbeiten können, ab 1934 mit dem Psychologieprofessor Hans Volkelt wieder ein Mann, der den Verbandsvorsitz übernommen hatte und den DFV, dem Führerprinzip entsprechend, auf autoritäre Weise beherrschte. 1948 erfolgte die Wiedergründung – nunmehr allerdings unter dem Namen, den er bis heute führt, als „Pestalozzi-Fröbel-Verband" (PFV), und für mehr als vier Jahrzehnte in seiner Wirksamkeit auf die „alte" Bundesrepublik beschränkt. Längst aber hat der PFV die für den DFV geltende Konzentration auf die Fröbel-Pädagogik hinter sich gelassen und ist zu einem sozialpädagogischen Fachverband von Expert(inn)en für Kleinkinderziehung, ganz allgemein: zu einem Anwalt der Kinder und deren Bedürfnisse in der modernen Welt geworden.

KINDERGARTENBEWEGUNG UND BÜRGERLICHE FRAUENBEWEGUNG

Es ist schon darauf hingewiesen worden, dass die Mehrheit der Mitglieder des DFV Frauen gewesen sind, obgleich es erst im Jahr 1907 gelang, mit Marta Back eine Frau an die Spitze des Verbands zu wählen. Die starke Beteiligung von Frauen ist nicht weiter überraschend, war doch die Kleinkinderziehung nicht nur innerhalb der Familie, sondern auch in familienergänzenden Einrichtungen immer Sache von Frauen. Zu erinnern ist hier zum Beispiel an den Aufruf der Fürstin Pauline von Lippe-Detmold, der die Rolle der Frauen sowohl auf der leitenden und überwachenden als auch auf der praktisch-ausführenden Ebene unterstreicht. Da liegt es nahe, nach dem Verhältnis der Kindergartenbewegung zur Frauenbewegung (vgl. Gerhard 1990) zu fragen, denn es ist kaum wahrscheinlich, dass zwei bedeutende soziale Bewegungen, die das Leben gerade der bürgerlichen Frauen so zentral betrafen, keine Notiz voneinander genommen haben sollten.

Tatsächlich zeigt ein Blick auf die Verbandsgeschichte des DFV, dass dieser 1909 in den Bund Deutscher Frauenvereine (BDF) aufgenommen worden ist. Die Beziehungen der Fröbelbewegung zur Frauenbewegung sind also offenkundig sehr eng gewesen, gar so eng, dass ein Historiker des Kindergartens die Fröbelbewegung „geradezu als eine Fraktion innerhalb der Frauenbewegung" bezeichnen konnte (Reyer 1987a, 36). Johanna Goldschmidt (1806–1884), 1850 an der Gründung der Hamburger „Hochschule für das weibliche Geschlecht" maßgeblich beteiligt und zehn Jahre später Mitbegründerin des Hamburger Fröbel-Vereins; Henriette Goldschmidt (1825–1920), treibende Kraft der „Leipziger Fröbel-Freunde" und Mitorganisatorin der ersten gesamtdeutschen Frauenkonferenz 1865 in Leipzig (auf der der Allgemeine Deutsche Frauenverein, der später im BDF aufging, gegründet worden ist); Lina Morgenstern (1830–1909), 1859 an der Gründung des „Berliner Frauenvereins zur Beförderung der Fröbelschen Kindergärten" beteiligt und als Pazifistin und Feministin dem radikalen Flügel der deutschen Frauenbewegung nahestehend: Das sind nur drei hier beispielhaft zu nennende Frauen, die sowohl in der Fröbel- wie auch in der Frauenbewegung eine führende Rolle gespielt haben. Übrigens handelt es sich bei den drei Genannten um Jüdinnen, was kein Zufall ist. Wie in der Frauenbewegung, so fanden sich auch in der Fröbelbewegung zahlreiche Jüdinnen an herausgehobener Stelle, denn beide Bewegungen waren Ausdruck des Emanzipationskampfes bürgerlicher Frauen und damit Vorboten einer modernen bürgerlich-liberalen Gesellschaftsordnung, die auch den Juden die volle Teilhabe am gesellschaftlichen Leben zu eröffnen versprach (vgl. Fassmann 1996). Es ist deshalb naheliegend, dass sich Jüdinnen in ihrem Kampf um Gleichberechtigung als Frauen und als Angehörige einer lange unterdrückten religiösen und sozialen Minderheit gerade zu solchen sozialen Bewegungen hingezogen fühlten, die diese Benachteiligungen zu überwinden suchten.

Was waren nun aber die Gründe dafür, dass sich (bürgerliche) Frauen so sehr für die Fröbel-Pädagogik engagierten? Was machte die Ideen Fröbels für die Frauenbewegung so attraktiv, denn in der Tat hat sich die Frauenbewegung im Bildungsbereich neben dem Auf- und Ausbau des Mädchenschulwesens in auffallender Weise für den Fröbelschen Kindergarten eingesetzt.

Zunächst einmal ist hervorzuheben, dass sich Fröbel immer wieder für die Mitwirkung der Frauen in den öffentlichen Angelegenheiten eingesetzt hat. Zwar ist der Beitrag, in dem Fröbel 1841 der allenthalben zu hörenden Auffassung, „Frauen und Jungfrauen müssten im Stillen wirken und dürften nicht an öffentlichen Werken Anteil nehmen", vehement widersprochen hatte (Fröbel 1982b, 183), im 19. Jahrhundert gar nicht bekannt, weil nicht publiziert gewesen. Andere, gleichlautende Äußerungen aber kannte man von Fröbel sehr wohl. Tatsächlich hat Fröbel mit seinem Kindergarten und der in ihm tätigen Kindergärtnerin die Beschränkung der bürgerlichen Frau auf die ihr im Zuge jenes im ersten Kapitel dieses Buches beschriebenen Strukturwandels der Familie zugewachsene Rolle als Ehefrau, Mutter und Hausfrau aufgebrochen und ihr, was für die in den Bewahranstalten und Kleinkinderschulen tätigen Frauen aus kleinbürgerlichen oder halbproletarischen Verhältnissen sowie die Angehörigen der christlichen Frauenorden und Diakonissenvereine längst schon selbstverständlich war, ein Betätigungsfeld außerhalb der häuslich-familialen Sphäre eröffnet. Und zwar ein Tätigkeitsfeld, das zugleich standesgemäß und – über eine theoretisch wie praktisch anspruchsvolle Ausbildung abgesichert – qualifiziert war und zudem der angeblich natürlichen pädagogischen Begabung der Frau auf ideale Weise entgegen kam. So ließ sich das besondere Engagement der Frau in der Kleinkinderziehung begründen, ohne dass man auf das traditionelle Muster der christlichen Liebestätigkeit und den religiös motivierten Dienstgedanken hätte zurückgreifen müssen, wie er beispielsweise für die Fliednersche Konzeption kennzeichnend gewesen ist. Es war nicht zufällig die Fröbel-Nichte Henriette Schrader-Breymann (1827–1899), die das für die Kämpfe der bürgerlichen Frauenbewegung um die Teilhabe der Frau an der Berufswelt so entscheidende Schlagwort von der „geistigen Mütterlichkeit" geprägt hat, das diesen Sachverhalt auf den Begriff zu bringen versuchte. Die Frauen der bürgerlichen Frauenbewegung akzeptierten die ihnen zugeschriebene weibliche Rolle, beanspruchten aber, mütterliche Zuwendung nicht mehr allein den eigenen, sondern ebenso anderen Kindern gegenüber zeigen zu können (vgl. Stoehr 1983; Allen 1991, 66ff.). Eben das hat auch Fröbel gemeint, dem – einem Bericht seines Freundes Wichard Lange (1826–1884) zufolge – „Mutter ... jeder (geheißen habe), der das Wesen des Kindes in seiner Erscheinung in den verschiedenen Lebensperioden mit Gemüth erfasst und pflegt" (zit. in: Mayer 1996, 25). Mütterlichkeit blieb nicht länger an die biologische Mutterschaft gebunden, sondern wurde von dieser losgelöst und zur „geistigen" Mütterlichkeit. Damit war auch den kinderlosen Frauen des Bürgertums, ohne sich an eine Konfession binden zu müssen, die

Möglichkeit eröffnet, ihrer Wesensbestimmung gemäß beruflich – und das heißt: gegen Bezahlung – tätig werden zu können (vgl. Sachße 1986). Dieser Aspekt darf in seiner Bedeutung nicht unterschätzt werden, ging es doch zunehmend darum, unverheiratet gebliebenen Frauen eine Erwerbsmöglichkeit verschaffen zu müssen.

Der Vorteil dieser engen Verbindung von Mütterlichkeit und weiblicher Berufstätigkeit im Kindergarten (und darüber hinaus allgemein in der Sozialen Arbeit) bestand also in dem Umstand, ein Feld beruflichen Tätigseins erkämpft zu haben, auf dem die Frauen konkurrenzlos waren. Und zwar waren sie dies interessanterweise gerade weil die herrschende Geschlechtsrollenideologie dabei nicht grundsätzlich hatte infrage gestellt werden müssen. Auch Fröbel selbst hatte – ganz in der Tradition dieser Geschlechtsrollenideologie – Mann und Frau als „entgegengesetzte Selbstoffenbarungen desselben Wesens" bezeichnet; alles andere, als dieses dualistische Menschenbild, hätte dem romantischen Denken, dem Fröbel tief verhaftet war, völlig widersprochen. Der Nachteil dieser zunächst verblüffend wirkungsvollen und von der Frauenbewegung auch gerne benutzten Konstruktion ließ sich freilich ebenfalls nicht übersehen und bestand darin, dass durch die strenge Fixierung der Frauen auf die Mütterlichkeit alle Forderungen nach einer weiteren Verbesserung der Ausbildung (und damit auch besseren Bezahlung!) leicht abgewehrt werden konnten. „Mütterlichkeit", die entscheidende Qualifikation für den Beruf der Kindergärtnerin, konnte dieser Denkungsart zufolge ja schließlich nicht erlernt werden, sondern war den Frauen quasi natürlich mitgegeben.

Kurz vor der Jahrhundertwende hat sich der BDF auch öffentlich für den Kindergarten eingesetzt. Der Kindergarten sollte Teil des allgemeinen, staatlich beziehungsweise kommunal getragenen Bildungswesens werden. In einer im November 1898 von der damaligen BDF-Vorsitzenden Auguste Schmidt sowie der Fröbel-Anhängerin Henriette Goldschmidt unterzeichneten Petition an die deutschen Länderregierungen ersuchte man diese, den Kindergarten dem öffentlichen Bildungswesen einzugliedern (abgedruckt in: Erning 1976, 153ff.). Nach der „Bitte an die deutschen Regierungen" durch die Rudolstädter Lehrerversammlung genau ein halbes Jahrhundert zuvor, stellte die BDF-Petition den zweiten in der Geschichte des Kindergartens bedeutsamen Versuch dar, den Staat für die Kindergärten in die Pflicht zu nehmen. Wie der erste Versuch 1848 jedoch führte auch dieser zweite Anlauf nicht zum Ziel.

Interessant ist vor allem die Begründung, die für diesen neuerlichen Vor-
stoß gegeben wurde: Längst nämlich, so hieß es – und darin unterschied
sich die Argumentation der Frauenbewegung erheblich von der der Rudolstädter Lehrer –, sei der Kindergartenbesuch kein Ausnahmephäno-
men mehr, sondern betreffe „die gesammte Bevölkerung", geradeso wie
dies bei der Schule der Fall sei, und wie das Schulwesen müsse deshalb
auch der Kindergarten in den Zuständigkeitsbereich des Staates fallen.
Das stimmte natürlich mit den in der Realität immer noch niedrigen Besuchsquoten nicht überein, entsprach aber völlig der Auffassung Fröbels, der den Kindergarten bekanntlich als allgemeine Bildungs- und Erziehungseinrichtung für alle Kinder im Vorschulalter konzipiert hatte.
Zudem spiegelt diese Aussage die inzwischen erreichte Vielfalt an Angebotsformen wider, von der sich in der Tat die „gesammte Bevölkerung" zumindest angesprochen fühlen durfte. Darüber hinaus sollte diese Bitte aber nicht zuletzt dem Zweck dienen, die Forderung der Frauen
nach einer öffentlich anerkannten Berufstätigkeit zu unterstreichen. Die
zweite in jener Petition vorgetragene Bitte lautete deshalb folgerichtig,
die Kindergärtnerinnenseminare der staatlichen Aufsicht zu unterstellen
und die Abgangsprüfungen vor staatlichen Kommissionen ablegen zu
lassen, mithin den Beruf der Kindergärtnerin staatlich zu lizenzieren.
Das führt zum nächsten Punkt, dem Problem der fachlichen Qualifizierung für den Beruf.

DIE KINDERGÄRTNERINNENSEMINARE UND IHR BEITRAG ZUR FACHLI-
CHEN QUALIFIZIERUNG DER ÖFFENTLICHEN KLEINKINDERZIEHUNG

Es ist oben schon darauf hingewiesen worden, welche Bedeutung die
Ausbildung und fachliche Qualifizierung für die Arbeit mit kleinen Kindern für Fröbel besaß. Der kompetente Umgang mit den Spielgaben und
Beschäftigungsmitteln erforderte tatsächlich mehr als nur guten Willen
und praktisches Geschick. Das Gewicht, das der Ausbildung bei Fröbel
zukam, zeigt sich zum Beispiel in dem Umstand, dass die 1839 in Bad
Blankenburg gegründete „Spiel- und Beschäftigungsanstalt" als Einrichtung zur „Erziehung und Bildung von Kinderpflegerinnen, Kinder-
mädchen, Kinderwärterinnen" mit angeschlossenem Kindergarten geplant war. Wie sich an der Begrifflichkeit ablesen lässt („Kinderwärterinnen"), hatte Fröbel zu diesem Zeitpunkt noch nicht die bürgerliche

junge Frau vor Augen, die spätere „Kindergärtnerin", sondern das traditionelle Personal der Bewahranstalten. Immerhin hat Fröbel in diesem Zusammenhang ein erstes rudimentäres Ausbildungscurriculum entworfen. Außer ihm selbst waren ein Lehrer und ein Arzt als Lehrpersonen vorgesehen und die Ausbildungsdauer auf ein Jahr festgesetzt worden (abgedruckt in: Fröbel 1982b, 179-202). Auch die eben erwähnte Rudolstädter Lehrerversammlung hat sich 1848 im Zusammenhang mit ihrer lobenden Hervorhebung der Ideen Fröbels für eine fachliche Qualifizierung der in den Kindergärten, Kleinkinderschulen oder Kleinkinderbewahranstalten Tätigen stark gemacht, indem sie forderte, eine „Fortbildungsanstalt" hätte nach dem Ende des Volksschulbesuchs die „12 bis 18-jähr. Mädchen für ihren künftigen Beruf als Mütter, Kinderwärterinnen oder Dienstboten … vor(zu)bereiten". Nimmt man noch die im letzten Kapitel erwähnten Initiativen Wirths, Fölsings und Fliedners hinzu, dann zeigt sich, dass das Ausbildungs-Thema spätestens um die Jahrhundertmitte „in der Luft lag". Fröbel konnte also mit dem von ihm hergestellten engen Zusammenhang zwischen dem Kindergarten und der Ausbildung für denselben in der einschlägig interessierten Öffentlichkeit auf positive Resonanz hoffen.

Fröbel selbst hat 1850 im Vorfeld der Hamburger „Hochschule für das weibliche Geschlecht" ein halbes Jahr lang zwei Dutzend junge Frauen in seine Pädagogik eingeführt und damit selbst noch versucht, in der Ausbildung für die Kindergartenarbeit einen ersten Anfang zu machen. Ein Nachfolger jedoch fand sich nicht, und so musste – hinzu kam noch der Druck, der vom Kindergartenverbot in Preußen ausging – im Todesjahr Fröbels dieser Versuch – dessen Zielgruppe übrigens erstmals die jungen Frauen des Bürgertums gewesen sind – wieder abgebrochen werden. Auch die Hochschule selbst ist wegen ihrer engen Verflechtung mit der Fröbelbewegung bald darauf geschlossen worden (vgl. Goldschmidt 1918). Ebenfalls noch zu Lebzeiten Fröbels war eine weitere Ausbildungseinrichtung eröffnet worden, und zwar in Keilhau durch einen seiner engsten Mitarbeiter. Auch dieses Institut hatte keinen Bestand.

Erst nach Fröbels Tod kam es zu Gründungen, die von längerer Dauer waren; zuerst 1857 in Gotha durch den Vorsitzenden der Thüringer Fröbelanhänger, August Köhler. Der Hamburger Fröbel-Verein betrieb schon unmittelbar nach seiner Gründung, 1860, in ein- bis zweijährigen Kursen die Ausbildung junger Frauen zu sogenannten Familien-Kindergärtnerinnen. Die Absolventinnen, bis 1870 sollen es immerhin rund 500 gewesen sein, arbeiteten sowohl als Privaterzieherinnen bei wohlhabenden Familien wie auch als Kindergärtnerinnen. 1862 folgte ein weiteres Kindergärtnerinnenseminar, und zwar in Trägerschaft des „Berliner Frauenvereins zur Beförderung der Fröbelschen Kindergärten". Damit verfügte die Kindergartenbewegung schon in den 1860er Jahren über ihre eigenen Ausbildungsinstitutionen. 1871 gründete Henriette Goldschmidt, eine der oben erwähnten Schlüsselfiguren der bürgerlichen Frauenbewegung, in Leipzig den „Verein für Familien- und Volkserziehung", der als Träger eines Kindergartens, einer Mädchenschule und eines Kindergärtnerinnenseminars zu einem wichtigen Kristallisationspunkt der Mädchen- und Frauenbildung in Deutschland wurde. Mit der Gründung des Pestalozzi-Fröbel-Hauses (PFH), 1874, das zeitweise auch die Geschäftsstelle des DFV beherbergte, war dann so etwas wie eine Modelleinrichtung der Kindergartenbewegung in Sachen Ausbildung für die Fröbelpädagogik geschaffen (vgl. dazu Voß 1937).

Gegründet worden ist das PFH mit dem Ziel, „Frauen und Mädchen der gebildeten Stände" zu befähigen, „in liebevollen und natürlichen Verkehr mit den ärmeren Volksklassen zu treten". Man merkt dem Gründungsimpuls also sehr gut an, welchem Flügel der damals gespaltenen Kindergartenbewegung die Initiator(inn)en des PFH um Henriette Schrader-Breymann und den von ihr gegründeten Trägerverein „Berliner Verein für Volkserziehung" angehörten. In den 1870er Jahren wurde das Ausbildungsangebot des PFH um eine Hortausbildung ergänzt, in den 80ern kamen eine Koch- und Haushaltungsschule sowie Kurse zur Ausbildung von Kinderpflegerinnen dazu. Zwischen 1890 und 1904 stieg die Zahl der Schülerinnen von 60 auf 200. Kurz vor der Jahrhundertwende, 1899, zog das PFH in einen neu errichteten Gebäudekomplex in Berlin-Schöneberg, in dem es sich heute noch befindet.

Unter den Aufgaben des PFH war die Weiterentwicklung der Fröbelpädagogik von besonderer Wichtigkeit, und in diesem Sinne haben seine Mitarbeiterinnen während vieler Jahrzehnte didaktisches Material hergestellt, Spielideen entwickelt, die kinder- und entwicklungspsychologische Forschung aufgearbeitet und in Handreichungen für Kindergärtnerinnen und in Fortbildungskursen praktisch umgesetzt. Zu den bis heute bekanntesten didaktischen Innovationen, die im PFH ersonnen wurden, gehört die Idee des „Monatsgegenstands", wonach während eines Monats die Kindergartenarbeit auf einen symbolhaft das jahreszeitliche Geschehen repräsentierenden Gegenstand fokussiert wurde (vgl. Henriette Schrader-Breymann [1930], 84ff.).

1875 berichtete der DFV, ihm hätten sich bereits sechs Seminare angeschlossen; 20 Jahre später war deren Zahl auf 25 Seminare angewachsen. Kurz vor Ausbruch des Ersten Weltkriegs bestanden 35 Fröbelseminare, kaum weniger als die 41 evangelischen Einrichtungen. Der erfolgreiche Durchbruch der Fröbelpädagogik beruhte also nicht zuletzt auf dem großen Gewicht, das der Ausbildung beigemessen wurde.

Ein wichtiges Thema, das insbesondere den DFV umtrieb, war die Vereinheitlichung der Ausbildung im Sinne einer Formulierung von inhaltlichen Minimalstandards, die in allen Seminaren in gleicher Weise Anwendung finden sollten. Es war eine Generalversammlung des DFV im Jahre 1885, die zum ersten Mal eine Liste solcher Mindestanforderungen an die Kindergärtnerinnenausbildung formulierte und in sieben Punkten bündelte: (1) keine Kindergärtnerin dürfe ohne eine Fachausbildung tätig werden; (2) eine Vorbildung auf dem Niveau eines mittleren Schulabschlusses sei erforderlich; (3) die Ausbildung solle zwischen dem 16. und dem 30. Lebensjahr absolviert werden; (4) die Dauer dieser Ausbildung dürfe nicht weniger als ein Jahr betragen; (5) die Ausbildung habe in eigens dafür eingerichteten Institutionen stattzufinden; (6) als Lehrgegenstände werden festgelegt: Fröbelpädagogik in Theorie und Praxis, allgemeine Menschenkunde, Naturkunde, Raumlehre, deutsche Literatur, Singen, Klavierspielen, Zeichnen; (7) nach Eintritt in den Beruf habe sich die Kindergärtnerin ständig fortzubilden. Das Bestreben des DFV war in den Folgejahren darauf gerichtet, diese Minimalia möglichst in allen Seminaren durchzusetzen, um damit dem bestehenden Ausbildungs-Wirrwarr zu begegnen und die Bewegung nach innen zu stärken.

Die nächste Stufe in dieser Qualifizierungsstrategie war dann 1895 erreicht, als unter Mitarbeit aller Seminare der berühmte, so genannte „Normallehrplan" formuliert wurde, mit dem die Fröbelbewegung bewusst auch an die Öffentlichkeit trat, um auf diese Weise für die Aufwertung der Kleinkinderziehung und die in ihr tätigen Kindergärtnerinnen zu werben. Im Einzelnen legte dieser „Normallehrplan" (abgedruckt in: Galdikaité 1927, 45) fest: Die Ausbildung zur „Kindergärtnerin (Fröbelsche Erzieherin)" sollte möglichst zwei Jahre dauern. Daran sollte sich ein halbes Jahr der Praxisbewährung anschließen, bevor das Abschlusszeugnis zu vergeben sei. An Unterrichtsinhalten wurden festgelegt: die Lektüre der Werke Fröbels, Theorie und Praxis der Fröbelschen Beschäftigungs- und Bildungsmittel, Organisation des Kindergartens, allgemeine Erziehungslehre und deren Geschichte, Gesundheitslehre, Naturkunde mit Anleitung zur Tier- und Pflanzenpflege, mathematische Formenlehre in ihrer Beziehung auf die Fröbelschen Beschäftigungen, Singen, Turnen, Zeichnen, Aufsatz- und Vortragsübungen. Zehn Jahre später, 1905, wurde eine überarbeitete Fassung des Normallehrplans publiziert, um damit erneut in der Öffentlichkeit werbend auftreten zu können. Bei dieser Gelegenheit wurde auch noch einmal die BDF-Forderung aus dem Jahre 1898 wiederholt: Der Staat sollte sich der Kleinkinderziehung annehmen und diese durch eine staatliche Lizenzierung der Ausbildung stärken. Ganz in diesem Sinne übernahmen die Fröbel-Seminare in Preußen 1911 die gerade erstmals erlassenen staatlichen Prüfungsordnungen und damit auch an Stelle des eigenen den staatlichen Lehrplan.

DIE FRÖBELPÄDAGOGIK IM AUSLAND

Kein anderer deutscher Pädagoge hat je eine so große Wirkung im Ausland erzielt wie Friedrich Fröbel (vgl. Schneider 1943). Für einige Jahrzehnte besaß die Pädagogik Fröbels, das lässt sich ohne Übertreibung sagen, weltweite Geltung. Nicht zufällig ist der Begriff „Kindergarten" zu einem der wenigen Lehnwörter deutscher Herkunft in der Weltsprache Englisch geworden. Ende des 19. Jahrhunderts gab es praktisch kein europäisches Land von einiger Bedeutung, dessen kleinkindpädagogische Einrichtungen nicht unter dem Einfluss der Fröbel-Pädagogik gestanden hätten. Der 1893/94 gegründeten Vereinigung der Fröbel-Kindergärtnerinnen, dem „Allgemeinen internationalen (!) Kindergärtnerinnenverein", gehörten Kindergärtnerinnen aus allen Erdteilen an.

Bezüge zum Ausland finden sich schon in der Biographie Fröbels: Zwischen 1831 und 1835 gründete Fröbel verschiedene pädagogische Reformanstalten in der Schweiz. Mit viel Elan in seine Heimat zurückgekehrt trug er sich – enttäuscht von den Widerständen, auf die er mit seiner Reformarbeit dort traf, und enttäuscht nicht zuletzt von der politischen Enge, unter der er in Deutschland litt – 1836 gar mit dem Gedanken einer Auswanderung nach Amerika.

Nach Fröbels Tod war es Bertha von Marenholtz-Bülow, die sich der internationalen Verbreitung der Fröbelschen Ideen verschrieben hatte. Dazu bediente sich Marenholtz-Bülow dreier Mittel: Erstens sorgte sie dafür, dass von ihr verfasste Lehrbücher, die die Fröbelpädagogik in eine praktisch zu handhabende Methode übersetzten, in die wichtigsten westeuropäischen Sprachen übertragen wurden. Das erste derartige Hand- oder Lehrbuch war das 1858 in Brüssel erschienene „Manuel pratique des jardins d'enfants" (Praktisches Handbuch für Kindergärten). Die schon fürs deutsche Publikum in ihrem philosophischen und romantisch überformten Stil nicht leicht verständlichen Texte Fröbels wären im Ausland vermutlich auf völliges Desinteresse gestoßen, hätte nicht diese Art der Vermittlung stattgefunden, wie sie Marenholtz-Bülow wählte. Derartige Handbücher sind dann nicht selten wieder ins Deutsche rückübersetzt worden und haben damit für einen Re-Import der Fröbelschen Ideen gesorgt. Insofern beruhte ein Großteil der nationalen und der internationalen Wirkung Fröbels gar nicht auf dessen eigenen Schriften, sondern auf der (gewissermaßen doppelten) Übersetzungsleistung Marenholtz-Bülows. Zweitens bereiste Marenholtz-Bülow zahlreiche Länder Europas, um dort in Vorträgen die Fröbelpädagogik bekannt zu machen. Drittens organisierte sie in den betreffenden Ländern die Anfänge der jeweiligen nationalen Fröbelbewegungen, indem sie Kurse in der Fröbelmethode abhielt und entweder mithalf, aus bestehenden Bewahranstalten Kindergärten zu machen, oder Kindergärten neu gründete. Dies alles geschah schon in den 1850er und 1860er Jahren, also unmittelbar nach dem Tod Fröbels und zum guten Teil noch während des Verbots der Fröbelschen Anstalten in Preußen. Insofern war der zu diesem frühen Zeitpunkt unerwartet starke Drang ins Ausland möglicherweise auch ein Ergebnis der Schwierigkeiten, denen sich die Fröbelpädagogik in Deutschland gegenübergestellt sah. 1854 hielt sich Marenholtz-Bülow in London auf, 1855 reiste sie nach Paris, im folgenden Jahrzehnt war sie mehrfach in Belgien, in den Niederlanden und in der Schweiz anzutreffen. 1872 führten sie ihre Werbereisen nach Italien.

Nachdem 1875 in London eine Froebel-Society (später: National Froebel-Union) gegründet worden war, verbreitete sich der Kindergarten nicht nur in Großbritannien, sondern auch in den britischen Kolonien (vorzugsweise natürlich für den Nachwuchs der englischen Kolonialherren!) und wurde dadurch zu einem weltweiten Phänomen. In Großbritannien unterstützten die Behörden die Fröbelbewegung, indem sie junge Frauen nach Deutschland schickten, damit diese dort in den Fröbelmethoden unterwiesen würden. Unterstützung erfuhren sie von deutschen Fröbelanhängerinnen, die ihrerseits nach Großbritannien kamen, um dort Kindergärten zu gründen. So ist der erste Kindergarten, in London, bereits 1851 von einem deutschen Auswandererehepaar, Bettina und Johannes Ronge, eingerichtet worden (vgl. Swift 1984, 37f.). Ein gewisses Problem bei der Verbreitung der Fröbel-Pädagogik stellte allenfalls die in Großbritannien seit den Zeiten Wilderspins traditionell starke Schulorientierung der öffentlichen Kleinkinderziehung dar. Dafür hatte die Fröbelpädagogik dort die Chance, in die Breite zu wirken, gab es doch kein anderes europäisches Land, in dem im letzten Drittel des 19. Jahrhunderts die Besuchsquoten so hoch waren wie im Vereinigten Königreich, wo immerhin ungefähr ein Drittel der Drei- bis Fünfjährigen entsprechende Anstalten besuchte. Ähnlich wie in Deutschland spaltete sich auch in Großbritannien die Fröbelbewegung in einen progressiven, der Arbeiterbewegung nahe stehenden, und in einen eher konservativ-bürgerlichen Flügel (vgl. Liebschner 1991).

Besonderen Erfolg aber hatte die Fröbelpädagogik in den USA, ohne dass Marenholtz-Bülow dieses Land je gesehen hätte (vgl. dazu Weber 1969, 1-64; Allen 1994). Vielmehr waren es hier ausschließlich deutsche Emigrant(inn)en, die nach der gescheiterten Revolution von 1848 in die USA gekommen waren und die Ideen Fröbels in jenes Land gebracht hatten, in das Fröbel beinahe selbst übergesiedelt wäre. Deutschstämmige Amerikanerinnen sorgten für die Einrichtung einer Vielzahl von Kindergärten, nicht zuletzt solche in öffentlicher Trägerschaft (public kindergardens) und angegliedert an öffentliche Schulen. Schon in den 70er Jahren sollen über 170 Kindergärten in den USA bestanden haben. 1877 gründete Elizabeth Peabody in Boston eine amerikanische Froebel-Society und gab die Zeitschrift „Kindergarten Messenger" heraus. In den ersten Jahrzehnten ihrer Existenz war die Fröbelpädagogik in den USA bedeutend erfolgreicher als in Deutschland, ihrem Herkunftsland. Für diesen Erfolg dürfte nicht zuletzt verantwortlich gewesen sein, dass das, was in Deutschland den Widerstand der Kirchen und der politisch konservativen Kräfte hervorgerufen hatte, in den USA ausdrücklich erwünscht war: Die Zurückdrängung des Familieneinflusses in der frühkindlichen Erziehung. In den USA strebte man im Zeichen der „Schmelztiegel" (melting pot)-Ideologie danach, die Bedeutung der (aus aller Herren Länder einwandernden) Familien auf die Erziehung zu minimieren, um schon die kleinen Kinder in öffentlichen Institutionen – darunter eben auch im Kindergarten – zu „richtigen" Amerikanern werden zu lassen. Deshalb auch fand der Kindergarten in den USA Aufnahme ins öffentliche Bildungswesen, in Deutschland dagegen nicht. Auch war der Kindergarten mit dem Gedanken der Demokratie und unorthodoxem religiösem Denken verbunden, was ihm in Deutschland hinderlich, in den USA aber im Gegenteil förderlich war.

War der Erfolg der Fröbelpädagogik im Ausland zunächst auch größer als in Deutschland, so war er dort allerdings nicht von so langer Dauer wie hierzulande. In Frankreich zum Beispiel konnten sich die Fröbel-Kindergärten nach anfänglichen Erfolgen nicht wirklich etablieren, und in den USA endete der Siegeszug der Fröbelbewegung, nachdem diese sich in scharfen Auseinandersetzungen zwischen Fröbel-Orthodoxen und Fröbel-Reformern zerrieben hatte, spätestens nach dem Ersten Weltkrieg. Dann hatte sich die amerikanische Pädagogik zudem so weit von der Alten Welt emanzipiert – Granville Stanley Hall, John Dewey und William H. Kilpatrick mögen beispielhaft als Repräsentanten dieser eigenständigen amerikanischen Kinderforschung und Pädagogik genannt sein –, dass sie des deutschen Vorbilds nicht mehr bedurfte.

ZUSAMMENFASSUNG

Der Durchbruch der Fröbelpädagogik, der aus dem einstmals in Preußen verbotenen Kindergarten ein allgemein anerkanntes und für die künftige Entwicklung in Deutschland richtungweisendes Modell entstehen lässt, ist nicht zuletzt auf eine allmählich fühlbar werdende allgemeine Einstellungsänderung der öffentlichen Kleinkinderziehung gegenüber zurückzuführen. In der ersten Jahrhunderthälfte geht man noch davon aus, bei der öffentlichen Kleinkinderziehung handele es sich um ein vorübergehendes Phänomen, die positiven Effekte einer weiter fortschreitenden Industrialisierung würden die Erwerbstätigkeit der Mütter früher oder später überflüssig werden lassen. Dagegen setzt sich in der zweiten Hälfte des 19. Jahrhunderts immer mehr die Einsicht durch, dass es auf Dauer für eine immer größer werdende Zahl von Kindern schon im vorschulischen Alter neben oder gar anstelle der Familienerziehung bei der Anstalt als dem selbstverständlichen Ort des Aufwachsens bleiben wird.

Die stürmisch voranschreitende Industrialisierung kann und will – anders als ursprünglich erwartet – auf die Arbeitskraft der Mütter nicht verzichten. Das bedeutet aber, dass aus einer zunächst primär fürsorgerisch gedachten Notfallmaßnahme ein kindgemäßes, pädagogisch ausgerichtetes Dauerangebot werden muss. Auf diese Herausforderung glaubt man, mit dem Kindergarten eine überzeugende Antwort gefunden zu haben. Schließlich erwächst der Impuls zur Gründung von Kindergärten bei Fröbel nicht in erster Linie aus dem Geist christlicher Caritas, als vielmehr aus pädagogischen und psychologischen Einsichten in das Wesen des kleinen Kindes. Tatsächlich verfügt die Fröbel-Pädagogik mit ihrem fein abgestimmten Zusammenspiel von Spielgaben, Beschäftigungsmitteln, Bewegungsspielen und Gartenarbeit unter Vermeidung jeder platten religiösen Indoktrination der Kinder über eine modernen Ansprüchen genügende, das heißt entwicklungspsychologisch und anthropologisch fundierte Methode, die weit über das hinausgeht, was in den Kleinkinderschulen an Pädagogik üblich ist. Damit bietet sich die Fröbel-Pädagogik all denjenigen als zeitgemäße Alternative an, die neben den evangelischen und den katholischen Einrichtungen nach einem dritten, gewissermaßen säkularen Weg in der Kleinkindererziehung suchen.

Der bemerkenswerte Erfolg einer vor kurzem noch verfemten Fröbelpädagogik ist auch dem Umstand zu verdanken, dass es die Fröbel-Anhänger(innen) verstehen, sich zu einer geschlossen agierenden Bewegung zusammenzuschließen, der es gelingt, sich mit den gesellschaftlich führenden Kreisen, die ihrerseits für zukunftsweisende soziale Programmatiken stehen, zu verbünden. Da ist einmal die bürgerliche Frauenbewegung zu nennen, deren führende Vertreterinnen die Chance sehen, über den Beruf der Kindergärtnerin das Projekt einer verstärkten Teilhabe der Frau am öffentlichen Leben voranzubringen. Zum andern können namhafte Angehörige des sozial engagierten, liberalen und konfessionell ungebundenen (Groß-)Bürgertums für die Ziele der Kindergartenbewegung gewonnen werden. So gerüstet vermag man auch die Behörden, die ja ohnehin aus den eben genannten Gründen dabei sind, sich der öffentlichen Kleinkindererziehung stärker zuzuwenden, für die Fröbel-Pädagogik einzunehmen und zu positiven Stellungnahmen zu veranlassen. In diesem Sinne wird 1872 im Rahmen des Entwurfs eines (allerdings nie in Kraft getretenen) Volksschulgesetzes von der preußischen Regierung erstmals die „Einrichtung von Kindergärten" empfohlen und der Vorschlag gemacht, „mit jedem Lehrerinnenseminar einen Kindergarten in Verbindung zu setzen". Insofern als dieser Kindergarten „annäherungsweise mustergiltig" sein soll, wird hier nichts weniger als die Einrichtung einer Modellanstalt vorgeschlagen, die sich vorrangig mit der Aufgabe zu befassen hat, „zu untersuchen, was … von den Fröbel'schen Spielen hinüber genommen werden kann, und was dagegen, als der Natur des Kindes nicht entsprechend, von denselben fernzuhalten und auszuschließen ist" (zit. in Müller 1989, 267).

Hier kommt zum Ausdruck, dass zwar nach wie vor gewisse Vorbehalte gegenüber der Fröbel-Pädagogik bestehen, man sich aber zugleich gerade von ihr Anregungen für die künftige pädagogische Weiterentwicklung der öffentlichen Kleinkinderziehung verspricht. Insbesondere die Forcierung von fachlicher Qualifizierung und Professionalisierung der kleinkindpädagogischen Arbeit bis hin zur Formulierung staatlicher Ausbildungsstandards, wie dies am Ende des 19. Jahrhunderts zunehmend ins Auge gefasst wird – und was u.a. Gegenstand des folgenden Kapitels sein wird –, wäre ohne die Vorarbeit seitens der Fröbel-Bewegung gar nicht denkbar.

Bleibt noch der Hinweis auf die enorme Wirkung, die die Fröbel-Pädagogik im Ausland erzielt. Standen die Anfänge der öffentlichen Kleinkinderziehung in Deutschland noch unter dem Einfluss ausländischer Modelle, so hat sich am Ende des Jahrhunderts die Lage gründlich geändert: Jetzt ist es mit dem Fröbel-Kindergarten ein deutsches Modell der Kleinkinderziehung, das beispielgebend auf das Ausland einwirkt.

5. Öffentliche Kleinkinderziehung bis zum Ende des Kaiserreichs (1850 bis 1918)

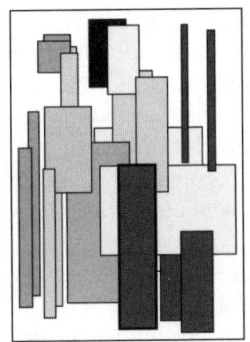

Einleitung – Öffentliche Kleinkinderziehung – eine Staatsaufgabe – Die Ausbildung wird geregelt – Die pädagogische Entwicklung – Trägerstruktur und Finanzierung – Zur quantitativen Entwicklung bis 1914 – Zusammenfassung

EINLEITUNG

Das Jahr 1871 markiert eine Zäsur in der politischen Geschichte Deutschlands im 19. Jahrhundert (vgl. Ullmann 1995). Nach dem Ende des deutsch-französischen Krieges wurde im Januar dieses Jahres der preußische König Wilhelm I. im Schloss zu Versailles zum Deutschen Kaiser ausgerufen. Mit der Wiedererstehung des Reiches war den Deutschen als letztem der großen europäischen Völker die nationale Einigung gelungen. Zuvor hatte sich über mehrere Etappen hinweg, deren wichtigste der preußisch-österreichische Krieg von 1866 und die darauf folgende Gründung des Norddeutschen Bundes gewesen sind, Preußen als die Vormacht in Deutschland etabliert. Die österreichisch-ungarische Doppelmonarchie gehörte dem Deutschen Reich nicht mehr an.

Außenpolitisch verfolgte das neu gegründete Deutsche Reich ehrgeizige Ziele. Insbesondere unter der Regentschaft Wilhelm II. wurde der Aufstieg Deutschlands zu einer weltweit agierenden Großmacht mit Nachdruck betrieben. Notfalls sollten dafür auch militärische Mittel eingesetzt werden. Die Rüstungsausgaben stiegen, eine Hochseeflotte wurde aufgebaut, die Friedensstärke des Heeres wuchs zwischen 1871 und 1913 von 400.000 Mann auf 864.000 Mann. Für einige Jahrzehnte wurde Deutschland sogar zu einer Kolonialmacht mit Besitzungen in Afrika und Asien. Deutschlands „Griff nach der Weltmacht" (so der Historiker Fritz Fischer) endete freilich im Fiasko des Ersten Weltkriegs und mit dem Untergang der Monarchie im November 1918.

Tiefgreifend waren auch die demographischen und ökonomischen Veränderungen. Die Bevölkerung des Deutschen Reiches wuchs von knapp 40 Millionen Menschen 1871 auf 67,8 Millionen am Vorabend des Ersten Weltkrieges. Die Industrialisierung gewann erheblich an Dynamik. 1895 wurde in der Industrie erstmals wertmäßig mehr produziert als in der Landwirtschaft und im Handwerk. Insbesondere Maschinenbau, Chemie und Elektrotechnik waren zum Motor dieser zweiten Industrialisierungswelle geworden, in deren Folge auch die Binnenmobilität der Bevölkerung weiter wuchs. Zu Beginn des 20. Jahrhunderts lebte fast die Hälfte der Deutschen nicht mehr in ihrem Geburtsort, sondern war in die jungen Industriestädte abgewandert. Hatte die Ruhrmetropole Essen 1851 erst 10.000 Einwohner, so waren es 1905 bereits 230.000. Gab es im Deutschen Reich 1871 erst acht Städte mit mehr als 100.000 Einwohnern, so waren es 1914 schon deren 48.

Auch in die Gesellschaft kam Bewegung. Zwar hielt nach wie vor der Adel, vor allem das ostelbische Landjunkertum, die politische Macht in der Hand, wohingegen das Besitzbürgertum sich erfolgreich in der Wirtschaft betätigte. Die quantitativ am stärksten wachsende Klasse aber war das Proletariat, das mit der SPD und den Gewerkschaften die ersten zivilen Massenorganisationen in der deutschen Geschichte hervorbrachte und den Staat zu vielfältigen, meist abwehrenden Reaktionen veranlasste. Verfolgung und Unterdrückung – man denke beispielsweise an die Sozialistengesetze, die der SPD zwischen 1878 und 1890 ein öffentliches Betätigungsverbot auferlegten – konnten allerdings nur die eine Seite des Verhältnisses der staatlichen Macht zur Arbeiterklasse bilden. Die Herrschenden wussten, dass sie auf ein Mindestmaß an freiwillig erbrachter Loyalität seitens der Arbeiterschaft angewiesen waren, wollten sie ihre ehrgeizigen außen- und wirtschaftspolitischen Ziele nicht gefährden. Mit Repression allein war dieses Ziel nicht zu erreichen. Das war die Stunde der von Reichskanzler Otto von Bismarck entworfenen Sozialpolitik, die, indem sie ihn vor den gröbsten Risiken seiner Lohnarbeiterexistenz abzusichern suchte, den Arbeiter mit dem Staat versöhnen und die Arbeiterklasse befrieden wollte (vgl. Hentschel 1983). In diesem Kontext ist auch die weitere Entwicklung der öffentlichen Kleinkinderziehung zu sehen, denn die Versicherungen gegen Krankheit (1883) und dauernde Arbeitsunfähigkeit durch Invalidität (1884), schließlich die Altersrente (1889), sowie die Hinwendung des Staates zur Kleinkinderziehung folgten derselben Logik: In beiden Fällen handelte es sich darum, dass der Staat Leistungen übernahm, die bisher von der Familie erbracht worden waren, jetzt aber, unter den Bedingungen der Hochindustrialisierung, die Proletarierfamilien hoffnungslos überforderten. Hier musste der Staat in die Bresche springen.

ÖFFENTLICHE KLEINKINDERZIEHUNG – EINE STAATSAUFGABE

Wie in den früheren Kapiteln mehrfach ausgeführt, ist das unmittelbare staatliche Engagement in der Kleinkinderziehung lange Zeit sehr verhalten gewesen. Eine Ausnahme bildet der oben geschilderte Fall der württembergischen Centralleitung, einer zumindest halbstaatlichen Einrichtung. Ansonsten haben die Behörden der deutschen Länder die prinzipielle öffentliche Verantwortung für die Erziehung der kleinen Kinder zwar anerkannt, immer wieder zur Einrichtung von Anstalten aufgerufen und ihre Inanspruchnahme empfohlen, ihre Eröffnung von behördlicher Zustimmung abhängig gemacht und die schließlich eingerichteten Anstalten unter Staatsaufsicht gestellt. Allein in Preußen sollen zwischen 1814 und 1914 mehr als 30 entsprechende Gesetze, Erlasse und Verfügungen herausgegeben worden sein. Allerdings enthielt sich der Staat jeder weitergehenden Aktivität, vor allem der finanziellen Mitträgerschaft, denn dafür habe sich die so genannte Privatwohltätigkeit für zuständig erklärt.

Nach der Reichsgründung ist es zu weiteren dementsprechenden befürwortenden Erlassen, darüber hinaus aber wenig konkreten behördlichen Äußerungen gekommen. Erst das 1900 in Kraft getretene Bürgerliche Gesetzbuch (BGB) leitete mehrere auch für die öffentliche Kleinkinderziehung äußerst folgenreiche Veränderungen ein. Dieses Gesetz etablierte nämlich eine vorher unbekannte, allgemeine, am Kindeswohl orientierte und präventiv wirkende staatliche Fürsorgepflicht für alle Minderjährigen. Eine solche Fürsorgepflicht hatte bisher nur für den (Ausnahme-)Fall der versagenden elterlichen Sorge oder der alleinlebenden Mutter mit Kind (Verwitwung oder uneheliche Mutterschaft) bestanden und war über die Amtsvormundschaft wahrgenommen worden. Jetzt hatte sich der Staat – zum ersten Mal in der deutschen Geschichte – prinzipiell verpflichtet, für Bedingungen zu sorgen, die ein gedeihliches Aufwachsen aller Kinder und Jugendlichen zu sichern im Stande waren. Damit war nichts weniger als der Grundstein für alles

spätere Kinder- und Jugendrecht – bis hin zum heute geltenden Kinder-
und Jugendhilfegesetz – gelegt (vgl. Hasenclever 1978). Diese besondere Gesetzgebung wurde in Preußen übrigens noch im selben Jahr,
1900, mit dem Gesetz über die Fürsorgeerziehung Minderjähriger eingeleitet. 1911 und 1913 kamen, ebenfalls in Preußen, die ersten Jugend-
pflegeerlasse heraus, so dass schon vor dem Ersten Weltkrieg die Um-
risse dieses künftigen, ganz auf die Besonderheiten von Kindheit und
Jugend zugeschnittenen Rechts erkennbar wurden. Ebenfalls vor dem
Ersten Weltkrieg entstanden in einigen großen Städten Deutschlands die
ersten Jugendämter und damit eine eigenständige Behörde, in deren Zuständigkeit u.a. auch die öffentliche Kleinkinderziehung fiel.

Folgen hatte diese 1900 eingeleitete Entwicklung für die öffentliche
Kleinkinderziehung auch auf dem wichtigen Feld der staatlichen (Mit-)
Finanzierung. Zwar ist auch im Kaiserreich zunächst mit großer Regel-
mäßigkeit in Erlassen und behördlichen Verlautbarungen darauf hingewiesen worden, dass keinerlei staatliche Verpflichtung zur Finanzierung
der Kleinkinderziehungseinrichtungen bestehe. Eine Ausnahme von
dieser Regel ergab sich jedoch noch vor der Verabschiedung des BGB,
als nämlich im Jahr der Eröffnung des Pestalozzi-Fröbel-Hauses in Berlin das preußische Kultusministerium dessen Trägerverein mit einem
kleinen finanziellen Zuschuss bedachte. Dieser Zuschuss wurde in den
Folgejahren immer wieder gewährt und in den 1890er Jahren dank der
Interventionen des DFV auf Dauer gestellt. Damit war die bisherige Ab-
stinenz des Staates in Sachen Finanzierung wenigstens auf der symbolischen Ebene durchbrochen. Nach der Jahrhundertwende waren es vor
allem die an Einfluss gewinnenden Sozialdemokraten, die mit Nachdruck eine Verstaatlichung der öffentlichen Kleinkinderziehung forderten. So weit wollte die Mehrheit der politischen Kräfte zwar nicht gehen.
Aber es war die konservative Fraktion der ersten Kammer des preußischen Landtags, die 1913 vorschlug, „in Zukunft alljährlich einen Fonds
zur Unterstützung der auf die Bekämpfung des Kinderelends gerichteten
charitativen Unternehmungen bereitzustellen" (zit. in: Müller 1989,
454). Mit anderen Worten: Künftig sollte die öffentliche Kleinkinderziehung in Bewahranstalten, Kleinkinderschulen und Kindergärten aus
öffentlichen Haushaltsmitteln gefördert werden. Tatsächlich versprach
die Regierung, schon im Jahr 1914 entsprechend zu verfahren.

Auch wenn der im August 1914 ausgebrochene Krieg zunächst andere
Prioritäten zu setzen schien, war es gerade der Krieg, der das allgemeine

soziale und damit auch das finanzielle Engagement des Staates im Bereich der sozialen Fürsorge weiter vorantrieb. Weil der Staat ein starkes Interesse am kriegswirtschaftlichen Einsatz auch von Müttern kleiner Kinder hatte, musste er Sorge für die Betreuung von deren Kindern tragen (vgl. Dickinson 1996, 113ff.). Eigens zur Rekrutierung weiblicher Arbeitskräfte wurden bei den zentralen und regionalen „Kriegsämtern" so genannte „Frauenarbeitszentralen" eingerichtet. Am Ende erhielt fast die Hälfte aller Kleinkindereinrichtungen im Deutschen Reich (einschließlich der in den Kriegsjahren verstärkt gegründeten Kinderkrippen) über diese „Kriegsämter" als vermittelnden Behörden finanzielle Zuschüsse aus der Staatskasse, weil sie zusätzliche Betreuungsplätze für die Kinder der in den Rüstungsbetrieben eingesetzten Mütter geschaffen hatten.

DIE AUSBILDUNG WIRD GEREGELT

Auch im Blick auf die kleinkindpädagogische Ausbildung hat sich der Staat lange sehr bedeckt gehalten, ja die Notwendigkeit einer besonderen Ausbildung überhaupt geleugnet. So hatte die königlich preußische Staatsregierung 1828 in einer Äußerung über einzurichtende Warte-Schulen festgehalten, „irgend eine kinderliebende, verständige und mit gewöhnlichen Kenntnissen versehene Person" sei zur Leitung derartiger Anstalten „hinreichend". Noch viele Jahrzehnte später, 1885, lehnte das preußische Kultusministerium die Durchführung einer staatlichen Kindergärtnerinnenprüfung mit der bezeichnenden Begründung ab, dass „die Eigenschaften, welche bei einer guten Erzieherin und Lehrerin noch nicht schulpflichtiger Kinder gesucht werden sollen, mehr in ihrem Gemüte, ihrem Takte, in ihrer ganzen Persönlichkeit, als in ihrem Wissen und Können liegen ... sich also die eigentliche Befähigung einer gewöhnlichen Prüfung entzieht" (beide Zitate in: Zwerger 1980, 106). Kurz vor der Jahrhundertwende, 1898, ließen die deutschen Länderregierungen die Bitte des BDF um eine staatliche Lizenzierung der Kindergärtnerinnen-Ausbildung gar völlig unbeantwortet.
Nicht zuletzt auf beharrliches Drängen des DFV und aufgrund der nach der Verabschiedung des BGB insofern veränderten Gesamtlage, als sich der Staat nunmehr verpflichtet sah, positive Rahmenbedingungen für das Aufwachsen der kleinen Kinder aktiv herzustellen, entschlossen

sich im Jahr 1908 die preußischen Behörden, das Problem einer staatlichen Regelung der Ausbildung und damit die Sicherung professioneller Mindeststandards der Berufsausübung in Angriff zu nehmen.

Dass gerade 1908 Bewegung in die Sache kam, hatte mit der Neuordnung des höheren Mädchenschulwesens zu tun (vgl. Paulsen 1909; Kraul 1991). In diesem Jahr wurde in Preußen die höhere Mädchenschule als öffentliche, zehnjährige und allgemeinbildende Schule mit einer darauf aufbauenden vierjährigen Oberstufe mit Abitur, die so genannte Studienanstalt, eingeführt. Damit war es jungen Frauen erstmals möglich, an einer öffentlichen Mädchenschule die Hochschulreife zu erwerben (konsequenterweise wurde drei Jahre später Frauen ohne Einschränkung die Immatrikulation an den preußischen Universitäten gestattet; andere deutsche Länder hatten diesen Schritt bereits vollzogen). Für diejenigen jungen Frauen, die eine praktische Berufsausbildung vorzogen, bot die Oberstufe der höheren Mädchenschule als sogenanntes Lyzeum die Möglichkeit, sich entweder in einem vierjährigen Ausbildungsgang auf den Beruf der Volksschullehrerin vorzubereiten oder eine Ausbildung zur Kindergärtnerin zu absolvieren. Diesen letzteren Ausbildungsgang bezeichnete man als Frauenschule. 1911 wurden „Prüfungsordnungen für die Abschlussprüfungen an den an Frauenschulen angegliederten Kursen zur Ausbildung von Kindergärtnerinnen und Jugendleiterinnen" erlassen – die ersten staatlichen Prüfungen im Bereich der Kleinkinderziehung überhaupt (vgl. Prüfungsordnungen … [1911])!

Diesen Bestimmungen zufolge hatten die Prüflinge erstens einen Kurs von mindestens einjähriger Dauer zu absolvieren (de facto dauerte die Ausbildung allerdings meist schon 18 Monate; zwei Jahre waren angestrebt) und sich zweitens in den folgenden Fächern einer Prüfung zu unterziehen: Erziehungslehre, Kindergartenlehre, Natur- und Kulturkunde, Bewegungsspiel, Turnen, Beschäftigungsunterricht, Nadelarbeit, Modellieren und Ausschneiden, Gesang, Haus- und Gartenarbeit. Am Ende wurde der Titel einer „Kindergärtnerin in Familien und kleinen Kindergärten" verliehen. Obwohl die Fröbel-Seminare von dieser Prüfungsordnung an sich nicht betroffen waren – sie galt ja nur für die Frauenschulen (sowie die nach und nach entstehenden staatlichen Seminare) – übernahmen die Fröbelseminare die Prüfungsordnung sofort, um sich die daran geknüpfte staatliche Anerkennung (und dadurch die Möglichkeit einer finanziellen Unterstützung) zu sichern. Diese staatliche Anerkennung erhielten die Fröbel-Seminare 1912. Zudem war mit dem Erlass dieser Prüfungsordnung ein lang angestrebtes Ziel des DFV, den mittleren Schulabschluss zur Voraussetzung der Ausbildung zu machen, Wirklichkeit geworden und die Kindergärtnerinnenausbildung, zumindest im Blick auf die notwendigen Eingangsvoraussetzungen, der Lehrerinnenausbildung gleichgestellt. Übrigens ist dieses Niveau der Ausbildung in der Fachwelt durchaus umstritten gewesen und hat auch Kritik auf sich gezogen. Warum, so wurde gefragt, sollten begabte Volksschülerinnen – für diese Zielgruppe war die einjährige Ausbildung zur Kinderpflegerin und danach eine der Kindergärtnerin untergeordnete Hilfstätigkeit vorgesehen – künftig von einem Beruf ausgeschlossen bleiben, der ihnen bisher problemlos offengestanden hatte. Die konfessionellen Seminare zur Ausbildung von Kleinkinderlehrerinnen ließen sich deshalb 1913 noch einmal ausdrücklich bestätigen, sich der staatlichen Prüfungsordnung nicht unterwerfen zu müssen.

Eine unmittelbare Folge des Erlasses dieser Richtlinien bestand darin, dass neben den bisherigen privaten Ausbildungseinrichtungen, das heißt neben den Fröbelseminaren und den Seminaren in konfessioneller Trägerschaft sowie den wenigen kommunalen Einrichtungen, nunmehr nach und nach auch staatliche Seminare gegründet wurden. Das erste staatliche Seminar in Preußen, die Königliche Elisabethschule, war bereits ein Jahr vor der Herausgabe des Erlasses, 1910, in Berlin eröffnet worden. Weitere kamen in den folgenden Jahren hinzu. Selbstverständlich war der Besuch dieser wie auch der konfessionellen und der vom DFV getragenen Ausbildungsstätten nicht kostenfrei. Mittellose junge Frauen konnten gegebenenfalls ein Stipendium erhalten. Die katholische Seite ist übrigens erst überraschend spät zu den Trägern von Ausbildungseinrichtungen gestoßen. Das erste katholische Seminar wurde 1906 in Aachen eröffnet. Ein zweites und drittes Seminar kamen 1909 in Münster und 1914 in Freiburg im Breisgau hinzu. Als Träger dieser Einrichtungen traten von der Kirche unterstützte Trägervereine auf, in den 20er Jahren begannen auch einzelne Ordensgemeinschaften, eigene Ausbildungsseminare einzurichten. Der Druck, der von der staatlichen Ausbildungsoffensive ausging, wirkte ganz offensichtlich. Die Schwestern, so das Kalkül der Ordensoberen, sollten künftig besser ausgebildet sein, um sie vor der Verdrängung durch Laienkräfte zu schützen.

Allmählich begann sich auch so etwas wie eine Berufslaufbahn in der öffentlichen Kleinkinderziehung herauszukristallisieren: Nach Abschluss der Ausbildung hatten die jungen Frauen zunächst ein Jahr als unbezahlte Praktikantin zu arbeiten. Danach erhielten sie eine Anstellung als Hilfskindergärtnerin, schließlich als Kindergartenverweserin und am Ende als so genannte „wirkliche Kindergärtnerin". Auf jeder Stufe stieg der Lohn um ein- oder zweihundert Mark auf maximal 1.200 Mark jährlich. Das war, bezogen auf das Jahr 1911, etwas mehr als die Hälfte dessen, was eine Volksschullehrerin an einer städtischen Schule üblicherweise erhielt (s. Bölling 1983, 73). Je nach den örtlichen Gegebenheiten konnten noch Naturalleistungen, wie etwa eine unentgeltliche Dienstwohnung, hinzukommen. Nach mehrjähriger Bewährung im Beruf und einer einjährigen Weiterbildung zur so genannten Jugendleiterin an einem der Seminare durfte die Leitung eines größeren Kindergartens, an dem mehrere Kräfte tätig waren, übernommen werden. So weit die rechtlichen Vorgaben. Die Praxis hat in vielen Fällen anders ausgesehen, denn sehr häufig ist in den Einrichtungen völlig ungeschultes Personal tätig gewesen.

Die pädagogische Entwicklung

Über das in den vorausgegangenen Kapiteln zur Kleinkinderschule und zur Fröbel-Pädagogik Ausgeführte hinaus ist an dieser Stelle wenig zu ergänzen. Das Neue, die traditionellen Bewahranstalten und Kleinkinderschulen Herausfordernde war auch noch am Ende des 19. und am Beginn des 20. Jahrhunderts der Fröbelsche Kindergarten. Dabei ergab sich ein ambivalentes Bild: Wohl hatte die Fröbel-Pädagogik in die nach der Aufwertung der Kindergärtnerinnenausbildung vermehrt erscheinende Literatur zur Kindergartenpädagogik problemlos Eingang gefunden. Die Darstellung der „Fröbelschen Bildungsmittel" (Damrow 1912, 54-70) beziehungsweise der „Spielgaben und Beschäftigungsmittel" (Fischer 1912, 46-81) nahm in den einschlägigen Lehrwerken breiten Raum ein. An den von den Städten und Gemeinden getragenen Seminaren wurde die Fröbel-Pädagogik gelehrt.

Mit großen Vorbehalten hingegen waren der Fröbel-Pädagogik lange Zeit die konfessionellen Träger begegnet. Eine zu frühe Intellektualisierung und – vor allem – der angebliche Mangel an religiöser Erziehung beziehungsweise die falsche Auffassung von Religiosität, wie sie in den Kindergärten herrsche, waren die Hauptvorwürfe.

Auf evangelischer Seite hatte sich noch zu Lebzeiten Fröbels, 1849, der einflussreiche Theodor Fliedner sehr negativ über die Fröbel-Pädagogik geäußert und beispielsweise ausgeführt, man dürfe eben nicht „die jungen Seelen mit Liedern aus Bällchen und Würfelchen und ähnlichen kindischen, nicht kindlichen Spielen erquicken …, aber mit Vorbedacht sie vom Heiland der Sünder fernhalten" (zit. in Gerhardt 1937, 349). An der Herbeiführung des Verbots der Kindergärten in Preußen war Fliedner selbst nicht aktiv beteiligt, aber zweifellos war die Maßnahme ganz in seinem Sinne erfolgt. In dieser von Fliedner begründeten Tradition der evangelischen Fröbel-Kritik stellte ein Standardwerk der evangelischen Kleinkinderschulpädagogik 1888 in apodiktischer Weise fest, das „ganze System" Fröbels lege „davon Zeugnis ab, dass von christlicher Erziehung keine Rede sein kann" (Hübener 1888, 265). „Religiöse Verschwommenheit" und dass die Kinder viel mehr für die Gegenwart als auf das ewige Leben hin erzogen würden, so und ähnlich lauteten die Vorwürfe. Wenn sie bei Fröbel selbst nicht fündig werden konnten, dann zögerten die Kritiker nicht, auf die einschlägigen Werke der Fröbel-Schüler(innen) auszuweichen.

Auch seitens der katholischen Träger wurde Fröbel sehr kritisch gesehen. In einem der ersten katholischen Lehrbücher der Kleinkindpädagogik, einem 1867 erschienenen Werk, hieß es: „Es ist nicht zu leugnen, dass der Gedanke, welcher den Kindergärten zu Grunde liegt, viel für sich hat. Die Kinder schon im vorschulfähigen Alter während einer bestimmten Zeit zu sammeln und ihnen die ersten Elemente der Bildung auf eine ihrem Alter entsprechende Weise, nämlich durch Spiel und unterhaltende Beschäftigung, beizubringen, ohne hierbei die Absicht des Unterrichtes durchblicken zu lassen, das ist ein Gedanke, der an sich nur zu billigen ist. Aber freilich muss von solchen Kindergärten verlangt werden, dass sie vor Allem und Jedem das christlich-religiöse Gefühl und Bewusstsein in den Kindern wecken, nähren und pflegen; widrigenfalls mögen die Kindergärten allerdings züchtend auf den Verstand einwirken, aber die Erziehung würde fehlen, und wenn diese fehlt, dann fehlt eben Alles. Dafür haben nun freilich Fröbel und seine Anhänger kein Verständniß gehabt; von christlichem, und zwar von positiv christlichen Anklängen findet sich in ihren Kindergärten nichts" (zit. in: Krieg 1987, 158f.). In einer anderen zeitgenössischen Quelle wurden „unchristliche Männer, Freimaurer, Katholikenfeinde, Schön- und Freigeister" der Förderung der Fröbel-Pädagogik bezichtigt und „christliche Eltern" davor gewarnt, ihre Kinder in die Obhut eines Fröbel-Kindergartens zu geben, erwüchsen den Kleinen doch „große religiöse Nachtheile aus dem Besuch solcher Anstalten" (zit. in: Berger 1990, 46). Schließlich wurde gegen den Fröbel-Kindergarten ein Vorwurf laut, der in ähnlicher Weise allgemein gegen alle nicht-konfessionelle Fürsorgearbeit erhoben wurde. Es hieß nämlich, die Kindergärtnerin sei nicht um der Kinder willen, sondern des Geldes wegen tätig. So lesen wir in einer katholischen Quelle, der einzig wahre Aufbewahrungsort für die kleinen Kinder sei „nicht der Kindergarten, wo eine confessionslose oder aufgeklärte ‚Tante' des Geldes wegen die Kinder abrichtet, sondern die christliche Bewahranstalt, wo die Ordensschwester um der Liebe Christi willen mit himmlischer Geduld die Kinder behütet, pflegt …, im Gebet und in den Anfangsgründen der Religion unterweist, mit einem Worte, christlich erzieht" (zit. in: Krieg 1987, 159).

Unter den zahlreichen Aspekten, worin sich die Arbeit in den Kindergärten von der in den konfessionellen Anstalten, sowohl in den noch stärker zu den Bewahranstalten hinneigenden katholischen Einrichtungen wie auch in den evangelischen Kleinkinderschulen, unterschied, stach wohl die Rolle, die dem kindlichen Spiel beigemessen wurde, am auffälligsten hervor. Fröbels Kindheit war Spielkindheit. In den Bewahranstalten und Kleinkinderschulen hatte das Spiel dagegen vorrangig die Aufgabe, die Kinder durch das Einhalten fester Spielzeiten und enger Spielvorgaben in Selbstdisziplin einzuüben. Ein Gespür für die Bedeutung des Spiels für die kindliche Entwicklung ging den Protagonisten der konfessionellen Kleinkindpädagogik weitgehend ab. Dafür standen die Erziehung zur Ordnung und in beschränktem Umfange die Bildung der Sinne, vor allem aber die religiöse Unterweisung nach wie vor im Mittelpunkt der Erziehungspraxis der konfessionellen Einrichtungen. Eine Gestalt wie die des Darmstädters Johannes Fölsing, der schon in den 40er Jahren des 19. Jahrhunderts in seinen Einrichtungen eine am Umgang mit den Fröbelschen Spielgaben orientierte Kleinkindpädagogik praktizierte, blieb auch im Bereich der evangelischen Träger lange die große Ausnahme. In der katholischen Pädagogik dürfte eine Rolle gespielt haben, dass man dort die außerfamiliale Kleinkinderziehung nur als einen Notbehelf sehen wollte und deshalb einen Ansatz, der die grundsätzliche Bedeutung des Kindergartens für alle Kinder so entschieden betonte, wie das bei der Fröbel-Pädagogik der Fall war, nur ablehnen konnte. Des weiteren mögen die Gründe für die Vorbehalte gegenüber der Fröbel-Pädagogik aber auch in dem sicheren Gespür der konfessionellen Träger zu suchen sein, dass ihnen in der Fröbelbewegung ein ernst zu nehmender Konkurrent auf dem Feld der öffentlichen Kleinkinderziehung erwachsen war. Die häufiger werdenden positiven Stellungnahmen der Behörden schienen dies ja auch zu bestätigen. Hinzu kam, dass die Fröbel-Pädagogik ausgerechnet in der Sozialdemokratie, in der die Kirchen einen Gegner sahen, einen Verbündeten gefunden hatte.

Dennoch lässt sich für die Zeit nach 1900 eine Öffnung der konfessionellen Anstalten gegenüber der Fröbel-Pädagogik feststellen. Der Herausforderung, die Arbeit in den Anstalten kindgemäßer zu gestalten, konnten sich auch die konfessionellen Träger nicht entziehen. Wie weitgehend die Öffnung gegenüber der Fröbel-Pädagogik war, zeigt sich an zwei Details: In Kassel bestand seit 1906 ein evangelisches Seminar, das sich ganz der Fröbel-Pädagogik verschrieben und dem DFV angeschlossen hatte; als Leiterin an das neu gegründete katholische Seminar in Freiburg wurde 1914 eine Kindergärtnerin berufen, die zuvor als Leiterin eines Fröbelkindergartens tätig gewesen war.

Ein wichtiges und nach der Reichseinigung 1871 immer stärker sich durchsetzendes Element der in den Kleinkinderanstalten gängigen Erziehungspraxis war die Ausrichtung am Nationalgedanken und an der Person des Kaisers. So ist 1912 in der Zeitschrift „Kindergarten" das folgende kleine Sprüchlein publiziert worden, das die Kinder möglichst täglich hersagen sollten (zit. in: Barow-Bernstorff 1977, 271): „Ich kenne den Kaiser und seine Frau/und alle Prinzen ganz genau/und bete zu Gott in aller Namen:/Beschütz unsern lieben Kaiser! Amen." Ab 1914 verschärfte sich diese Haltung zu einer den Krieg und die Heldentaten des deutschen Heeres verherrlichenden Erziehung. Die Kinder sollten das Exerzieren üben, im Sandkasten Schlachten nachspielen, die Kindergärtnerinnen wurden angehalten, den Kleinen die Frontberichte aus der Zeitung vorzulesen, von Wilhelm II. und von Hindenburg zu erzählen, Lieder wie: „Ich bin ein kleiner Kriegermann und ziehe mit ins Feld" singen zu lassen usw.

TRÄGERSTRUKTUR UND FINANZIERUNG

An der Trägerstruktur im vorschulischen Bereich hat sich auch in den Jahrzehnten des Kaiserreichs nichts Wesentliches geändert (vgl. dazu Zwerger 1980, 52ff.; Reyer 1987). Immer noch besaßen die Vereine mit konfessionellem Hintergrund eine dominierende Stellung. Von den 4.883 Anstalten, die 1912/13 im Königreich Preußen bestanden, wurden nur 230 oder 4,7% von den Kommunen unterhalten. 1.371 (28,1%) dagegen befanden sich in der Trägerschaft evangelischer Vereine, 1.513 (31%) wurden von katholischen Vereinen betrieben. 1.102 Anstalten (22,6%) wurden von konfessionell ungebundenen bürgerlichen Vereinen, von Frauenvereinen, aber auch von Stiftungen, gelegentlich auch von Industriebetrieben unterhalten. Die restlichen Einrichtungen trugen privaten Charakter, das heißt sie wurden von Einzelpersonen auf kommerzieller Basis unterhalten oder waren zum Beispiel auf den großen ostelbischen Landgütern zur Betreuung der Landarbeiterkinder eingerichtet worden. Gerade Letzteres wurde nach 1870 zur Befriedung der Landbevölkerung vermehrt betrieben (vgl. dazu Fleßner 1981). So wie die Rittergutsbesitzer auf ihren Gütern Elementarschulen gründeten, so richteten sie nunmehr auch Anstalten zur Kleinkinderziehung ein. Der Staat agierte selbst nicht als Träger, überwachte aber die Trägervereine und die genannten Privatleute in ihrem Tun und mischte sich bei Bedarf aktiv ein. Gründungen, die nicht die Gewähr politischer Zuverlässigkeit boten, wurden von den Behörden kurzerhand untersagt. So berichtete der zu seiner Zeit bekannte sozialistische Politiker und Pädagoge Otto Rühle von einer Charlottenburger Initiative, deren Kindergarten vor dem Ersten Weltkrieg polizeilich verboten wurde, weil er, so lautete der Vorwurf, „religiöse und patriotische Bildungselemente nicht genügend berücksichtigte" (Rühle 1911, 118). Staatliche Einrichtungen kamen erst im Weltkrieg in nennenswerter Anzahl vor, als das erwähnte „Kriegsamt" eigene Einrichtungen, so genannte „Kriegskindergärten", gründete.

Insbesondere die Einrichtungen in katholischer Trägerschaft haben bis zur Jahrhundertwende trotz einer phasenweise streng antikirchlichen Politik Bismarcks (der so genannte „Kulturkampf" mit Einführung der Zivilehe, Aufhebung des Jesuitenordens usw.) einen bemerkenswerten Aufschwung erlebt (vgl. Hermanutz 1977, 80ff.). Sogar ursprünglich von bürgerlichen, konfessionell ungebundenen Vereinen gegründete Einrichtungen gingen in der zweiten Hälfte des 19. Jahrhunderts in katholische Trägerschaft über. Auch Kommunen, die selbst Einrichtungen gründeten und in eigene Trägerschaft übernahmen, setzten vorwiegend Ordensschwestern ein. Schwestern waren begehrt, weil sie kaum Lohn verlangten und mitunter erhebliche Spendenpfründe mitbrachten. Konnten die Eltern das meist bescheidene Aufsichtsgeld nicht bezahlen, so trat ein kirchlicher Armenfonds für sie ein. Damit stellte die katholische Einrichtung oder die von Ordensschwestern geführte kommunale Anstalt gewissermaßen einen Gratisbeitrag zur kommunalen Infrastruktur dar. Auf politischer Ebene gab es, von einer Ausnahme abgesehen, niemanden, der den konfessionellen Trägern ernsthaft das Recht bestreiten wollte, Vorschuleinrichtungen zu gründen und zu unterhalten. Diese Ausnahme war die Sozialdemokratie, die vehement den staatlichen, weltanschaulich neutralen und unentgeltlichen Kindergarten forderte und auf mehreren Parteitagen im ersten Jahrzehnt des 20. Jahrhunderts sogar für eine Kindergartenbesuchspflicht eintrat. Nach sozialdemokratischen Vorstellungen sollte der Kindergarten zur Unterstufe des allgemeinbildenden Schulwesens werden, eine Idee, die die politische Linke jedoch nicht einmal unter den für sie günstigen politischen Umständen der Gründungsjahre der Weimarer Republik durchsetzen konnte.

Im Kaiserreich legten sich die konfessionellen Träger eigene Dachverbände zur besseren Organisation und wirkungsvolleren Vertretung ihrer zahlreichen dezentral agierenden Vereine zu. So schlossen sich zum Beispiel 1909 die evangelischen Ausbildungseinrichtungen zu einem Dachverband zusammen, zur „Konferenz für christliche Kinderpflege". Bereits 1871 war, ebenfalls auf evangelischer Seite, durch den Freiherrn und königlich preußischen Kammerherrn Adolf von Bissing-Beerberg (1800–1880) der – in seiner Wirkung allerdings auf Preußen beschränkte – Oberlin-Verein ins Leben gerufen worden. Der Oberlin-Verein mit seinen 1877 rund 3.500 Mitgliedern sollte der „Verbreitung der christlichen Kleinkinderschule in Deutschland" dienen, wie es in den Statuten hieß. Dieser Aufgabe kam der Verein mittels der Herausgabe einer Fachzeitschrift („Die christliche Kleinkinderschule"), durch die Verbesserung der Ausbildung mit Hilfe eines Mutterhauses für „Kleinkinderlehrerinnen" (in Nowawes bei Potsdam; als Leiter fungierte der ehemalige Fliedner-Mitarbeiter Johann Friedrich Ranke) und, allerdings nur in geringem Umfang, durch die Gründung eigener Kleinkinderschulen nach. Den Vorstellungen Bissing-Beerbergs und des Oberlin-Vereins folgend sollten die Kleinkinderschullehrerinnen neben ihrer Arbeit in den Kleinkinderschulen auch Aufgaben in der Gemeindediakonie übernehmen. Hier spielte der Gedanke einer Vernetzung der Institutionen der öffentlichen Kleinkinderziehung mit ihrem Umfeld also schon eine wichtige Rolle. Vor allem aber warb der Oberlin-Verein für ein stärkeres staatliches Engagement in der Kleinkinderziehung, was konkret hieß: für die Finanzierung christlicher Kleinkinderschulen durch den Staat. Gar eine „Nationalsache" wollte Bissing-Beerberg aus der Kleinkinderschule gemacht sehen. Seinerseits war der Oberlin-Verein dem Zentralausschuss für Innere Mission als dem Spitzenverband der evangelischen Wohlfahrtspflege angegliedert. Der Oberlin-Verein war ganz eine Initiative des sozial engagierten, konfessionell orientierten Bürgertums, wie uns das in der Geschichte der öffentlichen Kleinkinderziehung immer wieder begegnet. Im Vorstand des Vereins saßen u.a. ein preußischer Oberpräsident, ein Hofprediger, ein Generalleutnant und andere Spitzen der Gesellschaft.

Das katholische Gegenstück zur Inneren Mission bildete der 1897 gegründete „Charitas-Verband für das katholische Deutschland" (nach dem Ersten Weltkrieg: „Deutscher Caritasverband"). Unter dessen Dach kam es jedoch erst 1916 mit der Gründung des „Verbandes der Kleinkinderanstalten Deutschlands" (ab 1917 „Zentralverband katholischer Kinderhorte und Kleinkinderanstalten Deutschlands") zu einer Zentralisierung auf dem Gebiet der außerschulischen Kleinkinderziehung.

Eng verbunden mit der Trägerfrage ist die Frage der Finanzierung der Anstalten. Woher kam eigentlich das Geld, das zum Betrieb einer Anstalt nötig war? Häufig war Miete zu zahlen für die benutzten Räume. Es galt, Mobiliar, Arbeitsmaterialien und (weniges) Spielzeug anzuschaffen. Die Kinder mussten verköstigt werden. Das (wenn auch bescheidene) Gehalt der Ordensschwestern, der Diakonissen oder Laienkräfte war zu bezahlen. Im Winter entstanden Heizkosten. Und so weiter. An der Aufbringung der erforderlichen Gelder hatte sich seit den Anfängen der öffentlichen Kleinkinderziehung nichts geändert: Nach wie vor stammten die benötigten finanziellen Mittel vorwiegend aus den Beiträgen der Mitglieder der Trägervereine. Als weitere Quellen sind darüber hinaus die geringen Elternbeiträge zu nennen. Des Weiteren die an Bedeutung stetig zunehmenden verschiedenartigsten Unterstützungsleistungen der Kommunen in Form von Geld und Sachleistungen (mietfreies Stellen der Räumlichkeiten, Überlassen von ausrangiertem Mobiliar, von Brennholz und Ähnlichem mehr); Spenden, die besonders zur Weihnachtszeit zahlreich eingingen; Kapitalerträge aus gemeinnützigen Stiftungen; Wohltätigkeitsbazare, -lotterien und -bälle, die von den Trägervereinen durchgeführt wurden. Eher kurios ist die finanzielle Unterstützung zu nennen, die sächsische Einrichtungen seitens der Feuerversicherungsanstalten erfuhren, denen dies billiger erschien, als später die Schäden der Wohnungsbrände zu regulieren, die von unbeaufsichtigten Kindern verursacht worden waren. Das immer drängendere Werben um staatliche Unterstützung zeigt jedoch, dass der finanzielle Bedarf aus diesen herkömmlichen Quellen kaum noch gedeckt werden konnte.

Der Blick auf die Trägerstruktur und die Frage der Finanzierung lässt schließlich die quantitativen Dimensionen im vorschulischen Bereich zum Thema werden: Wie viele der in Betracht kommenden kleinen Kinder haben eigentlich im Verlauf der Jahrzehnte zwischen der Mitte des 19. Jahrhunderts und dem Ersten Weltkrieg eine der entsprechenden Anstaltsformen besucht? Die vielen Programmschriften, Musteranstalten und das Aufkommen der Fröbel-Bewegung, nicht zuletzt auch das sich verstärkende staatliche Engagement belegen zwar eine intensive Diskussion und ein vielfältiges Bemühen der unterschiedlichsten Akteure, sie sagen jedoch noch nichts darüber aus, wie erfolgreich dies alles in der Praxis gewesen ist. Es bleibt also zu fragen, wie sich die Dinge in der zweiten Hälfte des 19. Jahrhunderts in quantitativer Hinsicht weiter entwickelt haben.

ZUR QUANTITATIVEN ENTWICKLUNG BIS 1914

Auch wenn sie immer noch nicht wirklich verlässlich genannt werden kann, so ist die Datenlage vor allem für das beginnenden 20. Jahrhundert doch deutlich besser als in den Jahrzehnten zuvor (zum Beispiel Erning 1983). Vor allem sind jetzt differenzierende Aussagen möglich. Entsprechende Zahlenangaben liegen zum Beispiel für die mittleren 1880er Jahre vor. Dabei fällt auf, dass bei insgesamt rund 3.500 Kleinkinderziehungseinrichtungen im ganzen Deutschen Reich ein schwaches Drittel aller Anstalten auf die süddeutschen Länder entfällt: auf Baden 306 Anstalten, auf Württemberg 310 Anstalten, auf Bayern 368 Anstalten.

Interessant sind auch die Angaben über die Anzahl der Anstaltsplätze bezogen auf je 100 Kinder der Altersgruppe der Drei- bis Sechsjährigen, die Versorgungsquote. Auch hier fallen wieder die großen regionalen Unterschiede ins Auge. So lässt sich im eben angegebenen Zeitraum für Baden ein Wert von knapp 34 Plätzen auf 100 Kinder der infrage kommenden Altersgruppe feststellen; in Württemberg sind es noch knapp 23 Plätze, in Sachsen dagegen nur noch drei Plätze. Wie sehr die Versorgungsdichte jedoch nicht nur zwischen den einzelnen Ländern, sondern auch innerhalb der Länder selbst differierte, zeigt ein Blick auf die Verhältnisse in Preußen. In Preußen schwanken die Werte 1902 zwischen einem Platz in Spandau und 32 Plätzen in Barmen. Ein gravierender Mangel an Plätzen ist generell für die östlichen Gebiete des Königreichs Preußen festzustellen. Bezogen auf das gesamte Deutsche Reich stieg die Betreuungsquote zwischen 1850 und 1914 von circa 1% auf circa 13% an. Zu bedenken ist freilich: Wenn Kinder überhaupt einen Platz in einer Einrichtung erhielten, dann mussten sie sich eine Betreuungsperson mit fast 100 anderen Kindern teilen. So groß waren zu dieser Zeit die Gruppen.

Der genaue Blick auf die Verhältnisse innerhalb der deutschen Staaten fördert noch weitere Erkenntnisse zutage. So lässt sich beispielsweise für Preußen zeigen, dass von einer überproportionalen Verbreitung von Einrichtungen der öffentlichen Kleinkinderziehung in den Großstädten nicht gesprochen werden kann. Das aber wäre angesichts des engen Zusammenhangs von Industrialisierung und dem Bedarf an öffentlicher Kleinkinderziehung eigentlich zu erwarten gewesen. Und auch die süddeutschen Länder erreichten ihren guten Versorgungsgrad nur mit Hilfe ihrer außerhalb der größeren Städte gelegenen zahlreichen ländlichen Einrichtungen. Allerdings gilt für Baden und Württemberg, dass die – in diesen Ländern verhaltenere – Industrialisierung dort auch die ländlichen Räume erreicht hat. Der für Preußen charakteristische Dualismus aus städtischen industriellen Zentren einerseits und dem dünn besiedelten, ausschließlich agrarischen flachen Land andererseits trifft für die süddeutschen Staaten also nicht zu und erklärt womöglich die dort vorfindbare relativ hohe Anzahl an Einrichtungen der öffentlichen Kleinkinderziehung auch auf dem Land.

Das lässt die folgende begründete Vermutung zu: Zwar haben die Industrialisierung und ihre Folgen den Bedarf an öffentlicher Kleinkinderziehung in Bewahranstalt, Kleinkinderschule und Kindergarten überhaupt erst geweckt. Die Deckung dieses Bedarfs aber erfolgte nicht dort in besonders intensiver Form, wo die Industrialisierung am weitesten fortgeschritten war. So weisen, wie gesagt, die süddeutschen Länder im gesamten 19. Jahrhundert gegenüber den erheblich stärker industrialisierten Ländern Preußen und (vor allem) Sachsen deutlich bessere Werte auf. Es kann also kein monokausaler Zusammenhang zwischen dem Grad der Industrialisierung, der mütterlichen Erwerbstätigkeit und der Förderung der Kleinkinderziehung in öffentlicher Verantwortung bestehen. Es müssen – auch wenn damit der Zusammenhang von Industrialisierung und der Verbreitung der öffentlichen Kleinkinderziehung nicht widerlegt ist – doch zweifellos noch weitere Faktoren hinzugekommen sein, damit ein Netz öffentlicher Einrichtungen zur außerfamilialen Kleinkinderziehung entstehen konnte. Über diese hinzutretenden Motive lassen sich nur Hypothesen aufstellen. Möglicherweise spielten die religiöse Prägung der Bevölkerung und das kirchliche Engagement eine gewisse Rolle, die beide in den süddeutschen Ländern stärker gegeben waren als in den norddeutschen. Denn einerseits besteht ein Zusammenhang zwischen Industrialisierung und öffentlicher Kleinkinderziehung, andererseits nimmt gerade in religiös geprägten Regionen die Verbreitung öffentlicher Einrichtungen zu. Hier könnte sich sogar ein negativer Einfluss der Industrialisierung bemerkbar gemacht haben, insofern sich unter dem Eindruck der Industrialisierung der kirchliche Einfluss in den stark industrialisierten Ländern abgeschwächt hat. Dabei fällt auf, dass in den evangelischen Gebieten mehr Kinder in eine Kleinkindereinrichtung gegangen sind als in den katholischen. Schließlich könnte es sein, dass in einer sozial geschlossenen und noch weitgehend intakten kleinstädtischen (und ohnehin in der dörflichen) Umwelt familiäre Defizite, die sich in der Aufsichtslosigkeit der Kinder ausdrückten, stärker aufgefallen sind und dementsprechend entschlossener bekämpft wurden als in den anonymen Großstädten. Auch dafür könnten wiederum Baden und Württemberg, die beide keine ähnlich großen städtischen Agglomerationen aufwiesen wie zum Beispiel Preußen, als möglicher Beleg dienen. Nicht zuletzt aber legen die Zahlen den Schluss nahe, dass die Familien angesichts einer im Kaiserreich weiter zunehmenden Erwerbstätigkeit von Arbeitermüttern bei einem gleichzeitigen Mangel an Betreuungseinrichtungen auf andere Lösungen zurückgegriffen haben müssen, etwa indem die älteren Geschwister zur Kinderbetreuung herangezogen wurden. Man kann davon ausgehen, dass nur für etwa jedes zehnte aller Kinder arbeitender Mütter ein Platz in einer Kleinkinderanstalt zur Verfügung stand. So sind viele Kinder, trotz der Gefahren, die sich daraus ergaben, unbeaufsichtigt geblieben. Das Aufwachsen auf der Strasse war bis weit ins 20. Jahrhundert hinein für die meisten Kinder völlig selbstverständlich.

Trotzdem lässt sich nicht übersehen, dass in der zweiten Hälfte des 19. Jahrhunderts und gerade während des Kaiserreichs eine erhebliche Zunahme der Gesamtzahl der Einrichtungen zu verzeichnen ist. So wuchs im Königreich Preußen die Zahl der Einrichtungen zwischen 1865 und 1913 um 913%, im Königreich Bayern zwischen 1871 und 1910 um 241%, im Großherzogtum Baden im selben Zeitraum um 258% und im Königreich Württemberg – auf hohem Niveau – um immerhin noch 80%. Für das Jahr 1910 lassen sich reichsweit 7.259 Anstalten nachweisen. In einer Stadt wie zum Beispiel Freiburg im Breisgau sind nahezu alle in der Mitte des 20. Jahrhunderts noch existierenden Einrichtungen im Kaiserreich gegründet worden (Burger 1998, 46). Zwar wuchs auch die Bevölkerung des Deutschen Reiches, allerdings nur um rund 60%. Zudem kann für die Jahrzehnte ab 1871 erstmals in der deutschen Geschichte ein relativer Geburtenrückgang (Anzahl Geburten je Frau im gebärfähigen Alter) festgestellt werden. Gerade daraus aber lässt sich ein weiteres Argument für das staatliche Interesse an der öffentlichen Kleinkinderziehung ableiten. Die ehrgeizigen außenpolitischen Ziele des Deutschen Reiches drohten angesichts dieses Geburtenrückgangs in Gefahr zu geraten, und so rückte im Rahmen einer aktiven Bevölkerungspolitik neben dem Verbot der Abtreibung, dem Kampf gegen Säuglingssterblichkeit und Kinderarbeit sowie der Einführung des Mutterschutzes für Fabrikarbeiterinnen auch die öffentliche Kleinkinderziehung in den Aufmerksamkeitshorizont der Politik. Nicht zufällig wurden in jener Zeit erstmals in größerer Zahl auch Kinderkrippen eingerichtet.

Noch ein weiterer Hinweis lässt sich den statistischen Quellen entnehmen: Für das Jahr 1885 sind beispielsweise im Land Baden insgesamt 306 Anstalten belegt. Davon sind nur 23 als „Kindergärten" ausgewiesen und nur von diesen darf mit einiger Sicherheit angenommen werden, dass in ihnen streng nach den Grundsätzen Fröbels gearbeitet worden ist. Es bestätigt sich also noch einmal eindrücklich: So innovativ und fortschrittlich die Pädagogik des „Kindergartens" gewesen ist, auch gegen Ende des 19. Jahrhunderts stellte der Fröbel-Kindergarten nur einen recht geringen Anteil unter allen Einrichtungen, die sich der Beaufsichtigung, Pflege und Erziehung der kleinen Kinder widmeten.

ZUSAMMENFASSUNG

Zu den herausragenden innenpolitischen Ereignissen der letzten Jahrzehnte des 19. Jahrhunderts gehört die Bismarcksche Sozialgesetzgebung, die den beginnenden Übergang des Deutschen Reiches zu einem Wohlfahrtsstaat moderner Prägung markiert. Als weiterer Katalysator der wohlfahrtsstaatlichen Entwicklung wirkt der Erste Weltkrieg mit dem durch ihn forcierten Ausbau der sozialen Dienste („Kriegsfürsorge"). Staatliches Handeln tangiert immer mehr den Bereich der privaten Reproduktion. Das lässt auch die öffentliche Kleinkinderziehung nicht unberührt. Zwar bleibt der Vorrang der privaten Trägerschaft unangetastet, doch nimmt die Zahl der kommunalen Einrichtungen allmählich zu. Allgemein wächst das Interesse des Staates an der öffentlichen Kleinkinderziehung. Der Staat beginnt, seine jahrzehntelang geübte Zurückhaltung auf diesem Feld sozialen und erzieherischen Handelns aufzugeben.

Es sind im Blick auf die öffentliche Kleinkinderziehung drei Felder, auf denen das sich verstärkende staatliche sozial- und fürsorgepolitische Engagement Folgen mit Langzeitwirkung zeitigt: Erstens beginnt sich der Aufbau eines eigenständigen, auf Kinder und Jugendliche zielenden Rechtsbezirks und darauf bezogen einer eigenständigen behördlichen und administrativen Infrastruktur abzuzeichnen, dem künftig auch die öffentliche Kleinkinderziehung zugeordnet sein wird. Zweitens findet sich der Staat bereit, zur Alimentierung dieses Sektors aus dem Staatsetat beizutragen und die Finanzierung der öffentlichen Kleinkinderziehung nicht mehr ausschließlich privater oder kommunaler Initiative zu überlassen. Damit ist der Einstieg in ein System der öffentlichen Finanzierung des privat getragenen kleinkindpädagogischen Engagements geschafft, wie es im Prinzip bis heute Gültigkeit hat. Zum dritten fördert der Staat über den Erlass von Prüfungsordnungen und Ausbildungsrichtlinien sowie die Einrichtung eigener Ausbildungsstätten die Professionalisierung der in der Kleinkinderziehung tätigen Kräfte und verhilft einem neuen Frauenberuf, dem – noch vor der Fürsorgerin – „erste(n) Zweig einer sozialpädagogischen Fachausbildung" (Bäumer 1929, 14), zur Entstehung. Und auch daran wird sich bis heute nichts ändern: Die Ausübung einer beruflichen Tätigkeit in der Kleinkinderziehung ist an die Absolvierung eines pädagogischen Ausbildungsganges sowie den Erwerb einer staatlichen Lizenz gebunden, und die Ausbildung kann sowohl in konfessionellen wie in staatlichen Einrichtungen absolviert werden. Einen weiteren Aufschwung nimmt das staatliche Engagement im Ersten Weltkrieg, als alle Kräfte – und das heißt nicht zuletzt: die Arbeitskraft der Mütter in der Kriegswirtschaft – für den erhofften Sieg mobilisiert werden sollen.

Die pädagogische Entwicklung ist einerseits vom Aufstieg der Fröbel-Pädagogik geprägt, so wie das im letzten Kapitel ausführlich dargestellt worden ist. Zugleich nimmt die Kritik konfessionell orientierter Kreise an der Fröbel-Pädagogik, die als unliebsame Konkurrenz empfunden wird, weiter zu. Eine verfrühte Intellektualisierung der Kleinkinderziehung und, natürlich, einen angeblichen Mangel an religiöser Erziehung wirft man der Fröbel-Pädagogik vor. Besonderes Gewicht erlangt diese Kritik, weil sich die konfessionell orientierten Träger dadurch neu positionieren, dass sie Dachverbände gründen, die ihre Argumente bündeln und ihre Interessen konzentriert vertreten sollen.

Dennoch beginnt die Kritik an der Fröbel-Pädagogik nach der Jahrhundertwende schwächer zu werden. Mehr und mehr öffnen sich auch die konfessionellen Einrichtungen für die Fröbel-Pädagogik; ein Prozess, der allerdings, vor allem auf katholischer Seite, erst in den 1920er Jahren so richtig an Dynamik gewinnen wird. Dann aber stehen bereits andere kleinkindpädagogische Ansätze bereit, die ihrerseits die Fröbel-Bewegung herausfordern.

Unter quantitativen Aspekten betrachtet erfährt die öffentliche Kleinkinderziehung in der zweiten Hälfte des 19. Jahrhunderts einen großen Aufschwung. Sind die Gründungen vor der Jahrhundertmitte noch eher punktueller Natur gewesen, so setzt in den 1860er und 1870er Jahren ein wahrer Gründungsboom ein. Trotz allem erreicht die Besuchsquote im Reichsdurchschnitt – bei großen regionalen Unterschieden – am Vorabend des Ersten Weltkriegs kaum die 13%. Das ist eine im internationalen Maßstab gesehen eher niedrige Quote. Vor allem in Frankreich und Großbritannien mit der dort herrschenden ausgeprägt vorschulischen Ausrichtung der öffentlichen Kleinkinderziehung liegen die entsprechenden Werte spürbar höher.

6. Der Kindergarten in der Weimarer Republik (1918 bis 1933)

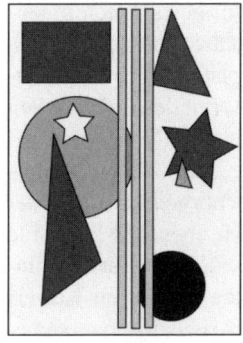 Einleitung – Die öffentliche Kleinkinderziehung als Thema der Reichsschulkonferenz – Der Kindergarten im Reichsjugendwohlfahrtsgesetz – Die Entwicklung der Trägerstruktur – Ausbildung und Professionalisierung – Kinderpsychologie und Kleinkindpädagogik – Die psychoanalytische Kleinkinderziehung – Die anthroposophische Kleinkinderziehung – Die Montessoripädagogik – Der Fröbel-Montessori-Streit – Zu den quantitativen Dimensionen der öffentlichen Kleinkinderziehung – Zusammenfassung

EINLEITUNG

Der November 1918 brachte nicht nur das Ende des Ersten Weltkriegs, sondern mit dem Thronverzicht Kaiser Wilhelm II. (und mit ihm aller anderen Regenten in den Einzelstaaten des Deutschen Reiches) auch die Monarchie zu Fall. Deutschland wurde eine Republik, zur so genannten „Weimarer Republik" – benannt nach dem Ort des Zusammentretens der verfassungsgebenden Nationalversammlung, Weimar. Die beiden Hauptprobleme des neuen Staatswesens waren der fehlende Rückhalt, den die für die Deutschen ungewohnte Staatsform der Republik und die Demokratie als Regierungsform in der Bevölkerung, insbesondere unter den gesellschaftlichen Eliten, besaßen, sowie die permanente ökonomische Krise, gegen die die häufig wechselnden Reichsregierungen letztlich vergeblich ankämpften. Beides zusammen hat es am Ende ermöglicht, dass die Nationalsozialisten, darin von den Kommunisten tatkräftig unterstützt, die weit verbreitete Ablehnung des, wie es abschätzig hieß, „Systems von Weimar" und eine wachsende Sehnsucht nach einer autoritären Lösung aller Probleme in ihrem Sinne nutzen konnten. Aus den Köpfen der überwältigenden Mehrheit der Menschen war das Denken in obrigkeitsstaatlichen Mustern noch nicht geschwunden, und so traf der mit den Präsidialkabinetten ab 1930 einsetzende Niedergang des Parlamentarismus und der Demokratie auf keinen nennenswerten Widerstand. Die Republik war im Grunde schon tot, als am 30. Januar 1933 Hitler zum Reichskanzler ernannt wurde.

Im Kontrast zur wirtschaftlich trostlosen Lage und dem besonders in den ersten und letzten Jahren der Republik von Gewalt bestimmten innenpolitischen Klima (politische Morde, Putschversuche) entwickelte sich in den 20er Jahren, insbesondere in der Reichshauptstadt Berlin, eine außerordentlich lebendige kulturelle Szene. Die Autoren des literarischen Expressionismus, die Bauhauskünstler in Weimar und Dessau und andere mehr, gehören heute zum Grundbestand der „klassischen Moderne", die in jenen Jahren in Deutschland zum Durchbruch kam, wie der Historiker Detlev Peukert (1987) schreibt. Zu den ebenfalls bis heute nachwirkenden Impulsen der 20er Jahre gehören auch die Entwicklungen auf sozialpolitischem Gebiet. Zwar wurde den bereits im Kaiserreich eingerichteten Sozialversicherungen nur die Arbeitslosenversicherung (1927) hinzugefügt. Aber in der Reichsverfassung von 1919 waren in zahlreichen Artikeln sozialpolitische Grundsätze wie die Gleichberechtigung der Geschlechter, die Förderung kinderreicher Familien, die gesunde Erziehung des Nachwuchses, die Sozialbindung des Eigentums, die Förderung des Genossenschaftswesens usw. formuliert worden. Das Sozialstaatsprinzip besaß also erstmals Verfassungsrang. Das war im Verhältnis zum Kaiserreich eine neue Qualität. Mit der Verabschiedung des Reichsjugendwohlfahrtsgesetzes (1922) und des Reichsjugendgerichtsgesetzes (1923) wurden zudem zwei große Jugendgesetze verabschiedet und damit die schon im Kaiserreich vielfach geforderte Bündelung der Jugendhilfe auf Reichsebene realisiert.

Die öffentliche Kleinkinderziehung als Thema der Reichsschulkonferenz

Die bereits für 1917 geplante, schließlich aber erst im Juni 1920 in Berlin durchgeführte Reichsschulkonferenz hatte keine wirklichen Kompetenzen. Anders als man aufgrund des Namens annehmen könnte, war diese Konferenz mehr als nur eine Schul-Konferenz (vgl. Die Reichsschulkonferenz in … [1920]). Die fast 700 pädagogischen Experten diskutierten vielmehr Fragen, die mit allen denkbaren Aspekten und Einrichtungen des Bildungswesens zusammenhingen. Das Themenspektrum reichte vom Kindergarten bis zur Volkshochschule. Irgendwelche den Gesetzgeber bindende Wirkungen kamen den auf dieser Konferenz herbeigeführten Mehrheitsbeschlüssen jedoch nicht zu. Die Konferenz war mehr als Forum des Meinungsaustauschs und der Politikberatung geplant. Der Zusammenbruch des alten politischen Systems, der Wechsel der Staatsform und die Tatsache, dass mit den Sozialdemokraten nunmehr diejenige politische Kraft an die Schalthebel der Macht gelangt war, die jahrzehntelang tiefgreifende Reformen im Bildungssektor gefordert hatte, waren Anlass genug, eine Generaldiskussion des Bildungswesens wenigstens zu probieren. Klärungs- und Entscheidungsbedarf bestand angesichts der politisch und sozial desolaten Lage in genügendem Maße. Eine besondere Dringlichkeit erwuchs der Frage der Organisation der vorschulischen Erziehung aus der Einführung der vierjährigen, für alle Kinder gemeinsamen Grundschule nach Artikel 146 der Reichsverfassung. Damit war, wenigstens mittelbar, auch die Frage nach der künftigen Gestalt des der Grundschule vorgelagerten Kindergartens gestellt. Konkret: Sollte – gewissermaßen in Verlängerung einer Entwicklung, wie sie sich am Ende des Kaiserreichs immer mehr abzuzeichnen begonnen hatte – die öffentliche Kleinkinderziehung in ähnlicher Weise wie nunmehr der Grundschulbereich ausschließlich in öffentlicher Verantwortung und mit der Maßgabe, alle Kinder zu erfassen, organisiert werden. Oder sollten sich Elementar- und Primarbereich darin, nämlich im Grad der Verpflichtung und in der Trägerschaft, weiterhin unterscheiden? Vor diesem Hintergrund boten sich drei Möglichkeiten, den Vorschulbereich zu ordnen:

(1) Öffentliche Kleinkinderziehung als freiwilliges Angebot der Kinder- und Jugendhilfe mit eindeutig fürsorgerischer Akzentsetzung und primär in privater (das heißt de facto konfessionell-kirchennaher) Trägerschaft. Das war der Status quo, an dem auf der Reichsschulkonferenz vor allem die konfessionellen Träger und auf der politischen Ebene die katholisch-konservative Zentrumspartei festhielten und den sie in die neue Zeit hinüber zu retten versuchten. Jeder weitergehende (staatliche) Anspruch wurde von dieser Seite als unzulässiger Eingriff in die Elternrechte abgelehnt.

(2) Vorschulerziehung in Analogie zur Grundschule, das heißt als Pflichtprogramm für alle Drei- bis Sechsjährigen. Das hätte die Herauslösung

der Kleinkinderziehung aus ihrem traditionellen sozialfürsorgerischen Kontext und ihre Etablierung als Elementarstufe des allgemeinen Bildungswesens sowie in der Folge auch ihre restlose „Verstaatlichung", das heißt ihre Überführung in staatlich-kommunale Trägerschaft bedeutet. Dies entsprach einer alten Forderung der Sozialdemokratie, die auf der Reichsschulkonferenz von den linken Pädagog(inn)en und auf der politischen Ebene neben der SPD auch von den Anhängern der neugegründeten KPD und der linken SPD-Abspaltung USPD mitgetragen wurde.

(3) Öffentliche Kleinkinderziehung als freiwilliges Angebot, aber als Teil des Bildungswesens und damit in staatlich-kommunaler Trägerschaft. Entsprechend der Idee Friedrich Fröbels, der den Kindergarten als Einrichtung für alle Kinder, ungeachtet ihrer sozialen Herkunft und familiären Lage, konzipiert hatte, wurde diese dritte Position von den Anhänger(inne)n der Fröbel-Bewegung, dem DFV, aber auch von den im Deutschen Lehrerverein (DLV) zusammengeschlossenen fortschrittlichen Volksschullehrern, auf der Reichsschulkonferenz vertreten.

Den Mehrheiten in dem Fachausschuss der Reichsschulkonferenz entsprechend, der die künftige Gestalt der Vorschulerziehung zu beraten hatte und in dem Vertreter(innen) der Kommunen, der Parteien, der Kirchen, der Träger und der pädagogischen Fachverbände zusammenkamen, setzte sich die erste der eben genannten, die traditionelle Position durch: Der Status quo sollte erhalten bleiben. Vorschuleinrichtungen wurden mehrheitlich als Einrichtungen der Kinder- und Jugendwohlfahrt bestätigt. Ihr Besuch sollte demnach nicht allgemein verpflichtend, sondern ein Angebot vor allem für Kinder aus schwierigen familiären Verhältnissen sein. Auch wurde die bisherige Trägerstruktur im Wesentlichen bestätigt. Trotz des Appells an die Kommunen, vermehrt Bewahreinrichtungen, Kleinkinderschulen und Volkskindergärten anzubieten, um – und das war die einzige Innovation, zu der man sich durchringen konnte – das geforderte Recht auf einen Kindergartenplatz einlösen zu können, bekamen die privaten Anbieter ihren Vorrang bestätigt. Die mehrheitlich verabschiedeten Leitsätze des betreffenden Fachausschusses der Reichsschulkonferenz lauteten (Die Reichsschulkonferenz 1920 [1972], 694f.):

(1) Das Recht und die Pflicht der Erziehung der Kinder im vorschulpflichtigen Alter liegen grundsätzlich bei der Familie.

(2) Die öffentliche Kleinkinderziehung ist ihrem Wesen und ihrer Bestimmung nach eine wertvolle Ergänzung der Familienerziehung.

(3) Für Eltern, die ihre Kinder in eine Einrichtung der öffentlichen Kleinkinderziehung schicken wollen, muss die Möglichkeit dazu geboten werden. Eine Verpflichtung zum Besuch einer solchen Einrichtung wird jedoch abgelehnt.

(4) Soweit die freie Wohlfahrtspflege dem Bedürfnis nach derartigen Einrichtungen nicht ausreichend zu entsprechen vermag, haben Staat und Gemeinden diese einzurichten.

(5) Die Leiterin einer entsprechenden Anstalt und die in ihr tätigen Kräfte müssen entsprechend ausgebildet sein. Die Grundsätze für die Ausbildung sind durch Landesgesetz aufzustellen.

(6) Einrichtungen der freien Wohlfahrtspflege sind den öffentlichen Einrichtungen grundsätzlich gleichzustellen, wenn sie hinsichtlich der hygienischen Anforderungen und der Vorbildung der Leiterin und der übrigen Kräfte den für die öffentlichen Kindergärten aufgestellten Grundsätzen entsprechen.

(7) Die Überwachung der Einrichtungen übt der Staat aus. Hierbei sind sachverständige Persönlichkeiten einzusetzen.

(8) Wo die Erziehungsberechtigten an der Ausübung ihrer Erziehungspflicht dauernd gehindert sind, so dass dadurch die sittliche und körperliche Entwicklung des Kindes gefährdet ist, muss der Besuch einer Einrichtung der öffentlichen Kleinkinderziehung verbindlich gemacht werden. Zwangsmaßnahmen können allerdings nur auf Grund eines Gesetzes angeordnet werden.

(9) Kinder, die ihrem Alter nach schulpflichtig, nach ihrer körperlichen oder geistigen Entwicklung aber noch nicht schulfähig sind, sollen einer besonderen Vorklasse zugeführt werden. Diese Vorklasse ist Teil der Volksschule, während die Einrichtungen der öffentlichen Kleinkinderziehung grundsätzlich Einrichtungen der Kinder- und Jugendwohlfahrt sind.

Auch die im Ausschuss unterlegene Minderheit verabschiedete Leitsätze. Die besonders weitgehende Vorstellung eines für alle Kinder verpflichtenden Kindergartenbesuchs kam darin allerdings nicht mehr vor. Die Durchsetzung dieser Forderung hatte sich schnell als unmöglich – und übrigens auch unbezahlbar! – herausgestellt. Was blieb, das war der

Ruf nach der Kommunalisierung: „Einrichtungen der freien Liebestätigkeit und Wohlfahrtspflege sind innerhalb einer Übergangszeit bis zum Jahre 1930 von den Kommunen und Landgemeinden zu übernehmen." Auch die mehrheitlich angenommenen Leitsätze, das soll noch einmal betont werden, waren nur empfehlenden Charakters. Sie zeigen aber immerhin, wie die Majorität dachte. Die nun folgende Betrachtung der gesetzlichen Regelungen, die für die öffentliche Kleinkinderziehung der Weimarer Republik auf Reichsebene getroffen wurden, zeigt allerdings, wie umstandslos diese Empfehlungen der Reichsschulkonferenz per Gesetz Wirklichkeit wurden, was allerdings auch daran lag, dass sie im Wesentlichen den Status quo beschrieben.

Der Kindergarten im Reichsjugendwohlfahrtsgesetz

Wie schon von der Reichsschulkonferenz mit Mehrheit empfohlen, wurde die öffentliche Kleinkinderziehung im Rahmen des am 9. Juli 1922 im Reichstag verabschiedeten und 1924 in Kraft getretenen Reichsjugendwohlfahrtsgesetzes (RJWG) als Teil der Kinder- und Jugendfürsorge – die neuerdings unter dem Begriff „Jugendhilfe" geführt wurde – definiert. Mit der Reichsverfassung war dem Reich neben dem Schulwesen auch in der Jugendwohlfahrtspflege die Rahmengesetzgebungskompetenz zugefallen. Während es jedoch zur Verabschiedung eines Reichsschulgesetzes nie gekommen ist, konnte schon erstaunlich schnell die Jugendwohlfahrtspflegematerie in einem Reichsgesetz einheitlich geregelt werden, eben im RJWG (abgedruckt zum Beispiel in: Jugendwohlfahrtsgesetz … [1953]). In dessen § 1 wurde bestimmt: „Insoweit der Anspruch des Kindes auf Erziehung von der Familie nicht erfüllt wird, tritt, unbeschadet der Mitarbeit freiwilliger Tätigkeit, öffentliche Jugendhilfe ein." Damit waren das bereits im BGB und im preußischen Jugendfürsorgegesetz (beide 1900) angelegte Wächteramt des Staates über das Kindeswohl sowie das Recht des Kindes auf Erziehung erneut bekräftigt und von konkreten Hilfemaßnahmen flankiert worden. Im § 4 wurden die Zuständigkeiten des neu geschaffenen Jugendamtes – auch dieses eine Institution, die noch im Kaiserreich, zuletzt im September 1918 sogar auf der legislativen Ebene in einem Gesetzentwurf der preußischen Regierung, grundgelegt worden war – beschrieben, zu dessen Aufgaben es u.a. auch gehören sollte, „Einrichtungen und Veranstaltungen anzuregen, zu fördern und gegebenenfalls zu schaffen für: ... 4. Wohlfahrt der Kleinkinder." Nur wenn die Nachfrage das Angebot der privaten Träger deutlich überschritt, sollte die Kommune Plätze zur Verfügung stellen können. (Ursprünglich war im Gesetz unter diesen Umständen eine *Pflicht* zur Einrichtung von Kindergärten festgeschrieben worden. Unter dem Druck der Kommunen, die schwere finanzielle Belastungen befürchteten, ist diese Pflicht im Einführungsgesetz zum RJWG 1924 in eine *Kann*-Bestimmung abgemildert, die Stellung der privaten Träger damit also noch mehr gestärkt worden.) Dieselben politischen Kräfte, die schon auf der Reichsschulkonferenz das Wort geführt hatten, bestimmten auch den Gang des Gesetzgebungsverfahrens. Der Staat kam über das beim Jugendamt liegende Genehmigungs- und Aufsichtsrecht über *alle* Kleinkinderanstalten ins Spiel. Die Genehmigungs- und Aufsichtspflicht des Jugendamtes ergab sich aus den Bestimmungen des RJWG (§§ 19-31) zum Pflegekinderwesen, denn rechtlich gesehen galten Kinder, die eine vorschulische Einrichtung besuchten, (für die Stunden des Tages, in denen sie sich dort aufhielten) als „Pflegekinder". Allerdings ist das durch die Landesjugendämter und die kommunalen Jugendämter auszuübende Aufsichtsrecht in den 20er Jahren in vielen deutschen Ländern an die Spitzenverbände der konfessionellen Träger delegiert worden. Immerhin leitete der Staat aus diesem gesetzlich festgelegten Aufsichtsrecht das Recht ab, durch entsprechende Richtlinien, die als Teil der jeweiligen Ländergesetze zu formulieren waren, die Standards in der öffentlichen Kleinkinderziehung zu bestimmen. So sind auf diese Weise Richtlinien herausgegeben worden, die erstmals Mindestanforderungen an vorschulpädagogische Einrichtungen in Bezug auf Hygiene, Gruppen- und Raumgröße, Ausstattung, Fachpersonal usw. verbindlich festlegten. Einrichtungen, die dem nicht entsprechen konnten, waren von Auflösung bedroht. Im Zuge derartiger Richtlinien ist 1930 in Preußen bestimmt worden, dass für Einrichtungen, für die bisher „die Bezeichnungen Kleinkinderschule, Bewahranstalt, Warteschule, Hort u. dergl. gebraucht wurden ... im amtlichen Verkehr die einheitliche Bezeichnung Kindergarten zu verwenden" sei.

Die Entwicklung der Trägerstruktur

Wie eben ausgeführt, sind die privaten Träger der öffentlichen Kleinkinderziehung in ihrer führenden Rolle durch das RJWG bestätigt worden. Veränderungen gegenüber der Vorkriegssituation ergaben sich allerdings insofern, als sich das Feld der privaten Träger weiter ausdiffe-
renzierte. Waren es bislang die konfessionellen Träger mit ihren
Spitzenverbänden, die im DFV zusammengeschlossenen Fröbel-Kindergärten, zudem freie Vereine, reine Privatanstalten und Industrieun-
ternehmen und daneben die Kommunen, die die Trägerlandschaft bestimmten, so kamen jetzt die neuen Spitzenverbände der Wohlfahrtspflege hinzu, die auf dem Feld der öffentlichen Kleinkinderziehung
ebenfalls als Anbieter auftraten. So erfolgte am 13. Dezember 1919 die
Gründung der von der SPD und den Gewerkschaften getragenen Arbeiterwohlfahrt. Zu nennen sind des Weiteren der so genannte Fünfte
Wohlfahrtsverband (später: Paritätischer Wohlfahrtsverband), dem sich
die freien, konfessionell nicht gebundenen Kindergartenträgervereine
anschlossen, und das Rote Kreuz. Unter den konfessionellen Spitzenverbänden war als letzter 1917 die Zentralwohlfahrtsstelle der deutschen Juden gegründet worden. Diese Verbände der Freien Wohlfahrtspflege schlossen sich 1924 auf Reichsebene zur Deutschen Liga der
Freien Wohlfahrtspflege zusammen.
Das Angebot der Städte und Gemeinden an Kindergartenplätzen wuchs
dagegen nur langsam. Die finanzielle Misere der Kommunen verbot
eine zügigere Ausweitung des Angebots in nicht-konfessioneller und
nicht-vereinsmäßiger Trägerschaft. In der Reichshauptstadt Berlin etwa
befanden sich Mitte der 1920er Jahre unter den rund 350 amtlich regis-
trierten Vorschuleinrichtungen nur 43 in städtischer Trägerschaft. Die
Verhältnisse in anderen Städten unterschieden sich nicht prinzipiell von
der Lage in Berlin (vgl. Erning, Neumann & Reyer 1987, Bd. II, 40ff.).
So bestand in der Weimarer Republik im Vorschulbereich ein Trägerdualismus aus kommunalen und privaten Einrichtungen, wobei die dominierende Stellung der privaten Trägerschaft und unter diesen wiederum die der konfessionellen Träger, so wie sie sich im Laufe der Jahrzehnte herausgebildet hatte, auch in den 20er Jahren nie gefährdet war.
Genaue Zahlen dazu im vorletzten Abschnitt dieses Kapitels.
Der quantitativen Dominanz der privaten Träger entsprach jedoch keineswegs eine entsprechende Unabhängigkeit der privaten Träger vom

Staat. Im Gegenteil. Mit der Durchsetzung des Sozialstaatsprinzips hatte die Abhängigkeit der privaten Anbieter vom Staat weiter zugenommen. Neben der Überwachung und Reglementierung der öffentlichen Kleinkinderziehung war inzwischen auch deren öffentliche (Teil-)Finanzierung selbstverständlich geworden. Und das schuf – besonders unter den Bedingungen der schweren ökonomischen Krisen der 20er Jahre, die die finanzielle Lage vieler Trägervereine durch die Geldentwertung erheblich beeinträchtigte – Abhängigkeiten, denn die privaten Träger konnten ihr Angebot nur so lange aufrechterhalten beziehungsweise den staatlichen Vorgaben hinsichtlich Ausstattung, Ausbildung des Personals usw. nur insoweit entsprechen, als sie aus Steuergeldern subventioniert wurden. Genau dies – die staatliche Regelungskompetenz in Verbindung mit der Gewährung öffentlicher Mittel – sollte denn auch wenige Jahre später zum Hebel werden, mit dem es den Nationalsozialisten ab 1933 gelang, die ungeliebten privaten Anbieter erheblich unter Druck zu setzen (wenn auch nicht auszuschalten).

Einerseits, um gegenüber dem staatlichen Gesetz- und Geldgeber geschlossen und mit dem nötigen Nachdruck auftreten zu können, andererseits, um sich gegenüber der neuen Konkurrenz auf dem Felde der Anbieterschaft entsprechend zu positionieren, waren die konfessionellen Träger um eine weitere Stärkung und Zentralisierung ihrer verbandlichen Strukturen bemüht. Auf evangelischer Seite sah dies so aus, dass neben der bereits seit 1909 bestehenden „Conferenz für christliche Kinderpflege" im Jahre 1920 der „Evangelische Verband für Kinderpflege" gegründet wurde, dem zwei Jahre später die „Arbeitsgemeinschaft für evangelische Kinderpflege" an die Seite trat. 1928 schließlich wurde die „Reichskonferenz für evangelische Kinderpflege" ins Leben gerufen, und zwar als Dachverband für die folgenden Fachverbände: Conferenz für christliche Kinderpflege, Evangelischer Reichsverband für Kinderpflege, Reichsverband der evangelischen Kindergärtnerinnen, Hortnerinnen und Jugendleiterinnen sowie Kaiserswerther Verband Deutscher Diakonissenmutterhäuser. Damit waren erstmals alle im evangelischen Raum auf dem Feld der vorschulischen Erziehung tätigen Fachverbände unter einem gemeinsamen Dach zusammengeführt.

Ausbildung und Professionalisierung

Die Forderung, dass nur noch ausgebildetes Personal in den vorschulischen Einrichtungen tätig sein dürfe, war sowohl auf der Reichsschulkonferenz erhoben als auch später im RJWG bestätigt worden. Trotz der Praxis vieler Träger, aus Kostengründen bevorzugt unausgebildete Kräfte zu verwenden, würde der Bedarf an fachlich versierten Kräften – Kindergärtnerinnen, wie sie jetzt durchweg hießen – also mutmaßlich weiter wachsen. Auch in der Weimarer Republik standen dafür die Seminare der konfessionellen Träger, die von konfessionell ungebundenen Vereinen getragenen Seminare, die meist dem DFV angehörten, und die zahlenmäßig immer stärker werdenden kommunalen beziehungsweise staatlichen Ausbildungseinrichtungen zur Verfügung. Nicht wenige der von privaten Trägervereinen unterhaltenen Seminare gingen in den wirtschaftlich schwierigen Anfangsjahren der Weimarer Republik in kommunale Trägerschaft über.

Im Blick auf die formale Gestaltung der Ausbildung galten weiterhin die vor dem Krieg in Kraft gesetzten Regelungen, zum Beispiel in Preußen die Richtlinien von 1911. Die einzigen Änderungen, die in Preußen vorgenommen wurden, betrafen die durchgängige Verlängerung der Ausbildungszeit, die Abschaffung des 1908 eingeführten, auf die höhere Mädchenschule aufbauenden Ausbildungsgangs (1920), sowie den Umstand, dass sich auch die konfessionellen Seminare der Anwendung dieser Richtlinien nicht länger mehr entziehen konnten (1928). Da die anderen Länder analog verfuhren, ergab sich nunmehr folgendes Bild: mittlerer Schulabschluss (in einigen wenigen Ländern nach wie vor nur der Volksschulabschluss) als Zugangsvoraussetzung zur Seminarausbildung; zweijährige seminaristische Ausbildung; einjähriges Anerkennungspraktikum; eine darauf folgende Prüfung und am Ende die staatliche Anerkennung. In Preußen wurden 1929 die bis dahin getrennt geführten Ausbildungsgänge der Kindergärtnerin und der Hortnerin zusammengefasst. Auch im Blick auf die Jugendleiterinnen-Ausbildung ergaben sich nur geringfügige Modifikationen: ebenfalls 1929 wurde dort die erforderliche Praxiserfahrung, die zur Aufnahme des Aufbaustudiums vorgeschrieben war, auf zwei, 1932 auf drei Jahre angehoben. Für die Kinder im Krippenalter etablierte sich der Beruf der Säuglings- und Kleinkinderpflegerin. Hierfür wurden 1930 auf Reichsebene Ausbildungsrichtlinien erlassen.

Auf dieser Ebene fielen die Modifikationen im Ausbildungsbereich zwischen 1918 und 1933 also wenig einschneidend aus. Die Professionalisierung wurde in der Weimarer Republik vielmehr inhaltlich, auf der pädagogischen und didaktisch-methodischen Schiene, vorangetrieben. Hatte für mehr als ein halbes Jahrhundert die wesentlichste inhaltliche Innovation der Kleinkinderziehung im Aufkommen der Fröbelpädagogik bestanden, so betraten in den 1920er Jahren mit der Kinderpsychologie, der Montessoripädagogik, der psychoanalytischen Pädagogik und der anthroposophischen Pädagogik gleich eine Vielzahl neuer und für viele Kindergärtnerinnen aufregende und herausfordernde Alternativen zum eingefahrenen Betrieb in Kleinkinderschule und Kindergarten die vorschulpädagogische Bühne. Die Fröbelpädagogik, kaum hatte sie den Durchbruch geschafft und war auch in den konfessionellen Einrichtungen mehr und mehr zur Praxis geworden, sah in den Augen vieler gerade der jungen Berufskräfte plötzlich alt und etabliert aus: Es gab Alternativen!

KINDERPSYCHOLOGIE UND KLEINKINDPÄDAGOGIK

Um die Wende zum 20. Jahrhundert begann auch in Deutschland der Aufstieg einer neuen psychologischen Disziplin, der Entwicklungs- oder – wie sie in dieser Zeit meist genannt wurde – der Kinderpsychologie (vgl. Bühler & Hetzer 1929; Höhn 1959). Die Wurzeln der modernen Kinderpsychologie lagen überwiegend in Amerika, auch in Frankreich und in der Schweiz. In Deutschland ist sie vor allem durch zahlreiche Übersetzungen in den Jahren nach 1900 bekannt geworden. Spätestens nach dem Ersten Weltkrieg gewannen auch deutsche Wissenschaftler(innen) im internationalen Rahmen an Einfluss und Bedeutung in der Kinderpsychologie, ja die Zentren der Forschung verlagerten sich sogar für eine Reihe von Jahren nach Deutschland beziehungsweise in den deutschsprachigen Raum. Zu nennen sind hier vor allem die sogenannte Hamburger Schule um Clara und William Stern und die Wiener Schule um Karl und Charlotte Bühler, wie die Sterns ein gemeinsam forschendes Ehe- und Elternpaar.

Die Kinderpsychologie wandte sich allen wesentlichen Phänomenen des frühen Kinderlebens in wissenschaftlicher Manier zu. Erforscht wurden zum Beispiel das kindliche Spiel, die Anfänge sozialer Interaktion unter Kindern, Äußerungen der kindlichen Phantasie, die Entwicklung des zeichnerischen Vermögens, der kindliche Spracherwerb. Untersuchungsmethoden waren die Analyse von Produkten kindlicher Tätigkeit (zum Beispiel von Kinderzeichnungen), vor allem aber die Beobachtung und das Experiment, also die Methoden der modernen empirisch forschenden Psychologie. Einige der in diesen Jahren bis 1933 angefertigten Forschungsarbeiten sind in der Kindergärtnerinnenausbildung bis Ende der 1970er Jahre hinein in Gebrauch und im Buchhandel erhältlich gewesen, so zum Beispiel Charlotte Bühlers Untersuchung über „Das Märchen und die Phantasie des Kindes", eine Studie, deren Wurzeln immerhin bis in den Ersten Weltkrieg zurückreichen. Auch sind die entwicklungspsychologischen Lehrbücher der Bühler-Schülerinnen Hildegard Hetzer und Lotte Schenk-Danziger erst in den 70er Jahren von den Arbeiten des dann in Deutschland allerdings unerwartet intensiv rezipierten Schweizer Entwicklungspsychologen Jean Piaget verdrängt worden, der mit seinen kinder- und entwicklungspsychologischen Forschungen freilich auch schon in den 1920er Jahren begonnen hat. Die von Clara und William Stern an den eigenen drei Kindern ab 1900 durchgeführten Untersuchungen über den kindlichen Spracherwerb sind bis heute (!) nicht überholt und bilden nach wie vor ein herausragendes Beispiel für die Möglichkeiten genau beobachtender und beschreibender Forschung an kleinen Kindern (vgl. Stern & Stern 1907).

Natürlich konnte auch die Vorschulerziehung von der regen kinderpsychologischen Forschungstätigkeit nicht unbeeinflusst bleiben. So stand schon seit 1903 das Buch „Untersuchungen über die Kindheit" des Amerikaners James Sully auf dem Lehrplan der Seminare des DFV. Auf dem ersten Kongress für Kinderforschung 1906 in Berlin trat die Leiterin des Kasseler Kindergärtnerinnenseminars, Hanna Mecke, als eine der Hauptrednerinnen auf und referierte über das Verhältnis von Fröbel-Pädagogik und Kinderpsychologie (vgl. Mecke 1907). Selbst die traditionell allem Neuen eher reserviert gegenüber stehende katholische Kleinkindpädagogik wollte sich der Kinderpsychologie nicht verschließen. 1917 forderte der katholische Theologe und Pädagoge Josef Göttler auf einer Tagung des „Vereins für christliche Erziehungswissenschaft" mit Blick auf das Kleinkindalter und die katholischen Kleinkinderanstalten: „Wegen der anerkannten Bedeutung dieser Jahre für die ganze spätere Entwicklung der Kinder muss für Einrichtung und Betrieb solcher Anstalten gründliche kinderpsychologisch-pädagogische … Einsicht und Erfahrung gefordert, aller Dilettantismus ferngehalten werden" (in: Hermanutz 1977,

156). Vertreter(innen) der Kinderpsychologie beteiligten sich an der Abfassung von Lehrwerken für die Kindergärtnerinnenausbildung, auf Tagungen des DFV traten sie in den 20er Jahren als Referent(inn)en auf. Fröbel wurde – und das empfanden die Fröbel-Anhänger(innen), die sich unerwarteter Konkurrenz auf dem Feld der Vorschulerziehung ausgesetzt sahen, als wohltuende Unterstützung – von der Kinderpsychologie als früher und genialer Erforscher der kindlichen Seele bestätigt. „Fröbel war … der erste eigentliche Entwicklungspsychologe des Kindes und … einer der ersten, die den Bildungsprozess als solchen nachdrücklich als Gegenstand psychologischer Erwägungen sahen." Das schrieb 1927 die Assistentin William Sterns Martha Muchow (1927, 167), die sich in besonderer Weise um die Übertragung kinderpsychologischer Erkenntnisse in die Vorschulerziehung verdient gemacht hat und deren Werke ebenfalls noch bis in die 1950er Jahre in der Kindergärtnerinnen-Ausbildung eine Rolle spielten (vgl. zum Beispiel Muchow 1949). Fröbel, fuhr Muchow fort, sei deshalb ein früher Repräsentant der Entwicklungs- und Kinderpsychologie gewesen, weil er seine Pädagogik bereits konsequent am Entwicklungsbegriff orientiert und seine Pädagogik empirisch fundiert habe. Tatsächlich steckt die „Menschenerziehung" Fröbels von 1826 voller genauer und zutreffender Beobachtungen an kleinen Kindern. Vor allem der Begriff des „Gliedganzen", der in Fröbels Psychologie eine wichtige Rolle spielte, wurde von den Ganzheits- und Gestaltpsychologen unter den Kinderpsychologen, die ebenfalls von Strukturen und dem Strukturganzen sprachen, gerne angenommen. Auch fand sich die Fröbel-Pädagogik in ihrem Beharren auf der Eigenwertigkeit des frühen Kindesalters, das eben nicht von der Schule und deren Anforderungen her bestimmt werden dürfe, von den Entwicklungspsycholog(inn)en der Zeit bestätigt. In dem heftig aufbrechenden Fröbel-Montessori-Streit ergriffen die Kinderpsycholog(inn)en ausdrücklich für die Fröbelpädagogik und gegen Montessori Partei (s.u.), wie umgekehrt in allen maßgeblichen Äußerungen der Fröbel-Schule zur Pädagogik des Kindergartens der entscheidende Beitrag der Kinderpsychologie gelobt wurde (zum Beispiel Blochmann 1928, 78ff.).

DIE PSYCHOANALYTISCHE KLEINKINDERZIEHUNG

Obwohl die Psychoanalyse primär an den seelischen Pathologien des Erwachsenenalters interessiert war und Freud selbst sich um die pädagogische Nutzanwendung seiner Lehre kaum je bemüht gezeigt hat, sind die Erkenntnisse der Psychoanalyse von Einzelnen seiner Schülerinnen auch auf Erziehungsprobleme im Vorschulalter bezogen worden. Zu nennen sind hier vor allem die Kindertherapeutinnen Anna Freud und Melanie Klein. Im engeren Sinne kindergartenpädagogische Konsequenzen aus psychoanalytischen Erkenntnissen hat die gelernte Fröbel-Kindergärtnerin Nelly Wolffheim (1879–1965) gezogen und 1930 unter dem Titel „Psychoanalyse und Kindergarten" in einer berühmten Artikelserie in der „Zeitschrift für psychoanalytische Pädagogik" publiziert (vgl. Wolffheim 1966).

Die Freudsche Triebtheorie, 1905 in den „Drei Abhandlungen zur Sexualtheorie" entwickelt, konnte, und das bildete den Hintergrund für alle kleinkindpädagogischen Überlegungen, als Theorie der psychosexuellen Entwicklung des kleinen Kindes gelesen werden (vgl. Freud 1961; Flammer 2002, 65-81): In den ersten eineinhalb Lebensjahren dienen Mund, Lippen und Zunge als primäre Lustquellen; die orale Phase. Darauf folgt die anale Phase bis circa zum Ende des dritten Lebensjahres. Die phallische (oder genitale) Phase schließt sich an. Die genitale Phase wird auch die ödipale Phase genannt, weil an ihrem Ende die Lösung des Ödipus-Komplexes und die Über-Ich-Bildung stehen. Mit dem Schulreifealter ruhen die unmittelbaren Triebmanifestationen (Latenz-Periode), bis sie in der Pubertät zur genitalen Fixierung gelangen. Insofern bedeutet das Ende des Kindergartenalters auch aus psychoanalytischer Sicht eine wichtige entwicklungspsychologische Zäsur.

Erziehung im Vorschulalter ist nach psychoanalytischer Auffassung vor allem Triebsteuerung im Sinne einer Überwindung des Lustprinzips und der allmählichen Anpassung des Kindes an die Erfordernisse der kulturellen und gesellschaftlichen Umwelt, in die es hineinwächst. In der Begrifflichkeit der Psychoanalyse: Triebunterdrückung, Triebumlenkung und Triebsublimierung zugunsten der Anerkennung des Realitätsprinzips und des Aufbaus eines stabilen Über-Ichs, gebildet aus den über die Eltern und Erzieher vermittelten Werten und Normen der Gesellschaft. Besondere Bedeutung gewann der Kindergarten in den Augen der psychoanalytisch geschulten Kindergärtnerin, weil die durch den Kindergarten ermöglichte Gemeinschaftserfahrung die entwicklungspsychologisch notwendige Ablösung des kleinen Kindes von seinen Eltern und die Übertragung der dadurch frei werdenden libidinösen Energien auf die Mitglieder der Gleichaltrigengruppe erleichterte und damit eine wichtige seelische Voraussetzung der Schulfähigkeit schuf. Auch die Kindergärtnerin konnte diesen Prozess fördern, indem sie sich als erste außerfamiliäre erwachsene Bezugsperson des Kindes diesem als Übertragungs- und Identifikationsobjekt zur Verfügung stellte. Dazu musste sie sich hinreichend von der Mutter unterscheiden und nicht zuletzt deshalb im Verhältnis zu den Kindern eine gewisse Strenge und eine auf Ausgleich bedachte Gerechtigkeit walten lassen, was wiederum die Aufgabe, die kindlichen Triebregungen zu lenken, unterstützte. Die Kindergartensituation sollte eben nicht mit der Familiensituation in eins fallen; darin unterschied sich das psychoanalytische Verständnis vom Kindergarten von der Fröbelpädagogik fundamental. Enge Bezüge zur Fröbelpädagogik gab es dagegen bei dem auch von den Psychoanalytikerinnen hochgeschätzten kindlichen Spiel. Besonders das Phantasie- und Rollenspiel sollte gefördert werden, weil es als Mittel der Abreaktion von Triebspannungen, die sich aus dem ständigen Zwang zur Realitätsanpassung und Triebunterdrückung ergäben, sehr geeignet sei. Zur Phantasiebetätigung gehörte auch das Märchen, das folgerichtig in psychoanalytischer Sicht ein wichtiges Element der Kleinkinderziehung war.

Eine eigene Methodik bildete die psychoanalytische Kindergartenpädagogik nicht aus. Von Details abgesehen bestätigte sie vielmehr den Fröbel-Kindergarten. Das Spiel der Kinder, Märchen und Phantasie, die Kindergärtnerin als Bezugsperson, das waren, wenn auch gelegentlich je anders akzentuiert, wesentliche Momente sowohl der psychoanalytischen wie auch der Fröbelschen Kleinkindpädagogik. Die psychoanalytische Perspektive ließ sich also ohne große Schwierigkeiten in einem Fröbel-Kindergarten verwirklichen. Im Grunde ging es darum, vieles von dem, was im Fröbel-Kindergarten ohnehin üblich war, anders und neu, eben tiefenpsychologisch, zu begründen. Zahlreiche Kindergärtnerinnen ließen sich deshalb in Vortragsveranstaltungen mit der Psychoanalyse bekannt machen und suchten sich dann das heraus, was ihnen für ihre eigene Arbeit brauchbar erschien, anderes übergingen sie einfach. Streng psychoanalytisch geführte Kindergärten dürfte es deshalb nur wenige gegeben haben. Verbürgt ist nur der eine, von Nelly Wolffheim in Berlin geführte Privatkindergarten; und auch der war im Grunde ein psychoanalytisch „durchsetzter" Fröbelkindergarten.

DIE ANTHROPOSOPHISCHE KLEINKINDERZIEHUNG

Eine nach den Lehren des Begründers der Anthroposophie, Rudolf Steiner (1861–1925), geführte vorschulpädagogische Einrichtung hat es in den 20er und 30er Jahren ebenfalls nur einmal, nämlich im Zusammenhang mit der ersten Waldorfschule, in Stuttgart, gegeben. Auch die Wirkung der anthroposophischen Kleinkindpädagogik beruhte mehr darauf, dass von ihr anregende und beispielgebende Impulse ausgegangen sind und ohne große Umstände in die bestehenden Kindergärten integriert werden konnten, und zwar auch diesmal auf eine Weise, die von den Kindergärtnerinnen nicht gleich ein Bekenntnis zur Anthroposophie verlangte. Ähnlich wie im Falle der Psychoanalyse fußte auch die anthroposophische Kleinkindpädagogik auf einer eigenen Entwicklungstheorie, der Lehre von den vier Wesensgliedern des Menschen, die sich in anthroposophischer Sicht im Laufe der ersten drei Jahrsiebte des menschlichen Lebens entfalten sollten. Die Grundprinzipien einer auf dieser Anthropologie fußenden Erziehungstheorie formulierte Steiner bereits 1907 in seinem berühmten Berliner Vortrag „Die Erziehung des Kindes vom Standpunkte der Geisteswissenschaft" (vgl. Steiner 1990). Unter kleinkindpädagogischen Aspekten betrachtet ist nur das erste Jahrsiebt interessant, wo es um die mit dem beginnenden Zahnwechsel abgeschlossene Ausbildung des physischen Leibes geht. Da das Kind in diesem ersten Jahrsiebt überwiegend lernt, indem es den Erwachsenen nachahmt, überhaupt stark von den Umgebungseindrücken geprägt wird, kamen im anthroposophischen Konzept der Vorschulerziehung dem Verhalten der Kindergärtnerin und der Gestaltung des Tageslaufs im Kindergarten entscheidende Bedeutung zu. Weil das Kind neben den Wirkungen der Phantasietätigkeit so sehr als Produkt der Prägekraft seiner unmittelbaren Umgebung aufgefasst wurde, waren zum Beispiel die für die Fröbel-Pädagogik so zentralen und nach geometrischen Prinzipien gestalteten Spielgaben tabu. Mit den kantigen Würfeln und Bauklötzen umzugehen, das hätte die das kindliche Hirn plastizierenden Kräfte hemmen können. Allein das freie und phantasiegetragene Nachahmungsspiel und der Umgang mit möglichst einfachem und naturbelassenem, das Kind in seiner Kreativität nicht einschränkendem Spielzeug sollten die rechte Nahrung zur Bildung von kindlichem Intellekt und Gemüt geben, und deshalb standen beide im Mittelpunkt der anthroposophischen Spielpädagogik (vgl. dazu Hahn 1929). Als deren Besonderheit darf ihre Einbettung in kosmische Zusammenhänge gelten. Im Frühling etwa sollte das Kreiselspiel gepflegt werden, denn so wie der Kreisel sich in die Erde bohre, breche im Frühling die winterliche Erdstarre auf, das Drachensteigen im Herbst entspreche dem Loslassen in der Natur, den fallenden Früchten und fliegenden Blättern. Mit dem Aufrichten in die Vertikale und dem Laufenlernen erhebe das Kind sich über das Tierreich und deshalb sei dies der rechte Zeitpunkt für das Holztier als Spielobjekt. Als „das am meisten kosmische Spielzeug" und darum erste Spielzeug des Kindes ist der Ball bezeichnet worden. Darin immerhin, wie überhaupt in der Hochschätzung des Spiels, bestand seitens der anthroposophischen Erziehungslehre eine große Nähe zur Fröbelpädagogik. Auf Abstand zur Fröbelpädagogik hielten die Anhänger(innen) Steiners dagegen dort, wo es um die Methodisierung der Vorschulpädagogik ging, die sie strikt ablehnten. Das Stäbchenlegen, Flechten usw. ist von Steiner ausdrücklich verworfen worden; die Systematisierung des Tageslaufs, wie sie insbesondere von Marenholtz-Bülow ersonnen worden war und über regelrechte Stundenpläne die Kindergartenarbeit strukturierte, fand in der anthroposophischen Vorschulpädagogik keine Zustimmung. Noch erheblich konsequenter als die Fröbelanhänger(innen) setzten die Schüler(innen) Steiners, darunter in erster Linie die Begründerin des Stuttgarter Waldorfkindergartens, Caroline von Heydebrand (1886–1938), das Familienprinzip im Kindergarten um (vgl. die Beiträge in: von Heydebrand 1958). Im Grunde sollte die Kindergärtnerin den Vormittag über nichts anderes tun, als was jede Familienmutter ebenfalls tut, um durch dieses ihr Vorbild die Kinder möglichst in ein Nachahmungsspiel hineinzuziehen.

DIE MONTESSORIPÄDAGOGIK

Die einschneidendste Neuerung auf dem Gebiet der Vorschulpädagogik in den 20er Jahren war sicherlich das Auftreten der Montessoripädagogik, die es zu einer vielköpfigen Anhängerschaft und – anders als die psychoanalytische und die anthroposophische Vorschulpädagogik – auch zu zahlreichen Modellkindergärten brachte. Schon 1913 war das (in Italien 1909 erschienene) Hauptwerk der italienischen Ärztin und Pädagogin Maria Montessori (1870–1952) in deutscher Übersetzung veröffentlicht worden: „Selbsttätige Erziehung im frühen Kindesalter"

(Montessori 1913; zur Biographie zum Beispiel: Heiland 1992). Nachdem der Erste Weltkrieg die schnelle Ausbreitung der Montessoripädagogik in Deutschland zunächst verhindert hatte, kam diese ab 1918/19 zügig in Gang (vgl. dazu ausführlich Konrad 1997). Zuerst wurden auf privater Basis in Thüringen und Berlin, ab 1919 auch in kommunaler Trägerschaft (in Berlin) die ersten Montessorikindergärten beziehungsweise – in der Terminologie Montessoris – „Kinderhäuser" eingerichtet. 1933 unterhielt die Montessoribewegung in Deutschland mindestens drei Dutzend Vorschuleinrichtungen, in denen nach den Prinzipien Montessoris gearbeitet wurde. Auch organisatorisch fasste die Montessoripädagogik in Deutschland schnell und erfolgreich Fuß: Schon 1919 gründeten Montessori-Anhänger(innen) in Berlin das „Deutsche Montessori-Komitee", zwei Jahre später, ebenfalls in Berlin, die „Gesellschaft der Freunde und Förderer der Montessori-Methode in Deutschland". 1925 erfolgte durch Zusammenschluss dieser beiden Berliner Montessori-Vereinigungen die Gründung der „Deutschen Montessori-Gesellschaft" (DMG). Als treibende Kraft hinter diesen Zusammenschlüssen von Montessori-Pädagog(inn)en standen Mitglieder des „Bundes für Entschiedene Schulreform", eines Zusammenschlusses linker Schulleute und Vorschulpädagoginnen. Die Mitglieder dieses Bundes organisierten auch die ersten Ausbildungskurse in der Anwendung der Montessorimethoden.

Ein Charakteristikum der Montessoripädagogik war, dass alle zur Ausbildung in ihren Methoden Berechtigten bei Montessori selbst einen mit Diplom zertifizierten Kurs besucht haben mussten. Auf diese Weise konnte Montessori die Art und Weise der Weiterverbreitung ihrer Pädagogik genau kontrollieren. Nachdem Montessori 1922 erstmals Deutschland besucht hatte, kam sie 1926 ein weiteres Mal nach Deutschland, um diesmal auch selbst Kurse in ihrer Methode abzuhalten. Zwar hatten diese beiden Besuche auf Einladung der DMG stattgefunden, und es sind die Mitglieder dieser Gesellschaft gewesen, die der Montessoripädagogik in Deutschland erst zu ihrem Durchbruch verholfen haben. Ab Mitte der 20er Jahre begann sich Montessori jedoch immer offener von der DMG und deren sozialistischem Hintergrund zu distanzieren. Nicht unmaßgeblich beteiligt gewesen ist Montessori 1930 an der Gründung eines gegen die DMG gerichteten Vereins „Montessori-Pädagogik Deutschland e.V.". Es war dieser sich vorwiegend auf die Mitarbeit katholischer Kindergärtnerinnen stützende Verein, der 1931 den letzten

Deutschland-Besuch Montessoris organisierte. Verhinderte zu Anfang das starke Engagement sozialistisch orientierter Kindergärtnerinnen zugunsten der Montessori-Pädagogik ein näheres Sich-Einlassen katholischer Kreise auf die Ideen der Montessori, so hatte sich die Lage um 1930 grundlegend geändert. Je mehr sich die Montessori von ihren sozialistischen Unterstützer(inne)n distanzierte, desto mehr war es die katholische Kleinkindpädagogik, die nunmehr mit Begeisterung die Montessori-Pädagogik zur Übernahme in den katholischen Einrichtungen empfahl. Es waren auch die Kinderhäuser in katholischer Trägerschaft, die noch bis Mitte der 30er Jahre (geschützt durch das Reichskonkordat, das Nazi-Deutschland mit dem Vatikan abgeschlossen hatte) weiterarbeiten konnten, nachdem praktisch alle anderen Montessori-Einrichtungen noch im Jahre 1933 von den neuen Machthabern geschlossen worden waren. Montessori galt als „undeutsch", ihre pädagogischen Anschauungen als kalt und rationalistisch.

Verglichen mit den häufig irrational-spekulativen und romantischen Begründungsmustern der Fröbel-Pädagogik nahm sich die Erziehungslehre der Montessori tatsächlich nüchtern und auf eine schnörkellose Weise praxisnah aus. Im Wesentlichen fußte Montessoris Pädagogik des Kinderhauses nämlich auf dem, was sie die Übungen des täglichen Lebens und die Körperübungen nannte, sowie auf dem Umgang mit den berühmten Sinnesmaterialien. Die zuerst genannten Übungen – etwa das selbständige An- und Ablegen der Kleidung; das Schnüren, Knöpfen, Binden; das tägliche Reinigen des Kinderhauses; die Körperhygiene; die Atem- und Sprachübungen; die verschiedenen Übungen zur Körperbeherrschung; die Tier- und Pflanzenpflege usw. – sollten die Kinder schon im jungen Alter befähigen, verlässlich und kompetent den eigenen Alltag zu bewältigen. Wenn Montessori von der „Erziehung zur Freiheit" sprach, dann meinte sie die Unabhängigkeit des Kindes von fremder Hilfe und Unterstützung. In dieser Zielsetzung sind noch Reste der sozialpädagogischen Anfänge der Montessori-Pädagogik erkennbar. Schließlich waren verwahrloste römische Proletarierkinder die ersten Adressaten der Montessoripädagogik gewesen.

Die Sinnesmaterialien sind aus der Arbeit mit behinderten Kindern hervorgegangen. Im Einzelnen handelte es sich um Materialien beziehungsweise Materialienreihen, die nach bestimmten physikalischen Eigenschaften wie Form, Farbe, Klang, Geruch, materielle Beschaffenheit usw. verschieden waren und die durch das Erkennen von Kontrasten,

147

Identitäten und Abstufungen, die Ausbildung und die Übung des Tast-
sinnes, des Geschmacks- und Geruchssinnes, des Gesichtssinnes (Sehen), des Gehörs usw. ermöglichen sollten. Die mit diesen Materialien
durchzuführenden Sinnesübungen, im Einzelnen von Montessori genau
vorgeschrieben, hatten einerseits die Schärfung des Wahrnehmungsver-
mögens und die Förderung des Konzentrationsvermögens, andererseits
den Aufbau von Kategorien und Ordnungsschemata zum Ziel, die die
geordnete Abspeicherung und Verarbeitung künftiger Sinnesreize erleichtern sollten. Von der „inneren Ordnung" hat Montessori in diesem
Zusammenhang immer wieder gesprochen. Alle Materialien waren im
Kinderhaus nur einmal vorhanden, so dass immer nur jeweils ein Kind
sich mit einem bestimmten Material beschäftigen konnte.

Die Kinderhauspädagogik unterschied sich auf signifikante Weise von
allen anderen bisher bekannten kleinkindpädagogischen Ansätzen. Da
war einmal die Ablehnung des kindlichen Spiels. Spiel und Phantasie
galten der Montessori als Äußerungen einer mangelhaften Realitätsanpassung; wie wichtig die Fähigkeit der Kinder, mit der Realität zurecht-
zukommen und sich in ihr sicher zu bewegen, für Montessori gewesen
ist, ist schon gesagt worden. Im Grunde genommen sollten die Kinder
sich im Kinderhaus nicht als Kinder bewegen, sondern als kleine Erwachsene, die sich auf ihr späteres Dasein in der Erwachsenenwelt vorbereiteten. Im Kinderhaus ging es also nicht um die Rekonstruktion der
Familiensituation, wie das in den anderen kleinkindpädagogischen Konzeptionen mehr oder weniger der Fall gewesen ist. Dementsprechend
war die Rolle der Kindergärtnerin auch nicht der der Familienmutter
nachempfunden. Bei Montessori hatte sich die Kindergärtnerin im Hintergrund des Geschehens zu halten, die Kinder in ihrem Umgang mit den
Materialien zu unterstützen, zu lenken, zu organisieren. Als weiteres un-
terscheidendes Merkmal darf der den Elementar- und den Primarbereich
verbindende Charakter des Kinderhauses gelten. Idealerweise sollte das
Kinderhaus von den Drei- bis Zehnjährigen besucht werden, so dass
auch schon Lesen, Schreiben und Rechnen auf dem Programm standen.
Dieser Anspruch freilich ließ sich in Deutschland mit seiner traditionell
scharfen Trennung des Kindergartens von der Grundschule nicht verwirklichen oder allenfalls dort, wo – was nur in einigen ausgewählten
Modelleinrichtungen der Fall war – dem Kinderhaus eine Montessori-
schule angeschlossen war.

148

DER FRÖBEL-MONTESSORI-STREIT

Weil sich die Montessoripädagogik so auffällig von den anderen kleinkindpädagogischen Konzepten unterschied, musste ihr Auftreten fast
zwangsläufig Widerspruch und kontroverse Diskussionen provozieren.
Am stärksten herausgefordert fühlten sich die Fröbelanhänger(innen), die
in den 20er Jahren in pädagogischer Hinsicht die kleinkindpädagogische
Szene beherrschten. Nun schien diese Vorherrschaft, vor kurzem erst er-
rungen, von der Montessoripädagogik bedroht. Insbesondere für die katholischen Einrichtungen stellte sich schnell die Frage: Fröbel oder Montessori? Aber auch darüber hinaus und ganz allgemein bot sich in der
Montessoripädagogik eine verlockende Alternative. Der Streit um die
Montessoripädagogik war unausweichlich. Als Fröbel-Montessori-Streit
ist diese vorschulpädagogische Kontroverse in die Erziehungsgeschichte
eingegangen (vgl. zum Beispiel Hecker & Muchow 1927; Konrad 1997).
Den kritischen Part in dieser Auseinandersetzung hatte erwartungsge-
mäß die Fröbelbewegung übernommen, unterstützt allerdings von der
Kinder- und Entwicklungspsychologie, die in der Mehrheit ihrer Ver-
treter(innen) die psychologischen Annahmen der Montessoripädagogik
für falsch hielt. Insbesondere kritisierten die Kinderpsycholog(inn)en
die Annahme Montessoris, kindliches Denken und Empfinden unter-
scheide sich vom Denken und Empfinden der Erwachsenen nur gradu-
ell, nicht aber prinzipiell. Die Kinderpsychologen versuchten, in zahllosen Beobachtungs- und Experimentalstudien das Gegenteil zu erweisen:
nämlich die Spezifik des kindlichen Denkens, Fühlens und Wollens.
Allgemein kann man sagen, dass die Kinderpsychologie die von der
Fröbelpädagogik favorisierte ganzheitliche und die Eigenheiten der
kindlichen Welterfahrung hervorhebende Sicht des Kindes mit ihrer Betonung von Phantasie, Gemüt und Spiel teilte und dafür die notwendigen wissenschaftlichen Begründungen lieferte, die nun von der Fröbelbewegung gegen die Montessori ins Feld geführt werden konnten.
So gestärkt fielen die Stellungnahmen der Fröbel-Anhänger(innen) zur
Montessori-Pädagogik in ihrer Mehrzahl negativ aus. Günstigstenfalls
konzedierte man, Montessori habe eigentlich nichts wirklich Neues zu
bieten, Fröbel habe alles schon früher und besser gesagt. Im Einzelnen
brachte man gegen die Montessoripädagogik u.a. vor: Die Montessori-
schen Sinnesmaterialen trainierten nur die Wahrnehmungsfähigkeit und
einzelne intellektuelle Teilleistungen und vergäßen darüber die kindli-

149

che Persönlichkeit in ihrer Ganzheit. Dies werde noch unterstützt durch die Vernachlässigung von Phantasie und kindlichem Spiel in der Montessoripädagogik. Die starren Vorgaben bezüglich des kindlichen Umgangs mit den Materialien ließen im Kinderhaus eine Atmosphäre des Zwanges entstehen, Drill anstelle von Kreativität. Ganz auf dieser Linie lägen auch die Förderung des Lesens und Schreibens schon im Kindesalter. Die Montessori, so hieß es, missgönne den Kindern ihre Kindheit und unterwerfe sie unangemessen früh einem schulmäßigen Zwang. Schließlich werde im Kinderhaus durch die starke Konzentration auf das individuelle Hantieren mit den Materialien die Entwicklung des Sozialverhaltens der Kinder behindert.

Die Montessoribewegung hat sich zur Wehr gesetzt und u.a. darauf hingewiesen, dass die Kinder mit den angebotenen Materialien durchaus in freier und phantasievoller Weise umgingen, von Drill und strenger Atmosphäre in den Kinderhäusern also keine Rede sein könne. Auch der Kritik am frühzeitigen Lesen und Schreiben versuchte man dadurch die Spitze zu nehmen, dass man erklärte, dieses geschehe auf spielerische Weise und sei deshalb nicht mit dem Schulunterricht zu verwechseln. Außerdem verwies man auf den unterschiedlichen Entwicklungsstand der Kinder, dem dadurch Rechnung getragen werde, dass man das Schreiben und Lesen anbiete, ohne die Kinder dazu zu zwingen. Kinder, die daran Interesse fänden, wendeten sich dem Lesen und Schreiben zu, die anderen ließen es eben bleiben. Der Individualismus im Umgang mit den Materialien wurde als Ausweis selbständigen Lernens verteidigt und ebenso an der Phantasiekritik der Montessori festgehalten. Auch die Phantasietätigkeit des Kindes müsse an die Wirklichkeit rückgebunden werden, das Kind zur Realität geführt werden. Die Montessorianhänger(innen) sprachen deshalb lieber von Einbildungskraft und Imaginationsfähigkeit, die sie der ungezügelten Phantasie entgegenstellten.

Man sieht also, dass die Vorgaben der Montessori nicht immer so streng nachvollzogen worden sind, in der Praxis vielmehr häufig eine freie und liberale Form der Anwendung vorzufinden gewesen ist. So ist die Fröbelbewegung zwar insofern als „Sieger" aus dieser vorschulpädagogischen Kontroverse hervorgegangen als die Montessoribewegung zahlenmäßig nie zu einer wirklich gewichtigen Erscheinung geworden ist. Aber wir wissen nicht, in wie vielen Kindergärten doch das eine oder andere Element aus der Erziehungslehre der italienischen Pädagogin zum Einsatz gekommen ist. Als anregende Alternative und Fundus vieler guter Ideen ist die Montessoripädagogik jedenfalls seit dieser Zeit präsent.

ZU DEN QUANTITATIVEN DIMENSIONEN
DER ÖFFENTLICHEN KLEINKINDERZIEHUNG

Erstaunlicherweise hat sich die Gesamtzahl der Einrichtungen in gut zwei Jahrzehnten nicht sehr erhöht. Nach einer Zählung im Jahre 1910 haben zu diesem Zeitpunkt 7.259 Anstalten bestanden, 1931 waren es mit 8.893 Anstalten nicht sehr viel mehr. Das rapide Wachstum im Kaiserreich hatte in der Weimarer Republik also keine Fortsetzung gefunden. Die Zahl der betreuten Kinder hatte sich im selben Zeitraum sogar vermindert: von 558.610 (1910) auf nur noch 421.955 (im Jahre 1928). Die Betreuungsquote lag am Ende der Weimarer Republik wie seit 1914 unverändert bei rund 13%. Zwar könnte man einwenden, der schon seit dem späten 19. Jahrhundert zu beobachtende Geburtenrückgang habe sich in den 1920er Jahren, verschärft durch die Bevölkerungsverluste der Kriegsjahre, weiter verstärkt. Auch wenn dies tatsächlich zutrifft, muss doch gleichzeitig bedacht werden, dass die Nachfrage das Platzangebot immer noch deutlich übertroffen hat. Es dürften vielmehr die schwierigen wirtschaftlichen Verhältnisse gewesen sein, die in den 20er Jahren den weiteren Ausbau des Systems der öffentlichen Kleinkinderziehung verhindert haben.

An der Trägerstruktur änderte sich in der Weimarer Zeit – es wurde oben schon ausgeführt – nichts Wesentliches, nur dass sich der Kreis der freien Träger um einige neue Anbieter erweitert hat. Die freien und darunter die konfessionellen Träger blieben quantitativ dominierend. Unter allen Trägern konnten in dieser Hinsicht die katholischen Vereine ihre Spitzenstellung auch während der Jahre der Weimarer Republik behaupten. 1931 beispielsweise brachten sie es auf 3.175 Anstalten. Zum Vergleich die Zahlen für die übrigen Anbieter im Bereich der freien Trägerschaft: Evangelische Träger 2.692 Anstalten; Rotes Kreuz 757 Anstalten; Paritätischer Wohlfahrtsverband 275 Anstalten; Zentralwohlfahrtsstelle der deutschen Juden 69 Anstalten; Arbeiterwohlfahrt 60 Anstalten. Dass die Kommunen als Träger gegen die privaten Anbieter stark abfielen, ist ebenfalls schon gesagt worden. Immerhin aber erhöhte sich ihr Anteil gegenüber den privaten Anbietern auf ein knappes Viertel aller Kindergartenplätze (101.485 Plätze) in 1.865 Einrichtungen. Das war ein langsames, aber doch stetiges Wachstum, das den kommunalen Anbietern ein zunehmendes Gewicht verschaffte.

Eine Bemerkung noch zur Frage der Räumlichkeiten des Kindergartens. Hatte man bis dahin die entsprechenden Einrichtungen meist in anderen Gebäuden untergebracht – das waren anfangs häufig Armen- und Waisenhäuser, auch Gasthäuser werden genannt, später dann Schulen oder Rathäuser –, wurde es in den 20er Jahren zunehmend üblich, Kindergärten als selbständige Neubauten zu errichten. Nicht selten enthielten sie eine kleine Dienstwohnung für die Kindergärtnerin(nen) (vgl. Schudrowitz 1973, 8).

ZUSAMMENFASSUNG

Die Jahre zwischen 1918 und 1933 gehören im Blick auf die Entwicklung des Kindergartens zu den spannendsten und folgenreichsten des 20. Jahrhunderts. Vieles, was sich schon im Kaiserreich deutlich abgezeichnet hat, zum Beispiel das Verlangen nach einer zentralen und einheitlichen Jugendgesetzgebung auf Reichsebene, die Schaffung einer eigenständigen Jugendhilfebürokratie, aber auch der weiter wachsende staatliche Einfluss auf die klassische Privatwohltätigkeit sowie schließlich der Ausbau des Kindergartens zu einem selbstverständlichen Element sozialstaatlichen Handelns, dies alles wird in den 1920er Jahren Wirklichkeit und prägt das Erscheinungsbild der Kinder- und Jugendhilfe und damit die öffentliche Kleinkinderziehung bis heute. Hinzu kommt eine ungeahnte Erweiterung der didaktisch-methodischen Möglichkeiten. Die Fröbelpädagogik bleibt nicht länger konkurrenzlos.

Im Reichsjugendwohlfahrtsgesetz (RJWG) 1922/24 – eben jenem schon länger geforderten zentralen Jugendgesetz, das die verschiedenen Ansätze und Jugendgesetze aus dem Kaiserreich bündeln soll – werden der Angebots- und damit Ausnahmecharakter des Kindergartens und sein fürsorgerischer Zuschnitt bestätigt, obwohl es vor allem auf linkspolitischer Seite einflussreiche Kräfte gibt, die zumindest in den Anfangsjahren der Republik den Kindergarten als eine für alle Kinder verpflichtende allgemeine vorschulische Bildungseinrichtung in öffentlicher Verantwortung etabliert sehen wollen. Der schon bald nach 1920 verfallende politische Einfluss der SPD verhindert jedoch die Umsetzung derartiger Pläne und verhilft den Vertretern des Status quo zum Sieg. Eine solche kontroverse Diskussion um den entweder sozialpädagogischen oder den allgemein bildenden Charakter der öffentlichen Kleinkinderziehung, wie sie auf der Reichsschulkonferenz und im Vorfeld der Verabschiedung des RJWG geführt wird, wird erst wieder im Rahmen der großen Bildungsreformdiskussionen in den späten 1960er Jahren aufbrechen. Mit dem RJWG wird die traditionelle dualistische Trägerstruktur mit ihrer Präponderanz der privaten Trägerschaft und damit das Subsidiaritätsprinzip prinzipiell bestätigt. Das Verbindungsglied zwischen Staat und privater Anbieterschaft ist das neu geschaffene Jugendamt, das allerdings nicht nur kontrollierend und überwachend tätig ist, sondern den Kindergärtnerinnen auch Beratung, Hilfe und Unterstützung anbietet; der Keim der späteren Kindergartenfachberatung.

Ein solches Angebot ist auch notwendig, denn die erzieherischen Aufgaben werden vielfältiger und schwieriger: Viele Eltern sind nach der Staatsumwälzung existenziell verunsichert, hinzu kommen die wirtschaftlichen Probleme, die die Weimarer Zeit besonders an ihrem Anfang und an ihrem Ende kennzeichnen. Beides kann den Kindergarten nicht unberührt lassen. Zudem brauchen die Kindergärtnerinnen Beratung und Orientierung, eröffnet sich ihnen doch auf dem kleinkindpädagogischen Feld eine Fülle von alternativen Ansätzen, wie sie in der Geschichte der öffentlichen Kleinkinderziehung nie zuvor bekannt gewesen ist. Nicht nur hat sich die gegen Ende des 19. Jahrhunderts entstandene, auf der Anwendung naturwissenschaftlicher Erkenntnismethoden beruhende Kinder- und Entwicklungspsychologie etabliert und einen geradezu explosionsartigen Anstieg des wissenschaftlich erzeugten Wissens über das kleine Kind und seine Entwicklung erbracht. Auch das kleinkindpädagogische Feld im engeren Sinne gerät nachhaltig in Bewegung. Kaum hat sich die Fröbel-Pädagogik als führende kleinkindpädagogische Schule durchgesetzt, treten mit der Waldorfpädagogik, der psychoanalytischen Kleinkindpädagogik und der Montessoripädagogik drei Alternativen auf, die sich sofort als starke Herausforderungen der Kindergartenarbeit à la Fröbel erweisen und über das gesamte folgende Jahrhundert hinweg (mit Ausnahme der Zeit des Nationalsozialismus) stets aktuell bleiben werden. Die so genannte „Fröbel-Montessori-Kontroverse" Mitte und Ende der 20er Jahre ist äußerer Ausdruck und Höhepunkt der engagiert geführten Auseinandersetzungen um die künftige pädagogische Entwicklung der öffentlichen Kleinkinderziehung. Zwar spielen alle drei Schulen in quantitativer Hinsicht keine bedeutende Rolle, über einen Außenseiterstatus kommen sie nie hinaus. Aber sie eignen sich vorzüglich, um auf eklektizistische Weise in die alltägliche Kindergartenarbeit eingefügt zu werden. Was den Kindergärtnerinnen brauchbar erscheint, das übernehmen sie in ihren eigenen Alltag, was nicht, bleibt unberücksichtigt. Insbesondere im Blick auf diese pädagogische Vielfalt der Kindergartenarbeit werden die Jahre der nationalsozialistischen Herrschaft eine deutliche Zäsur markieren.

7. Der Kindergarten im nationalsozialistischen Staat (1933 bis 1945)

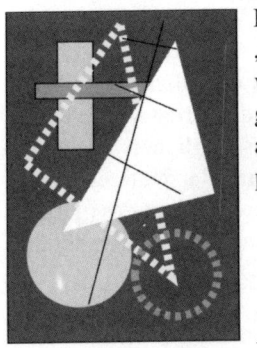 Einleitung – Aspekte der NS-Pädagogik – Die „Gleichschaltung" der Kindergärten – Zur Lage von Ausbildung und Qualifizierung – Grundzüge der nationalsozialistischen Kindergartenpädagogik – Trägerstruktur und quantitative Aspekte – Zusammenfassung

EINLEITUNG

Am 30. Januar 1933 wurde der Führer der Nationalsozialistischen Deutschen Arbeiterpartei (NSDAP), Adolf Hitler, an der Spitze einer Koalitionsregierung aus NSDAP, Stahlhelm und Deutschnationaler Volkspartei von Reichspräsident Paul von Hindenburg zum Reichskanzler des Deutschen Reiches ernannt – in der nationalsozialistischen Terminologie die „Machtergreifung" (vgl. Herbst 1997). Auf einerseits scheinlegalem Weg (Brandverordnung nach dem Reichstagsbrand im Februar; so genanntes Ermächtigungsgesetz im März 1933) und andererseits mit Hilfe des offenen Terrors der SA und erster schnell eingerichteter Konzentrationslager gelang es, der von einer breiten öffentlichen Unterstützung getragenen Hitlerbewegung schon im Laufe des Jahres 1933 jede noch vorhandene Opposition zu ersticken (Verbot aller Parteien und Gewerkschaften) und das den Nationalsozialisten verhasste „Weimarer System", die parlamentarische Demokratie in Deutschland, endgültig zu zerstören. In den folgenden zwölf Jahren wurde unter tatkräftiger Mithilfe der meisten „Volksgenossen" eine in der deutschen Geschichte beispiellose Diktatur errichtet. Zu den ersten Opfern der nationalsozialistischen Herrschaft gehörten neben den alten politischen Gegnern aus der Weimarer Zeit, den Anhängern der Sozialdemokratie und den Kommunisten, die mit besonderem Eifer und Fanatismus verfolgten Bürger jüdischen Glaubens beziehungsweise jüdischer Abstammung. Von den ersten antijüdischen Gesetzen und Maß-

155

nahmen schon im Frühjahr 1933 führte ein gerader Weg zu den Krematorien von Auschwitz.

Die anderen, die nach der Rassenideologie der Nationalsozialisten so genannten arischen Deutschen, waren dazu ausersehen, Deutschlands Vorherrschaft in Europa zu erkämpfen und einem, wie es hieß, „Volk ohne Raum" den erstrebten Lebensraum im Osten durch Unterwerfung (und teilweise Vernichtung) der dort lebenden Völker zu erobern. Da dies nicht ohne Krieg zu erreichen war, unternahm die Staatsführung von Anfang an jede Anstrengung, nahezu alle Lebensbereiche – Wirtschaft, Kultur, Erziehung usw. – in den Dienst der Kriegsvorbereitung zu stellen. Auch wenn dies vielen Zeitgenossen möglicherweise lange verborgen geblieben sein mag und von manchem Klarsichtigen schöngeredet worden ist, so stellte dies doch die bittere Realität des „Dritten Reiches" dar, der sich nicht einmal die Erziehung der Kleinkinder und der Kindergarten konsequent entziehen konnten.

ASPEKTE DER NS-PÄDAGOGIK

Nach der „Machtergreifung" übertrugen die Nationalsozialisten als Teil ihrer Strategie der Unterwerfung von Staat und Gesellschaft das zuvor nur im Rahmen ihrer Partei, der NSDAP, gültige Führerprinzip auf alle staatlichen Organe und gesellschaftlichen Einrichtungen, jedenfalls auf die, derer sie schnell habhaft werden konnten. Deren Handeln sollte sich allein aus dem obersten Willen des Führers herleiten und legitimieren dürfen. Soweit Erziehung in öffentlichen Einrichtungen erfolgte, galt das Führerprinzip deshalb auch dort. „Adolf Hitler als Künder der nationalsozialistischen Erziehung", so hat der führende NS-Erziehungstheoretiker Ernst Krieck diesen Sachverhalt auf eine knappe Formel gebracht (Krieck 1935, 8).

In diesem Sinne grundlegend war Hitlers während dessen Gefängnisaufenthalt im bayerischen Landsberg (nach dem missglückten Münchner Putschversuch vom November 1923) entstandenes und in den 30er Jahren in Deutschland millionenfach aufgelegtes Pamphlet „Mein Kampf", in dem sich Hitler auch verschiedentlich zu Fragen der Erziehung geäußert hat. Seine erzieherischen Maximen hat er dabei mit den folgenden Worten umrissen: „Erste Aufgabe des Staates ist Erhaltung, Pflege und Entwicklung der besten rassischen Elemente, erste Aufgabe

der Erziehung ist Pflege der körperlichen Gesundheit und das Heran-
züchten kerngesunder Körper. Erst in zweiter Linie kommt dann die
Ausbildung der geistigen Fähigkeiten. Hier aber wieder an der Spitze
die Entwicklung des Charakters, besonders die Förderung der Willens-
und Entschlusskraft, verbunden mit der Erziehung zur Verantwortungs-
freudigkeit, und erst als letztes die wissenschaftliche Schulung" (zit. in:
Wilhelm 1977, 129). Die auffallende Bevorzugung der körperlichen Erziehung blieb auch später ein beherrschender Grundzug in Hitlers pädagogischem Denken und Planen und wurde nach 1933 in zahlreichen
Wendungen und bei allen sich bietenden Gelegenheiten von ihm wiederholt. Körperliche Abhärtung, Ausdauerleistungen, Mutproben, Kampf-
spiele und Ähnliches mehr standen dementsprechend im Mittelpunkt
der Erziehung im nationalsozialistischen Staat, und zwar durchgängig
auf allen Altersstufen. Spiegelbildlich zu dieser hohen Wertigkeit einer
rassebiologisch begründeten Körperbildung verhielt sich die fast bis zur
Missachtung reichende Abwertung der intellektuellen und der musisch-
ästhetischen Bildung, die in der NS-Pädagogik eine ganz untergeordnete Rolle spielten. Der Erziehung zur körperlichen Leistungsfähigkeit
trat die Erziehung zur Gemeinschaft an die Seite. Dem von den Nationalsozialisten bekämpften Individualismus der Moderne sollte mit einer
Rückbesinnung auf Volk und Gemeinschaft begegnet werden. Die Ein-
ordnung in die Volksgemeinschaft bildete ein herausragendes und immer wieder beschworenes Erziehungsziel der NS-Pädagogik.
Träger der Erziehung im nationalsozialistischen Deutschland waren neben der Schule verschiedene Organisationen der Partei, die sich selbst
jedoch als im staatlichen Auftrag handelnd und damit als quasi-staatlich
verstanden. Zu diesen für den NS-Staat spezifischen Erziehungseinrichtungen gehörten zuallererst die Formationen der außerschulischen Erziehung, das heißt die Hitlerjugend und darin für die Jüngeren das Jung-
volk und für die Mädchen der Bund Deutscher Mädel, für die älteren Jugendlichen kamen noch der sogenannte Reichsarbeitsdienst sowie –
wenn auch nicht primär oder gar ausschließlich unter erzieherischen Gesichtspunkten – die Parteiformationen der SA und der SS hinzu. Diese
Verbände waren deshalb so wichtig, weil in ihnen die Anpassung an und
die Einfügung in die (Volks-)Gemeinschaft eingeübt und die Einimp-
fung der nationalsozialistischen Weltanschauung am besten kontrolliert
und ins Werk gesetzt werden konnten. Dafür eignete sich die Schule, in
der die im Nationalsozialismus so gering geschätzte geistige Bildung im

Vordergrund stand, weit weniger, wenn auch die Lehrpläne und Stundentafeln den Anforderungen der nationalsozialistischen Weltanschauung gemäß umgestaltet wurden.

Aus dem selben Grund galt auch die Familie als „unzuverlässig" und sollte deshalb in ihrem Einfluss auf die Kinder möglichst beschränkt werden. Die Ansprüche der Hitlerjugend – das war sogar gesetzlich festgelegt – gingen im Zweifelsfall denen der Familie und der Schule vor. Dem Zugriff des Staates konnte sich die Familie eigentlich nur während der Vorschulzeit der Kinder entziehen. Eine Kindergartenpflicht wurde, obwohl mehrfach erwogen, nie eingeführt. Zu offensichtlich stießen hier zwei elementare Interessen des NS-Staates aufeinander: Das Interesse an einem möglichst frühen Zugriff auf das Kind geriet mit einem Frauenbild in Konflikt, das die Frau ganz auf ihre Rolle als Mutter und Hausfrau reduzierte. „Das neue Reich", so war in einem vielhunderttausendfach aufgelegten Erziehungsratgeber zu lesen, „will die Frau wieder hinführen zu Erreichung jenes Zieles, für das die Natur ihr gesamtes Wesen, Körper und Seele, mit unerhörter Feinheit und unbedingter Vollkommenheit ausgestattet hat und dessen Erfüllung allein ihrem Leben den rechten Sinn und die wahre Befriedigung bringt: die Mutterschaft und die Aufzucht ihrer Kinder" (Haarer 1940, 13; vgl. auch Klinksiek 1982). Die Absicht, die hinter solchen Worten stand, war es, den seit dem ausgehenden 19. Jahrhundert vorherrschenden demographischen Trend umzukehren und die Geburtenzahlen wieder steigen zu lassen. Wollte man deshalb die mütterliche Rolle der Frau gestärkt sehen, wäre es widersinnig gewesen, der Mutter die Erziehung ihrer kleinen Kinder durch die Einführung des obligatorischen Kindergartens aus der Hand zu nehmen. Die Kindergartenpolitik der Staatsführung orientiere sich an dem Grundsatz, so Reichsamtsleiter Althaus 1940, „dass nur bestimmte Voraussetzungen die Aufnahme im Kindergarten rechtfertigen, dass aber grundsätzlich die Erziehung des Kleinkindes in den Händen der eigenen Familie liegen" (muss) (in: Erning 1976, 176). Außerdem bestand das vorrangige Ziel im Kampf gegen die Arbeitslosigkeit darin, Männer in Arbeit zu bringen. Auch hier hätte die Schaffung von Kindergartenplätzen kontraproduktiv gewirkt. So begnügte sich der Staat damit, seinen Anspruch auf das Kind erst mit dessen Einschulung durchzusetzen, und bestätigte im Übrigen den Kindergarten in seinem klassischen Zuschnitt, das heißt als Ausnahmeeinrichtung.

Wenn sich also aufgrund innerer Widersprüche in der NS-Ideologie eine Kindergartenbesuchspflicht letztlich nicht durchsetzen ließ, wollte man wenigstens seitens der nationalsozialistischen Machthaber die bestehenden und alle neu einzurichtenden Anstalten möglichst schnell und vollständig der eigenen Kontrolle unterwerfen.

DIE „GLEICHSCHALTUNG" DER KINDERGÄRTEN

Einer schnellen und vollständigen „Gleichschaltung" sowohl in organisatorischer wie auch in pädagogischer Hinsicht entzog sich der Kindergarten jedoch durch seine vielgestaltige Trägerschaft. Hier erwies es sich als Vorteil, dass nicht der Staat, sondern vielmehr die unterschiedlichsten privaten Träger auf dem Felde der Vorschulerziehung agierten, darunter an erster Stelle die in den konfessionellen Spitzenverbänden zusammengeschlossenen Vereine, die – wenigstens anfangs – auch von den nationalsozialistischen Machthabern nicht so leicht anzugreifen waren. Zwar waren nach dem Verbot der Arbeiterwohlfahrt deren Einrichtungen sowie die des Deutschen Fröbel Verbandes und des Paritätischen Wohlfahrtsverbandes in die Trägerschaft des nationalsozialistischen Spitzenverbandes der Freien Wohlfahrtspflege, der Nationalsozialistischen Volkswohlfahrt (NSV), übergegangen. Auch sind in den kommunalen Kindergärten und denen des Deutschen Roten Kreuzes, sofern Ordensschwestern oder Diakonissen in ihnen tätig waren, diese innerhalb kurzer Zeit entlassen und durch NSV-Personal ersetzt worden. Dafür sorgten schon die Leiter der kommunalen Wohlfahrtsämter, die häufig mit den Kreisamtsleitern der NSV personenidentisch waren. Die Stadtverwaltungen im Deutschen Reich sahen sich schon im August 1933 dazu verpflichtet, ihre Zuschüsse nur noch in Ausnahmefällen nicht an die NSV-Kindergärten zu vergeben.

Auf erheblichen Widerstand trafen die Nationalsozialisten jedoch bei den konfessionellen Trägern. Dabei waren es die evangelischen Vereine, die als erste den wachsenden Druck zu spüren bekamen (vgl. Heinemann 1980; Bookhagen 1998). Obwohl sich nicht wenige Vertreter der evangelischen Kirche schon vor und besonders unmittelbar nach der „Machtergreifung" wesentlich eindeutiger zugunsten des neuen Regimes geäußert hatten, als dies auf katholischer Seite der Fall war, und obwohl die evangelischen Kindergartenpädagog(inn)en erhebliche Zugeständnisse an die NS-kleinkindpädagogischen Ideen machten, nahm der Druck auf die evangelischen Kindergärten bereits ab 1934/35 zu. Die Landesjugendämter wurden zu diesem Zeitpunkt angewiesen, dafür zu sorgen, dass evangelische Kindergärten an die NSV übergingen. Freilich sollte, um nach außen den Schein zu wahren, diese Übergabe jeweils „freiwillig" erfolgen. Weil die NSV von den in ihren Einrichtungen tätigen Kräften den Austritt aus der Kirche erwartete, sahen sich in solchen Fällen nicht wenige evangelische Kindergärtnerinnen plötzlich vor die Wahl gestellt, ihre Kirche zu verlassen oder die Anstellung zu verlieren. Widersetzten sich die Vereine oder Kirchengemeinden der Übernahme ihrer Einrichtungen, dann konnten sie von den Behörden vielfältig unter Druck gesetzt werden: Geldentzug, Kündigung der Räumlichkeiten, überzogene hygienische Anforderungen und andere schikanöse Auflagen, das waren die Mittel, die die staatlichen und kommunalen Stellen anwendeten, um die evangelischen Kindergärten in die Knie zu zwingen. Außerdem wurde Druck auf die Eltern ausgeübt. Eltern, die im öffentlichen Dienst tätig waren und ihre Kinder in einen evangelischen Kindergarten schickten, wurden aufgefordert, dies zu beenden. Auch auf der Ebene der Ausbildung versuchte man durch die immer wieder angedrohte und in einigen Fällen auch realisierte Überführung evangelischer Kindergärtnerinnen- und Hortnerinnenseminare und Diakonissenmutterhäuser in NSV-Trägerschaft den evangelischen Trägern die Luft abzuschnüren.

Die katholischen Kindergärten waren nicht so leicht in die Enge zu treiben, denn sie genossen durch das Reichskonkordat, ein Vertragswerk, das der nationalsozialistische Staat im Sommer 1933 mit dem Vatikan abgeschlossen hatte, noch eine Zeit lang einen gewissen Schutz. Im Artikel 31 des Konkordats hieß es nämlich: „Diejenigen katholischen Organisationen und Verbände, die ausschließlich religiösen, rein kulturellen und caritativen Zwecken dienen und als solche der kirchlichen Behörde unterstellt sind, werden in ihrer Einrichtung und in ihrer Tätigkeit geschützt" (zit. n. Hermanutz 1977, 201). Damit war die Weiterexistenz der katholischen Kindergärten zunächst einmal gesichert, sogar Neugründungen waren möglich und wurden auch vorgenommen. Hinzu kamen einige weitere Faktoren, die gemeinsam dafür sorgten, dass bis etwa 1937/38 einschneidende Maßnahmen gegen die katholischen Kindergärten unterblieben: Die Kindergärten selbst bemühten sich um die Vermeidung möglicher Konflikte durch eine zumindest vordergründige

Annäherung an die nationalsozialistischen Erziehungsvorstellungen, etwa indem sie die körperliche Erziehung aufwerteten oder die Liebe zu Führer und Volk ausdrücklich in den Kanon der Erziehungsziele aufnahmen. Ohnehin nahm die katholische Kirche nach Abschluss des Konkordats gegenüber dem NS-Regime eine freundlichere Haltung ein, lobte die Gleichartigkeit mancher Ziele von Kirche und NS-Bewegung und hoffte im Übrigen auf eine allmähliche Mäßigung der Politik der neuen Machthaber. Auch konnten allzu grobe Attacken der NSV gegenüber den kirchlichen Sozialeinrichtungen möglicherweise durch das sehr gute persönliche Einvernehmen verhindert werden, das zwischen dem Caritas-Präsidenten Benedikt Kreutz und dem Chef der NSV, Erich Hilgenfeldt, bestanden haben soll (vgl. Borgmann 1972).

In der zweiten Hälfte der 30er Jahre jedoch nahm der offene Druck des Regimes auch auf die katholischen Einrichtungen stetig zu. Die Existenz konfessioneller Erziehungseinrichtungen widersprach in den Augen der nationalsozialistischen Machthaber der Idee der „Volksgemeinschaft", die keinerlei, auch keine religiös bestimmte Verschiedenheiten in dem angestrebten einheitlich-homogenen Volkskörper zulassen mochte. Und so war es nur konsequent, wenn Hitler – entgegen anderslautenden Zusicherungen, die er noch 1933 mehrfach an die Adresse der Kirchen und der kirchlichen Wohlfahrtsverbände gemacht hatte – im November 1937 auf einer Kreis- und Gauleitertagung der Partei erklärte: „Das Kind bilden wir! … Über den deutschen Menschen im Jenseits mögen die Kirchen verfügen, über den deutschen Menschen im Diesseits verfügt die deutsche Nation durch ihre Führer" (zit. in: Bookhagen 1971, 317).

Die Zahl der NSV-Kindergärten hatte sich bis dahin keineswegs in dem von den Machthabern erwarteten Umfang erhöht – im Jahre 1935 wurden erst ganze 4% aller Kindergärten in Städten über 20.000 Einwohnern von der NSV betrieben, dagegen lag der Anteil der konfessionellen Kindergärten noch bei 83% –, und so schien es an der Zeit, den Prozess der Verbreitung von NSV-Kindergärten aktiv zu beschleunigen. In den Kindergartengesetzen der meisten Länder des deutschen Reiches wurde das Recht auf Neuerrichtung von Kindergärten den konfessionellen Trägern bereits ab 1935 genommen. In der Realität jedoch wurde die Einrichtung – zumindest von katholischen Kindergärten – erst ab 1937 drastisch erschwert. 1937 wurde auch das den konfessionellen Wohlfahrtsverbänden in den 20er Jahren übertragene Aufsichtsrecht über die eigenen Kindergärten wieder entzogen; die Aufsicht übten nun die kom-

161

munalen Jugendämter aus, die diese Zuständigkeit ihrerseits 1939 an die
NSV delegierten. Die weiteren seitens staatlicher Stellen ergriffenen
Maßnahmen gipfelten in einem Schreiben des Hauptamtes für Volkswohlfahrt vom 16. November 1939 an alle Gauleiter und Leiter der Äm-
ter für Volkswohlfahrt, worin es hieß: „Die bisher von konfessionellen
und sonstigen Organisationen betriebenen Kindertagesstätten werden
nach und nach von der NSV übernommen" (zit. in: Hermanutz 1977,
209). Hier wurde kein Unterschied mehr gemacht zwischen evangelischen und katholischen Einrichtungen; für die ersteren war dies ja schon
1934/35 bestimmt worden. Auch auf anderen Ebenen setzten die Nationalsozialisten den katholischen Kindergärten weiter zu. So wurde zum
Beispiel der Berufsverband der katholischen Kindergärtnerinnen 1940
zwangsweise aufgelöst.

Aufgrund des staatlichen Drucks ist es tatsächlich in den folgenden Jahren immer wieder zur verlangten Überführung katholischer Kindergärten in die Trägerschaft der NSV gekommen. Dabei wurde allerdings
sehr uneinheitlich vorgegangen. Während zum Beispiel im Regierungsbezirk Koblenz bis zuletzt keine einzige katholische Einrichtung von
der NSV übernommen wurde, widerfuhr dies im Frühjahr 1940 im benachbarten Regierungsbezirk Trier allen katholischen Kindergärten, obgleich beide Regierungsbezirke demselben NSDAP-Gau Moselland zu-
gehörten. Auch wurden in nicht wenigen Fällen aus Mangel an geeig-
netem Personal die Ordensschwestern nach der Übernahme durch die
NSV weiter beschäftigt. Diese mussten sich aber, zu Helferinnen degra-
diert, einer von der NSV gestellten Kindergartenleitung unterordnen.
Da es sich hierbei häufig um unerfahrene Kräfte, meist junge BDM-
Führerinnen, handelte, kann man sich gut vorstellen, zu welchen Spannungen die erzwungene Aufgabe kirchlicher Trägerschaft, da, wo sie
durchgesetzt werden konnte, in der Alltagspraxis nicht selten geführt
haben dürfte. Dass man den Ordensschwestern in den zu NSV-Kindergärten gewordenen Einrichtungen das Tragen der Tracht verbot, hat die
Verbitterung unter den Betroffenen sicherlich noch gesteigert.

Vielerorts reagierten die Eltern auf die Übernahme einer Einrichtung
durch die NSV damit, dass sie ihre Kinder nicht mehr in den Kindergarten schickten. Diese erheblichen Spannungen sind auch dadurch verschärft worden, dass die katholische Kirche seit 1937/38 mit zunehmender Vehemenz gegen die staatlichen Pressionen zu protestieren begann.
Immer wieder intervenierte der Vorsitzende des deutschen Episkopats,

der Breslauer Kardinal Adolf Bertram, an höchster Stelle gegen die Maßnahmen. Entsprechende Hirtenbriefe der Bischöfe wurden veröffentlicht, und die Ortsgeistlichen wurden aufgefordert, bei der Übergabe der Kindergärten an die NSV jede Kooperation zu verweigern. Auch der Caritasverband kämpfte für den Erhalt der Kindergärten.

Als letzte unter den konfessionellen Kindergärten müssen die jüdischen Einrichtungen genannt werden. Nachdem ab 1936 jüdischen Kindern der Besuch „deutscher" Kindergärten verwehrt war, nahmen die in Trägerschaft der Zentralwohlfahrtsstelle der Juden in Deutschland befindlichen jüdischen Kindergärten an Bedeutung zu, denn sie bildeten für jüdische Kinder nunmehr die einzige Möglichkeit, einen Kindergarten zu besuchen. So waren die (wenigen) jüdischen Kindergärten die einzigen konfessionellen Kindergärten, die mehr oder weniger unbehelligt von den Machthabern (so weit man davon angesichts der bedrückenden Lage der Juden in Deutschland überhaupt sprechen kann!) ihrer Arbeit nachgehen konnten.

Dass, wie die am Ende dieses Kapitels mitgeteilten Zahlen deutlich werden lassen, die vollständige „Gleichschaltung", die im Schulwesen so erfolgreich gewesen war, im vorschulischen Bereich trotz aller Pressionen mehr oder minder gescheitert ist, der Druck auf die konfessionellen Kindergärten mit Kriegsbeginn sogar wieder nachließ, hat viele Gründe: Der Wille der Kirchen, sich die Kindergärten nicht aus der Hand nehmen zu lassen; der Wunsch vieler Eltern, ihre Kinder in einen konfessionellen, aber eben nicht in einen nationalsozialistischen Kindergarten zu schicken; der Mangel an Fachpersonal, das im Geiste des Nationalsozialismus die richtige weltanschauliche Einstellung mitbrachte; schließlich in den Kriegsjahren auch die Befürchtung der Machthaber, eine zu rabiate Zerschlagung des kirchlichen Kindergartenwesens könnte Unruhe unter der Bevölkerung erzeugen, sind hier beispielhaft zu nennen. Einzig in der neuen Sonderform des Erntekindergartens, der es ermöglichen sollte, die Landfrauen unbehindert von der Kinderbetreuung in der Nahrungsmittelproduktion einzusetzen, erreichte die NSV die alleinige Zuständigkeit; die 1939 reichsweit rund 7.000 Erntekindergärten wurden nur von der NSV getragen. Auch darauf dürfte die in vielen Statistiken genannte hohe Zahl an NSV-Einrichtungen zurückzuführen sein.

Erfolgreicher waren die nationalsozialistischen Machthaber im Hinblick auf die Unterwerfung des Deutschen Fröbel-Verbandes (vgl. Wolters 1998). Die „Gleichschaltung" fiel hier auch insofern leichter, als an zentraler Stelle angesetzt werden konnte und es nur weniger entschlossener Maßnahmen bedurfte, um den DFV unter Kontrolle zu bringen. Diesem Ziel diente – nachdem zuvor schon die DFV-Kindergärten und –Seminare an die NSV übergegangen waren – 1934 die Wahl des Leipziger Pädagogikprofessors Hans Volkelt, der zugleich Leiter der Abteilung „Sozialpädagogische Berufe" im Nationalsozialistischen Lehrerbund (NSLB) war, zum Vorsitzenden des DFV. Volkelt führte in den folgenden Jahren den DFV Schritt für Schritt an den NSLB heran, der nach und nach die Aufgaben des DFV übernahm. 1938 trat Volkelt schließlich von seinem Vorstandsamt im DFV zurück und bewirkte damit die Selbstauflösung des Verbands. Selbstverständlich waren zuvor schon die in Trägerschaft des DFV befindlichen Ausbildungsseminare aufgelöst beziehungsweise in NSV-Seminare umgewandelt worden. Allein die Zeitschrift „Kindergarten", inhaltlich schon 1933 ‚gleichgeschaltet' und seit diesem Zeitpunkt als Zentralorgan der nationalsozialistischen Kleinkindpädagogik wirksam, konnte auch nach der Selbstauflösung des DFV weiter erscheinen. Nachdem die Berufsorganisation der Kindergärtnerinnen, Hortnerinnen und Jugendleiterinnen schon 1933 den Beitritt zum NSLB vollzogen hatte und die konfessionellen Berufsorganisationen samt deren Publikationsorganen 1940 verboten wurden, war auf verbandlicher Ebene erreicht, was auf der Ebene der Trägerschaft nie gelang: die völlige Ausschaltung aller nicht-nationalsozialistischen Organisationen.

Zur Lage von Ausbildung und Qualifizierung

Der Beruf der Kindergärtnerin war einer der ganz wenigen weiblichen Berufe, der bei den Nationalsozialisten, die der Berufstätigkeit der Frau äußerst kritisch gegenüberstanden, nicht nur wohl gelitten war, sondern für den diese sogar offen warben. Allerdings geschah dies mit der wesentlichen Einschränkung, dass die Tätigkeit als Kindergärtnerin nur als eine vorübergehende angesehen wurde. Spätestens nach der Heirat sollte die Frau sich ausschließlich der Erziehung ihrer eigenen (möglichst zahlreichen) Kinder widmen. Für den Beruf der Kindergärtnerin wurde deshalb geworben, weil er als ideale Vorbereitung auf diesen eigentlichen „Beruf" der Frau, den der Mutter, angesehen wurde.

Die Ausbildung selbst blieb zunächst in ihrer äußeren, die Organisation betreffenden Gestalt erhalten (vgl. Metzinger 1993, 125ff.). Von den am 1. Februar 1933 reichsweit 85 staatlich anerkannten Seminaren für Kindergärtnerinnen und Hortnerinnen waren ohnehin nur die konfessionellen Einrichtungen bedroht. Sie zu schließen, war immer wieder angekündigt, bis zum Kriegsausbruch aber nur bei einer Minderzahl realisiert worden. Erst 1940, gelegentlich auch noch später, mussten die konfessionellen Seminare ihre Tätigkeit einstellen. Die Seminare des DFV dagegen waren, wie schon berichtet, bereits früher in die Trägerschaft der NSV übergegangen. Daneben gründete die NSV ihre eigenen Seminare, deren Zahl aber erst nach der Schließung der konfessionellen Einrichtungen sprunghaft zunahm.

Tiefgreifender als die äußeren Veränderungen waren die Eingriffe in die inhaltliche Ausrichtung der Ausbildung, der sich auch die konfessionellen Träger nicht gänzlich entziehen konnten. Ganz allgemein geriet die Kindergärtnerinnenausbildung unter das Primat der weltanschaulichen Schulung und der „völkisch-politischen Menschenbildung". Zwar blieben wesentliche traditionelle Elemente der Vorschulpädagogik auch nach 1933 gewahrt. Nach wie vor wurde beispielsweise, wenn auch selektiv, an der Fröbel-Pädagogik orientiert ausgebildet. Aber zunehmend wichtiger als die kleinkindpädagogischen waren die politischen Dimensionen der Ausbildung: So legte schon im Dezember 1933 das Reichsinnenministerium in einem Erlass fest, dass es die oberste Aufgabe der Seminare sein sollte, die Schülerinnen – nicht etwa in angemessener Weise auf ihre erzieherischen Aufgaben am Kind, sondern – im nationalsozialistischen Geist zum Dienst an Volk und Staat auszubilden! Dazu war natürlich „eine eindeutige klare politische Haltung", die herzustellen Ziel der Ausbildung sein sollte, erforderlich. Das jedenfalls verlangte 1939 unmissverständlich der „Kindergarten". Schon zwei Jahre zuvor, 1937, war in Richtlinien zur Kindergärtnerinnenausbildung amtlicherseits der Abschied vom alten Ideal der Kleinkinderzieherin verfügt geworden. In diesen Richtlinien hatte es nämlich geheißen: „Letztes Ziel der Kindergärtnerinnenschule (so hießen die Seminare ab diesem Zeitpunkt offiziell; Anm. FMK) ist nicht die Ausbildung der sozialpädagogischen Erzieherin und Helferin in irgendeinem humanitären, bürgerlich-liberalen, konfessionellen oder marxistischen Sinne, sondern allein Erziehung zur nationalsozialistischen deutschen Volksmütterlichkeit" (zit. in: Berger 1985, 433).

165

Zur Aufnahme in eine Kindergärtnerinnenschule (die Ausbildung zur Hortnerin wurde aufgegeben) waren „arische Abstammung" sowie die Mitgliedschaft im BDM (wo sich die Bewerberin möglichst in einer Führungsrolle bewährt haben sollte) Bedingung und ein im Sinne des Nationalsozialismus tadelloser politischer Leumund, der von einer BDM-Dienststelle zu bestätigen war. Vor Beginn der Ausbildung mussten die jungen Frauen nicht nur ihre Arbeitsdienstpflicht, sondern zusätzlich ein einjähriges hauswirtschaftliches Jahr absolviert haben. Die Dauer der Ausbildung blieb bei zwei Jahren, die schulischen Voraussetzungen zur Aufnahme allerdings wurden reduziert. Da jetzt nur noch der Volksschulabschluss erforderlich war, waren damit auch die früheren jahrzehntelangen Bemühungen der Frauenbewegung um eine Aufwertung der Kindergärtnerinnenausbildung mit einem Federstrich zunichte gemacht. Die Ausbildung selbst sollte „als Kameradschaftserziehung" angelegt sein, ein Ziel, dem man mit immer wiederkehrenden lagermäßigen Elementen näher kommen wollte. Die Tätigkeit im BDM, so die Richtlinien, sollte auch während der Ausbildung beibehalten, ja sogar noch intensiviert werden. Der Ausbildung des richtigen politischen Bewusstseins diente die „nationalpolitische Erziehung", die alle Unterrichtsfächer durchdrang. Grundlage war einerseits ein ausführliches Studium der „Geschichte der nationalsozialistischen Bewegung" und andererseits die Erb- und Rasselehre. Diesen Fächern wurde nicht zuletzt auch deshalb so großes Gewicht beigemessen, weil die Kindergärtnerinnen nicht nur das ihnen anvertraute Kind im Blick haben, sondern immer auch den engen Kontakt zu den Eltern pflegen sollten, denen sie „die Grundgedanken der Rassenpflege und Bevölkerungspolitik" nahe bringen sollten. Wenn auch in pervertierter Form lebte darin etwas vom alten Fröbelschen Geist fort, denn schon Fröbel hatte sich vom Gedanken einer umfassenden volkspflegerischen Aufgabe der Kindergärtnerin leiten lassen und in diesem Sinne deren Wirkungskreis auf die Familie der Kinder ausgedehnt. Pädagogische und psychologische Themen verloren an Gewicht und wurden in der Ausbildung zugunsten allgemeiner (rasse)hygienischer Elemente ganz in den Hintergrund gedrängt.

Obgleich nach außen hin zunächst wenig angefochten, passten sich doch auch die konfessionellen Seminare dem neuen Geist an. Zum Teil taten sie dies, um die neuen Machthaber nicht zu provozieren, sondern durch die Demonstration „guten" Willens dem immer drohenden Verbot zu entgehen. Schon im Schuljahr 1933/34 wurde an den katholischen Seminaren das Fach Rassekunde unterrichtet, und auch in den äußeren Formen, etwa im Blick auf den morgendlichen Fahnenappell oder das Zeigen des „Deutschen Grußes" vor und nach dem Unterricht, demonstrierte man Anpassungsbereitschaft. Ähnliches gilt für die evangelischen Seminare.

Bei alledem muss man sich vergegenwärtigen: Es ist keineswegs sicher, wie im Einzelnen mit diesen Vorgaben umgegangen wurde. Wie in der alltäglichen Kindergartenarbeit, so gab es gewiss auch auf der Ebene der Ausbildung große Unterschiede zwischen den Seminaren, und die konfessionellen Ausbildungsstätten konnten sich lange erhebliche Freiräume sichern. Trotzdem entwickelten die genannten Richtlinien und eine Fülle ähnlich lautender Anweisungen, ganz zu schweigen von dem Trommelfeuer einschlägiger Beiträge in den gleichgeschalteten Fachzeitschriften, eine erhebliche normierende Kraft, so dass man ungeachtet aller abweichenden Praxis, die immer auch möglich war, doch von einer schnell zunehmenden allgemeinen Ausrichtung der Kindergärtnerinnenausbildung an nationalsozialistischen Grundsätzen ausgehen muss. Von einer in der Weimarer Republik zumindest angestrebten wissenschaftlichen Fundierung der Ausbildung, versteht man darunter nicht das aus Vorurteilen, Irrlehren und phantastischen Erfindungen angerührte ideologische Gebräu, das die Nationalsozialisten unter dem Stichwort der „Rassehygiene" als wissenschaftlich ausgaben, konnte unter diesen Umständen natürlich keine Rede mehr sein. Aus diesem Grund muss man, gemessen an dem 1933 erreichten Stand, im Blick auf die Jahre zwischen 1933 und 1945 von einem deutlichen Niveauverlust der Ausbildung und einer starken ideologischen Überformung im Sinne der nationalsozialistischen Weltanschauung ausgehen.

GRUNDZÜGE DER NATIONALSOZIALISTISCHEN KINDERGARTENPÄDAGOGIK

Oben ist als eines der herausragenden Merkmale der nationalsozialistischen Erziehungsphilosophie die Betonung der körperlichen Erziehung sowie das genannt worden, was die NS-Pädagogik als Charakterbildung bezeichnete. Genau diese Elemente sind es auch, die die in den NSV-Kindergärten praktizierte und von den NS-Kleinkinderziehern propagierte Pädagogik vielleicht am deutlichsten von der bisher bekannten Erziehungspraxis im Kindergarten unterschieden: Das ständige Insistieren auf einer Erziehung zur körperlichen Abhärtung und Leistungsfähigkeit, die schon im Kleinkindalter zu beginnen habe (vgl. Benzing 1941; Berger 1986). Selbst die NS-Pädagogen sahen darin einen Bruch mit der von ihnen ansonsten wegen ihres „deutschen" Charakters gelobten Fröbelpädagogik. Das Umgehen mit den Spielgaben und die Stäbchen- und Legespiele seien schön und recht, so hieß es nun, aber eben doch zeitgebunden zu sehen und deshalb im neuen Staat nicht mehr am Platze. Andere traditionelle Elemente der Kleinkindpädagogik wurden zwar übernommen, aber neu interpretiert. Zum Beispiel das Volksmärchen, das auch im NS-Kindergarten geschätzt wurde, weil in ihm dem Kind das Leben als Kampf vorgestellt werde. Oder das Spiel, das wichtig für die Entwicklung des Kindes sei, aber nur als Kampf- und Wettspiel. Als solches wurde es im NS-Kindergarten ganz in den Mittelpunkt der pädagogischen Arbeit gerückt. Mittels leichtathletischer Übungen wie Laufen, Weitsprung, Hochsprung usw., viel Bewegung an der frischen Luft, regelmäßiger ärztlicher Überwachung, aber auch gezielter Ernährungsprogramme und strenger Körperhygiene sollte das „gesunde, spannkräftige deutsche Kind" herangezogen werden.

Unter Charakterbildung wurde eine Erziehung zur Furchtlosigkeit verstanden und in einer regelrechten Stufenfolge von Mutproben praktisch realisiert. Basteln und künstlerische Elemente sollten dagegen, wenn möglich, ganz aus der Kindergartenarbeit verschwinden, weil sie das Kind verzärtelten und vom eigentlichen Ziel, der körperlichen Bildung, ablenkten. Neu interpretiert wurden auch die alten christlichen Feste, die nicht nur in der konfessionellen Kindergartenpädagogik traditionell eine große Rolle spielten. Weihnachten wurde mit dem alten, schon – wie es hieß – von den Germanen gefeierten Wintersonnenwendfest in Verbindung gebracht, um es damit vom biblischen Geschehen, das nur noch in symbolhafter Weise gebraucht wurde, möglichst weit zu entfernen. Maria galt jetzt als Inbegriff der „treusorgenden deutschen Hausfrau und Mutter", die heilige Familie verkörperte „die Harmonie der deutschen Familie" (Barow-Bernstorff 1986, 364).

Zudem war die Kleinkinderziehung streng geschlechtsspezifisch ausgerichtet, so dass die eben genannten Aspekte wie der Kampf- und Wettbewerbscharakter der Spiele und die Erziehung zu Mut und Furchtlosigkeit nur für die Jungen galten. Für die Mädchen war anderes vorgesehen.

Denn: „Der kleine Junge wird ja einmal ein deutscher Soldat werden, das kleine Mädchen eine deutsche Mutter." So hieß es 1941 in einem parteioffiziellen und damit maßgeblichen Grundriss der Kindergartenarbeit (Benzing 1941, 40). Und weiter ist in diesem Grundriss zu lesen: „Wie liebevoll sorgt das kleine Gretchen für ihre Puppenkinder daheim. Das kleine Hänschen schleicht indessen mit einem Stein an den Spatz heran, der vor der Haustür sitzt, um ihn zu töten. Hier der zukünftige Vaterlandverteidiger, dort die liebevolle zukünftige Hausfrau" (ebd.). Dementsprechend war das kleine Mädchen auf seine künftige Frauenrolle schon im Kindergarten durch die Beteiligung an den Hausarbeiten und allgemein den pflegerisch-fürsorglichen Tätigkeiten (etwa im Spiel mit Puppen oder in der Gartenarbeit) vorzubereiten, während die Jungen spielerisch exerzierten, zum Raufen und zum sportlichen Wettkampf angehalten wurden.

Als besonders perfide wird man die Erziehung zum Rassenhass, insbesondere zur Judenfeindschaft, bezeichnen müssen, die ebenfalls schon im Kindergarten praktiziert wurde. Mit ständig wiederholten Sprüchlein wie dem folgenden: „Als Gott der Herr die Welt gemacht, hat er die Rassen sich erdacht. Indianer, Neger und Chinesen und Juden auch, die bösen Wesen", sollten die Kinder frühzeitig und beiläufig an das Denken und Empfinden in Kategorien der Rasse gewöhnt und im besonderen zur Judenfeindschaft erzogen werden. Hier hatte das Bilderbuch seinen bevorzugten Einsatz. So wurden in zahllosen Bilderbüchern die Vertreter der verschiedenen Völker in grotesk verzerrter Weise dargestellt und mit allen denkbaren negativen und abschreckenden Charaktereigenschaften versehen. Berüchtigt sind vor allem die antisemitischen Werke „Trau keinem Fuchs auf grüner Heid, trau keinem Jud bei seinem Eid" oder der „Giftpilz", die auch noch in der Grundschule verwendet wurden. Wenn man bedenkt, dass die meisten Kinder über keinerlei sonstiges kontrastives, vor allem kein natürliches Anschauungsmaterial verfügten, kann man die Wirkung derartiger Machwerke wohl nachempfinden.

Ein weiteres zentrales Element der nationalsozialistischen Kindergartenarbeit bestand in dem Aufbau eines engen emotionalen Bezugs zum „Führer" („Liebe zum Führer"). Die Kindergärtnerin sollte den Tag mit einem Gespräch über den Führer beginnen, dessen Bedeutung für das deutsche Volk hervorheben und sein rastloses Wirken für das deutsche Volk rühmen. Besonderen Jahrestagen der NS-Bewegung, wie etwa dem 30. Januar (Tag der „Machtergreifung") oder dem 9. November

(Gedenktag an den 1923 gescheiterten Münchner Hitlerputsch), sollte im Kindergarten auf besondere Weise gedacht werden. Der 9. November zum Beispiel wurde dadurch begangen, dass die Kinder „in selbstgeordnetem Aufmarsch ... feierlich grüßend und singend mit Fahne und Trommelschlag" an einer „Feldherrnhalle", die aus großen Bauklötzen errichtet war, vorbeizogen, wie es in einer zeitgenössischen Schilderung aus dem Kindergartenalltag hieß (in: Berger 1986, 51). An Hitlers Geburtstag, dem 20. April, sollen sich demselben Bericht zufolge in einem Kindergarten „zwei Buben mit Begeisterung und Wichtigkeit vor seinem Bild als Ehrenposten" aufgestellt haben. Verslein, wie die folgenden, die ganz unverhohlen die Stelle einnahmen, die in den konfessionellen Kindergärten die Kindergebete inne hatten und die deshalb nicht zufällig einen quasi-religiösen Charakter trugen, sollten diese Liebe zum Führer im Unterbewusstsein des Kindes fest verankern: „Herr Gott, gib unserm Führer Kraft,/der Arbeit, Brot und Frieden schafft./Gib unserm Volke reinen Willen,/das, was er fordert zu erfüllen./Denn du hast ihn ja gesandt/Zur Rettung dem bedrückten Land" (zit. in: ebd., 72). So weit ein Zitat aus dem „Kindergarten" von 1936. In einem anderen gebetähnlichen Spruch rückt der Führer vollends an die Stelle, die im kindlichen Gebet üblicherweise der göttliche Vater einnimmt: „Wer nicht weint, wenn es schmerzt,/erfreut den Führer./Wer mutig ist und beherzt,/den liebt der Führer./Wer andere angibt und schlechtes sagt,/betrübt den Führer./Wer gute Kameradschaft hält,/den liebt der Führer./Wer dem Vater folgt,/ehrt den Führer./Wer die Mutter liebt,/dient dem Führer./Was ich lern' und schaff',/braucht der Führer" (in: Benzing 1941, 42). Um den Bund zwischen Führer und Kindern vollends zu besiegeln, sollten die Kinder möglichst täglich im Kindergarten das folgende Gelöbnis ablegen. In ihm waren im Grunde, wenn auch noch in kindlich-spielerischer Form, alle späteren Gelöbnisse, die dem Kind im Laufe seines Lebens noch abverlangt werden würden, keimhaft angelegt. Zum Beispiel schon wenige Jahre später das Gelöbnis der HJ-Pimpfe oder später der soldatische Eid, der ebenfalls persönlich auf Hitler zu leisten war. „Lieber Führer!/So wie Vater und Mutter/Lieben wir dich./So, wie wir ihnen gehören,/gehören wir dir./So, wie wir ihnen gehorchen,/gehorchen wir dir." Ein Titel, wie das in hohen Auflagen erschienene Buch „Mutter, erzähl uns von Adolf Hitler" der Münchner Kinderärztin Johanna Haarer, deren Erziehungsratgeber übrigens noch bis in die 1980er Jahre hinein im Buchhandel erhältlich waren, zeigt, wie gerade bei der weltanschaulichen Erziehung Familien- und Kindergartenerziehung ineinander griffen (vgl. Haarer 1939).

Schließlich ist die zunehmende Militarisierung der frühkindlichen Erziehung im Nationalsozialismus zu nennen. Weil alle Politik der Nationalsozialisten auf den Krieg ausgerichtet war, hatte auch die Erziehung der Kleinsten sich diesem Ziel unterzuordnen. Kriegsspiele und spielerisches Exerzieren waren selbstverständlicher Bestandteil der täglichen Kindergartenarbeit. Daneben sollte die Kindergärtnerin mit Hilfe von Bilderbüchern das Interesse der Kinder am kriegerischen Tun wecken und wach halten. Der Einsatz eines solchen Bilderbuches wurde 1936 im „Kindergarten" wie folgt begründet: „Das Kind will die Waffen gezeigt haben und deren Gebrauch und soll schließlich auch sehen, wie der Soldat zu sterben weiß." Nach Kriegsbeginn trat dieser Aspekt der Kindergartenarbeit in besonders krasser Weise hervor. Wie man sich das vorstellen kann, lässt sich wiederum einem Bericht des „Kindergarten" entnehmen. Dort lesen wir 1940 unter der Überschrift „Unsere Kinder erleben den Krieg": „Rasch hat die Tante mit ihnen (den Kindern; FMK) die Uniform gearbeitet. Dann geht's hinaus auf den ‚Kasernenhof' zum Exerzieren. In Rolf erkennt man jetzt schon die Führernatur. Er schreitet als Hauptmann die Front ab ... Jetzt spielen sie nicht mehr Soldaten, jetzt sind sie Soldaten. Im Zimmer indessen einige Jungen mit ihrer Tante Artilleriestellung beziehen. Bausteine werden im Halbkreis zu einem Wall aufgeschichtet ... In der Stellung laden die Soldaten die einfach gefalteten Kanonen mit Papierkugeln. Ein Dorf unweit der Stellung wird beschossen. Einzelne Häuser sind bereits zusammengefallen. Auf einem anderen Tisch entsteht ein Flugzeugplatz. In großen Hallen warten einige Faltflugzeuge auf den Start. Soldaten kommen aus der Kaserne, um die Flugzeuge zum Feindflug startbereit zu machen" (zit. in: Grossmann 1974, 62). Dass es nicht etwa darum geht, den Kindern die Gelegenheit zu geben, traumatische Kriegserlebnisse auf spielerische Weise verarbeiten zu können, woran der unbefangene Leser angesichts der realen Lage vieler Kinder zu jener Zeit spontan denken könnte, macht der Kommentar deutlich, der dem Bericht beigefügt ist. Hier wird diese Art der Beschäftigung nämlich deshalb gelobt, weil sie dazu beitrage, dem Kind „das große Erleben, den Krieg, an der Front und in der Heimat (zu) veranschaulichen."

Was man in der Rückschau und im Erschrecken über diese offene Erziehung zum Krieg freilich leicht übersieht, ist der Umstand, dass diese

Art der NS-Pädagogik nicht aus dem Nichts heraus geschaffen wurde, sondern auf entsprechende Erfahrungen aus dem zum damaligen Zeitpunkt nur etwas mehr als zwei Jahrzehnte zurückliegenden Ersten Weltkrieg zurückgreifen konnte. Schon in den Kindergärten des Kaiserreichs ist eine Erziehung zum Krieg und zur Kriegsliebe praktiziert worden, wenngleich nicht in der extremen Form, wie es nun im Nationalsozialismus üblich wurde.

Mit all dem soll natürlich nicht gesagt sein, dass in sämtlichen Kindergärten durchgängig nach diesen Grundsätzen verfahren wurde. Wie die Realität im Kindergartenalltag ausgesehen hat, können wir rückblickend nicht mehr mit Bestimmtheit und vor allem nicht in verallgemeinernder Weise feststellen. Sicherlich hat es sogar zwischen den einzelnen Kindergärten desselben Trägers Unterschiede gegeben. Schon die Frage, ob – wie eigentlich verbindlich vorgeschrieben – tatsächlich in jedem Kindergarten ein Bild des Führers hing, oder wie mit dem 1941 ergangenen Verbot, religiöse Symbole im Kindergarten zu zeigen, umgegangen wurde, muss offen bleiben. Noch größer dürften die Unterschiede zwischen den Kindergärten der verschiedenen Träger gewesen sein. Die praktische Erziehungsarbeit in den konfessionellen Kindergärten hat trotz aller Notwendigkeiten, sich an den herrschenden Trend anzupassen, anders ausgesehen als in den NSV-Kindergärten. In den konfessionellen Kindergärten dürfte die religiöse Erziehung immer wichtiger als beispielsweise die Erziehung zum Krieg gewesen sein. So waren in der katholischen vorschulpädagogischen Zeitschrift „Kinderheim" in deren letztem Jahrgang vor dem Verbot, 1940, die folgenden bemerkenswerten Zeilen zu lesen: „In diesem Gedanken der Vaterschaft Gottes liegt zugleich auch die Sicherung gegen jeden Feindeshass, vor dem wir die Kinder bewahren müssen. Wer in Kriegszeiten die Kinder vor dem Haß behütet, hilft zugleich, seinem Volk den Frieden in der Zukunft zu sichern" (zit. in: Berger 1986, 54).

Allerdings darf nicht übersehen werden, dass mit dem Machtantritt der Nationalsozialisten die vorschulpädagogischen Alternativentwürfe der Weimarer Zeit rigoros unterdrückt wurden. Die meist als Privatkindergärten geführten psychoanalytischen, Montessori- oder Waldorf-Einrichtungen wurden noch 1933 oder spätestens in den folgenden Jahren geschlossen. Die beiden Montessori-Vereinigungen wurden 1936 zwangsaufgelöst. Auch wenn es sich bei diesen alternativen Einrichtungen nur um eine kleine Zahl gehandelt hat, so ist damit doch wertvolles Anregungspotential für die Kindergartenarbeit und allgemein ein wichtiges Stück pädagogischer Vielfalt verloren gegangen. Auch unter diesem Aspekt lässt sich nichts anderes als eine erhebliche Verarmung und pädagogische Rückentwicklung der Vorschulerziehung zwischen 1933 und 1945 konstatieren.

TRÄGERSTRUKTUR UND QUANTITATIVE ASPEKTE

Wie oben schon angedeutet, blieb der Kindergarten trotz mancher anders gerichteter Überlegungen in den gesamten zwölf Jahren der NS-Herrschaft eine die Familienerziehung ergänzende und deshalb in der Regel auch nur halbtags geöffnete Einrichtung für eine Minderheit unter den Kindern. Schwankungen in der Besuchsquote resultierten allein aus allgemeinen politischen Maßnahmen und aus den Zwängen, die sich daraus für die Bevölkerung, insbesondere natürlich für die Mütter, ergaben. So besuchten zum Beispiel auf dem Land während der Sommermonate nahezu alle Kinder einen Erntekindergarten. Bezeichnenderweise erst in den Kriegsjahren stieg die Kindergartenbesuchsquote merklich an, hat aber auch dann nie mehr als circa ein Drittel der etwas mehr als drei Millionen Kinder im kindergartenfähigen Alter betragen. Als die Frauen und Mütter immer konsequenter zum Einsatz in der Rüstungsproduktion verpflichtet wurden oder die Arbeitsplätze zum Militärdienst eingezogener Männer einnehmen mussten, verstärkte sich auf diese Weise der zuvor schon erkennbare Trend einer, trotz aller gegenteiligen Propaganda auch in der NS-Zeit zunehmenden weiblichen Erwerbstätigkeit (vgl. Frevert 1986, 212). Jetzt waren zwangsläufig aushäusige Betreuungsmöglichkeiten für die kleinen Kinder zu schaffen. Im Rahmen des Vierjahresplans 1938 wurde erstmals die Notwendigkeit eines verstärkten Ausbaus des Kindergarten- und Hortwesens festgestellt. Mit Kriegsbeginn wurden die Öffnungszeiten vieler Kindergärten den Arbeitszeiten der Betriebe angepasst, so dass Kinder bereits um sechs Uhr in der Frühe gebracht werden konnten. Bei Nachtschichten brachten Helferinnen die Kinder nach Hause und dort zu Bett. Im Falle der Knappheit von Kindergartenplätzen wurde es mit Kriegsbeginn üblich, Kinder berufstätiger Mütter den Kindern nicht-berufstätiger Mütter vorzuziehen.

Verlässliche Zahlen zu Größe und Verfassung des vorschulischen Bereichs sind für die Jahre der NS-Herrschaft nur schwer zu ermitteln. Die

173

meisten verfügbaren Quellen nennen für die beginnenden 40er Jahre die Zahl von etwas über 20.000 Einrichtungen, wobei unklar bleibt, ob die nach 1938 annektierten Gebiete, das heißt Österreich, aber auch das Sudetenland und das so genannte Reichsland Elsass-Lothringen, jeweils mitgezählt wurden. Außerdem wird in den verschiedenen Statistiken häufig nicht nach Einrichtungsarten differenziert. So muss man davon ausgehen, dass in dieser erstaunlich hohen Zahl auch zum Beispiel die nur temporär arbeitenden Erntekindergärten enthalten sind. Wie auch immer: Sicher ist, dass sich in den zwölf Jahren der nationalsozialistischen Herrschaft sowohl die Anzahl der Einrichtungen wie auch die Besuchsquote kräftig erhöht haben.

Obwohl die Partei- und Staatsführung des nationalsozialistischen Deutschland das Ziel einer endgültigen Überführung aller Kindertagesstätten in NSV-Trägerschaft niemals aufgegeben und in Verschärfung des oben genannten Rundschreibens von 1939 am 31. März 1941 per Erlass des Reichsinnenministeriums die sofortige Übernahme aller bestehenden Kindergärten durch die NSV verfügt wurde, ist dieses Ziel in der Realität nicht erreicht worden. Ja, die Zahl der katholischen Einrichtungen hat in dem Jahrzehnt zwischen 1930 und 1940 sogar noch zugenommen. Bis ans Ende des „Dritten Reiches" sind von circa 5.000 katholischen Kindertagesstätten nur etwa 1.200 tatsächlich an die NSV übergegangen. Mit anderen Worten: Knapp vier Fünftel der katholischen Einrichtungen konnten trotz aller Einschränkungen und Behinderungen weiter arbeiten. Auch die evangelischen Kindergärten und Kindertageseinrichtungen konnten sich letztlich erstaunlich gut dem staatlichen Zugriff entziehen, ihre Zahl sank während der gesamten zwölf Jahre nur um einige hundert (am Ende auf weniger als 2.500 Einrichtungen). Völlig verdrängt wurden Ordensschwestern und Diakonissen nur aus den kommunalen Einrichtungen, die an die NSV gingen. Die hohe Zahl von 13.400 Kinderpflegeeinrichtungen in NSV-Trägerschaft im Spätjahr 1939 beruht deshalb im Wesentlichen auf der Übernahme der kommunalen Einrichtungen und auf Neugründungen der NSV (sowie besagter Erntekindergärten).

Dabei muss berücksichtigt werden, dass sich die Verhältnisse innerhalb Deutschlands regional sehr unterschieden: Neben einzelnen Landstrichen und (insbesondere) großen Städten, in denen anfangs der 40er Jahre kein einziger konfessioneller Kindergarten mehr arbeitete, gab es andererseits Gegenden in Deutschland, in denen die NSV mit ihren Einrichtungen kaum Fuß fassen konnte. Ob ein konfessioneller Kindergarten an die NSV überging oder nicht, das hing – wie oben schon angedeutet – jenseits aller Gesetze, Erlasse usw. von der konkreten Lage vor Ort ab (Engagement des NS-Kreisleiters, Verhalten der Bevölkerung). Dennoch fällt im Blick auf die am Ende der Weimarer Republik sehr vielfältige Trägerlandschaft natürlich sofort die Reduzierung auf nur noch drei Träger auf. Die NSV, die sich, obzwar streng genommen ein Verband der Freien Wohlfahrtspflege, als staatlicher Träger verstand, repräsentierte ab den 40er Jahren mehr als 65% aller Einrichtungen, während die beiden konfessionellen Träger sich in den Rest teilten. Im nationalsozialistischen Deutschland findet sich also erstmals in der Geschichte des Kindergartens ein deutliches Überwiegen des öffentlichen Anbieters gegenüber den privaten Trägern.

ZUSAMMENFASSUNG

Auch wenn sich die Nationalsozialisten den Kindergarten in den zwölf Jahren ihrer Herrschaft nicht in der Weise wie etwa die Schule unterwerfen können, sind die Veränderungen sowohl auf der institutionellen wie auch auf der inhältlichen Ebene deutlich spürbar. Die Trägerlandschaft verändert sich und die erzieherische Arbeit in den Einrichtungen wird einseitiger, inhaltsärmer und an nationalsozialistischen Vorstellungen ausgerichtet.

Die Eingriffe in eine in der Weimarer Zeit auf Seiten der privaten Anbieter recht heterogen gewordene Trägerlandschaft führen zwar nicht zur Verstaatlichung des Kindergartenwesens – wie übrigens auch das RJWG mit seiner rechtlichen Fixierung des Vorrangs der privaten Trägerschaft formell nicht außer Kraft gesetzt wird. Aber den NSV-getragenen Einrichtungen stehen de facto allein noch die konfessionellen Träger gegenüber. Zu einer vollständigen Übernahme auch der konfessionellen Einrichtungen durch die NSV kommt es nicht, so dass der schon traditionelle Trägerdualismus auch im nationalsozialistischen Deutschland im Prinzip erhalten bleibt. Der Staatseinfluss verstärkt sich aber auf anderen Wegen, zum Beispiel über die Bestimmung der Inhalte der Kindergartenarbeit. So werden als erstes alle pädagogischen Alternativen wie Montessori-, Waldorf- oder psychoanalytische Kleinkindpädagogik ausgeschaltet. Alle reformpädagogischen Experimente werden untersagt. Statt dessen herrscht eine aus Elementen der Fröbelpädagogik und spezifisch nationalsozialistischen Erziehungsgrundsätzen zusammengerührte Kindergartenpädagogik vor, der sich auch die konfessionellen Einrichtungen nicht entziehen können, denen man zudem durch die Uminterpretation der alten christlichen Feste zugunsten einer „germanischen" Sichtweise das Spezifische zu nehmen versucht. Die nationalsozialistische Kleinkindpädagogik dagegen beruht auf den vier Säulen einer einseitig auf die körperliche Tüchtigkeit abgestellten Erziehung schon der Kleinen, der vor allem gegen Ende der 30er Jahre immer stärkeren Militarisierung der Erziehung (zum Beispiel Kriegsspiele), einer Gewöhnung an ein Denken und Empfinden in Kategorien von Volk und Rasse sowie einer das Bedürfnis der kleinen Kinder nach Vorbildern und persönlichen Bindungen ausnützenden Fixierung der Erziehung im Kindergarten auf den „Führer" und die anderen Protagonisten und herausragenden Ereignisse in der Geschichte des Nationalsozialismus.

Die Geschichte des Kindergartens nach 1945 wird allerdings zeigen, dass es sich bei den zwölf Jahren der NS-Herrschaft, zumindest im Blick auf die westdeutsche Entwicklung, nur um ein Zwischenspiel gehandelt hat. In der Bundesrepublik wird man nach der Befreiung vom Nationalsozialismus an das anzuknüpfen versuchen, was 1933 gewaltsam unterbrochen worden ist – bis hin zur Wiederinkraftsetzung der alten Kindergartengesetze. Nur in der DDR werden sich, zum Beispiel im Blick auf den Staatseinfluss und die Veränderungen in der Trägerstruktur, erstaunliche Anklänge an die NS-Kindergartenpolitik finden; bei gänzlich anderen Inhalten natürlich.

8. Vom Kindergarten zur vorschulischen Erziehung: die Bundesrepublik (1945/49 bis 1990)

Einleitung – Die Lage der Kinder nach Kriegsende – Die Kindergärten nehmen ihre Arbeit wieder auf – Die Entwicklung des Kindergartens in den 50er bis 70er Jahren – Die Trägerstruktur – Didaktische Innovationen: zum Beispiel Situationsansatz und Reggio-Pädagogik – Qualifizierung und Professionalisierung – Zur quantitativen Entwicklung – Zusammenfassung

EINLEITUNG

Die Bundesrepublik wurde zwischen Mai und September 1949 in mehreren Etappen gegründet: Verabschiedung des Grundgesetzes, Wahl des ersten Bundestages, Vereidigung der Regierung Adenauer. Das erste Jahrzehnt des jungen Staatswesens war ganz von der Beseitigung der Kriegsfolgen und dem beginnenden wirtschaftlichen Aufstieg geprägt. So galt es, demokratische Institutionen zu schaffen; die zerstörten Städte wieder herzustellen, Millionen von Flüchtlingen aufzunehmen, eine leistungsfähige Industrie aufzubauen usw. (vgl. zum Folgenden zum Beispiel Thränhardt 1996; Recker 2002). Außenpolitisch standen im Zeichen des „Kalten Krieges" und eines scharfen Antikommunismus die Westintegration und die Teilnahme an der Schaffung der ersten überstaatlichen Strukturen in Europa (1951 so genannte Montanunion; 1957 Europäische Wirtschaftsgemeinschaft) auf dem Programm. Im Innern war das gesellschaftliche Klima von restaurativen Tendenzen geprägt. Der schnell wachsende Wohlstand (deutsches „Wirtschaftswunder") überdeckte den geistigen und kulturellen Immobilismus der „Ära Adenauer". Eine wirkliche Auseinandersetzung mit dem Nationalsozialismus und eine klare Distanzierung von den zahllosen Unterstützern und Profiteuren des NS-Systems fanden nicht statt. Der Mauerbau vom August 1961, der die ebenfalls 1949 gegründete DDR völlig von der

Bundesrepublik abschnürte, machte aus Deutschland endgültig ein zweigeteiltes Land.

Erst in den mittleren und späten 1960er Jahren kam mit der studentischen Protestbewegung, der Außerparlamentarischen Opposition (APO), wie sie sich selbst nannte, frischer Wind in die Politik. Vor allem in den Universitätsstädten sammelte sich gegen das vermiefte innenpolitische Klima, die Unfähigkeit der Älteren, sich offen mit der NS-Vergangenheit auseinander zu setzen, und das amerikanische Engagement in Vietnam eine breite, von Studenten und älteren Gymnasiasten getragene Protestbewegung. Durch die erstmalige Regierungsbeteiligung der SPD (Ende 1966) und schließlich 1969 mit der sozialliberalen Koalition kam es auch auf der parlamentarischen Ebene zu einschneidenden Veränderungen. Die SPD-FDP-Regierung leitete sofort auf wichtigen Politikfeldern Reformen ein. So wurde zum Beispiel das Verhältnis zu den osteuropäischen Ländern neu geordnet. Im Zuge der von der parlamentarischen Opposition heftig befehdeten Ostpolitik Willi Brandts wurde nach dem Vorbild der Aussöhnung mit den westlichen Ländern nunmehr versucht, auch zu den osteuropäischen Ländern und zur DDR ein entspannteres Verhältnis aufzubauen. Innenpolitisch wurden umfangreiche Reformprojekte auf den Weg gebracht, darunter auch solche, die das Bildungswesen betrafen. Erinnert sei an die Einführung der Gesamtschule als vierter Schulart in einigen Bundesländern, die Gründung von neuen Hochschulen, den Ausbau der bestehenden Universitäten usw. In den 1970er Jahren verhärtete sich vor dem Hintergrund der RAF-Morde und der entschlossenen Gegenwehr der staatlichen Organe das innenpolitische Klima (Stichwort: Radikalenerlass 1972). In ökonomischer Hinsicht hatte die Bundesrepublik den Zenith ihrer Entwicklung überschritten, strukturelle und konjunkturelle Rezessionen (Stichwort: Ölkrise 1973) beendeten eine lange Phase des fast ungebremsten Aufschwungs. Mit der Wahl Helmut Kohls zum Bundeskanzler im Herbst 1982 fand die sozialliberale Koalition – zuletzt unter Helmut Schmidt – ihr Ende. Gleichermaßen außen- wie innenpolitisch standen die folgenden Jahre im Zeichen friedenspolitischer Debatten (so genannte Nachrüstung; NATO-Doppelbeschluss) und der zunehmend kritischen Bewertung großtechnologischer Projekte (Atomkraft; Tschernobyl). Gesellschaftspolitisch veränderten die Ökologie- und die Friedensbewegung mit ihrem 1979 gegründeten parlamentarischem Arm, den Grünen, die Szene. Ab der Mitte dieses Jahrzehnts begann sich mit dem Zerfall der Sowjetunion und des von ihr beherrschten Staatenbündnisses der vier Jahrzehnte andauernde weltpolitische Gegensatz der großen Machtblöcke aufzulösen. Die Bundesrepublik erlangte die volle staatliche Souveränität. Die DDR verlor ihre Eigenstaatlichkeit, denn die überwältigende Mehrheit ihrer Bürger wollte den am 3. Oktober 1990 vollzogenen und nach anfänglichem Zögern auch von den vier Siegermächten des Zweiten Weltkriegs akzeptierten Beitritt zur Bundesrepublik.

DIE LAGE DER KINDER NACH KRIEGSENDE

Die Anfänge der Kindergartenarbeit nach der Befreiung vom Nationalsozialismus am 9. Mai 1945 wurden überschattet von den Kriegsfolgen (vgl. zum Folgenden die repräsentative Studie von Thurnwald 1948). In manchen Großstädten waren bis zu 70% der Häuser im Bombenhagel zerstört worden. Entsprechend schlecht waren die Wohnbedingungen. Viele Familien lebten auf engstem Raum zusammen. An ein Kinderzimmer war unter diesen Umständen nicht zu denken. Viele Kinder hatten zudem in den letzten Jahren mehrere Ortswechsel erlebt, denn evakuiert, ausgebombt oder auf der Flucht zu sein, das war kein Einzelfall, sondern Massenschicksal. Auch die Familienverhältnisse waren häufig ganz ungewöhnlich. In den meisten Familien fehlte der Vater, der entweder im Krieg umgekommen oder noch (mitunter jahrelang) in Gefangenschaft war. Die wirtschaftliche Existenzsicherung der Familie lastete ganz auf den Müttern beziehungsweise den älteren Geschwistern, die auf dem Schwarzmarkt, auf Hamsterfahrten oder beim Kohlenklau ebenfalls mithelfen mussten, die Familie über die Runden zu bringen. Der Erziehungsstil war streng, die Prügelstrafe gang und gäbe; viele der unablässig arbeitenden Mütter mochten darin die einzige Möglichkeit gesehen haben, die Kontrolle über ihre Kinder nicht zu verlieren. Hinzu kam die schlechte Ernährungslage, der Mangel an ordentlicher Kleidung und Spielzeug. Kurz: Die Lebensbedingungen dieser „Kriegskinder" waren in materieller und seelischer Hinsicht alles andere als ideal. Von einer unbeschwerten Kindheit konnte keine Rede sein (vgl. Preuss-Lausitz u.a. 1989). Andererseits, auch das gehörte zur Realität der damaligen Zeit, boten die zahlreichen Trümmergrundstücke und die kaum befahrenen Straßen ideale Spielmöglichkeiten. Der Mangel an Spielzeug forderte und förderte die Kreativität der Kinder. Da die Mütter, gegebenenfalls auch die Großeltern und die älteren Geschwister, anderweitig beschäftigt waren (siehe oben), konnten die Kinder meist völlig ungestört und unbeaufsichtigt im Freien umherstreifen. Kaum je davor und danach war ein Spielen in solcher Freiheit und unbeeinträchtigt von äußeren Einschränkungen möglich, wie in jenen Jahren unmittelbar nach Kriegsende (vgl. Rolff & Zimmermann 1985, 105ff.).

Die Kindergärten nehmen ihre Arbeit wieder auf

Im Blick auf die Trägerstruktur im Kindergartenwesen, die ja durch den Nationalsozialismus nicht wirklich zerstört, wohl aber erheblich gestört worden war, wurde noch 1945 im Großen und Ganzen der Zustand, wie er vor 1933 bestanden hatte, wieder hergestellt. Die NSDAP und ihre Nebenorganisationen, wozu auch die NSV gehörte, wurden von den alliierten Militärbehörden sofort verboten, die NSV-Kindergärten geschlossen. Den Verbänden der Freien Wohlfahrtspflege dagegen – wobei die von den Nationalsozialisten aufgelösten Verbände erst einmal wiedergegründet werden mussten – wurden ihre Einrichtungen (einschließlich der Kindergärten und der Kindergärtnerinnenseminare), soweit sie sie an die NSV verloren hatten, zurückgegeben. Alle von den NS-Machthabern geschlossenen Kindergärten durften ihre Arbeit wieder aufnehmen. Die Einrichtungen des ehemaligen DFV wurden in kommunale Trägerschaft übernommen.

Trotzdem spielte der Kindergarten in den Nachkriegsjahren nur eine sehr untergeordnete Rolle. Auch wenn aus den im letzten Abschnitt genannten Gründen an sich ein hoher Bedarf an Betreuung und aushäusiger Erziehung der Kinder vorhanden gewesen wäre, erreichte die Kindergartenbesuchsquote mit circa 33% im Durchschnitt der Bundesrepublik erst um 1950 wieder das Vorkriegsniveau. In den Jahren davor hatte die Quote erheblich darunter gelegen, so dass Kindheit in der unmittelbaren Nachkriegszeit weitgehend kindergartenlose Kindheit gewesen ist. Die Verbände der Freien Wohlfahrtspflege sahen den Hauptbedarf an sozialer Hilfe woanders, nicht bei den Kindern im Vorschulalter. Staatliches Geld war noch knapper. Auch die Besatzungsmächte schenkten dem Kindergarten in ihrem Programm zur „Umerziehung des deutschen Volkes" (Reeducation) keine Beachtung. 1946 bereiste eine amerikanische Delegation von Erziehungsexperten das besetzte Deutschland. In ihrem Bericht, in dem sie konkrete Vorschläge zur Neuorganisation des deutschen Bildungswesens unterbreitete, wurde der Kindergarten mit keinem Wort erwähnt.

Dennoch kam schon im Sommer 1945 die praktische Kindergartenarbeit wieder in Gang. Die Aufsichtslosigkeit der Kinder und das Unvermögen vieler Familien, für ihre Kinder aus eigenen Kräften sorgen zu können, erzwangen die Bereitstellung wenigstens einer Basisversorgung an Plätzen. Häufig waren es Kirchengemeinden, die in diesen Jahren die Initiative ergriffen und in ihren Räumlichkeiten einen notdürftigen Betrieb ermöglichten. Unter welch extremen Bedingungen die Arbeit nicht selten stattfand, zeigen die in der oben zur Darstellung der Nachkriegskindheit herangezogenen Studie von Hilde Thurnwald enthaltenen Schilderungen. Dort lesen wir beispielhaft über die Verhältnisse in Berlin: „Auch in den Kindertagesstätten gab es im Winter 1946/47 kalte Wochen oder ein Zusammenrücken in dem einzigen kleinen Raum, der noch geheizt werden konnte. Dort hatten die Kinder immerhin zehn Grad Wärme und konnten beschäftigt werden. Dabei zeigte es sich, dass selbst größere Kinder Stunden brauchten, bis sie aus ihrer durch die Kälte hervorgerufenen Erstarrung und Stumpfheit aufgetaut waren" (Thurnwald 1948, 101).

Ebenfalls noch vor Gründung der Bundesrepublik, nämlich 1948 und damit genau zehn Jahre nach seiner Auflösung, erfolgte die Wiedergründung des DFV, nunmehr allerdings unter dem erweiterten Namen Pestalozzi-Fröbel-Verband (PFV), womit eine Öffnung hin zur Jugendarbeit signalisiert werden sollte. Der Kreis der Initiatorinnen bestand sämtlich aus Frauen, die schon in den 20er Jahren führend in der Kindergarten-Bewegung aktiv gewesen, in der NS-Zeit aus diesen Positionen entfernt und 1945 als nicht belastete Fachfrauen zu Leiterinnen der Kindergärtnerinnen-Seminare berufen worden waren.

DIE ENTWICKLUNG DES KINDERGARTENS IN DEN 50ER BIS 70ER JAHREN

Die vor der Gründung der Bundesrepublik nur schleppende Zunahme an Kindergartenplätzen beschleunigte sich danach keineswegs. Analog zu den entsprechenden Bestimmungen der Weimarer Verfassung hatte auch das Grundgesetz in seinem Art. 6, 2 bestimmt: „Pflege und Erziehung der Kinder sind das natürliche Recht der Eltern und die zuvörderst ihnen obliegende Pflicht." Das politische Engagement aller Parteien

181

galt dementsprechend nicht dem Ausbau des Kindergartens, sondern der Stärkung und Unterstützung der Familie, was sich in Maßnahmen wie zum Beispiel der Gründung des Müttergenesungswerks 1950 oder der Einführung eines Kindergeldes im Jahre 1955 (in Höhe von zunächst 25 DM/Monat ab dem dritten Kind) niederschlug. Soweit sich Frauen in den Nachkriegsjahren berufliche Positionen hatten erkämpfen können, zielte die Politik in den 50er Jahren darauf ab, diesen Prozess zumindest nicht weiter zu fördern. Bei der Besetzung von Arbeitsstellen – die Arbeitslosigkeit war noch in den frühen 50er Jahren sehr hoch, nahm allerdings infolge eines starken Wirtschaftswachstums schnell ab und schlug danach in einen Arbeitskräftemangel um – sollten die aus der Gefangenschaft heimkehrenden Männer Vorrang haben. Der Kindergarten durfte dementsprechend – ganz im traditionellen Sinne – nur als Ersatz- und sozialfürsorgerische Nothilfeinrichtung eine Rolle spielen. So bestimmte es beispielsweise das Jugendwohlfahrtsgesetz, das auch nach einer Novellierung 1953 im Wesentlichen auf den Bestimmungen des RJWG von 1922/24 fußte. Eine Äußerung über den Kindergarten, wie sie das im Ersten Weltkrieg erstmals aufgelegte (!) Lehrbuch des (katholischen) Pädagogen Joseph Göttler in seiner Auflage von 1957 enthielt, entsprach recht genau dem zu dieser Zeit vorherrschenden Kindergartenbild. Bei Göttler war zu lesen, der Kindergarten sei „immer nur als Ausnahme und Hilfseinrichtung anzusehen und nur da, aber auch überall da zu fordern und auf alle Weise zu fördern, wo die Familie und besonders die Mutter nicht bieten kann, was des Kleinkindes ist" (Göttler 1957, 325). Allenfalls im letzten Jahr vor der Einschulung war es mancherorts üblich, dass die Mehrheit eines Altersjahrgangs den örtlichen Kindergarten besuchte, um sich den „letzten Schliff" für die Schule zu holen. Nur in diesem Fall konnte der Kindergarten sein Image als Einrichtung für Problemfamilien abstreifen und zu einer allgemein akzeptierten Bildungsanstalt werden.

Pädagogisch hatte man nach 1945 mehr oder weniger nahtlos an den in den 20er Jahren erreichten Stand angeknüpft. Neben den zahlenmäßig weiterhin unbedeutenden Waldorfkindergärten und einigen ebenso wenig ins Gewicht fallenden Montessori-Kinderhäusern, die, meist an katholische Volksschulen angegliedert, in den frühen 50er Jahren vereinzelt wieder entstanden, wurde in den öffentlichen und in den von den konfessionellen Trägern unterhaltenen Einrichtungen eine Kindergartenpädagogik praktiziert, die sich kaum von dem unterschied, was man schon 25 Jahre früher in den Kindergärten hatte antreffen können. Die Praxis dürfte in den meisten Fällen so banal gewesen sein, wie es im Folgenden aus den späten 50er Jahren berichtet wird: Danach ging es stets und immer wieder um „das Training eines möglichst dialektfreien sprachlichen Ausdrucks durch Nachsprechen von Prosatexten und Gedichten (einzeln und im Chor), die Einübung von Fingerfertigkeiten durch unermüdliches Auffädeln von Perlenketten und Nachsticken von gelochten Bildkarten – und dabei ein (unbemerktes?) Training des Stillsitzens". Darüber hinaus galt es, „die alljährlich wiederkehrenden Jahreszeiten zu benennen und dabei mit zunehmendem Alter Bezüge zu den Tieren, den Pflanzen und den Arbeitstätigkeiten der Menschen in diesen Jahreszeiten herzustellen. Der ‚Lernerfolg' wurde sichtbar in den gemalten Bildern, den gebastelten Papierfaltprodukten und Knetobjekten, die darüber Auskunft geben konnten, dass ‚man was gelernt' hat. Den Transfer dieser Lernergebnisse ins Elternhaus besorgten regelmäßig die gebastelten Oster-, Pfingst-, Muttertags- und Weihnachtsgeschenke und die Sing- und Tanzvorführungen auf den Kindergartenfesten im Frühling, Sommer, Herbst und Winter" (Heck 1995, 57).

Ein erstes vorsichtiges Abrücken von dieser Norm findet sich 1957 in einem Gutachten des Deutschen Ausschusses für das Erziehungs- und Bildungswesen. Ohne das primäre Erziehungsrecht der Eltern im Grundsatz in Frage zu stellen, wurde dort auf sich ändernde Umweltgebenheiten hingewiesen. Namentlich wurden die Technisierung, die Verstädterung, die sinkende Geschwisterzahl sowie die (im Zeichen des beginnenden Arbeitskräftemangels nicht mehr offen abgelehnte) Zunahme der mütterlichen Berufstätigkeit genannt. Dies alles habe sich auf die heranwachsenden Kinder negativ ausgewirkt, von „Scheinreife" und schädlicher Verfrühung war die Rede, dem der Kindergarten („Land der Kindheit") entgegen zu wirken habe. Dem Kindergarten wurde neben seiner „fürsorgerischen" jetzt auch im kompensatorischen Sinne eine „pädagogische" Funktion zugeschrieben, weshalb es allen Kindern zu ermöglichen sei, wenigstens „für einige Vormittagsstunden im Kindergarten sein zu können" (Deutscher Ausschuss … 1966, 35). Vorschläge zur pädagogischen Weiterentwicklung des Kindergartens enthielt das Papier nicht, sieht man von Hinweisen zur Gruppengröße, zur Bedeutung der Gemeinschaftserfahrung für die Kinder und zum freien Spiel mit natürlichen Materialien (kein „technisches Spielzeug") einmal ab.

Die Grundzüge einer Kindergartenpädagogik, wie sie auch diese Stellungnahme des Deutschen Ausschusses prägte, hat die damals prominente Fröbelforscherin Erika Hoffmann 1960 in einem viel gelesenen und maßgeblichen Handbuchartikel so zusammengefasst (vgl. Hoffmann 1960): Nach Hoffmann hatte der Kindergarten ein Schonraum zu sein, um „die bedrohte Welt des kleinen Kindes zu schützen." Die Welt der Gegenwart sei nämlich so komplex, so abstrakt, so technisiert, dass sie die berechtigten Bedürfnisse des kleinen Kindes nach Geborgenheit, Gestaltbarkeit und Überschaubarkeit zwangsläufig unbefriedigt lassen müsse. Der „Beschleunigung", von der die moderne Welt gekennzeichnet sei, habe der Kindergarten „retardierend" entgegenzuwirken und dem Kind die Möglichkeit einer ruhigen Ausreifung und Entfaltung seiner Anlagen zu ermöglichen. Hoffmann zitiert in diesem Zusammenhang die alte Gärtnermetapher, denn wie der Gärtner müsse „auch der Erzieher dem verborgenen Wachsen der geistigen Kräfte vertrauen". Kleinkindliche Entwicklung war dieser Auffassung nach im Wesentlichen eine intern gesteuerte und von außen nur mäßig, es sei denn durch die Gewährung eines Schutz- und Schonraumes, beeinflussbare Angelegenheit. Deshalb dürfe der Kindergarten nach Hoffmanns Auffassung auch nicht zu einer vorweggenommenen Schule werden, in der diese Reifungsprozesse durch gezieltes Einwirken, Stimulieren und Belehren künstlich angeregt („beschleunigt") würden. Aus diesem Grund erteilt Hoffmann der Montessori-Pädagogik eine Absage.

Dieser auf psychologischen Reifungstheorien, der Fröbelpädagogik und dem Schonraumgedanken fußende kindergartenpädagogische Ansatz wurde in den späten 60er Jahren nachdrücklich in Frage gestellt (vgl. dazu Flitner 1967). Im Zuge einer Diskussion um die Zukunft des Bildungswesens insgesamt, die von Parolen wie jenen von der „Bildungskatastrophe" (Georg Picht) oder der „Bildung als Bürgerrecht" (Ralf Dahrendorf) angeheizt wurde, kamen auch das Kleinkindalter und der Kindergarten – letzterer, wie man jetzt glaubte, als die für die frühkindlichen Bildungsprozesse neben, zunehmend sogar an Stelle der Familie entscheidende Institution – ins Spiel. Und zwar geschah dies mit einer Zuspitzung, die mit der Fröbel-Pädagogik und den damit verbundenen Vorstellungen von der kindlichen Entwicklung nicht mehr vereinbar war. Zwar hat Erika Hoffmann ihr Verständnis von Kindergarten 1967 in einem öffentlichen Disput mit einem der Wortführer des neuen Denkens, dem Psychologen Heinz-Rolf Lückert, noch einmal zu verteidigen versucht und erneut für die „Spielpflege als Zentrum der Kinderbildung" plädiert. Immerhin sprach sie jetzt nicht mehr vom Kindergarten als einem Schonraum, sondern bezeichnete ihn als einen „Übungsraum für kleine Kinder, in dem sie sich selbst, die Welt und die Gesellschaft in der ihnen möglichen Erlebnisweise verstehen lernen" (Hoffmann 1967, 24). Auch akzeptierte Hoffmann nunmehr die Montessori-Pädagogik als Alternative und kam den Kritikern des alten Kindergartens auch in anderen Punkten entgegen. Die Hoffmannschen Argumente für die Fröbel-Pädagogik konnten sich in der Diskussion aber nicht mehr durchsetzen. Der Vorschlag Hoffmanns, einen Fröbelschen Modellkindergarten und eine nach den neuen Ideen geführte Vorschulgruppe unter den selben äußeren Bedingungen arbeiten zu lassen, um dann die Resultate einige Zeit nach dem Übertritt der Kinder in die Grundschule einander vergleichend gegenüber zu stellen (vgl. Hoffmann 1968, 146), wurde, obwohl er ganz auf der Linie einer Modellversuche in großer Zahl initiierenden Bildungspolitik lag, von niemandem mehr ernsthaft aufgegriffen. In der Hoffmann-Lückert-Kontroverse von 1967, in der die Protagonisten der beiden Lager noch einmal öffentlichkeitswirksam die Klingen kreuzten, kann man deshalb so etwas wie eine Wegscheide sehen. Fachwelt und öffentliche Meinung schlugen sich ganz auf die Seite Lückerts, der mit Nachdruck die Frühförderung, insbesondere die Unterstützung der kognitiven Entwicklung und das Lernen des kleinen Kindes bis hin zum frühen Lesenlernen forderte (vgl. Lückert 1967; Schmalohr 1973) und dafür sorgte, dass entsprechende Stimmen aus dem Ausland in Deutschland Gehör fanden (zum Beispiel Doman 1967). Eltern, Politiker und professionelle Vorschulpädagog(inn)en, unterstützt von zahlreichen kindergartenkritischen Beiträgen in den Zeitungen und im Fernsehen, verlangten nach der „Pflege des Denkens im Kindergarten", wie es in einer – ebenfalls von Lückert besorgten – Buchübersetzung aus dem Amerikanischen etwas plakativ hieß (Robison & Spodek 1971, 17).

Früherziehung wurde für wenige Jahre zu einem Topthema der Bildungspolitik, von der Reform des Kindergartens schien die Zukunft des deutschen Bildungswesens und damit nichts weniger als die Zukunft der Bundesrepublik als weltweit konkurrenzfähiger Industrienation abzuhängen. Die etwa vorhandenen und bisher unbeachtet gebliebenen Begabungsreserven der Kinder sollten deshalb systematisch aufgespürt und ausgeschöpft werden. Hinzu kam ein gesellschaftskritisches Argument, das neben anderen den Londoner Psychologen und Linguisten Basil Bernstein zu einem stark rezipierten Autor werden ließ. Bernstein hatte den Zusammenhang von Sozialschicht, sprachlicher Kompetenz, kindlichen Lernprozessen und Schulerfolg untersucht und war dabei auf eine krasse Benachteiligung von Unterschichtkindern gestoßen (Bernstein 1972). Bereits im Kindergarten, nicht erst in der Schule, sollten in diesem Sinne die Defizite sozial benachteiligter Kinder angegangen werden, wobei die gezielte Sprachförderung als besonders dringlich erschien. In dem Maße, in dem Intelligenz und Lernfähigkeit zu prägungsabhängigen und von der Qualität der Umweltbedingungen des Kindes bestimmten Größen beziehungsweise zu – wie es in dem einflussreichen Gutachten des Deutschen Bildungsrats „Begabung und Lernen" (Roth 1969) hieß –„Interaktionsprodukten von genetischen Potentialen und sozial-kulturellen Milieueinflüssen" wurden, erkannte man im Kleinkindalter die im Blick auf alles spätere Lernen entscheidende Lebensphase und erhob die Ausgestaltung der Vorschulerziehung zu einer bildungspolitischen Herausforderung von höchster Priorität. War man bisher davon ausgegangen, Intelligenz sei eine statische und mehr oder weniger genetisch festgelegte Größe, hatte schon Mitte der 60er Jahre ein renommierter amerikanischer Psychologe die Beeinflussbarkeit des Intelligenzquotienten auf mehr als 20% taxiert und dabei dem Kleinkindalter eine überragende Bedeutung zugesprochen. Benjamin S. Bloom (dt. 1971) behauptete nichts weniger, als dass die Hälfte der Erwachsenenintelligenz bereits im Vorschulalter entwickelt werde und Versäumnisse in diesem Zeitraum später nicht mehr ausgeglichen werden könnten. Die Thesen Blooms schienen so überzeugend, dass damit der alte „Streit um die Intelligenz", der Streit um das Verhältnis von Anlage und Umwelt, als erledigt betrachtet wurde (vgl. Skowronek 1973; Zimmer 1975).

Der schon erwähnte Psychologe Heinz-Rolf Lückert, der hier nur als Beispiel für das neue, auf diesen Forschungen beruhende vorschulpädagogische Denken stehen soll, zog deshalb aus der von Hoffmann konstatierten Komplexität und Abstraktheit der modernen Welt einen genau entgegengesetzten Schluss. Die Kinder dürften nicht in einen Schonraum eingesperrt und vor dieser Welt geschützt, sie müssten vielmehr mit dieser Welt offensiv konfrontiert werden. Sie müssten diese als Lernanlass zu nutzen verstehen und darüber hinaus mit „planmäßige(n) Unterweisungen und Übungen" konfrontiert werden (Lückert 1969, 11).

Ganz in Übereinstimmung damit forderte auch der 1970 vom Deutschen Bildungsrat verabschiedete Strukturplan für das Bildungswesen, ein Schlüsseldokument der Reformdiskussion, aus dem Kindergarten als „einem Raum der Behütung" solle „eine bewusst gestaltete, Kinder vorsichtig lenkende, anregende und befriedigende Lebensumwelt für Lernerfahrungen werden" (Deutscher Bildungsrat 1970, 45). Ausdrücklich wies der Strukturplan das an Geborgenheit und Mütterlichkeit und dem Schonraum-Gedanken orientierte traditionelle Kindergartenkonzept zurück. Den Maßstab, an dem sich die Kindergartenarbeit künftig sollte messen lassen, bildete die Schule. Der Kindergarten sollte in den Dienst der Schulvorbereitung treten, ohne dass schulischem Lernen vorgegriffen werden sollte. Vielmehr, so der Bildungsrat weiter, gehe es darum, das schulische Lernen durch die Grundlegung von Fähigkeiten wie Erkennen, Beobachten, Vergleichen usw. vorzubereiten. Bezeichnenderweise benutzten die Reformkräfte in kritischer Absetzung von der alten Kindergartenpädagogik bewusst die bisher sorgsam vermiedenen Begriffe „Vorschulerziehung" und „Vorschuldidaktik", und ähnlich wie im schulischen Bereich eroberte der aus dem Amerikanischen übernommene Begriff des „Curriculums", der für die rationale und systematische Planung der kindlichen Lehr-Lernprozesse stand, wie dies der Berliner Bildungsforscher Saul B. Robinsohn (1967) in einem bahnbrechenden Buch erläutert hat, auch die Vorschulpädagogik. Selbst die ursprünglichste Ausdrucksform kindlichen Lebens, das Spiel, wurde nun unter dem Aspekt des Lernens betrachtet (vgl. Flitner 1972).

Der Bildungsrat schlug vor, den Kindergarten künftig als den Elementarbereich des allgemeinen Bildungswesens zu definieren und in diesem Rahmen dessen Verhältnis zum Primarbereich neu zu ordnen. Konkret: Der zur Vorschule gewordene Kindergarten sollte nur noch zwei Altersjahrgänge umfassen, nämlich die drei- und vierjährigen Kinder, während die Fünfjährigen bereits in den Primarbereich und dort in eine zweijährige Eingangsstufe hinüberwechseln sollten. Um diese und die anderen Ideen der Reformdiskussion einer praktischen empirischen Überprüfung zu unterziehen, wurden zahlreiche Modellprojekte durchgeführt – über 100 sollen es in den 70er Jahren gewesen sein –, die die Erprobung der unterschiedlichen curricularen Ansätze, darunter der in einem der folgenden Abschnitte beispielhaft darzustellende situationsorientierte Ansatz, und der verschiedenartigen Formen des Zusammenwirkens von Elementar- und Primarbereich zum Inhalt hatten. Diese letztere Problemstellung wurde Mitte der 70er Jahre abschließend beantwortet, und zwar ohne dass eine eindeutige Empfehlung hätte ausgesprochen werden können. Im Abschlussbericht der entsprechenden Kommission hatte es nämlich geheißen: „Die Auswertung der bisherigen Modellversuche hat als wichtigstes Ergebnis erbracht, dass für eine einheitliche organisatorische Zuordnung der Fünfjährigen entweder zum Elementarbereich oder zum Primarbereich keine klaren Anhaltspunkte bestehen" (Bund-Länder-Kommission [1976], 7). Es hatte sich nur zeigen lassen, dass ganz unabhängig von der Art der jeweiligen vorschulischen Einrichtung der Besuch einer solchen für die Förderung der kindlichen Persönlichkeit hilfreich war. Zudem wehrten sich die Kindergartenträger gegen die vorgeschlagene Neuordnung mit dem Argument, der Kindergarten werde mit der Beschränkung auf die Altersgruppe der Drei- und Vierjährigen wesentlicher pädagogischer Möglichkeiten beraubt. So blieb alles beim Alten, und die praktische Organisation des Übergangs vom Kindergarten in die Grundschule blieb – und bleibt bis heute – der persönlichen Initiative der Kindergärtnerinnen und Grundschullehrerinnen vor Ort überlassen.

Tatsächlich ist kaum etwas von dem, was in diesen Jahren des stürmischen Reformdiskurses vorgeschlagen wurde, auch realisiert worden. Überhaupt waren die Reformen längst nicht in dem erhofften Maße den mit ihnen verbundenen Erwartungen, zum Beispiel den herkunftsbedingt benachteiligten Kindern zugute zu kommen, gerecht geworden. Fatalerweise stellte sich nach einigen Jahren sogar heraus, „dass mit dem Ausbau der vorschulischen Erziehung die Schere zwischen denen, die – interessiert und bildungsmotiviert – nun auch besser gefördert werden, und denen, die – bildungsabstinent und sozial benachteiligt – eine wirkungsvollere Förderung bräuchten, eher größer wird" (Situation und Perspektiven ... 1982, 149). So der Fünfte Jugendbericht der Bundesregierung, der damit für Deutschland bestätigte, was man zuvor in den USA, wo mit dem so genannten Head-Start-Programm, einem Programm zur gezielten Förderung sozial benachteiligter fünf- und sechsjähriger Kinder aus den Slums der Großstädte, ehrgeizige Ziele einer kompensatorischen Erziehung verfolgt worden waren, ebenfalls schon ernüchtert hatte zur Kenntnis nehmen müssen (vgl. Bronfenbrenner 1974). Wenn überhaupt positive Effekte einer gezielten Frühförderung festgestellt werden konnten, dann, so hatten amerikanische Evaluationsstudien ergeben, verloren sich diese nach relativ kurzer Zeit wieder. Es sei denn, auch die familiäre Umwelt des Kindes hätte sich deutlich verändert – was natürlich in der Regel nicht der Fall und im Übrigen durch die Vorschulprogramme auch kaum zu beeinflussen war.

Die vorschulpädagogische Landschaft der späten 60er und frühen 70er Jahre wäre jedoch unvollkommen beschrieben, würde man nicht auf die aus der Studentenbewegung hervorgegangene Kinderladenbewegung und ihren ideologischen Hintergrund, die so genannte Antiautoritäre Pädagogik, hinweisen (zum Beispiel Bott 1971). In einer Mischung aus marxistisch inspirierter Gesellschaftskritik und Psychoanalyse – Wilhelm Reich und Herbert Marcuse waren häufig genannte Gewährsleute, die Schriften Siegfried Bernfelds wurden unter dem Titel „Antiautoritäre Erziehung und Psychoanalyse" erstmals herausgegeben (Bernfeld 1969) – wurden Familie und Kindergarten unter den gegen die verkrustete bürgerliche Ordnung in Staat und Gesellschaft aufbegehrenden Studenten als repressive Institutionen gebrandmarkt, die einzig die Aufgabe hätten, die für den Fortbestand der bürgerlich-spätkapitalistischen Gesellschaft notwendigen autoritären Charakterstrukturen zu reproduzieren. In den alternativen Gegengründungen, den Kommunen und Wohnkollektiven, die an die Stelle der abgelehnten bürgerlichen Kleinfamilie traten, und in den Kinderläden, mit dem der Kindergarten überwunden werden sollte, wollte man ein von äußeren und inneren Zwängen befreites Zusammenleben praktizieren. Eine mit hohem politischem Anspruch auftretende frühkindliche Erziehung sollte von den Bedürfnissen der Kinder ausgehen und so weit wie möglich frei von Zwang und Kontrolle sein. Insbesondere in der Sexualerziehung, wo man den repressiven Charakter der traditionellen Sozialisationsweise in Familie und Kindergarten am auffälligsten sich verkörpern sah, wollte man eine „Erziehung gegen bürgerliche Dressur" (Wolff 1992, 76) praktizieren. Die ungewöhnliche Attraktivität der Idee einer solchen repressionsfreien Erziehung lässt sich auch daran ablesen, dass die Bücher des englischen Reformpädagogen Alexander S. Neill, der in seiner Alternativgründung Summerhill das Modell einer solchen antiautoritären Erziehungsweise bereits seit den 1920er Jahren erfolgreich verwirklichte, in jenen Jahren in Millionenauflagen (!) verkauft werden konnten (vgl. zum Beispiel Neill 1969).

Die antiautoritären Kinderläden, ohnehin ein auf die Groß- und Universitätsstädte beschränktes Phänomen, das sich nur im studentischen Milieu wirklich hatte etablieren können, sind mit dem Abebben der Stu-

189

dentenbewegung in ihrer ursprünglichen Form meist wieder verschwunden. Entweder haben sie sich mangels Nachfrage auflösen müssen, oder sie bestehen in anderer Gestalt, als ganz normale Kita (Kindertagesstätte) beispielsweise, bis heute weiter. Nur in Berlin haben sie sich in größerer Zahl gehalten, dort gab es anfangs der 1990er Jahre immerhin noch rund 600 Kinderläden – nunmehr aus öffentlichen Mitteln gefördert, was in den Anfangsjahren ganz undenkbar gewesen wäre. Darüber hinaus sind die Einflüsse der Kinderladenbewegung aber in den heutigen Eltern-Initiativen und Eltern-Kind-Gruppen greifbar, die die Kinderläden, insofern als sie weitgehend auf Elternmitarbeit beruhten, strukturell vorweggenommen haben (vgl. Reyer & Müller 1992).

Spätere empirische Vergleichsuntersuchungen haben übrigens erbracht, dass sich die Kinderladen-Kinder von den in traditionellen Kindergärten sozialisierten Kindern nicht unterschieden. Kurioserweise hat sich „entgegen den aus der Selbstregulierungsthese abgeleiteten Erwartungen" sogar gezeigt, dass die Kinderladen-Kinder „häufiger mit Bitten, Wünschen und Hilfeersuchen an ihre erwachsenen Bezugspersonen (herantraten) als die Gleichaltrigen aus Kindergärten" (Nickel & Schmidt-Denter 1980, 76). Mit der Enttabuisierung der kindlichen Sexualität, dem freien Umgang mit Zeitstrukturen, der Betonung des sozialen Lernens, der pädagogischen Öffnung der Einrichtung zum gesellschaftlichen Umfeld, einer neuen Erzieherrolle und Ähnlichem mehr haben die Kinderläden jedoch Impulse gesetzt, die die ganze spätere Kindergartenentwicklung (man denke zum Beispiel an den im nächsten Abschnitt vorgestellten Situationsansatz) nachhaltig befruchtet haben.

Unbeschadet der Tatsache, dass, wie schon gesagt, vieles von dem nicht erreicht wurde, was man ursprünglich angestrebt hatte, waren die Folgen dieser Zeit intensiven Diskutierens und Experimentierens für das Selbstverständnis des Kindergartens enorm: Aus der sozialpädagogischen Nothilfeeinrichtung war binnen kurzem eine Bildungsanstalt für die ersten und grundlegenden Bildungsprozesse aller Kinder geworden, aus dem Schutz- und Schonraum ein mit der alltäglichen Lebenswelt der Kinder eng verzahnter Lern- und Erfahrungsraum. Damit waren die Grundlagen für die künftigen Entwicklungen gelegt, neue Themen konnten aufgegriffen werden, etwa die Integration ausländischer und behinderter Kinder, die Weiterentwicklung der Kindergartens zum Stadtteilzentrum usw.; die Themen der 80er und 90er Jahre.

DIE TRÄGERSTRUKTUR

War es das Bestreben des nationalsozialistischen Regimes gewesen, möglichst alle Kindergärten in öffentliche Trägerschaft zu bekommen, so knüpfte man nach 1945 auch in diesem Punkt an den Stand vor 1933 an und belebte in der Bundesrepublik das vertraute Subsidiaritätsprinzip wieder. In diesem Sinne hatten die Jugendämter nach § 5 des Jugendwohlfahrtsgesetzes (1953) zwar die Aufsicht über die öffentliche Kleinkinderziehung zu führen, die Kommunen aber erst dann zur Einrichtung von Kindergärten anzuhalten, wenn sich kein freier Träger dazu bereit fand. Folglich blieben auch in der Bundesrepublik die freien Träger dominierend. Schon 1950 befand sich die große Mehrzahl der Kindergärten in der Bundesrepublik, nämlich 75%, wieder in der Verantwortung der beiden im Vorschulbereich traditionell führenden konfessionellen Spitzenverbände, des Deutschen Caritasverbands und der Inneren Mission (jetzt: Diakonisches Werk). Und daran änderte sich auch in den folgenden Jahrzehnten nichts, weder im Verhältnis der freien zu den öffentlichen Trägern noch im Blick auf die Stärkeverhältnisse unter den freien Trägern selbst: Von den rund 1,4 Millionen Kindergartenplätzen des Jahres 1977 wurden drei Viertel von den freien und nur ein Viertel von öffentlichen Trägern zur Verfügung gestellt; von den freien Kindergartenplätzen wiederum entfielen 55% auf die Einrichtungen der Caritas, 40% auf Einrichtungen des Diakonischen Werks, der schmale Rest auf die übrigen Anbieter. Bis 1990 ist der Anteil der öffentlichen Träger nur sehr langsam auf dann rund 30% angewachsen.

Nur einmal in all den Jahrzehnten ist die Verfassung der Trägerstruktur ernsthaft in die Krise geraten. Das war zu Beginn der 70er Jahre der Fall, als sowohl in der außerparlamentarischen Opposition engagierte Kräfte ein Ende der kirchlichen Dominanz in der Vorschulerziehung forderten, als auch namhafte Parteienvertreter das Subsidiaritätsprinzip und die dadurch gegebene Bevorzugung privater Anbieter in Frage stellten. In einer vom Bundestag in Auftrag gegebenen Studie hieß es 1971, die freien Träger missbrauchten das Subsidiaritätsprinzip, „um über den Zweck der Wohlfahrtspflege hinaus noch andere Ziele zu erreichen, nämlich die erzieherische Beeinflussung der Kinder im Sinne der jeweiligen Weltanschauung" (zit. in: Hermanutz 1977, 262). Auch wurde nach der Bundestagswahl 1972 eine Novellierung des Jugendwohlfahrtsgesetzes angestrebt, die die Abschaffung des Subsidiaritätsprinzips zum Ziel hatte. Ein Vorhaben, das jedoch bald aufgegeben wurde.

191

Didaktische Innovationen: zum Beispiel Situationsansatz und Reggio-Pädagogik

Dass die Jahre ab den späten 1960ern nach einer vorhergehenden Phase der Stagnation Jahre des stürmischen Wandels gewesen sind, in denen sich der Kindergarten zur vorschulischen Einrichtung im Elementarbereich des Bildungswesens mit nicht primär sozialpädagogischem, sondern nunmehr einem Bildungsauftrag weiterentwickelt hat, ist schon ausgeführt worden. Aus der Fülle der pädagogischen Innovationen bis Ende der 1980er Jahre ragen zwei besonders hervor und sollen deshalb hier beispielhaft vorgestellt werden.

(1) Der *Situationsansatz* ist in den 70er Jahren im größeren Rahmen didaktischer Innovationen keineswegs der einzige Vorschlag zur Neuorientierung der vorschulischen Arbeit gewesen (vgl. Liegle 1978). Alternativ zu nennen ist hier zum Beispiel der so genannte funktionsorientierte Ansatz, der einen sehr ausgeprägten schulvorbereitenden Charakter trug. Hier ging es darum, bestimmte Grundfähigkeiten der Kinder im Bereich des intelligenten Verhaltens, zum Beispiel das genaue Beobachten, das Beschreiben, das Unterscheiden, das Messen, das Zählen, das Zuordnen usw., aber auch elementare Kulturtechniken (Lesen, Rechnen, Schreiben), systematisch und mit Hilfe von vorgegebenen Materialien, Übungskästen und Lernspielen relativ isoliert von konkreten Anwendungssituationen auszubilden und zu üben. Zu denken ist hier beispielsweise an die gezielten Sprachtrainings mit Hilfe von Sprachtrainingsmappen, das Lese-Lerntraining von Lückert und seinem Kollegen Werner Correl oder die Schulung der Denkfähigkeit durch den Einsatz der „logischen Blöcke". Unter den verschiedenen didaktischen Innovationen kann auch der spielpädagogische Ansatz, der besonders das Rollenspiel förderte und dieses gezielt zur Entwicklung der sozialen Kompetenz der Kinder einsetzte, genannt werden. Hinzu kommen ferner der disziplinorientierte Ansatz, der lerntheoretische Ansatz und der sozialisationsorientierte Ansatz. Einen anders zentrierten, nämlich einen lebensweltlichen Zugang wählte man mit dem Situationsansatz, der sich schließlich unter den eben genannten Ansätzen als einziger und auf Dauer wirklich durchsetzen konnte (vgl. grundlegend Zimmer 1985).
Der Deutsche Bildungsrat hatte in Abwehr einer allzu starken kognitivistischen Ausrichtung und der daraus resultierenden drohenden Verschulung der Elementarerziehung, wie das bei den Vorschlägen Lückerts

und seiner Mitstreiter und dem von ihnen propagierten funktionstheoretischen Ansatz zu befürchten war, ein auf fünf Jahre angelegtes Modellprogramm zur Curriculumentwicklung im Elementarbereich empfohlen und dabei den Vorschlag gemacht, in der Kindergartenarbeit „von den realen Lebenssituationen der Kinder auszugehen und durch gezielte Förderung die Kinder instand zu setzen, ihre Lebenssituationen zu beeinflussen und zunehmend selbständiger zu bewältigen" (Deutscher Bildungsrat [1973], 25). Im Hintergrund standen dabei Konzepte einer Alternativpädagogik, wie sie zum Beispiel mit seiner Idee einer weitgehenden Selbstbestimmung des Lernens durch die Lernenden der brasilianische Pädagoge Paulo Freire vertrat, oder die Forderung nach einer Entschulung des Lernens (Ivan Illich) sowie der bereits erwähnte Saul B. Robinsohn mit einem Verständnis von Lernen, das Lernen als Kompetenzerwerb für künftige Lebenssituationen verstand. Allerdings hat Robinsohn dabei die Schule im Auge gehabt und die Curriculumentwicklung sollte bei ihm ausschließlich von Wissenschaftlern geleistet werden. Die Arbeitsgruppe Vorschulerziehung am Deutschen Jugendinstitut in München, die zwischen 1971 und 1976 das vorschulische Curriculum „Soziales Lernen" und damit die einflussreichste Konzeptvariante des Situationsansatzes entwickelt hat, tat dies dagegen in enger Zusammenarbeit mit Erzieherinnen in Modellkindergärten in Rheinland-Pfalz und Hessen. Weitere fast 1.700 Erzieherinnen und fast 13.000 Kinder, unterstützt von externen Moderatorengruppen, sind anschließend in einem breit angelegten und vom Bundesbildungsministerium und der Bund-Länder-Kommission für Bildungsplanung geförderten Erprobungsprogramm zum Situationsansatz in neun Bundesländern in die Anwendung und Weiterentwicklung des Ansatzes einbezogen gewesen.

Ziel des Situationsansatzes war es, wie eben ausgeführt, die vorschulpädagogische Arbeit stärker als bisher auf die Lebenswelt der Kinder zu beziehen und die Kinder zu befähigen, mit den sich ihnen (aktuell und/ oder künftig) stellenden Herausforderungen und Problemlagen kompetent und selbstverantwortlich umgehen zu können. Die Wirklichkeit sollte den Kindern nicht in wissenschaftlich oder didaktisch vorstrukturierter Gestalt begegnen, sondern möglichst unverstellt und in einer sie persönlich betreffenden Weise. Die von der Entwicklungsgruppe und den Praktikerinnen ausgewählten exemplarischen Lernsituationen waren deshalb dadurch gekennzeichnet, dass sie von Alltagssituationen der

Kinder ausgingen, und zwar solchen, in denen vor allem soziale Kompetenzen gefragt waren. Das konnten Situationen sein, von denen die Kinder gewissermaßen permanent betroffen waren („Meine Familie und ich"; „große und kleine Kinder"; „Kinder und alte Leute"); aber auch solche Situationen, in denen die Begegnung mit „dem Anderen" vorbereitet wurde („behinderte Kinder"; „Gastarbeiterkinder"); es gab Situationen, die für Kinder von lebensgeschichtlich einschneidender Bedeutung sind („Geburt eines jüngeren Geschwisterchens"; „Tod des Großvaters"; „Übertritt in die Schule"); oder solche, die angstauslösend wirken können („Kinder im Krankenhaus"; „Verlaufen in der Stadt"; „Kinder allein zu Hause"); es wurden Situationen ausgewählt, die im lokalen Umfeld des Kindes angesiedelt sind („Bau eines Spielplatzes"), sowie ganz alltägliche („Wochenende"; „Werbung"); schließlich solche, die ständig wiederkehrende problemhaltige Situationen thematisierten („Konflikte beim Schlafengehen"). Im Übrigen sollten die in 28 sogenannten didaktischen Einheiten, auf 2.000 Textseiten, hunderten von Photos, Filmen und Tonbandkassetten publizierten exemplarischen „Situationen" nur als Anregung dienen. Die Erzieherinnen waren aufgefordert, in ihrem täglichen Umgang mit den Kindern selbst derartige „Situationen" zu entdecken und zum Ausgangspunkt ihrer erzieherischen Arbeit werden zu lassen. Aber auch die Kinder selbst, deren Eltern und überhaupt alle interessierten Erwachsenen im Umfeld des Kindergartens sollten sich animiert fühlen, an diesem permanenten Suchprozess teilzunehmen. Wichtig war nur, dass es sich um Situationen handelte, die die Handlungsfähigkeit der Kinder herauszufordern und diese zu fördern imstande waren, also von Kindern erfassbare und beeinflussbare Situationen. Die Erzieherinnen halfen ihnen dabei, indem sie zum Beispiel darauf achteten, dass den Kindern das notwendige Wissen und Können zur Bewältigung der Situationen, wo es nicht vorhanden war, vermittelt wurde. Diese „Verbindung von sozialem und instrumentellem Lernen" geschah in so genannten „didaktischen Schleifen", zum Beispiel dann, wenn Kindern Sicherheit im Umgang mit Kleingeld oder im Zahlenraum bis neun vermittelt wurde, damit sie im Falle des Verlaufens in der Stadt ein Münztelefon zu bedienen in der Lage waren.

Im Vergleich mit den anderen oben genannten didaktisch-methodischen Reformansätzen fällt auf, dass der Situationsansatz über den Kindergarten hinaus ging, die Kindergartenarbeit nicht nur in didaktisch-methodischer Hinsicht, sondern auch insofern „öffnete", als das Lernen der

Kinder sich häufig an Orten außerhalb des Kindergartens, vor allem in dessen unmittelbarem Umfeld, abspielte, die Kooperation und Vernetzung mit anderen Einrichtungen im Stadtviertel gesucht wurde und neben den Erzieherinnen und den Eltern, die aktiv in die Kindergartenarbeit einbezogen wurden, auch andere Erwachsene den Kindern als „pädagogische Experten" begegneten. Diese Öffnung vollzog sich auch nach innen, und zwar in Form einer flexibleren Raumaufteilung, einer Entritualisierung des Tagesablaufs, der Integration behinderter Kinder usw. Schließlich lag dem Situationsansatz ein mehr auf der kindlichen Eigentätigkeit als auf der Instruktion durch Erwachsene beruhender Lernbegriff zugrunde. Das Kind wurde im Sinne der ab Mitte der 1970er Jahre breit rezipierten konstruktivistischen Entwicklungspsychologie (Jean Piaget, Lew S. Wygotski u.a.) als kompetenter Akteur und Gestalter seiner Welt aufgefasst. Zuletzt muss noch die Altersmischung als grundlegendes Prinzip des Situationsansatzes erwähnt werden, weil nur in der altersheterogenen Kindergruppe die sozialen Grunderfahrungen des Helfens, der Solidarität und des voneinander Lernens möglich sein sollten.

Allerdings wurde gleich nach seiner erfolgreichen Einführung auch *Kritik* schon Kritik am Situationsansatz geäußert (vgl. dazu Gerstacker & Zimmer 1978, 202f.). So wurde von Anfang an zum Beispiel eingewandt, das Moment der Tradition und der Geschichte werde vernachlässigt, weil ausschließlich die Gegenwart und die Zukunft des Kindes im Mittelpunkt stünden. Später wurde die Befürchtung laut, die große Offenheit des Ansatzes werde letztlich zur Beliebigkeit führen oder – schlimmer noch – in der alltäglichen Praxis würden die Situationsdefinitionen nicht mit den Kindern, sondern über deren Köpfe hinweg von den Erzieherinnen selbst vorgenommen werden (vgl. Hebenstreit 1980, 133). Nach dem Ende des Erprobungsprogramms 1978 (der Abschlussbericht wurde erst 1983 publiziert) entfielen die unterstützenden Maßnahmen, die dem Situationsansatz während der Entwicklungsphase zuteil geworden waren. So lösten sich zum Beispiel die begleitenden Arbeitskreise auf, in denen die Wissenschaftler mit den Erzieherinnen zusammengearbeitet hatten. Jetzt fiel negativ ins Gewicht, dass es versäumt worden war, einen Plan zur wirkungsvollen flächenhaften Verbreitung der erarbeiteten Materialien zu entwickeln, dass man die Träger und Fachverbände nur ungenügend in das Erprobungsprogramm eingebunden hatte und eine frühe Vernetzung mit den Ausbildungseinrichtungen unterblieben war.

Unglücklicherweise fiel das Auslaufen des Erprobungsprogramms mit dem Abflauen der bildungspolitischen Reformeuphorie, einem starken Rückgang des öffentlichen Interesses an Fragen der Vorschulpädagogik sowie knapper werdenden öffentlichen Mitteln zusammen. Deshalb war es aussichtslos, die besonderen materiellen Rahmenbedingungen, unter denen die Erprobungskindergärten gearbeitet hatten, auf die Regeleinrichtungen zu übertragen. Trotz dieser Hemmnisse konnte sich der Situationsansatz wie keine zweite didaktische Innovation nach dem Zweiten Weltkrieg (wie gut auch immer) in der elementarpädagogischen Praxis etablieren, bis er in den 90er Jahren erneut zum Gegenstand kritischer Debatten wurde (siehe dazu übernächstes Kapitel).

(2) Großer Popularität erfreute sich ab den 1980er Jahren unter dem Label Reggio-Pädagogik ein aus Italien kommender Reformansatz (vgl. Dreier 1994; Göhlich 1997; Knauf 2000). In der Stadt Reggio, inmitten einer ökonomisch hoch entwickelten, politisch traditionell linken Provinz Italiens, der Emilia Romagna, war nach ersten Versuchen in den 1920er Jahren unmittelbar nach dem Zweiten Weltkrieg und ausgehend vom bürgerschaftlichen Engagement interessierter Eltern und Kommunalpolitiker eine kindergartenpädagogische Reform in Gang gebracht worden. Ab 1963 kam es in den damals neu eingerichteten kommunalen Kindertagesstätten der Stadt zur Etablierung eines Modells von vorschulpädagogischer Arbeit für Kinder von 0 bis 6 Jahren, das in den 80er Jahren weltweit Aufsehen erregte und zur Nachahmung einlud. Nicht wenig trug zum Renomée und zur Verbreitung der Reggio-Pädagogik der Leiter des 1970 eingerichteten Koordinations- und Beratungsbüros für die Kindertagesstätten der Stadt Reggio bei, Loris Malaguzzi (1920-1994). Anfangs war die Reggio-Pädagogik dank Malaguzzis zahlreichen Vortragsreisen im Ausland bekannter als in Italien selbst.
In Anknüpfung an das Menschenbild der konstruktivistischen Entwicklungspsychologie, der materialistischen Anthropologie (Antonio Gramsci, Giuseppe Lombardo-Radice) und der Theorie vom „entdeckenden Lernen" (Jerome Bruner) sahen Malaguzzi und seine Mitstreiter(innen) im Kind den aktiven, sich seine Welt selbst erschaffenden, mit allen Sinnen wahrnehmenden und erkennenden und sich der vielfältigsten Ausdrucksmittel bedienenden kleinen Menschen. Malaguzzi sprach, um diesen Gedanken auf einen Begriff zu bringen, von den „100 Sprachen" des Kindes, das freilich unter dem Einfluss der Erwachsenen bis auf die Verbalsprache nach und nach alle diese „Sprachen" wieder verlerne.

Die pädagogische Aufgabe bestehe deshalb darin, dem Kind eine alle seine Sinne ansprechende und seine Kreativität herausfordernde Umgebung zur Verfügung zu stellen. Kinder seien Forscher und als solche müssten sie Vertrauen zu sich selbst und ihrer Art, die Welt zu begreifen und sich ihr mitzuteilen, gewinnen dürfen.

Eine solche Sicht des Kindes verbot jede Gängelei, wie dies durch feste Lern- und Förderprogramme häufig geschieht. Die Kinder sollten sich vielmehr selbst auf Entdeckungsreise begeben, ihre Aktivitäten frei bestimmen können. Die Räume der Kindertagestätten – immer Krippe und Kindergarten in Kombination – waren deshalb offene, ästhetisch ansprechend gestaltete, zum Handeln und zur Kommunikation einladende Räume. Sie waren voller Farben und beweglicher Objekte, voller Licht- und Schattenspiele, mit Bau- und Konstruktionsecken, mit Puppenküchen, Klettergerüsten und Kuschelecken, Diaprojektoren und Leuchttischen ausgestattet. Sie enthielten Bühnen und einen großen Fundus an Verkleidungsutensilien. Wichtig war, dass sich die Kinder in dieser Umgebung zum genauen Beobachten, zum Spielen und Experimentieren eingeladen fühlten. Die Einrichtungsgegenstände seien „Gesprächspartner des Kindes", vom Raum als dem „dritten Erzieher" (neben den beiden Erzieherinnen je Gruppe) sprachen die Reggio-Pädagog(inn)en. Berühmt geworden sind die zahlreichen Spiegel in allen Formen, Größen und Anordnungen, die sich in den Kita-Räumen befanden. Diese Spiegel sollten, indem sie die mehrperspektivische Selbstwahrnehmung ermöglichten, die Ausbildung der kindlichen Identität unterstützen. Mit der Begründung, dieses Raumangebot müsse, um die genannten Zwecke zu erfüllen, die Kinder altersgruppenspezifisch zielgenau ansprechen, wurde von den Reggio-Pädagog(inn)en das Prinzip der Altersmischung abgelehnt. Die Kindergruppen waren (und sind) altershomogen zusammengesetzt.

Die Rolle der Erzieherin in diesem Gesamtentwurf war die einer stillen Helferin, die das Kind und dessen aktuelle Bedürfnisse stets aufs Neue kennen und verstehen lernen wollte, um es bei seiner Suche nach Erfahrungs- und Handlungsmöglichkeiten unterstützen zu können. Erziehertätigkeit hieß nicht Belehren und Beibringen, sondern Beobachten und Begleiten. Die Erzieherinnen sollten sich deshalb geradezu als Forscherinnen verstehen, die mit Hilfsmitteln wie Protokollheften, Kameras und Kassettenrekordern die Aktivitäten der Kinder dokumentieren und im Team auswerten, um auf diese Basis ihr pädagogisches Handeln zu grün-

den. Zu den Teams – Teamarbeit wurde groß geschrieben, Teambespre-
chungen, Teamevaluationen, Teamweiterbildungen waren selbstverständlich – gehörten, auch das ist eine Spezialität der Reggio-Pädagogik
und der besonders starken Gewichtung des Ästhetischen als einem Medium der Erkenntnis und der Kommunikation geschuldet, Kunsterzieher
sowie ein Puppenspieler, die regelmäßig mit den Kindern in den werk-
stattartigen „Ateliers" künstlerisch arbeiteten.

Bei aller grundsätzlichen methodischen Offenheit und fehlenden äußeren Organisation gab es in der Reggio-Pädagogik doch auch die stets
wiederkehrenden Elemente, die gemeinsamen Theaterinszenierungen
oder den Kurs „Kind und Computer" zum Beispiel. Dazu gehörten aber
auch die zahlreichen Ausflüge in den Nahbereich des Kindergartens,
die, wenn immer möglich, explorativ angelegt waren: War beispielsweise eines der Kinder umgezogen, entstand daraus ein Projekt zur Stadt-
erkundung. Großes Gewicht wurde auf die genaue Naturbeobachtung
gelegt, denn gerade die Naturphänomene wurden zum Anlass genommen, Fragen zu stellen und nach Antworten zu suchen. So ist zum Beispiel das Schatten-Projekt, in dem die Kinder, ausgehend von der selbständig durchgeführten Beobachtung des Schattens, etwas über den
Lauf der Sonne lernten, ein vielfach dokumentiertes Projekt.

Ein letztes hier zu nennendes Charakteristikum der Reggio-Pädagogik
kann in dem Versuch gesehen werden, den Kindergarten nicht nur methodisch, sondern auch nach außen hin zu öffnen, die Eltern und Angehörigen der Kinder und die Bewohner und Einrichtungen des Stadtvier-
tels in die Arbeit einzubeziehen. Schon in ihrer baulichen Erscheinung
mit dem großen, der italienischen Piazza nachempfundenen Empfangs-
bereich, wo man sich den ganzen Tag über treffen und austauschen konnte, oder die großen Fensterflächen, kurz: in der weiträumigen, transpa-
renten und luftigen Architektur verkörperten die Kindertagesstätten dieses Prinzip. Im Sinne der Öffnung lag die Leitung der Kindertagesstätte
nicht allein in den Händen der dort Beschäftigten. Die Eltern der Kinder
und Vertreter der Kommunalpolitik waren ebenfalls in die Leitungsgre-
mien eingebunden.

In der Bundesrepublik ist die Reggio-Pädagogik erstmals über eine
1984 in Berlin und anderen Städten gezeigte Wanderausstellung einem
breiteren Publikum bekannt geworden. In der Folge haben zahlreiche
Besuchergruppen die Reggiopädagogik „vor Ort" studiert und sich nach
ihrer Rückkehr einzelne ihrer Elemente zu eigen gemacht (vgl. zum Bei-

spiel Hermann u.a. 1984 [mit Bildern!]). So hat man sich zum Beispiel mit Bezug auf die Reggio-Pädagogik vorgenommen, die Teamarbeit zu stärken, oder es wurden Kunsterzieher angestellt, „Ateliers" eingerichtet, Spiegelflächen und Kaleidoskope angebracht und Ähnliches mehr. Auch die Industrie, die die Kindergärten ausstattet, bietet längst „Reggio-Materialien" an. Zwar hoben die Verfechter einer unverfälschten Reggio-Pädagogik immer wieder hervor, diese könne ihre Stärken nur entfalten, wenn man sie als Ganzes nehme, sie von ihren anthropologischen und politischen Implikationen her rezipiere und umsetze (zum Beispiel Krieg 1997, 218). Die tatsächliche Stärke der Reggio-Pädagogik dürfte aber doch wohl – darin dem anderen großen Italien-Export, der Montessori-Pädagogik, nicht unähnlich – in ihrer eklektizistischen Aneignungsmöglichkeit gelegen haben. Malaguzzi selbst hat eine solche Sichtweise durchaus unterstützt und die Reggio-Pädagogik immer wieder als ein nie abgeschlossenes, stets in Veränderung begriffenes Projekt bezeichnet. Wenn man so will, dann kann man in der Reggio-Pädagogik so etwas wie ein in höchstem Maße offenes Curriculum sehen, gewissermaßen die Blaupause einer unbedingten (gelegentlich ein wenig zu enthusiasmierten) „Pädagogik vom Kinde aus", die erst unter den jeweils real gegebenen Bedingungen einer bestimmten Kindertagesstätte zur konkreten Pädagogik wird. 1995 wurde in Potsdam eine „Vereinigung zur Förderung der Reggio-Pädagogik in Deutschland e.V." gegründet.

QUALIFIZIERUNG UND PROFESSIONALISIERUNG

Bereits im Herbst 1945 nahmen einzelne, insbesondere konfessionelle Kindergärtnerinnen- und Jugendleiterinnenseminare ihren Lehrbetrieb wieder auf. Nach seiner Gründung, 1948, widmete sich auch der PFV durch die Organisation von Fortbildungstagungen der Qualifizierungsarbeit. Bezüglich der Lehrinhalte knüpfte man in den Seminaren an den vor 1933 erreichten Stand an. Soweit neue rechtliche Regelungen vonnöten waren, wurden diese in Abstimmung mit den alliierten Kontrollorganen von den einzelnen deutschen Ländern erlassen.

An diesen Verhältnissen änderte sich auch in den 50er Jahren nichts Wesentliches. Die Zuständigkeit für den Ausbildungsbetrieb verblieb bei den Bundesländern, und diese bezogen sich hinsichtlich Form und Inhalt der Ausbildung auf die Zeit vor 1933. So übernahm beispielsweise das 1952 gegründete Bundesland Baden-Württemberg (bis 1967) die alten Ausbildungs- und Prüfungsbestimmungen von Baden (1928) und Württemberg (1931). Bestenfalls wurden diese wieder in Kraft gesetzten rechtlichen Bestimmungen geringfügig überarbeitet.

Die Zulassung zur Kindergärtnerinnenausbildung an den Ende der 50er Jahre etwas über hundert Seminaren konnte auf der Grundlage eines mittleren Bildungsabschlusses, des vollendeten 17. Lebensjahres und einer einjährigen hauswirtschaftlichen Vorbildung erlangt werden. Die Ausbildung dauerte nach wie vor einschließlich eines Anerkennungsjahres drei Jahre und orientierte sich methodisch-didaktisch ganz an der Fröbel-Pädagogik. In der Psychologie wurden die klassischen, aus den 20er Jahren stammenden Reifungstheorien gelehrt. Die so genannten technisch-musischen Fächer – Werken und Basteln, Handarbeit, Zeichnen, Musik, Gymnastik, Gartenbau – beanspruchten einen hohen Anteil an der Ausbildung. Dazu kamen noch Fächer wie Jugendliteratur, Kinderspiel, Religion, Deutsch, Sozialkunde, Gesundheitslehre, Jugendwohlfahrt und Recht. „Die mütterliche Liebe zu den Kindern" sei „der Quellpunkt ihrer Entscheidung für den Beruf" (Kietz 1966, 154), hatte eine 1962 durchgeführte empirische Untersuchung zur Berufsmotivation der Kindergärtnerin ergeben, und das Interesse an den theoretischen Ausbildungsanteilen sei eher gering. Nach der staatlich anerkannten Abschlussprüfung nahmen die frisch examinierten Berufskräfte fast durchweg eine Tätigkeit im Kindergarten auf. Nur in seltenen Ausnahmefällen kam auch ein Einsatz in der Familie, im Tagesheim, im Hort, im Kinderheim, im Kinderkrankenhaus und in Kindererholungsheimen in Frage. Des Weiteren konnten sich, wie schon seit 1911, erfahrene Kindergärtnerinnen an Jugendleiterinnen-Seminaren in einer zweijährigen Ausbildung zur Jugendleiterin weiterbilden, u.a. um im Praxis-Unterricht an Kindergärtnerinnen-Seminaren eingesetzt zu werden (der Theorie-Unterricht wurde von Akademikerinnen erteilt). 1956 wurden die Jugendleiterinnen-Seminare zu höheren Fachschulen aufgewertet (vgl. Zorell 1964).

Erst in den 1960er Jahren kam Bewegung in die Kindergärtnerinnen-Ausbildung. Hamburg legte 1962 die bisher getrennten Ausbildungsgänge für die Bereiche Kindergarten und Hort sowie Jugend- und Heimerziehung zusammen. Dahinter stand das Bemühen, die bisherige fast ausschließliche Konzentration der Kindergärtnerinnen-Ausbildung auf den vorschulischen Bereich aufzubrechen, die künftigen Berufskräfte nicht mehr nur für den Kindergarten, sondern breiter, für den gesamten Bereich der Kinder- und Jugendhilfe zu qualifizieren, gleichermaßen für die Arbeit mit Säuglingen in Krippen, mit Kindern im Kindergarten und mit Jugendlichen in Heimen und in der Jugendarbeit (so genannte „Breitbandausbildung"). So sollte am Ende ein sozialpädagogisches Berufsbild entstehen, das den gesamten vor- und außerschulischen Bereich abdecken konnte und damit auch – das war der Nebengedanke – für männliche Berufsaspiranten attraktiver sein würde. Folgerichtig wurden die Hamburger Ausbildungsstätten in „Fachschulen für Sozialpädagogik" umbenannt.

Im März 1967 (Neufassung 1969) übernahmen die Kultusminister der Bundesländer in ihrer „Rahmenvereinbarung über die sozialpädagogischen Ausbildungsstätten" in wesentlichen Stücken das Hamburger Modell einschließlich des neuen Namens für die Ausbildungsstätten: Die Kindergärtnerinnenseminare und die Heimerzieherschulen sollten künftig bundeseinheitlich Fachschulen für Sozialpädagogik heißen, was sich freilich nicht in allen Bundesländern durchsetzen ließ. Als Berufsbezeichnung wurde der/die „staatlich anerkannte Erzieher/in" festgelegt. Für die Aufnahme in die Fachschule galten die bisher schon bestehenden Anforderungen weiter, es wurden also nach wie vor die Vollendung des 17. Lebensjahres, ein mittlerer Bildungsabschluss sowie eine einjährige praktische, inzwischen allerdings nicht mehr hauswirtschaftliche, sondern erzieherische Tätigkeit im Rahmen eines Vorpraktikums verlangt. Die Struktur der Ausbildung, die sich wie bisher in eine zweijährige schulische und eine daran anschließende einjährige berufspraktische Phase gliederte, blieb erhalten. Dieser Rahmenvereinbarung folgend, erließen die Bundesländer zwischen 1967 und 1972 nach und nach neue Ausbildungs- und Prüfungsordnungen. Um deren bundesweite Einheitlichkeit, aber auch den verschiedentlich gefährdeten Fachschulstatus der Ausbildung zu sichern, trat im September 1982 erneut die Kultusministerkonferenz mit dem Erlass einer „Neue(n) Rahmenvereinbarung über die Ausbildung und Prüfung von Erziehern/Erzieherinnen" in Aktion. Entgegen den mit ihr verbundenen Absichten hat jedoch auch die KMK-Vereinbarung von 1982 keine abschließende bundesweite Vereinheitlichung aller Ausbildungsfragen bewirkt, so dass die Erzieherinnen-Ausbildung wegen des Bildungsföderalismus und des Trägerpluralismus weiterhin (und bis heute) im Blick auf Trägerschaft, Dauer und erforderlicher Vorbildung von Uneinheitlichkeit geprägt war (und ist).

Noch etwas änderte sich 1967. Stand bislang die Jugendleiterinnen-Aus-bildung nur ausgebildeten und mehrjährig erfahrenen Kindergärtnerin-nen auf dem Wege der Weiterbildung an den entsprechenden Seminaren offen, so wurde jetzt, ganz auf der Linie der eben angestoßenen Entwick-lung, die höhere Fachschule für Jugendleiterinnen in eine höhere Fach-schule für Sozialpädagogik umgewandelt. Zugleich wurde diese höhere Fachschule zur grundständigen Ausbildungsstätte für den Beruf des So-zialpädagogen/der Sozialpädagogin gemacht, ein Beruf, der nunmehr auch ohne vorherige Erzieherinnenausbildung ergriffen werden konnte – allerdings bei einer auf vier Jahre verlängerten Ausbildungszeit. Zu-lassungsvoraussetzungen waren der mittlere Schulabschluss, eine abge-schlossene Berufsausbildung oder alternativ ein zweijähriges Praktikum beziehungsweise eine mehrjährige berufliche Tätigkeit, nicht mehr aber zwingend die Ausbildung zur Kindergärtnerin. Der bisher bestehende enge Zusammenhang zwischen der Fachschule (Kindergärtnerin) und der höheren Fachschule (Jugendleiterin) war damit deutlich gelockert. Diese Entwicklung setzte sich Anfang der 70er Jahre fort, als die eben noch in eine höhere Fachschule für Sozialpädagogik umgewandelte Ausbildungseinrichtung 1971 zur Fachhochschule für Sozialwesen auf-gewertet wurde. Ein Ergebnis dieses Vorgangs war, dass die bis dahin bestehende Möglichkeit der direkten Höherqualifizierung von Kinder-gärtnerinnen zu Sozialpädagoginnen – und damit, beispielsweise, zu Lehrerinnen an den Fachschulen für Sozialpädagogik – nicht mehr mög-lich war, denn Aufnahmebedingung war nun die Fachhochschulreife, über die die Erzieherinnen in der Regel nicht verfügten. Der Beruf der Erzieherin war damit einer interessanten Aufstiegsmöglichkeit beraubt worden; „Erzieherin" wurde letztlich zu einem Sackgassenberuf. Eine Anhebung der Erzieherinnen-Ausbildung auf das Niveau der Lehrerbil-dung, also de facto auf die universitäre Ebene, wie sie u.a. der Deutsche Bildungsrat (1970, 118) zumindest als Langfristperspektive gefordert hatte und was die Attraktivität des Berufes hätte steigern können, ist nicht zu Stande gekommen. Auf universitärer Ebene ist vielmehr im Rahmen der Einrichtung des Diplomstudiengangs Erziehungswissen-schaft 1969 ein weiterer, für den vorschulpädagogischen Bereich ein-schlägiger, sozialpädagogischer Ausbildungsgang geschaffen worden. Im Rahmen dieses Studienganges kann nämlich seither an einigen Uni-versitäten in Deutschland der Schwerpunkt „Erziehung in früher Kind-heit" gewählt werden. Dessen Zugangsvoraussetzungen sind mit der allgemeinen Hochschulreife allerdings so hoch angesetzt, dass ein Universitätsstudium als Entwicklungsperspektive für Erzieherinnen im Normalfall keine Rolle spielt. Vielmehr rekrutiert sich heute ein Großteil der Dozentenschaft an den Fachschulen für Sozialpädagogik aus dem Kreis der Absolvent(inn)en dieses Studienganges.

Als Fazit dieser stürmischen Entwicklung, die sich in den wenigen Jahren zwischen 1967 und 1971 vollzogen hat, lässt sich festhalten, dass in dieser kurzen Zeitspanne im Bereich der Vorschulpädagogik drei, nimmt man die weiter bestehende Ausbildung zur Kinderpflegerin, eine vom Niveau her unterhalb der Kindergärtnerin angesiedelte zweijährigen Ausbildung nach dem Hauptschulabschluss, hinzu, sogar vier in Anforderungen und Profil sehr unterschiedliche Ausbildungsgänge entstanden sind. Für die praktische Arbeit in den Kindergärten kam allerdings – wie die weiter unten mitgeteilten Zahlen bestätigen werden – trotz dieser Vielfalt nach wie vor nur der klassischen Kindergärtnerinnen- (jetzt Erzieherinnen-)Ausbildung sowie der zur Kinderpflegerin Bedeutung zu (was sich bis heute nicht geändert hat).

Die späten 60er und die 70er Jahre standen über diese organisatorischen Aspekte der beruflichen Qualifizierung hinaus auch im Zeichen einer erstmals seit Jahrzehnten wieder intensiv geführten Diskussion um die Inhalte der Ausbildung. Nachdem die Orientierung an der Fröbel-Pädagogik obsolet geworden war (vgl. dazu Schwerdt 1973), begab man sich auf die Suche nach Alternativen, die auf eine Praxis der vorschulpädagogischen Arbeit neuen Zuschnitts vorbereiten sollten, wie sie sich zum Beispiel im Situationsansatz verkörperte, der den Erzieherinnen ein völlig neues Rollenverständnis abverlangte. Überhaupt sollten die Erzieherinnen in den vorschulpädagogischen Reformprozessen selbst eine aktive Rolle spielen. Und dazu bedurfte es einer nicht nur organisatorisch, sondern auch inhaltlich neu ausgerichteten Ausbildung. So sollten die Erzieherinnen therapeutisch qualifiziert werden, sich in Entwicklungs- und Lernpsychologie, in Familiensoziologie, Sozialisationstheorie, Gruppendynamik, Sozialschichtungstheorie, in Beratungsmodellen usw. auskennen. Professionalität sollte sich im routinierten Umgang mit Arbeitsblättern und im Abarbeiten didaktischer Einheiten, vor allem aber in der selbständigen didaktisch-methodischen Planung, in der kreativen Themenfindung und in der Evaluation der frühkindlichen Bildungsprozesse erweisen. Tatsächlich sind zwischen 1969 und 1974 in den meisten Bundesländern Rahmenrichtlinien erlassen worden, die den Unterricht an den Fachschulen in der angedeuteten Richtung inhaltlich verändern wollten. Zugleich führten jedoch empirische Forschungsprojekte, die die Wirklichkeit in den Ausbildungseinrichtungen genauer unter die Lupe nahmen, zu der ernüchternden Einsicht, dass sich die meisten Schülerinnen durch diese hochgesteckten Erwartungen verunsichert und überfordert fühlten und in ihrer erzieherischen Praxis durch ausgefeilte vorschulpädagogische Programme ohnehin weniger zu beeinflussen waren, als dies in der Reformeuphorie angenommen worden war. So kehrte man am Ende zu einem Kanon von Fächern und Inhalten zurück, der gar nicht so weit vom klassischen Fächerspektrum entfernt war.

Entsprechend wurden die Inhalte der schulischen Ausbildungsphase in der schon erwähnten KMK-Vereinbarung von 1982 festgelegt. Danach unterteilte sich der schulische Unterricht in einen „allgemeinen" Lernbereich, zu dem die KMK keine näheren Angaben machte und der deshalb von den einzelnen Bundesländern mit Inhalten wie Religion, Philosophie, Politik usw. gefüllt wurde, und einen „berufsbezogenen" Lernbereich. Dieser letztere Bereich enthielt die didaktisch-methodischen Fächer, also zum Beispiel Methodik der sozialpädagogischen Praxis, Kunsterziehung, Werkerziehung, Musikerziehung, Spielerziehung, Bewegungserziehung, Sporterziehung, sowie eine Fächergruppe allgemeinen Inhalts wie Pädagogik, Psychologie, Jugendliteratur, Recht, Sozialhygiene. Trotz dieser Aufwertung, die die Ausbildung nach der inhaltlichen Seite hin erfahren hat, gilt der Erzieherinnenberuf bis heute häufig als Halbprofession, der es nicht gelungen ist, einen eigenen unangefochtenen Expertenstatus zu gewinnen.

Der vorschulpädagogische Aufbruch der späten 60er und der 70er Jahre führte auch zu einer erheblichen Expansion des Arbeitsmarkts für Erzieherinnen und in der Folge zu deutlichen Kapazitätserweiterungen im Bereich der sozialen Ausbildung. So hat sich die Zahl der Ausbildungsstätten zwischen 1966 und 1977 von 126 auf 306 und damit um 243% erhöht. Weiter gestiegen ist in jenen Jahren das Gewicht der öffentlichen gegenüber den privaten (das heißt meist konfessionellen) Trägern von Ausbildungseinrichtungen. Fast 73% der Neugründungen im eben genannten Zeitraum entfielen nämlich auf Schulen in öffentlicher Trägerschaft, deren Anteil an allen Fachschulen sich von 35% im Jahr 1967 auf knapp 55% gut zehn Jahre später (1978) erhöhte – und bis Mitte der 90er Jahre auf 61% weiter anwachsen sollte. Damit hatte sich – sieht man von den erzwungenen Verhältnissen zwischen 1940 und 1945 ab – erstmals in der

Geschichte des Kindergartens im Ausbildungsbereich ein Übergewicht der öffentlichen gegenüber den privaten Trägern herausgebildet.

Noch eindrucksvoller als das Wachstum der Ausbildungseinrichtungen fiel die Zunahme der Zahl der Schüler(innen) aus, die zwischen 1966 und 1975 von ca. 9.000 auf über 46.500 anwuchs und sich damit verfünffacht hat. Ab 1976 war diese Zahl dann wieder leicht rückläufig, blieb aber mit durchschnittlich knapp unter 40.000 auch in den 80er Jahren auf hohem Niveau. Der sich bis Ende der 80er Jahre fortsetzende leichte Rückgang hatte auch mit den sich in diesem Zeitraum verschlechternden Berufschancen von Erzieherinnen zu tun.

Was den Professionalisierungsgrad in den Einrichtungen anbetrifft, so zeigen Statistiken aus der Mitte der 80er Jahre, dass weniger als 60% aller in den Kindergärten eingesetzten Kräfte Fachkräfte waren, das heißt den Fachschulabschluss besaßen (vgl. 8. Jugendbericht 1990, 100). Alle übrigen waren entweder (in der Regel als Zweitkraft eingesetzte) Kinderpflegerinnen (17%), Praktikantinnen (8%) oder berufsfremd tätige Kräfte. Nur verschwindend wenige hatten eine höherwertige Ausbildung, das heißt Fachhochschule oder gar Universität, absolviert. Fast 97,5% der in den Kindertagesstätten eingesetzten Kräfte waren Frauen. Das mit der Reform der Kindergärtnerinnenausbildung in den späten 1960er Jahren verfolgte Ziel, den Beruf auch für männliche Interessenten attraktiv werden zu lassen, war also erkennbar nicht erreicht worden. Selbst in den 70er Jahren konnte der Anteil männlicher Schüler nur geringfügig und vorübergehend von rund 3% auf 5,5% gesteigert werden.

Zur quantitativen Entwicklung

Oben ist von einem lange nur sehr zögerlichen Ausbau des Kindergartenwesens in der Bundesrepublik die Rede gewesen. Tatsächlich stand noch Mitte der 60er Jahre nur für ein knappes Drittel aller Kinder zwischen drei und sechs Jahren ein Kindergartenplatz zur Verfügung. Aufgrund der starken Zunahme der Geburtenzahlen in den 50er und 60er Jahren war damit die relative Versorgung mit Kindergartenplätzen (wenn auch nur geringfügig) geringer als 1950! Das Bemühen einer konservativen Familienpolitik, die wachsende Neigung zur Berufstätigkeit bei den verheirateten Frauen und Müttern durch die Einrichtung von Kindergärten nicht noch unterstützen zu wollen, hatte sich als wirksame Bremse des quantitativen Ausbaus erwiesen.

Erst der durch die Bildungsreformdiskussionen angestoßene Einstellungswandel bezüglich des Kindergartens, der diesen zunehmend weniger als sozialfürsorgerische denn als Bildungseinrichtung zu sehen begann und nunmehr auch die Politik für die Wahrnehmung vorschulischer Angebote werben ließ, führte ab den beginnenden 70er Jahren zu einer fühlbaren Verstärkung der Bemühungen um einen quantitativen Ausbau des Kindergartenwesens (vgl. zum Folgenden zum Beispiel Herzberg-Lülf 1981; Colberg-Schrader & von Derschau 1991). Nach den Vorstellungen der Bildungsplaner sollte die Anzahl der Kindergartenplätze bis 1980 massiv erhöht werden. Dann sollten für drei Viertel aller drei- und vierjährigen Kinder und für alle Fünfjährigen Kindergartenplätze zur Verfügung stehen. Tatsächlich wuchs zwischen 1965 und 1975 die Zahl der Einrichtungen von 14.113 auf 23.130, ein Anstieg um fast 65%, und die Zahl der Kindergartenplätze nahm von 953.000 auf knapp 1,5 Millionen zu. Dies bedeutete, dass 1975 für zwei Drittel aller Drei- bis Sechsjährigen ein Kindergartenplatz verfügbar war. Bis 1980 stieg der Versorgungsgrad im Bundesdurchschnitt weiter auf dann gut 71% und bis 1986 auf 79%. Obwohl die Zahl der Einrichtungen 1982 auf rund 22.000 Kindertagesstätten und rund 33.000 Einrichtungen, darunter circa 28.000 reine Kindergärten, im Jahr 1990 anstieg, verhinderte die Finanznot der Kommunen und eine dadurch bewirkte zurückhaltende Einstellungspolitik eine noch bessere Angebotslage. Für einige Jahre stagnierte der Arbeitsmarkt für Erzieherinnen, die Arbeitslosigkeit unter den ausgebildeten Fachkräften nahm zu, eine Entwicklung, die erst Ende der 80er Jahre zum Stillstand kam. Die gleichwohl auch in den 80er Jahren bessere Versorgung mit Kindergartenplätzen ist deshalb nur bedingt auf den weiteren Ausbau des Kindergartenwesens zurückzuführen, vielmehr hat auch der sich seit den 70er Jahren auswirkende Geburtenrückgang seinen Teil zu der günstigeren Lage beigetragen. Der Anteil der unter sechs Jahre alten Kinder an der Bevölkerung nahm von 9,2% im Jahre 1970 um ein Drittel auf 6,5% im Jahre 1990 ab.

Was bis ans Ende des hier betrachteten Zeitraums besonders niedrig blieb, war das Angebot an Ganztageskindergärten. Ende der 80er Jahre lag dieses Angebot bei nicht mehr als 14% aller verfügbaren Plätze. Etwa 21% aller Kindergartenplätze waren dagegen reine Halbtagsplätze. Noch unzureichender, um das an dieser Stelle – auch wenn es nicht zum Thema des Buches im engeren Sinne gehört – wenigstens anzudeuten, war das Angebot für die unter dreijährigen Kinder. Ende der 1980er Jahre standen für weniger als 10% aller Kinder berufstätiger Mütter Krippenplätze zur Verfügung. Zwar versuchte man Mitte der 70er Jahre mit dem Projekt „Tagesmütter" dieses Betreuungsdefizit ein wenig abzubauen. Der Ansatz blieb aber wegen der insbesondere von Entwicklungspsychologen behaupteten zu frühen „Mutterentbehrung" – ein ideologisches Argument, das auch immer wieder gegen die Krippe vorgebracht wurde – umstritten und konnte sich nicht sehr verbreiten (vgl. Liegle 1974).

Trotz der sich bis 1990 insgesamt stetig verbessernden Versorgung mit Kindergartenplätzen lassen sich für den Zeitraum zwischen 1970 und 1990 bemerkenswerte Unterschiede im Besuch einer vorschulischen Einrichtung feststellen. Zwar war dies nicht im Blick auf die Geschlechter der Fall – Mädchen und Jungen waren gleich stark in den Einrichtungen vertreten –, wohl aber zum Beispiel hinsichtlich des Alters der Kinder. Mitte der 70er Jahre besuchten knapp ein Drittel der Drei- und Vierjährigen, zwei Drittel der Fünf- und Sechsjährigen, aber drei Viertel der über Sechsjährigen einen Kindergarten; 1986 waren es bei den Dreijährigen 40%, bei den Vierjährigen 72% und bei den Fünf- und Sechsjährigen 83%. Von der Verbesserung der Versorgungslage profitierten also vor allem die älteren Kinder. Profitiert haben auch in den 80er Jahren in besonderer Weise die Kinder aus den finanziell besser gestellten Familien. Die Besuchsquote stieg nämlich nach wie vor mit zunehmendem Familieneinkommen an. 1986 besuchten 91% der fünf- und sechsjährigen Kinder von Eltern aus der höchsten Einkommensgruppe einen Kindergarten, während es bei den Fünf- und Sechsjährigen der niedrigsten Einkommensgruppe nur 72% waren. Es war also immer noch nicht in dem ursprünglich beabsichtigten Maß gelungen, gerade die sozial benachteiligten Kinder in besonderer Weise zu fördern.

Zudem ist auffällig, dass der Versorgungsgrad in den einzelnen Bundesländern und dort wieder in den verschiedenen Regionen sehr unterschiedlich war. So wies schon in den 70er Jahren Baden-Württemberg mit über 90% die beste Versorgungsquote auf, während Schleswig-Holstein mit Abstand die relativ wenigsten Kindergartenplätze zur Verfügung stellte. Innerhalb der Bundesländer ließ sich des Weiteren ein starkes Stadt-Land-Gefälle feststellen. Die Chancen eines Kindes auf einen Kindergartenplatz, das auf dem dünner besiedelten Land aufwuchs, waren deutlich schlechter als im Falle des Stadtkindes. Auch hier, in der gleichmäßigen Versorgung aller Kinder mit Plätzen in Vorschuleinrichtungen, war ein Anliegen der Bildungsreform nicht realisiert worden. Schließlich ist auch hinsichtlich der ausländischen Kinder in den 80er Jahren von einem (übrigens bis heute nicht behobenen) Ungleichgewicht auszugehen. Zwar stieg mit zunehmender Aufenthaltsdauer der Eltern in Deutschland die Kindergartenbesuchsquote ihrer Kinder, außerdem gab es nationalitätenspezifische Unterschiede. Ein Gleichstand mit den deutschen Kindern aber konnte nirgends erreicht werden. Da es sich bei den Kindern ausländischer Eltern häufig um Kinder aus sozial schwächerem Milieu handelte, fielen hier zwei benachteiligende Faktoren zusammen.

Wenn auch in den 80er Jahren die Einstellungschancen für Erzieherinnen vorübergehend schlechter wurden, stieg die Zahl der in den Kindergärten beziehungsweise Kindertagesstätten eingesetzten Kräfte seit 1970 im Zuge eines allgemein expandierenden Arbeitsmarkts für Sozial- und Bildungsberufe bis 1990 kräftig an. Waren es 1974 rund 100.000 Kräfte, die in den vorschulischen Einrichtungen tätig waren, so zählen wir 1982 bereits 118.578 Personen und 1986 deren 137.500. Für 1990 lässt sich eine Zahl von rund 160.000 Berufskräften angeben. Darunter waren rund 92.000 Erzieherinnen, circa 26.500 Kinderpflegerinnen, 2.900 Sozialarbeiterinnen (FH) und 620 Diplompädagoginnen (Uni). Alle übrigen Kräfte waren solche ohne (einschlägige) Ausbildung, Praktikantinnen oder ähnliche. Die größte Berufsgruppe unter den in den Kindertageseinrichtungen beschäftigten Kräften stellten also, wie gezeigt, die Erzieherinnen. Obgleich mit der Ausbildungsreform 1967 der Anspruch verbunden gewesen war, den Einsatzbereich der Erzieherin auf die gesamte Jugendhilfe auszudehnen, arbeiteten 1990 mehr als 80% aller Erzieherinnen in Kindertagesstätten. Eine Tätigkeit auf anderen Feldern der Jugendhilfe, etwa in der Heimerziehung oder in der Jugendarbeit, blieb für Erzieherinnen die Ausnahme. In der Realität war die Erzieherin also nach wie vor das, was sie immer schon gewesen war: Kindergärtnerin. Die mit der Reform von 1967 verbundenen Erwartungen hatten sich auch in diesem Punkt nicht erfüllt.

Zusammenfassung

Muss der Kindergarten anderthalb Jahrhunderte lang gegen das Vorurteil ankämpfen, bestenfalls minderwertiger Ersatz, sozialfürsorgerische

Notfallmaßnahme bei defizitären Familienverhältnissen zu sein, so wächst er ab Ende der 1960er Jahre innerhalb nur eines Jahrzehnts in die Rolle eines der Familie gleichwertigen, ja dieser in mancher Hinsicht sogar überlegenen Sozialisationsfeldes und eines für das gedeihliche Aufwachsen aller Kinder notwendigen Bildungsfaktors hinein. Wird der Kindergarten zuvor nur von einer Minderheit der in Frage kommenden Kinder besucht, so entwickelt er sich nun immer mehr zum allseits nachgefragten Normalangebot.

Zunächst knüpft man nach dem Zweiten Weltkrieg im Blick auf die äußere Verfassung des Kindergartenwesens an die Jahre vor 1933 an, die alte Trägerstruktur wird restauriert und in pädagogischer Hinsicht Fröbel wieder ins Recht gesetzt. Auch was die Besuchsquote betrifft, bieten die 50er Jahre keinen Fortschritt gegenüber der Weimarer Zeit, obgleich gerade die prekären Nachkriegsjahre und später dann die stark wachsende Zahl kleiner Kinder und die zunehmende Zahl erwerbstätiger Mütter einen erheblichen Bedarf hätten erwarten lassen. Eine konservative Familienpolitik ist an einem Ausbau des Kindergartenwesens aber nicht interessiert. Überhaupt spielen Kinder in der öffentlichen Wahrnehmung der 50er Jahre eine wenig beachtete Rolle.

Dies alles ändert sich im Verlauf der 60er Jahre. Im Hintergrund steht eine umfassende Neuvermessung des gesamten Bildungswesens, bei der einer reformierten Früherziehung eine Schlüsselstellung nicht nur für die weitere Lernbiographie des einzelnen Kindes, sondern für die erfolgreiche Zukunft der ganzen Gesellschaft im ökonomischen und technologischen Wettlauf mit den anderen Nationen zugemessen wird. Aber auch das alte sozialpädagogische Argument fehlt nicht, wenn es um den Kindergarten geht. Die Bildungsbenachteiligung von Kindern aus der sozialen Unterschicht wird zum großen Thema und der Kindergarten – nunmehr programmatisch Vorschule genannt – in den Dienst der kompensatorischen Erziehung und der Herstellung von Chancengleichheit gestellt. Auch wenn der Kindergartenbesuch mehr und mehr zu einem selbstverständlichen Bestandteil der kindlichen Normalbiographie, der Kindergarten selbst zu einer Bildungseinrichtung wird, so bleibt die öffentliche Kleinkinderziehung dennoch Teil der Kinder- und Jugendhilfe und ihre Inanspruchnahme freiwillig und kostenpflichtig.

Folge und zugleich Voraussetzung jenes sich in einem starken quantitativen Ausbau des Kindergartenwesens niederschlagenden gewandelten Verhältnisses zur öffentlichen Kleinkinderziehung, ist eine grundlegende inhaltliche Neuorientierung der Kindergartenarbeit. So ziemlich alles wird jetzt in Frage gestellt, was bis dahin das Wesen des Kindergartens und der Kleinkindpädagogik ausgemacht hat: Kindliche Entwicklung wird nicht länger als endogener Reifungsprozess, sondern als vom Kind aktiv zu bewältigende Aufgabe begriffen, die mit Hilfe externer Lernanreize erzieherisch stimuliert werden kann. Vom Spiel und den gemüthaften Momenten der kindlichen Persönlichkeit wird der Blick auf die kognitive Dimension des Entwicklungsgeschehens und auf das frühe Lernen gelenkt; der Kindergarten soll nicht mehr Schutz- und Schonraum, sondern als umweltoffene Einrichtung zum gesellschaftsbezogenen Lern- und Erfahrungsfeld des kleinen Kindes werden. Neue didaktische Ansätze betreten die Bühne, darunter vor allem der so genannte Situationsansatz, der die gewandelten Erwartungen an die Früherziehung im Sinne einer Curricularisierung, im Blick auf die Stärkung des sozialen Lernens, der lebensweltlichen Öffnung des Kindergartens und der Orientierung am Handeln der Kinder am besten zu erfüllen vermag. Schließlich streift die frühkindliche Erziehung das Repressive, das ihr trotz aller Verpflichtung auf Fröbel immer noch angehaftet hat – gewissermaßen ihre Erbschaft aus der Zeit der Bewahranstalten –, unter dem Einfluss der Kinderladenbewegung und der antiautoritären Erziehungsbewegung vollkommen ab. In den 1980er Jahren findet die Reggio-Pädagogik starke Beachtung, die, nicht zuletzt in Ausgleich gewisser Einseitigkeiten des Situationsansatzes, die kreativ-ästhetischen Aspekte des kindlichen Lernens betont.

Einen großen Aufschwung erlebt auch der Beruf der Kindergärtnerin. Nicht allein auf der fachlich-inhaltlichen Ebene, wo die Lösung aus der alten Seminartradition, die nach dem Ende des Krieges zunächst wieder belebt worden ist, vollzogen wird, brechen sich die neuen Paradigmen Bahn. Die „Kindergartentante" hat ausgedient. Der Beruf wird in seiner Ausübung komplexer und fordernder, und deshalb muss die Ausbildung anspruchsvoller werden, auch wenn es nicht gelingt, die Erzieherin zu einer auf allen Feldern der Jugendhilfe gleichermaßen einsetzbaren Fachkraft werden zu lassen. Auch quantitativ erlebt der Beruf einen vorher nie gekannten Aufschwung. Nachdem die Reform der Erzieherinnenausbildung bereits zu Beginn der 70er Jahre abgeschlossen ist, entfaltet der Arbeitsmarkt erst in den Jahren danach seine Dynamik. In den 80er Jahren sind so viele Erzieherinnen in den Kindergärten tätig, wie nie zuvor.

9. Der Kindergarten im einheitlichen sozialistischen Bildungssystem der DDR (1945/49 bis 1990)

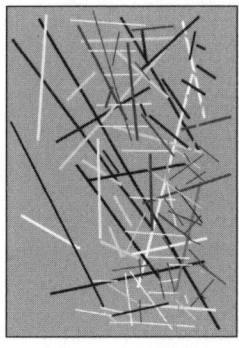 Einleitung – Die Anfänge der Kindergartenarbeit in der Sowjetischen Besatzungszone (1945ff.) – Kindergartenpolitik ist Frauenpolitik – Vorschulerziehung in der DDR (1949ff.) – Zur pädagogischen Entwicklung – Qualifizierung und Professionalisierung – Vorschulpädagogische Forschung – Die quantitative Entwicklung – Zusammenfassung

Einleitung

Einen Monat nach der Kapitulation Hitlerdeutschlands nahm am 9. Juni 1945 die Sowjetische Militäradministration in Deutschland (SMAD) ihre Verwaltungstätigkeit in der sowjetisch besetzten Zone (SBZ) auf (vgl. zum Folgenden Staritz 1997). Auch wenn schon Ende Juli 1945 eine deutsche Zivilverwaltung eingerichtet wurde – für das Bildungswesen zuständig war von da an die so genannte Deutsche Verwaltung für Volksbildung (DVVB) –, blieb die SMAD das eigentliche Machtzentrum in der SBZ. Auch nach der Gründung der Deutschen Demokratischen Republik (DDR), die vom 7. bis 12. Oktober 1949 mit dem Zusammentreten einer provisorischen Volkskammer und der Wahl eines Staatspräsidenten (Wilhelm Pieck) und eines Ministerpräsidenten (Otto Grothewohl) erfolgte, blieb die Sowjetunion bestimmend für die Entwicklung in diesem Teil Deutschlands.

Schon in den späten 1940er Jahren wurde das von der Alleinherrschaft der kommunistischen Partei, striktem Zentralismus, straffen Lenkungsmethoden und einer umfassenden Planungsfixierung geprägte politische und ökonomische System der Sowjetunion auch in der DDR eingeführt. Als „Sowjetisierung" der SBZ (Staritz) ist diese, sich auf alle öffentlichen Bereiche erstreckende Politik in der Forschungsliteratur später bezeichnet worden. Bis 1961 wurde die Landwirtschaft in mehreren Etappen zwangsweise kollektiviert, die Daten der ökonomischen Entwicklung in Fünfjahresplänen fixiert. Um die von Anfang an existenzbedrohende Westwanderung besonders der jungen und gut ausgebildeten Teile der Bevölkerung zu unterbinden, wurde schon 1952 die Grenze zur Bundesrepublik zu einem kaum überwindbaren Hindernis ausgebaut und 1961 durch den Bau der Berliner Mauer das letzte Schlupfloch nach Westen geschlossen. Trotz wirtschaftlicher Erfolge in den späten 50er und in den 60er Jahren konnte die DDR während der gesamten Dauer ihrer Existenz ihren erheblichen ökonomischen Rückstand und den des Lebensstandards ihrer Bevölkerung gegenüber der Bundesrepublik nicht aufholen. Aufgrund der geringeren Arbeitsproduktivität bestand in der DDR immer ein Arbeitskräftemangel, was den konsequenten Einbezug auch der Frauen in den Arbeitsprozess erforderlich machte.

Nachdem er 1971 den seit 1960 an der Staatsspitze stehenden Walter Ulbricht im Amt des Vorsitzenden des Staatsrats abgelöst hatte, versuchte Erich Honecker die Identifikation der Bürger der DDR mit ihrem Staat durch eine Ausweitung der sozialpolitischen Leistungen, die insbesondere Frauen und jungen Familien zugute kamen, zu stärken. Möglicherweise ist es diese Abkoppelung der Sozialpolitik von der realen wirtschaftlichen Leistungsfähigkeit des Landes gewesen, die die DDR in den 1980er Jahren in die ökonomische Krise und schließlich in die Selbstauflösung trieb. Nach dem Ende des Ostblocks und nachdem auch die Sowjetunion zu erkennen gegeben hatte, einer Vereinigung der beiden deutschen Nachkriegsstaaten nichts in den Weg legen zu wollen, wurde ab Spätherbst 1989 über die Stationen der Massendemonstrationen der Bevölkerung (Leipziger Montagsdemonstrationen), einer einzigartigen Fluchtwelle (Botschaftsbesetzung in Prag; offene Grenze in Ungarn), des Honecker-Rücktritts, des kurzen Zwischenspiels des Egon Krenz an der Staatsspitze, der Grenzöffnung am 9. November des Jahres, den ersten freien Volkskammerwahlen am 18. März 1990, der Bildung einer Allparteien-Regierung unter Lothar de Maizière und der Einführung der DM als Zahlungsmittel am 1. Juli 1990 der Beitritt der auf dem Territorium der DDR neugeschaffenen Bundesländer zur Bundesrepublik Deutschland nach Art. 23 des westdeutschen Grundgesetzes am 3. Oktober 1990 vollzogen.

DIE ANFÄNGE DER KINDERGARTENARBEIT IN DER
SOWJETISCHEN BESATZUNGSZONE (1945FF.)

Die materiellen Voraussetzungen, unter denen die Kindergartenarbeit in der SBZ in ihren Anfängen geleistet werden musste, waren dieselben, wie in den Besatzungszonen der westlichen Alliierten: Zerstörung der Städte, Flüchtlingselend, Kindernot. Als im Sommer 1945 die ersten Kindergärten ihren Betrieb behelfsmäßig wieder in Gang zu bringen versuchten, dürften die Motive der Frauen, die sich dafür zur Verfügung stellten, kaum andere gewesen sein als im Westen. Es ging darum, das Überleben der Kinder zu sichern, sie mit Nahrung zu versorgen, ein Mindestmaß an Hygiene zu gewährleisten und die Kinder darüber hinaus durch Spiel und Beschäftigung ein wenig vom anstrengenden Alltag abzulenken. Die Grundlagen des Kindergartens der späteren DDR sind im Wesentlichen bereits in der vorstaatlichen Phase gelegt worden und haben sich später nicht gravierend verändert. Als ein allgemeines Charakteristikum des Kindergartens der DDR kann deshalb seine große äußere und innere Kontinuität über die mehr als vier Jahrzehnte seiner Existenz hinweg gelten.

Für die Jahre vor der Gründung der DDR ist im Blick auf den Kindergarten von zwei keineswegs immer reibungslos zusammenwirkenden Kraftzentren auszugehen: Zum einen versuchte die Besatzungsmacht über die SMAD ihren Einfluss auch in der Vorschulpädagogik geltend zu machen und das sowjetische Modell der Kleinkinderziehung mit flächendeckenden Einrichtungen und einem möglichst hohen Erfassungsgrad sowie einer inhaltlich an der Sowjetpädagogik ausgerichteten Kindergartenarbeit in der SBZ durchzusetzen (vgl. Hoffmann 1994). Demgegenüber wollte die von der SED beherrschte DVVB, ganz in der deutschen Tradition, das Kindergartenwesen als primär fürsorgerische und damit Ausnahmeeinrichtung behandeln. Andererseits musste erst die SMAD intervenieren, bis die kirchlichen Kindergärten in ihrer (nach dem Potsdamer Abkommen garantierten) Weiterexistenz gesichert waren, was die DVVB ursprünglich zu gewährleisten nicht vorgehabt hatte. Neue kirchliche Kindergärten durften allerdings nach dem 1. Juli 1946 nicht mehr eingerichtet werden, und auch die von der NSV übernommenen kirchlichen Einrichtungen wurden nicht wieder an die konfessionellen Träger zurückgegeben. Erst nach und nach gelang es der SMAD, die DVVB, wo Überzeugungsversuche nicht halfen auch mittels Weisungen und Anordnungen, in allen eben genannten Punkten auf die eigene Linie zu bringen.

Das erste den Kindergarten betreffende Gesetz kam mit dem am 31. Mai 1946 in den fünf Ländern der SBZ in Kraft tretenden „Gesetz zur Demokratisierung der deutschen Schule" heraus, in dessen § 3 der Kindergarten zu einer obligatorischen Einrichtung und als solche zur Unterstufe des allgemeinen Bildungswesens erklärt wurde (dieses und alle weiteren einschlägigen Gesetze und bildungspolitischen Dokumente bis 1965 in: Zwei Jahrzehnte ... [1966]). Nur wenige Wochen später, am 1. Juli 1946, wurden die ersten „Richtlinien für den Kindergarten" erlassen. In diesen Richtlinien wurde der Kindergarten zwar noch als „Einrichtung der halboffenen Kinderfürsorge" bezeichnet. In Vollzug des eben genannten Schulgesetzes nahm man aber die Kindergärten am 1. Dezember 1946 aus der Zuständigkeit der Sozialverwaltung heraus, unterstellte sie der DVVB und gliederte sie damit in den Bildungsbereich ein.

Wesentlich mitbestimmt worden ist die am Ende auch von der DVVB verfochtene Entscheidung, den Kindergarten zu einer Regeleinrichtung ausbauen zu wollen, durch ein ökonomisches Kalkül; und auch dies sollte später jahrzehntelang die Kindergartenpolitik der DDR prägen. Aus Gründen des wirtschaftlichen Überlebens der SBZ musste man die Frauen um jeden Preis in der industriellen und landwirtschaftlichen Produktion zu halten versuchen, was nur gelingen konnte, wenn ausreichend Kindergartenplätze für die arbeitenden Mütter zur Verfügung standen. Zwar wurde dies mit dem Anspruch kaschiert, der Gleichberechtigung der Frauen dienen, ihnen den Zugang zur Berufswelt sichern zu wollen; ein Ziel, das 1949 sogar Verfassungsrang erhalten sollte. Tatsächlich aber war es „eine aus der Not geborene Tugend, die erwerbspolitische Notwendigkeit als primär frauenpolitisch und pädagogisch intendierte Errungenschaft zu deklarieren" (Schmidt 1996, 53).

Inhaltlich knüpfte die pädagogische Arbeit in den Kindergärten an das an, was die Kindergärtnerinnen, die ihre Ausbildung meist in den 1920er Jahren erhalten hatten (jüngere Kräfte, die in der NS-Zeit ausgebildet worden waren, durften grundsätzlich nicht eingestellt werden, sie galten als „belastet"), am besten beherrschten, und das war die Fröbel-Pädagogik. So sehr man mit der bürgerlichen Pädagogik im Allgemeinen brechen wollte, mit Fröbel (und einigen anderen Klassikern der Erziehungsgeschichte, wie zum Beispiel Comenius und Diesterweg), dessen thüringische Heimat sich zudem auf dem Gebiet der SBZ befand, glaubte man, so etwas wie das „progressive", noch unausgeschöpfte Erbe der bürgerlichen Pädagogik vor sich zu haben, das seine humanen Kräfte erst jetzt, im entstehenden Sozialismus sollte entfalten können. Darüber hinaus gab es Raum zu eigenständigem Experimentieren und zu Anleihen bei der Reformpädagogik aus dem ersten Jahrhundertdrittel. Insbesondere war man dabei, deren linke Vertreter, wie zum Beispiel Kurt Löwenstein und seine Kinderfreundebewegung, wiederzuentdecken. Selbst die Montessori-Pädagogik soll in einzelnen Kindergärten praktiziert und an Ausbildungseinrichtungen gelehrt worden sein.

Vorgaben bezüglich der anzuwendenden Pädagogik wurden in den Richtlinien von 1946 keine gemacht. Wie schon im Schulgesetz wurde allerdings der schulvorbereitende Charakter des Kindergartens unterstrichen, und neben dem Spiel fanden so genannte „Beschäftigungen" Erwähnung, ohne dass diese inhaltlich näher bestimmt worden wären. Auch die im Frühjahr 1948 von der DVVB herausgegebenen „Grundsätze der Erziehung im deutschen Kindergarten", die die „Richtlinien" ablösten, standen im Zeichen dieser relativ großen Offenheit. Hier wurde bestimmt, die Kinder sollten „im demokratischen Geiste" erzogen werden, und es war die Rede von der „allseitigen Ausbildung aller kindlichen Kräfte".

Auch hier war es wieder die Besatzungsmacht in Gestalt der SMAD, die auf eine Ausrichtung der Kindergartenpädagogik am sowjetischen Modell drängte. Allgemein gilt der III. Pädagogische Kongress im Juli 1948 als der Wendepunkt. Von da an wurde von der SED die Orientierung an der Sowjetpädagogik und damit die Verdrängung der Reformpädagogik („spätbürgerlicher Reformismus"), aber auch der Fröbel-Pädagogik, aus den Kindergärten propagiert. Von der „Formung" des „neuen Menschen" war jetzt die Rede und davon, dass dies im Kindergarten beginnen müsse. Fröbel blieb zwar ein immer wieder zitierter und vielfach gefeierter Gewährsmann der DDR-Pädagogik, in späteren Jahren ist sogar eine wissenschaftliche Edition seiner Schriften durchgeführt und in Bad Blankenburg ein Fröbelmuseum eingerichtet worden. Mehrfach wurden im Laufe der Jahrzehnte Doktorarbeiten zur Fröbel-Pädagogik verfasst. Doch selbst wenn in jedem Kindergarten ein Fröbel-Baukasten vorhanden gewesen sein mag (vgl. Thier-Schröter 1977), in der pädagogischen Praxis hat Fröbels Erziehungslehre ab Ende der 1940er Jahre keine Rolle mehr gespielt.

KINDERGARTENPOLITIK IST FRAUENPOLITIK

Es ist schon ausgeführt worden, wie sehr die Kindergartenpolitik sowohl vor als auch nach der Staatsgründung von ökonomischen Motiven bestimmt war. So sind nicht zufällig die Eckdaten der Kindergartenentwicklung in den auf den SED-Parteitagen beschlossenen Fünfjahresplänen, die die für diesen Zeitraum verbindlichen ökonomischen Zielvorgaben enthielten, festgelegt worden. Schon der erste Fünfjahresplan vom Juli 1950 bestimmte, dass im Zuge einer verstärkten Rekrutierung weiblicher Arbeitskräfte die Zahl der Kindergartenplätze im kommenden Jahrfünft von 238.000 auf 402.000 zu steigern sei. Tatsächlich gelang es, beide Ziele zu erreichen: Die Frauenerwerbsquote stieg von 45% bei Staatsgründung bis zu Beginn der 1960er Jahre auf 70% und bis Ende der 1980er Jahre sogar auf 91% der infrage kommenden weiblichen Altersjahrgänge an, und auch die Zahl der Kindergartenplätze nahm in entsprechender Weise kontinuierlich zu. Für die Mütter in der DDR ist es ganz alltäglich gewesen, berufstätig zu sein, was nicht nur finanzielle Unabhängigkeit vom Ehemann, sondern in einem Staat, der seine Identität so sehr auf die „sozialistische Arbeit" gründete, auch gesellschaftliche Anerkennung verschaffte. Den Frauen wurde es durch eine elternfreundliche Sozialpolitik, zu der als wesentliche Elemente Krippe und Kindergarten gehörten, vergleichsweise leicht gemacht, Erziehungs- und Berufsarbeit miteinander zu verbinden.

Dieser enge Zusammenhang von Mutterschaft und Teilnahme am Erwerbsleben begann sich erst in den 1970er Jahren in seiner Qualität zu verändern. Der seit den späten 1960er Jahren feststellbare Rückgang der Geburtenzahlen wurde von den politischen Entscheidungsträgern als der Versuch der jungen Frauen interpretiert, sich der trotz Krippe und Kindergarten für sie bestehenden Dreifachbelastung durch Beruf, Kindererziehung und Haushalt zu entziehen, sowie als Manifestation des Wunsches nach mehr persönlicher Verantwortung für die Erziehung der eigenen Kinder verstanden. Hatten die Frauen zuvor stets mehr als ein Kind geboren, so sank die Kinderzahl je Frau nunmehr deutlich ab. Erstmals reagierte die Politik nicht mehr allein mit dem weiteren Ausbau der außerfamilialen Kleinkinderziehung, sondern mit sozialpolitischen Leistungen, die in der Konsequenz zu einer Refamilialisierung der Kinderbetreuung führten: mit der Verkürzung der wöchentlichen Arbeitszeiten für Mütter; mit einer Verlängerung des Jahresurlaubs für Mütter; mit der

Gewährung eines Mutterschaftsurlaubs und bezahlten Urlaubs bei Erkrankung der Kinder; mit dem Recht auf eine größere Wohnung für Familien mit Kindern; mit der Zahlung einer einmaligen Geburtenbeihilfe und eines einkommensabhängigen und nach der Anzahl der Kinder gestaffelten Erziehungsgeldes usw.; eine Entwicklung, die 1986 in der Einführung des (bereits seit 1976 fürs zweite und alle weiteren Kinder gewährten) Babyjahres kulminierte, das nunmehr, unter Fortzahlung des Lohnes, schon bei der Geburt des ersten Kindes genommen werden und sich unter bestimmten Umständen auf bis zu drei Jahre ausdehnen konnte. Wobei alle diese Leistungen ausschließlich den Müttern zustanden, was indirekt deutlich werden lässt, dass Erziehungsarbeit als Frauensache angesehen wurde (erst in den allerletzten Jahren der DDR wurden in bestimmten Fällen auch die Väter und Großmütter (!) in den Kreis der Berechtigten einbezogen). Die Absicht war klar: Die Frauen sollten wieder mehr Kinder bekommen (vgl. Kuhrig 1995, 236ff.). Hierfür war man sogar bereit, der Familienerziehung zumindest im ersten Lebensjahr des Kindes einen größeren Stellenwert einzuräumen. Tatsächlich sank nach Einführung des Babyjahres die Nachfrage nach Krippenplätzen für Kleinstkinder spürbar ab, und die Geburtenzahlen stiegen an.

VORSCHULERZIEHUNG IN DER DDR (1949FF.)

In organisatorischer Hinsicht waren mit der Zuordnung des Kindergartens zum Bildungswesen bereits vor der Staatsgründung die Würfel gefallen, auch wenn man wieder davon abrücken musste, den Kindergarten für obligatorisch zu erklären (vgl. zum Folgenden u.a. Boeckmann 1993). Konsequenterweise resortierte der Kindergarten nach dem 7. Oktober 1949 beim Ministerium für Volksbildung und auf der Ebene darunter bei den Abteilungen für Volksbildung der Räte der (nach der Auflösung der Länder eingerichteten) 14 Bezirke und 217 Kreise. Die staatliche Aufsicht wurde von den Bezirks- und Kreisschulräten und in deren Auftrag von den Bezirks- und Kreisreferent(inn)en für Vorschulerziehung wahrgenommen, die auch zum Beispiel die Berufsaspirantinnen auswählten und anschließend als ausgebildete Kindergärtnerinnen einstellten, die Kindergartenleiterinnen ernannten oder bewährte Kindergärtnerinnen zum Studium an die Berliner Humboldt-Universität delegierten.

Als Träger der Kindergärten traten die Kreise und Gemeinden, gelegentlich auch größere Betriebe, nach der Kollektivierung die Landwirtschaftlichen Produktionsgenossenschaften, in einzelnen Städten auch die Volkspolizei und die Nationale Volksarmee (für die Kinder ihrer Mitglieder) auf. In ländlichen Regionen wurden in den 50er Jahren auch Erntekindergärten eingerichtet, wobei diese Erntekindergärten ein wichtiges Werbeargument bei der Kollektivierung der Landwirtschaft waren, eröffneten sie doch den in diesem Erwerbszweig besonders stark beanspruchten Frauen eine Perspektive auf einen geregelten und weniger belasteten Alltag. In geringem Umfang durften, wie schon gesagt, auch die Kirchen Kindergärten unterhalten.

Die Kindergärten wurden grundsätzlich als Ganztagseinrichtungen geführt. Nachdem die Öffnungszeiten zunächst unterschiedlich gehandhabt worden waren, wurde 1976 einheitlich festgelegt, dass sie morgens bereits um sechs Uhr zu öffnen und abends um 19 Uhr zu schließen seien. Für die Kinder bedeutete dies eine tägliche Aufenthaltsdauer von neun oder zehn Stunden. Zu bezahlen war von den Eltern lediglich das warme Mittagessen. Teil der Pflege- und Betreuungsleistungen des Kindergartens waren regelmäßige ärztliche Untersuchungen der Kinder. Häufig waren Kinderkrippen, Kindergärten und Kinderhorte in einem Gebäude(komplex) untergebracht, was es den arbeitenden Müttern am Morgen erleichterte, ihre Kinder unterschiedlichen Alters in die verschiedenen Einrichtungen zu bringen.

Formalisierte Elternmitsprache war im Kindergarten der DDR unbekannt. Zwar gab es die so genannten Elternaktive, die gewählten Elternvertretungen. Deren Mitwirkung beschränkte sich aber auf die Unterstützung in organisatorischen Dingen und das gemeinsame Vorbereiten der Kindergartenfeste. Gefragt waren die Eltern, wenn es darum ging, in freiwilligen Arbeitseinsätzen die Kindergartenräume zu renovieren oder durch Anbauten zu erweitern. Einfluss auf die pädagogische Arbeit konnten die Eltern jedoch nicht nehmen. Gelegentlich war ihnen sogar das Betreten der Gruppenräume in der Einrichtung untersagt (aus hygienischen Gründen, wie es hieß). Gleichwohl berichten DDR-Kindergärtnerinnen durchweg über gute Kontakte zu den Eltern. Eine förmliche Einflussnahme auf die Kindergartenarbeit scheinen die meisten Eltern also gar nicht angestrebt zu haben. Ihre Interessen und Anliegen konnten sie auch auf informellem Wege vermitteln – wie zum Beispiel ihren Widerstand gegen eine allzu starke politische Indoktrinierung ihrer Kinder artikulieren.

Die Schulgesetze bildeten die für die Kindergartenarbeit maßgebende Rahmengesetzgebung. Hier ist zuerst das Schulgesetz von 1959 zu nennen, das „Gesetz über die sozialistische Entwicklung des Schulwesens in der Deutschen Demokratischen Republik", das die zehnklassige allgemeinbildende Polytechnische Oberschule (POS) zur Pflichtschule werden ließ, schließlich 1965 das „Gesetz über das einheitliche sozialistische Bildungssystem", mit dem die Aufbauphase des Bildungswesens der DDR abgeschlossen war. Im Rahmen dieses Bildungssystems (vgl. Waterkamp 1997), in dem jedes Element von der Kinderkrippe bis hinauf zur Universität auf jeder Stufe seinen spezifischen Beitrag zur Erziehung und Bildung der „allseitig entwickelten sozialistischen Persönlichkeit" zu leisten hatte, kam dem Kindergarten als seiner genuinen Aufgabe eine alle weiteren Bildungsprozesse grundlegende, den Schulbesuch vorbereitende Aufgabe zu.

Die organisatorischen Einzelheiten der Kindergartenarbeit wurden in einer Reihe besonderer, den Kindergarten betreffender Erlasse und Anordnungen festgelegt. Zu nennen ist hier die 1968 im Gesetzesblatt der DDR veröffentlichte „Anordnung über die Sicherung einer festen Ordnung in den Einrichtungen der Vorschulerziehung – Kindergartenordnung", in der für alle Einrichtungen in der ganzen Republik einheitlich die Aufnahmeregularien, die Öffnungszeiten, die Gruppengrößen, die Aufgaben der Kindergartenleitung, die Regeln für die Zusammenarbeit mit den Elternhäusern usw. bestimmt wurden. 1976 folgte die „Verordnung über Kindereinrichtungen der Vorschulerziehung". 1983 wurde vom Ministerium für Volksbildung erneut eine derartige „Kindergartenordnung" erlassen, die letzte in der Geschichte der DDR. Da auch die sächliche Ausstattung der Kindergärten derartigen zentralen Vorgaben folgte, waren die Einrichtungen republikweit mit dem selben standardisierten Möbelsortiment und mit zentral entwickelten Spiel- und Beschäftigungsmitteln ausgerüstet, was den Kindergärten eine gewisse Einförmigkeit in der äußeren Erscheinung verlieh.

Aber nicht nur die institutionelle Gestalt des Kindergartens sowie seine materielle Ausstattung, auch die Inhalte der Kindergartenarbeit wurden dem Gedanken des „demokratischen Zentralismus" gemäß zentral geplant und auf administrativem Wege von oben her vorgegeben. Diesem Ziel dienten zum einen die regelmäßig vom Ministerium für Volksbildung durchgeführten Pädagogischen Kongresse und zentralen Konferenzen zur Vorschulerziehung. Hier traten der Minister beziehungsweise die Ministerin mit einem Grundsatzreferat auf, in dem die zukünftig anstehenden Aufgaben in der Vorschulerziehung umrissen und die Art und Weise ihrer Lösung beschrieben, das heißt aber auch: für die Praxis und die sie unterstützende vorschulpädagogische Forschung verbindlich vorgegeben wurden. Selbst Parteitage der SED und die höchsten Partei- und Staatsorgane, wie beispielsweise das Zentralkomitee (ZK) der SED, widmeten sich immer wieder vorschulpädagogischen Fragen. Das zeigt, wie wichtig die Politik in der DDR die Vorschulerziehung nahm, und trug auf seine Weise dazu bei, dass die Kindergärtnerinnen immer recht genau wussten, was von ihnen erwartet wurde und wie sie das Erwartete zu realisieren hatten. In der Umsetzung dieser Erwartungen besonders erfolgreiche Kindergärten wurden öffentlich durch die Verleihung des so genannten Ehrenbanners des ZK der SED ausgezeichnet.

Das eigentliche Instrument zur Feinsteuerung der pädagogischen Arbeit aber waren die verschiedenen Pläne und Programme, die als Richtschnur und Arbeitsgrundlage für die tägliche Erziehungspraxis im Kindergarten dienten. Spätestens ab den mittleren 1960er Jahren – zuvor trugen diese Pläne noch eher empfehlenden Charakter – waren den Kindergärtnerinnen die Inhalte der Kindergartenarbeit und die Wege, auf denen sie den Kindern zu vermitteln waren, bis in die didaktisch-methodischen Einzelheiten hinein verbindlich vorgegeben. Die in diesen Plänen formulierten Vorgaben hatten die Kindergärtnerinnen sodann mit Hilfe schriftlich auszuarbeitender Jahresdrittel-, Monats-, Halbmonats und Tagespläne und in einem Vorbereitungsheft dokumentiert zu konkretisieren und auf die praktische Arbeit in der jeweiligen eigenen Einrichtung zu beziehen.

Der DDR-Kindergarten kannte nur die altershomogene Kindergruppe, denn nur mit ihrer Hilfe war die starke kognitive Zentrierung der pädagogischen Arbeit und ihr schulvorbereitender Charakter zu sichern. Bereits die Richtlinien des Jahres 1952 nahmen die Einteilung der einen Kindergarten besuchenden Kinder in drei Altersgruppen vor: in die „jüngere Gruppe", das heißt die Gruppe der Drei- und Vierjährigen, die „mittlere Gruppe" der Vier- bis Fünfjährigen und die „ältere Gruppe" der Fünf- und Sechsjährigen. Die in den eben erwähnten Plänen festgelegten Inhalte und Ziele der Kindergartenarbeit wurden jeweils spezifisch für jede dieser Altersgruppen formuliert. Dazu im nun folgenden Abschnitt Genaueres.

ZUR PÄDAGOGISCHEN ENTWICKLUNG

Es wurde schon gesagt, dass sich die zuerst von der SMAD betriebene und nach und nach auch von den Führungskadern der SED übernommene Kritik an der „bürgerlichen Pädagogik" in den späten 1940er Jahren deutlich verschärft hat. Die kurze Blütezeit reformpädagogisch inspirierten Experimentierens ging zu Ende. Selbst die Wiederaneignung der linken Reformpädagogik, vor allem soweit sie von sozialdemokratischen Pädagogen herstammte, wurde gestoppt, und auch die Fröbel-Pädagogik, insbesondere in der Adaptation durch Erika Hoffmann, die bis zu ihrer Übersiedelung in die Bundesrepublik als Professorin für Kleinkindpädagogik an der Universität Jena tätig und mit der Aufarbeitung des Fröbel-Nachlasses beschäftigt war, verfiel der Ablehnung. Auf dem IV. Pädagogischen Kongress im Sommer 1949 hatten Parteiredner die neue Marschrichtung vorgegeben: Eine eigenständige sozialistische Kleinkindpädagogik, basierend auf den Erfahrungen der sowjetischen Entwicklungspsychologie und Vorschulpädagogik, sei zu entwickeln und zur Grundlage der praktischen Arbeit in den Kindergärten zu machen. Diese neue Pädagogik habe sich von dem reformpädagogischen Irrtum der Kindorientierung zu befreien.

Noch in den Richtlinien des Jahres 1946 war dem Freispiel als wichtiger Form der kindlichen Selbstbetätigung große Bedeutung beigemessen und den Kindergärtnerinnen empfohlen worden, dem Spiel der Kinder Raum zu geben. Das galt nun nicht mehr länger (vgl. Conrad 1982). Von der „führenden Rolle des Erziehers" im Erziehungsprozess war in den amtlichen Verlautbarungen und in der pädagogischen Literatur die Rede. Nach sowjetischem Vorbild wurde jetzt die Führungsaufgabe der Kindergärtnerin herausgestellt. Die Kindergärtnerinnen sollten eine eingreifende und lenkende Erziehungsweise praktizieren. So wie man im zentralistisch-dirigistischen System der DDR behördlicherseits den Kindergärtnerinnen ihr pädagogisches Handeln vorschrieb, so sollten die Kindergärtnerinnen ihrerseits das Tun und Lassen der Kinder im Kindergarten steuern und leiten. Nicht zuletzt in der Sprache aller folgenden vorschulpädagogischen Programme, wo es in auffallender Häufung und immer wieder hieß, die Kindergärtnerin lenke, führe, helfe, fordere, wecke, sichere, kontrolliere, sorge, pflege, organisiere, motiviere, befähige, informiere usw., schlug sich dieser Richtungswechsel nieder. Umgekehrt wurden die Verhaltensanforderungen, die sich an die Kinder richteten, bis hin zur korrekten Handhabung des Pinsels beim

221

Malen, genau vorgegeben. Kurzum: Der Brennpunkt des pädagogischen Geschehens im Kindergarten verlagerte sich vom Kind und seinen Bedürfnissen und Ausdrucksweisen auf die an das Kind von außen herangetragenen, extern gesetzten Normen und Erwartungen. Nicht mehr die kindliche Persönlichkeit stand im Mittelpunkt der Kindergartenarbeit, sondern die werdende „sozialistische Persönlichkeit".

Praktisch führte diese Neuausrichtung der Kindergartenpädagogik dazu, den Kindergarten noch entschlossener als zuvor in den Dienst der Schulvorbereitung zu stellen, wie es auch das Schulgesetz von 1959 (§ 13) noch einmal bekräftigte: Der Kindergarten habe „die drei- bis sechsjährigen Kinder auf die Schule vorzubereiten", hieß es da. Wenige Jahre später, 1963, forderte der damalige Staatsratsvorsitzende Walter Ulbricht auf dem VI. Parteitag der SED, „in den Kindergärten sollten die Kinder zielstrebiger auf die Schule vorbereitet werden, als das gegenwärtig der Fall ist" (zit. n. Vieweger 1973, 76).

Die 1967 eingeführte und bis 1985 gültige Fassung des „Bildungs- und Erziehungsplans für den Kindergarten" sah die Behandlung bestimmter „Sachgebiete" vor, mit deren Hilfe auf den Unterricht in den späteren schulischen Unterrichtsfächern vorzubereiten war (vgl. Vogt 1969, 22-39). Diese „Sachgebiete" – „Muttersprache", „Turnen", „Bekannt machen mit dem gesellschaftlichen Leben", „Bekannt machen mit der Natur", „Bekannt machen mit Mengen: Vergleichen von Längen, Breiten und Höhen", „Malen, Zeichnen, Formen, Bauen und Basteln" sowie „Musik" – waren Teil der „Beschäftigungen" und diese wiederum nichts anderes als in den detailliert ausgearbeiteten Tagesablauf integrierte Stoffpläne, die in den Kindergärten systematisch abzuarbeiten waren. Vom Zeitquantum her begann es mit zunächst wenigen täglichen Minuten in der jüngeren Gruppe, um sich auf bis zu eine Stunde quasi-schulischen Unterrichts in der älteren Gruppe zu steigern. So sollte etwa im Sachgebiet „Bekanntmachen mit der Natur" in der jüngeren Gruppe durch Sammeln, Suchen und Betrachten von Steinen, Pflanzen usw. den Kindern eine gewisse Nähe zur Natur vermittelt werden. In der mittleren Gruppe sollten die Kinder dann schon in systematischer Weise die gesammelten Blätter nach bestimmten Kriterien sortieren, Tiere pflegen und dadurch deren Lebensweise kennen lernen, Blüten den späteren Früchten zuordnen usw. Das mathematische Denken wollte man bei den Jüngeren durch das Anstellen von Vergleichen, mit Hilfe des Zählens, Wiegens usw. fördern. In der mittleren Gruppe fand dann ein erstes Bekannt werden mit Begriffen der Mengenlehre statt. In der älteren Gruppe nahmen die Kinder Zahlenoperationen im Zahlenraum bis zehn vor, addierten, subtrahierten, kurz: sie rechneten. Auf diese Weise sollte von Anfang an und systematisch aufgebaut eine Grundbildung angelegt und der spätere Unterricht in den korrespondierenden Schulfächern vorbereitet werden. In ähnlicher Weise wie hier für die mathematisch-naturwissenschaftlichen Fächer dargestellt, sollte die systematische Übung und Ausbildung der muttersprachlichen Kompetenz auf den Deutschunterricht, das „Bekannt machen mit dem gesellschaftlichen Leben" auf den späteren heimatkundlichen und den staatsbürgerlichen Unterricht vorbereiten usw.

Diese „Beschäftigungen" wurden im Plan durch das „Spiel" und die „Arbeit" ergänzt. Auch wenn der unterrichtende Erziehungsstil vor allem auf die „Beschäftigungen" beschränkt bleiben sollte, so war doch selbst das Spiel nicht wirklich frei, denn auch in das Spiel der Kinder sollten die Kindergärtnerinnen immer wieder mit Fragen und Hinweisen, vormachend, auffordernd, ermahnend und korrigierend eingreifen. Ohnehin war weniger das freie Phantasiespiel gefragt, als vielmehr das realitätsnahe Nachahmungs-, das Konstruktions-, das Regel-, das didaktische und das (gelenkte) Rollenspiel, auf das sich die Kinder unter anderem durch vorherige Beobachtungsgänge in die Umgebung des Kindergartens vorbereiteten. Und auch das von den „Beschäftigungen" her bekannte Prinzip der sich allmählich steigernden Anforderungen prägte diese beiden anderen Tätigkeitsformen. Am Beispiel der „Arbeit" bedeutete dies: In der jüngeren Gruppe sollten die Kinder zur Erfüllung einfacher Aufträge befähigt werden, etwa im Rahmen des Tischdienstes oder beim Aufstellen der Liegen für den Mittagsschlaf. In der mittleren Gruppe stand das Zusammenarbeiten mit anderen Kindern bei der Ausführung gemeinsamer Arbeiten an. In der älteren Gruppe sollten die Kinder lernen, sich selbständig eigene Ziele zu setzen, kollektive Tätigkeiten selbst zu organisieren und diese Arbeiten sachgerecht auszuführen. Auf allen Stufen war ein enger Kontakt zum Patenbetrieb des Kindergartens vorgesehen. Schon die Kleinsten sollten die Werktätigen an ihren Arbeitsplätzen aufsuchen, deren Arbeit als für den Aufbau des Sozialismus wichtige Sache wertschätzen lernen und den Arbeitern beim eigenen „Arbeiten" in der kleinen Welt des Kindergartens nacheifern. Die drei Tätigkeitsformen – Beschäftigungen, Spiel und Arbeit – sollten jeden Tag zu genau festgelegten Tageszeiten ausgeübt werden. Zusam-

223

men mit den Spaziergängen, der Körperpflege, der „Gesundheitskontrolle", den gemeinsamen Mahlzeiten und den Ruhezeiten ergab sich so ein streng, geradezu minutiös durchrhythmisierter Tageslauf, der dem Tag zwar eine verlässliche Struktur gab, von den meisten Kindergärtnerinnen aber als sehr einengend und behindernd empfunden worden ist. „Es war alles sehr eng, viel zu eng", „die Zeit durfte nicht überzogen werden", so und ähnlich haben sich Kindergärtnerinnen nach der Wende immer wieder geäußert (Höltershinken, Hoffmann & Prüfer 1997, 104). Raum für individuelles Verhalten der Kinder, Möglichkeiten des Ausscherens zugunsten selbstbestimmter Aktivitäten, war nicht vorgesehen, alles war im Kollektiv zu erledigen (selbst der gemeinsame Gang der Kinder zur Toilette!). Die Kinder, so hieß es, lernten im Umgang miteinander den eigenen Interessen die der Gemeinschaft überzuordnen und erführen, was es heißt, in einem Kollektiv zu leben. „Das Wort ‚Ich' kam fast überhaupt nicht vor" (in: ebd., 56) – so eine Kindergärtnerin im Rückblick. In einem erstmals 1962 erschienenen und danach immer wieder aufgelegten maßgeblichen spielpädagogischen Werk wurde das Spiel als pädagogisches Mittel deshalb gelobt, weil „das Spiel der Weg des Kindes ist, sich in seine Umwelt einzugliedern" (Christensen 1962, 55). Abweichendes Verhalten einzelner Kinder wurde von den Kindergärtnerinnen nicht selten durch offenes Kritisieren, durch Bloßstellen vor den andern usw. geahndet.

Von Anfang an kennzeichnend für den DDR-Kindergarten war seine starke Politisierung. Schon der erste Plan von 1952 hatte gefordert, in den Kindern „Gefühle der Liebe und Achtung zu W. Pieck und J.W. Stalin, wie zu einem nahen geliebten Menschen" zu wecken. Der 7. Oktober, der Staatsgründungstag, und herausragende Feiertage der Arbeiterbewegung, wie der 1. Mai, wurden auch schon mit den Kleinen der jüngeren Gruppe gefeiert, zum Beispiel durch das gemeinsame Hissen der Staatsflagge der DDR, durch die Teilnahme an den feierlichen Umzügen usw., um damit die Entstehung eines Klassenbewusstseins und DDR-Patriotismus zu fördern. Neben der „Liebe zum sozialistischen Vaterland" kam der sozialistische Internationalismus nicht zu kurz. Die Kinder sollten nämlich in „Freundschaft mit der Sowjetunion und allen anderen sozialistischen Ländern im Geiste des Internationalismus und der Solidarität mit den unterdrückten, für Freiheit und Unabhängigkeit kämpfenden Völkern" erzogen werden.

Zu dieser Politisierung gehörte auch die besonders in den letzten beiden Jahrzehnten der DDR und in Bezug auf die älteren Kinder auffallende Militarisierung der Erziehung. Solidarität galt dem eigenen Lager, der Klassenfeind dagegen war entschieden zu bekämpfen. Mit Hilfe einer Dia-Reihe und einer Bildermappe sollten die Kindergärtnerinnen den Kindern die Nationale Volksarmee nahe bringen. Die Kinder konnten mittels eines Baukastens Wachhäuschen und Kasernen nachbauen, sogar Schießstände waren auf diese Weise herstellbar. Besuche der Kinder in der Kaserne oder von Soldaten im Kindergarten waren selbstverständlich.

Zwar mag in der Realität durchaus individuell mit den Planvorgaben umgegangen worden sein. Dennoch wirkten diese letztlich wie ein geschlossenes Curriculum und ließen das praktische erzieherische Handeln der Kindergärtnerinnen nur im engen Korsett der kindergartenpädagogischen Vorgaben zur Entfaltung kommen. Kritik und Widerspruch, das Einbringen eigener Ideen, die selbstverantwortliche Gestaltung der Arbeit, waren nicht vorgesehen. Dass Erziehung in der DDR nie etwas anderes gewesen ist als „Erziehung zur Anpassung" (Liegle 1988), zur Anpassung an die gesellschaftlichen Verhältnisse und zur Unterwerfung unter die von der Partei vorgegebenen Ziele, die im Rahmen der marxistisch-leninistischen Gesellschafts- und Geschichtsphilosophie immer schon evident und nicht zu hinterfragen waren, kommt nicht zuletzt an den rigiden Planvorgaben für die Kindergartenarbeit zum Ausdruck.

Was der Kindergartenpädagogik der DDR – nicht den gegängelten und bevormundeten Kindergärtnerinnen! – fehlte, das war ein Bewusstsein für die Eigenwertigkeit des kindlichen Lebens und die spezifischen Bedürfnisse, die Kinder haben. Durch seine Favorisierung des Intellektuellen und Rationalen in Verbindung mit der frühen Schulorientierung, der langen täglichen Aufenthaltsdauer und den vielen anderen Anpassungsleistungen, die der Kindergarten den Kindern ständig abverlangte, überforderte er die Kinder, konnte er vielen ihrer Bedürfnissen nicht gerecht werden. Kreativität, Phantasie, Emotionalität, Stille, Individualität, eine Erziehung zur Kritikfähigkeit, das alles kam zu kurz. Wenn man sie selbst zu Wort kommen ließ, dann brachten die Kinder das auch zum Ausdruck. Die 1983 veröffentlichten Ergebnisse einer Befragung von Kindergartenkindern hat ergeben, dass, gefragt nach der Beliebtheit der verschiedenen Aktivitätsformen im Kindergarten, ausgerechnet das Kernstück der Kindergartenarbeit, die „Beschäftigungen", sehr unbeliebt war (vgl. Liegle 1986, 113).

Das Schicksal der Pläne war noch vor dem förmlichen Ende der DDR besiegelt. Im Frühjahr 1990 wurden sie außer Kraft gesetzt – freilich ohne dass so recht klar war, was an ihre Stelle treten sollte. Viele Kindergärtnerinnen begannen sich auf eigene Faust neu zu orientieren und sich im Angebot der westdeutschen Vorschulpädagogik umzutun. Waldorfpädagogik, Situationsansatz, Altersmischung und Freispiel, das alles war neu und verlockend. In ihrer Verunsicherung und unter dem Eindruck des Neuen warfen viele Kindergärtnerinnen mit den Plänen nahezu alles über Bord, was ihnen bisher Sicherheit gegeben hatte und was in Einzelfällen erhaltenswert gewesen wäre (vgl. Rudolph 1992, 303). Bald schon bereiteten interministerielle Arbeitsgruppen aus Bonn und Ost-Berlin den Aufbau neuer Strukturen und den Übergang zum westdeutschen System der öffentlichen Kleinkinderziehung vor.

Qualifizierung und Professionalisierung

Der Zwang, aus Gründen der wirtschaftlichen Entwicklung der SBZ die Einrichtung von Kindergärten fördern zu müssen, aber auch der Wille, in den neu gegründeten Kindergärten keine NS-belasteten Kräfte zu beschäftigen, ließ das Qualifizierungsproblem schon vor der Gründung der DDR akut werden. Deshalb wurde bereits 1946 von der SMAD die Abhaltung von Kurzlehrgängen angeordnet, in denen Fachpersonal für die Kindergärten ausgebildet werden sollte. Zugleich wurde der Aufbau einer dreijährigen fachschulischen Kindergärtnerinnen-Ausbildung in Angriff genommen und 1948 eingeführt. 1953 wurden die bis dahin gemeinsam geführten Ausbildungsgänge zur Kindergärtnerin und zur Hortnerin getrennt, letztere 1978 mit der Ausbildung zur Unterstufenlehrerin zusammengelegt. Krippenerzieherinnen wurden an medizinischen Fachschulen ausgebildet. Die Ausbildung der Kindergärtnerin bereitete also nicht auf ein relativ unspezifisches sozialpädagogisches Handlungsfeld, sondern allein und ausschließlich auf eine Tätigkeit im Kindergarten vor. Die Ausbildungseinrichtungen der Kindergärtnerinnen hießen ab 1953 „Pädagogische Schulen", von denen es zuletzt, 1989, 47 gab. Zu deren Besuch war zunächst der Abschluss der achtklassigen Oberschule erforderlich. Die Ausbildungsdauer betrug drei Jahre, wurde aber nach Einführung der zehnklassigen POS (mit Verweis auf die durch die verlängerte Schulzeit breitere Allgemeinbildung) auf zwei Jahre abgesenkt. Erst 1974 wurde die Ausbildungsdauer wieder auf drei Jahre angehoben. Zudem benötigten die Ausbildungsaspirantinnen eine Zulassung durch den Rat des Kreises, die dieser nach einem Auswahlgespräch mit der Bewerberin und nach Maßgabe der geltenden Planzahlen gewährte (oder versagte). Regelmäßig war die Nachfrage größer als das Platzangebot. Die Gesamtzahl der Schülerinnen an den Pädagogischen Schulen nahm bis ans Ende der 70er Jahre kontinuierlich zu, um erst in den 80er Jahren zurückzugehen.

Strukturell war die Kindergärtnerinnenausbildung der der Grundschullehrerinnen gleichgestellt, was für die Kindergärtnerinnen einen deutlichen Reputationsgewinn bedeutete. Kindergärtnerin war, wie nach der Wende vielfach bestätigt wurde, „ein geachteter Beruf" (vgl. Dietrich 1990), was sich auch in der Bezahlung niederschlug, die zuletzt nur 100 bis 200 Mark unter der des Industriearbeiters oder der Unterstufenlehrerin lag. Neben der Kindergärtnerinnenausbildung konnte immer auch eine in den Anforderungen reduzierte Ausbildung zur Erziehungshelferin absolviert werden. Ende der 80er Jahre waren an den DDR-Kindergärten zu etwa 68% Kindergärtnerinnen eingesetzt; der Rest bestand aus Erziehungshelferinnen und sonstigen Hilfskräften.

Nach dem Bruch mit der Fröbel-Pädagogik und den zu Zeiten der SBZ noch vertretenen reformpädagogischen Ansätzen bildeten sowjetische Lehrbücher die Grundlage für die Ausbildungsarbeit. Sowjetische Fachliteratur wurde deshalb ab den frühen 50er Jahren zahlreich ins Deutsche übersetzt und – im Staatsverlag „Volk und Wissen" herausgegeben – in den Ausbildungseinrichtungen eingesetzt. Erst später konnte auch auf Lehrbücher aus der eigenen vorschulpädagogischen Forschung zurückgegriffen werden, die aber natürlich ebenso wie die sowjetischen Lehrwerke dem marxistischen Menschen- und Gesellschaftsbild verpflichtet waren. Die Rezeption westlicher psychologischer und (vorschul)pädagogischer Literatur in der Kindergärtnerinnenausbildung war nicht vorgesehen.

Neben der pädagogischen Qualifikation war immer auch die politisch-ideologische Zuverlässigkeit ein wichtiges Kriterium für den Ausbildungserfolg. Schon bei der Zulassung zur Ausbildung spielte die „gesellschaftliche Beurteilung" eine wesentliche Rolle. Und auch bei ihrem weiteren beruflichen Aufstieg wurde die Kindergärtnerin zuerst unter politischen Gesichtspunkten beurteilt. So bestimmte eine der erwähnten Kindergartenordnungen, zu Leiterinnen von Kindergärten dürften nur „politisch und pädagogisch qualifizierte Kindergärtnerinnen ... berufen (werden)". (Man beachte die Reihenfolge: zuerst war die politische, dann erst die pädagogische Qualifikation gefragt!) Schon 1948 war der Kindergärtnerin neben ihrem pädagogischen ein politischer Auftrag er-

teilt worden. An der „Umerziehung des deutschen Volkes" habe sie mit-
zuwirken, eine „Volkserzieherin" sei die Kindergärtnerin, hieß es. In
späteren Jahrzehnten ist an die Stelle der Umerziehung des Volkes die
Mitwirkung am „Aufbau des Sozialismus" getreten. Diese politische
Überformung der Ausbildung ist in all den Jahrzehnten des Bestehens
der DDR niemals schwächer geworden. Erklärtes Ziel war es nämlich,
nicht nur kompetente Fachkräfte für frühkindliche Erziehung, sondern
mit den Kindergärtnerinnen auch sozialistische Persönlichkeiten heran-
zubilden. Ein unverzichtbarer Bestandteil der Ausbildung an den Pädagogischen Schulen war deshalb von Anfang an der obligatorische Unterricht in Marxismus-Leninismus und in Fächern wie „Geschichte der
revolutionären Arbeiterbewegung" (was allerdings nicht nur der Festi-
gung des Klassenbewusstseins der Kindergärtnerin, sondern auch der
praktischen Kindergartenarbeit im Blick auf „Bekannt machen mit dem
gesellschaftlichen Leben" diente), die im Laufe der Zeit einen immer
größeren Anteil am Ausbildungscurriculum beanspruchten.

Ihre eigenen Ausbildungsinfrastrukturen besaßen die beiden Konfessi-
onen, deren Einrichtungen nicht den staatlichen Kindergarten-Plänen zu
folgen hatten. In fünf evangelischen Seminaren wurden so genannte
Kinderdiakoninnen ausgebildet, die im Kindergarten, aber auch in den
Kirchengemeinden eingesetzt werden konnten. Die katholische Kirche
unterhielt drei Seminare, in denen ebenfalls eine so breit gefächerte
Ausbildung angeboten wurde, dass eine Tätigkeit im gesamten kirchlich
getragenen Jugendfürsorgebereich sowie im kirchlichen Religionsun-
terricht möglich war. Darüber hinaus gab es die Möglichkeit, sich zur
Jugendleiterin beziehungsweise (seit 1983) zur „Sozialpädagogin im
kirchlichen Dienst" ausbilden zu lassen, um als Ausbildnerin an den Seminaren tätig werden oder Leitungs- und Beratungsaufgaben in den katholischen Kindergärten übernehmen zu können.

Sehr wichtig und deshalb auch verpflichtend war die ständige Weiterbildung der im Beruf stehenden Kräfte, denn nur so war die Umsetzung
der Planvorgaben gewährleistet. Diese Weiterbildung erfolgte zunächst
über die regelmäßige Lektüre der monatlich erscheinenden Fachzeitschrift „Neue Erziehung im Kindergarten". Die zentrale Organisation
der Fortbildung der Kindergärtnerinnen oblag dem Zentralinstitut für
Weiterbildung im brandenburgischen Ludwigsfelde und wurde vor Ort
zuerst von den Referentinnen der Kreisschulräte im Rahmen vorschulpädagogischer Arbeitsgruppen, die an die so genannten pädagogischen
Kreiskabinette angegliedert waren, praktisch umgesetzt, seit 1981 aber

verstärkt an den Kindergärten selbst durchgeführt. Die Grenzen zwischen Weiterbildung und Beratung einerseits und Kontrolle andererseits waren freilich immer fließend. So hatten (neben den Kindergartenleiterinnen) die Kreisreferentinnen und Fachberaterinnen (das waren Kindergärtnerinnen, die neben der Leitung einer eigenen Kindergartengruppe in anderen Kindergärten Weiterbildungsaufgaben wahrnahmen) auch den Auftrag, die Arbeit der Kindergärtnerinnen zu überwachen, und die Kindergärtnerinnen hatten ihnen gegenüber bei deren Erscheinen im Kindergarten auf der Grundlage ihrer schriftlichen Planungsunterlagen sowie praktischer Einblicke in die Erziehungsarbeit (Hospitationsstunden) Rechenschaft über ihre Tätigkeit abzulegen. Internationaler Austausch und damit Weiterbildung auf internationaler Ebene fand nur mit den sozialistischen Ländern statt. Hier wurden zu Einzelfragen der Kleinkindentwicklung und -pädagogik regelmäßig so genannte Internationale Seminare für Vorschulerziehung durchgeführt; das erste 1959 in Moskau. Ein Austausch mit dem Westen war nur für die wenigen Kindergärtnerinnen der konfessionellen Einrichtungen möglich.

Eine eigenständige Interessensvertretung der Kindergärtnerinnen, etwa in Form eines Fachverbands, gab es in der DDR nicht. Die jüngeren Kindergärtnerinnen (bis zum 25. Lebensjahr) besaßen meist die Mitgliedschaft in der Freien Deutschen Jugend (FDJ). Alle Kindergärtnerinnen waren Mitglieder der Gewerkschaft Unterricht und Erziehung.

VORSCHULPÄDAGOGISCHE FORSCHUNG

Das noch vor der Staatsgründung einsetzende Bemühen, die bürgerliche Vorschulpädagogik zu überwinden und an ihre Stelle eine eigenständige sozialistische Kleinkindpädagogik treten zu lassen, war zunächst nicht anders als mit Hilfe der Übernahme sowjetischer Forschungsergebnisse und Literatur realisierbar. Obgleich sowjetische Lehrbücher bis zuletzt in Benutzung blieben (vgl. zum Beispiel Avanesova 1980; Jadeschko & Sochin 1983), ist doch unverkennbar, dass man die enge Anlehnung an die Sowjetunion zumindest in diesem Punkt nur als Notlösung ansah und ab den 1960er Jahren große Anstrengungen unternommen wurden, eine eigene vorschulpädagogische Forschung in Gang zu bringen.

Bereits 1956 war an der Humboldt-Universität Berlin im Rahmen des Diplom-Studiums der Pädagogik eine erste Seminargruppe zur Vorschulerziehung eingerichtet worden, aus der schließlich ein Studiengang

Diplom-Pädagogik für Vorschulerziehung hervorging. Die Absolvent-(inn)en dieses Studienganges stellten neben den so genannten Aspirant-(inn)en (= Doktorand[inn]en) am Deutschen Pädagogischen Zentralinstitut (DPZI) (seit 1949) beziehungsweise an dessen Nachfolgeeinrichtung, der nach dem Vorbild der Sowjetunion seit 1970 bestehenden Akademie der Pädagogischen Wissenschaften (APW) in Berlin, die wissenschaftlichen Kader, aus denen das Führungspersonal des Vorschulwesens, zum Beispiel die Referentinnen für Vorschulerziehung bei den Räten der Kreise, sowie die Lehrkräfte an den Ausbildungsstätten für Kindergärtnerinnen gewonnen wurden. Zum Studium an der Humboldt-Universität zugelassen wurden nur praxiserfahrene Kräfte, die von den zuständigen Stellen ausgewählt und zum Studium nach Berlin „delegiert" worden waren. Dazu war das Abitur nicht erforderlich (die Bewährung in der Praxis aber unverzichtbar).

Vorschulpädagogische Forschung wurde allein am DPZI beziehungsweise an der APW betrieben. An den ganz im Zeichen der Lehrerbildung stehenden Universitäten und den zehn Pädagogischen Hochschulen spielte die vorschulpädagogische Forschung dagegen keine Rolle. Im Einzelnen gab es an der APW eine „Arbeitsstelle Vorschulerziehung" sowie den „Wissenschaftlichen Rat Vorschulerziehung", die beide die nach Maßgabe des Ministeriums in Gestalt von Fünfjahresplänen formulierten vorschulpädagogischen Forschungsthemen aufzugreifen, zu bearbeiten beziehungsweise ihre Bearbeitung zu überwachen hatten. Darüber hinaus galt es, die in der Praxis bei der Umsetzung der Planvorgaben auftretenden Probleme mit wissenschaftlichen Mitteln zu beheben. Von Forschungsfreiheit, einem kritischen Hinterfragen der Praxis gar, konnte unter diesen Umständen natürlich nicht die Rede sein.

Unter inhaltlichen Aspekten betrachtet hatte diese vorschulpädagogische Forschung, die zur Realisierung ihrer Ziele auch über eigene Forschungskindergärten verfügte, gemäß der besonderen pädagogischen Ausrichtung des DDR-Kindergartens in der Hauptsache „die Aufgabenstellung, die Kontinuität vorschulischer und schulischer Lernprozesse, die Verbindung von Kindergarten und Schule wissenschaftlich zu begründen, didaktisch-methodisch umzusetzen und in ihrer Auswirkung auf die Persönlichkeitsentwicklung und den Schulerfolg der Kinder zu erforschen" (Liegle 1986, 94). Ihren Schwerpunkt besaß die vorschulpädagogische Forschung deshalb folgerichtig auf der „unterrichtlichen" Seite der Kindergartenarbeit, bei den „Beschäftigungen". Aber nicht nur dort. Auch zum Beispiel das

Kinderspiel, das ja, wie schon gesagt, nicht eigentlich ein freies Phantasiespiel war, wurde zum Gegenstand der Forschung, sollte hier doch die Führungstätigkeit der Kindergärtnerin wissenschaftlich begründet und angeleitet werden. Ein besonders schwieriges und widersprüchliches Unterfangen, gilt das Spiel doch gewissermaßen per Definition als eine kindliche Tätigkeitsform, die sich gezielter äußerer Beeinflussung weitgehend entzieht. Auch hier galt, was schon auf die Ausbildung zutraf: eine Rezeption der westlichen Forschung, etwa im Bereich der Entwicklungspsychologie, fand nicht beziehungsweise erst zu einem Zeitpunkt statt, als es mit der DDR schon zu Ende ging (vgl. Neuner 1991).

DIE QUANTITATIVE ENTWICKLUNG

Schon in der SBZ begann eine dynamische Entwicklung, die die Zahl der Kindergärten schnell wachsen ließ. Bis Ende 1946 hatten bereits 2.700 Kindergärten ihre Arbeit wieder aufgenommen, eine Zahl, die sich bis 1949, dem Jahr der Staatsgründung, auf ca. 4.000 Einrichtungen erhöhte. Nach der Gründung der DDR setzte sich diese politisch gewollte und durch regelrechte Werbefeldzüge in der Elternschaft unterstützte Aufwärtsentwicklung zügig fort: 1954 verfügte man über fast 7.000 Kindergärten, 1961 bereits über mehr als 9.000 und 1972 über deren 11.220. 1989, im vierzigsten Jahr nach der Staatsgründung, hatte die Entwicklung mit 13.452 Einrichtungen ihren Höhepunkt erreicht. Zu diesen staatlichen Kindergärten kamen am Ende der DDR noch 275 evangelische und 142 katholische Einrichtungen – das waren rund 2,8% aller Kindergärten –, die von den örtlichen Kirchengemeinden getragen wurden und auf jede staatliche finanzielle Unterstützung verzichten mussten. 86,2% aller Kindergärten befanden sich in kommunaler Trägerschaft, 11% wurden von Betrieben unterhalten (vgl. Fischer 1992, 56).
Zügig erhöhten sich auch die Besuchsquoten. Bereits um 1950 war eine Kindergartenbesuchsquote von 20% erreicht, ein Wert, der sich in den frühen 1960er Jahren auf rund 48% und bis 1975 auf 88% erhöhte. 1989 besuchten 95% aller drei- bis sechsjährigen Kinder einen Kindergarten (vgl. ebd.). Dabei kann davon ausgegangen werden, dass längere Zeit der Bedarf größer gewesen ist als das Angebot. Nicht zuletzt bedingt durch den Rückgang der Geburtenzahlen in den 1970er Jahren stand seit Beginn der 80er Jahre jedoch für jedes Kind, dessen Eltern dies wünschten, ein Kindergartenplatz zur Verfügung.

Auch die Zahl der eingesetzten Kräfte stieg kontinuierlich an: Waren es 1949 erst 8.650 Kindergärtnerinnen, so waren Mitte der 50er Jahre in den Kindergärten schon circa 21.000 Kindergärtnerinnen tätig. 1967 arbeiteten rund 36.000 Kindergärtnerinnen in den Einrichtungen. Diese Zahl stieg bis 1978 auf rund 54.000 und 1989 auf 72.800 Kindergärtnerinnen an. Hinzu kamen in den späten 80er Jahren noch rund 20.000 Erziehungshelferinnen, so dass 1989 mehr als 90.000 Kräfte in den DDR-Kindergärten tätig waren.

Zum guten professionellen Standard der Kindergartenarbeit gehörte es auch, dass in der Folge des vermehrten Personaleinsatzes die Gruppengrößen sanken: Von durchschnittlich 15,7 Kindern je Betreuungskraft 1965 auf 11,7 im Jahre 1984.

ZUSAMMENFASSUNG

In keiner Phase der deutschen Geschichte kommt dem Kindergarten eine so große Bedeutung zu wie in den gut vier Jahrzehnten der DDR, in denen er zu einem kostenfreien und ganztägigen staatlichen Angebot für nach und nach alle Kinder ausgebaut und von diesen auch in Anspruch genommen wird. Das Problem der Vereinbarkeit von mütterlicher Erwerbstätigkeit und Kleinkinderziehung als einer zentralen Herausforderung moderner Industriegesellschaften, wird in der DDR zweifellos recht gut gelöst. Wenn auch um den Preis eines alles beherrschenden Staatseinflusses: Privat organisierte Formen der Kinderbetreuung, überhaupt jegliche Alternative zum staatlichen Kindergartenangebot, sind politisch nicht erwünscht, und es gibt sie, von den wenigen kirchlichen Einrichtungen abgesehen, auch nicht.

Zwar sind es vor allem ökonomische Gründe, die die DDR dazu zwingen, die Mütter von Erziehungsarbeit zu entlasten. Aber das Erziehungssystem der DDR ist auch einem großen Erziehungsprojekt verpflichtet, steht doch nichts weniger als die Schaffung des neuen Menschen auf dem Programm, die „allseitig und harmonisch entwickelte sozialistische Persönlichkeit". Dafür seien, heißt es, gerade die ersten Lebensjahre eines Kindes die entscheidenden. Der Kindergarten ist in der DDR deshalb nie in dem Sinne Modethema wie in der Bundesrepublik, wo er nur während der wenigen Jahre des bildungsreformerischen Aufbruchs im Zentrum von Politik und Öffentlichkeit steht.

In der DDR herrscht strikter Zentralismus. So ist auch die tägliche Praxis in den Kindergärten von Erziehungsplänen bestimmt, die unter Mitwirkung der vorschulpädagogischen Forschung zentral erarbeitet werden und verpflichtenden Charakters sind. Dementsprechend ist die Rolle der Kindergärtnerin nicht die der eigenverantwortlich planenden und durchführenden vorschulpädagogischen Fachkraft, sondern sie erfüllt die an sie herangetragenen Erwartungen dann am besten, wenn sie die Planvorgaben getreulich nachvollzieht. Inhaltlich sind diese Planvorgaben streng am Ziel der Schulvorbereitung orientiert. Von Anfang an ist der Kindergarten der DDR selbstverständliches Teil des allgemeinen Bildungswesens und dessen Elementar- und Eingangsstufe.

Diese auf den unterschiedlichsten Ebenen wirksame praktisch völlige Abhängigkeit des Kindergartens von Planvorgaben und der offenen und subtilen, jedenfalls aber rigiden Kontrolle lässt diesen zu einer immer wieder bemerkten (und beklagten) uniformen Erscheinung werden. Eine didaktisch-methodische Vielfalt, wie sie in der Bundesrepublik spätestens ab den 1970er Jahren zu finden ist, kennt der Kindergarten der DDR nicht. Hier macht sich auch das Fehlen von Alternativmodellen, wie das im Westen mit den Kinderläden und ihrer antiautoritären Erziehung, den Waldorfeinrichtungen usw. der Fall ist, negativ bemerkbar.

Trotzdem bleibt der Kindergarten der DDR im Rückblick aller Betroffenen in mindestens ambivalenter, nicht selten sogar in ausgesprochen guter Erinnerung. Zwar wird von ehemaligen Kindergärtnerinnen immer wieder die Gängelung durch die Pläne, die Politisierung der Kindergartenarbeit, die zudem über die Köpfe der Kinder hinweggegangen sei, und anderes mehr kritisiert. Nicht wenige Kindergärtnerinnen aber empfanden das Arbeiten nach Plan auch als entlastend. Man wusste, was verlangt ist, was ein Kind in einem bestimmten Lebensalter können sollte usw. Und die Mütter konnten, trotz aller Hetzerei, die das morgendliche Bringen und abendliche Abholen bedeutete, sicher sein: ihre Kinder sind tagsüber versorgt. Und auch die Kinder selbst erinnern sich immer wieder positiv an ihre Kindergartenzeit: „Es ist wunderschön. All meine Kindheitserlebnisse stammen von dort" (zit. in: Schwarz 1997, 55). So könnte am Ende trotz aller Defizite und Mängel, die er zweifellos hatte, der Kindergarten dennoch „eine der kinderfreundlichsten Einrichtungen" (Lost 1990, 937) des untergegangenen DDR-Bildungssystems gewesen sein.

10. Aspekte der Vorschulpädagogik nach der „Wende" (1990 bis in die Gegenwart)

 Anpassungsprozesse in den neuen Bundeslän-
dern – Der rechtliche Rahmen: das Kinder- und
Jugendhilfegesetz – Vorschulpädagogische
Forschung: Zum Beispiel das DJI-Projekt „Orte
für Kinder" – Didaktische Diskussionen: Der
Situationsansatz auf dem Prüfstand – Kindheitsforschung – Der Kindergarten nach PISA – Der
Kindergarten in Europa – Qualifizierung und
Professionalisierung – Zur quantitativen Entwicklung – Zusammenfassung und Schlussbe-
trachtung

ANPASSUNGSPROZESSE IN DEN NEUEN BUNDESLÄNDERN

Der Beitritt der auf dem Gebiet der ehemaligen DDR entstandenen neu-
en Bundesländer zur Bundesrepublik 1990 ist zweifellos das zeitge-
schichtlich herausragende Ereignis der frühen 1990er Jahre gewesen.
Ein Staat verschwand von der Landkarte und aus der Geschichte. Wer
nun allerdings gedacht hatte, die neue, größer gewordene Bundesrepublik werde sich aus Anlass der Vereinigung der beiden Nachkriegsstaaten in ihrer politischen und gesellschaftlichen Verfassung reformieren,
sah sich getäuscht. Der Historiker Dietrich Staritz (1997, 407) urteilt
vielmehr: „Am Tage der Vereinigung, am 3. Oktober 1990, gab es keine
Zweifel mehr: die Bundesrepublik würde bleiben wie sie gewesen war,
nur größer werden. Das, notabene, wollten dort beinahe alle, und auch
im Osten des Landes erhob sich nur wenig Widerspruch. Die Mühen der
Einheit standen noch bevor." Diese Mühen der Einheit lassen sich auch
an der Transformation des Kindergartens der ehemaligen DDR studie-
ren.
Die gravierendste Umstellung betraf wohl die Herauslösung des Kindergartens aus dem Bildungsbereich und seine Zuordnung zum Kinder-

und Jugendhilfesektor, wobei zu bedenken ist, dass es ein dem westdeutschen vergleichbares System der Kinder- und Jugendhilfe in der DDR nicht gegeben hat. Ein solches musste auf dem Gebiet der neuen Bundesländer erst aufgebaut werden. In diesem Zusammenhang kam es zur Wiederherstellung des für die deutschen Verhältnisse traditionellen Trägerpluralismus, auch wenn die diesbezüglichen Verhältnisse in den neuen Bundesländern die alte DDR bis heute deutlich durchscheinen lassen. Bezogen auf den vorschulischen Bereich heißt das: Während sich in den alten Bundesländern im Jahr 2003 rund 66% der Einrichtungen in freier Trägerschaft befanden, waren es in den neuen Bundesländern nur 16%. Unter den freien Trägern wiederum waren dort besonders zahlreich solche, die in den alten Bundesländern keine große Rolle spielen, etwa das Rote Kreuz, der Paritätische Wohlfahrtsverband, die Arbeiterwohlfahrt. Um den Übergang abzusichern, hat sich in den neuen Bundesländern für eine kurze Übergangszeit (bis zum 30. Juni 1991), so war es im Einigungsvertrag festgelegt worden, der Bund an der Finanzierung der Kindertagesstätten beteiligt.

Neben der organisatorischen war auch die inhaltliche Umgestaltung in die Wege zu leiten. Deshalb wurden die Leiter(innen) von Kindertageseinrichtungen verpflichtet, innerhalb eines recht kurzen Zeitraums pädagogische Konzeptionen vorzulegen, auf deren Grundlage ihre Einrichtungen dann von den Kommunen oder einem freien Träger übernommen werden sollten. Die Aufgabe, die sich hier stellte, war eine große Herausforderung. Für die Betroffenen ging es darum, sich unter erheblichem äußerem Druck in der Fülle der Angebote, die aus den alten Bundesländern herüberdrangen, zurechtzufinden. Eine kurze Zeit der intensivsten Rezeption solcher pädagogischer Ansätze, wie sie im vorletzten Kapitel beispielhaft vorgestellt worden sind (zum Beispiel Situationsansatz, Reggio-Pädagogik), hob an. Daneben wurden jetzt auch Alternativgründungen, zum Beispiel Montessori-Kinderhäuser und Waldorf-Kindergärten, möglich.

Dies alles spielte sich vor dem Hintergrund einer von vielen Eltern und Kindergärtnerinnen als höchst verunsichernd wahrgenommenen Lage ab. Die Eltern waren im Blick auf das eigene Erziehungsverhalten sowie das der Kindergärtnerinnen im Zweifel: Taugte, wie bisher, das Kollektiv als Richtgröße, oder sollte man besser auf Individualität setzen? Würde man künftig mit Zurückhaltung und Unterordnung noch durchkommen, oder sollte man die Kinder doch besser zur Durchsetzungsfähigkeit erziehen? Noch drei Jahre nach der Wende konnte man als Resultat einer empirischen Untersuchung lesen: „Nicht wenige Eltern bestärken gegenwärtig ihre Kinder regelrecht darin, sich durchzusetzen, sich nichts gefallen zu lassen oder schwächere Kinder auszunutzen, weil sie glauben, damit den veränderten Bedingungen besser gerecht zu werden" (Engelhard & Michel 1993, 226). Wie weitere Befragungen ergaben (vgl. Sass & Jaeckel 1996, 68), nahmen viele Eltern die neuen Verhältnisse als kinderfeindlich wahr. Im Rückblick wurde von der DDR ein zumindest hinsichtlich der Möglichkeiten, die sie den Familien mit kleinen Kindern geboten hatte, durchaus freundliches Bild gezeichnet, eine Einschätzung, die auch damit zusammenhängen mag, dass gerade unter den Müttern kleiner Kinder nach der Wende die Arbeitslosigkeit (mit fast 40%) überdurchschnittlich hoch war. Viele junge Mütter mussten sich als Opfer des Übergangs von der Plan- zur Marktwirtschaft fühlen. Da es in der DDR – im Vergleich zur Bundesrepublik – relativ viele allein erziehende Mütter gab, bedeutete diese Entwicklung für immerhin ein Fünftel aller ostdeutschen Kinder den Absturz in die Einkommensarmut (vgl. Nauck & Joos 1996, 287).

Nicht nur im Umfeld der Kindertagesstätten, auch in den Einrichtungen selbst wuchsen Verunsicherung und Stress, denn die Überführung des DDR-Kindergartens in das westdeutsche System hatte existenzielle Auswirkungen auf jede einzelne Kindergärtnerin. Um sich die Chance zur Weiterbeschäftigung zu erhalten, musste sich jede Kindergärtnerin durch den Besuch von (meist einjährigen) Fortbildungsmaßnahmen – den so genannten „Anpassungsqualifikationen" beziehungsweise „Nachqualifizierungen" – mit anschließendem Prüfungskolloquium um den Erwerb der staatlichen Anerkennung als Erzieherin bemühen. Erst damit war sie ihren westdeutschen Kolleginnen gleichgestellt. Selbst dann aber war die Fortsetzung der beruflichen Tätigkeit keineswegs gesichert. Nicht nur war die Zeit unmittelbar nach dem förmlichen Ende der DDR von Kindergartenschließungen beziehungsweise -zusammenlegungen geprägt. Viele der arbeitslos gewordenen Eltern konnten die für sie ungewohnt hohen Kindergartengebühren nicht mehr bezahlen und meldeten ihre Kinder ab. Die vorher zahlreichen Betriebskindergärten schlossen fast ausnahmslos. Zwischen 1990 und 1998 wurden in den neuen Bundesländern 380.000 Plätze abgebaut. Das ließ den Bedarf an Kindergärtnerinnen sinken. Noch Jahre nach der Wende sind Erzieherinnen trotz persönlicher Tüchtigkeit entlassen worden. Ein Schicksal, das vor allem die jüngeren

Berufskräfte traf und dafür gesorgt hat, dass in den 90er Jahren der Altersdurchschnitt der in den ostdeutschen Kindergärten tätigen Kräfte deutlich über dem der Kolleginnen in den alten Bundesländern lag. Aber auch denjenigen, die das Glück hatten, ihren Arbeitsplatz behalten zu können, verlangte die Wende eine erhebliche Anpassungs- und Neuorientierungsleistung ab. Statt Gehorsam und Planerfüllung waren nun auf einmal Kreativität, Phantasie und Selbstverantwortung gefragt. Außerdem sahen viele Kindergärtnerinnen aufgrund der Herauslösung des Kindergartens aus dem Bildungsbereich ihren Beruf einem Bedeutungs- und Ansehensverlust unterworfen und ihre eigene langjährige Tätigkeit entwertet (ein Gefühl, das durch unsensible Begriffe wie „Anpassungsqualifizierung" und „Nachqualifizierung – siehe oben – durchaus unterstützt wurde). Wieder andere Kindergärtnerinnen hatten offenkundig Mühe, sich in eine Rolle hineinzufinden, die nicht mehr die Kindergärtnerin uneingeschränkt im Mittelpunkt des Geschehens im Kindergarten sah („Machtverlust"). Die Kinder wurden jetzt vielfach als fordernd und viel selbstbewusster als früher erfahren. Die nunmehr mögliche und sehr weitgehende Elternmitsprache wurde in Gesprächen mit westdeutschen Kindergartenforschern als ungewohnt bezeichnet. Dennoch überwog in den meisten Fällen die Erleichterung über das Ende des alten DDR-Kindergartens. Man sei jetzt in jeder Hinsicht freier, nicht nur wegen der politischen Bevormundung, die man losgeworden sei, sondern auch der rigiden Fremdsteuerung durch die engmaschigen pädagogischen Planvorgaben ledig (vgl. Höltershinken, Hoffmann & Prüfer 1997).

DER RECHTLICHE RAHMEN: DAS KINDER- UND JUGENDHILFEGESETZ

Auch in der neuen Bundesrepublik sind Kindertageseinrichtungen – mit Ausnahme Bayerns, wo sie als Eingangsstufe des Bildungswesens gelten (aber gleichwohl dem Sozialministerium zugeordnet sind) – Einrichtungen der Jugendhilfe. Ihr rechtlicher Rahmen ist im Achten Buch des Sozialgesetzbuches (SGB VIII), im so genannten „Kinder- und Jugendhilfegesetz (KJHG)", sowie in den Ausführungsgesetzen der Bundesländer, den Kindergartengesetzen, fixiert. Die Aufsicht über die Kindertagesstätten wird von den Landesjugendämtern wahrgenommen, die auch die Betriebserlaubnis erteilen. Die Sicherstellung des Angebots vor Ort obliegt den Kommunen, die dabei die freien Träger angemessen berücksichtigen müssen. Finanziert werden die Einrichtungen auf dem Wege der Mischfinanzierung vom Land, der Kommune, dem Träger und – nach wie vor – den Eltern. Es gibt Gesetzeskommentatoren, die in der Kostenpflichtigkeit des Kindergartens einen bewusst erhaltenen letzten Rest des ehemaligen Ausnahmecharakters der öffentlichen Kleinkinderziehung sehen (zum Beispiel Kunkel 1999, 76).

Ihren vorläufigen Abschluss hat die 1900 mit der Verabschiedung des BGB und des preußischen Fürsorgeerziehungsgesetzes eingeleitete Entwicklung des Jugendhilferechts am 28. März 1990 im Deutschen Bundestag mit der Verabschiedung des KJHG gefunden (Wiesner 1998; Schellhorn 1999). Das KJHG ist am 3. Oktober 1990 in den neuen Bundesländern und am 1. Januar 1991 in den alten Bundesländern in Kraft getreten und hat das bis dahin geltende Jugendwohlfahrtsgesetz (JWG) abgelöst. Es richtet sich an Kinder und Jugendliche und deren Eltern sowie an junge Volljährige bis zur Vollendung des 27. Lebensjahres. Im Gegensatz zum alten, noch stark von eingriffs- und ordnungsrechtlichen Vorstellungen geprägten Jugendrecht, versteht sich das KJHG als präventiv orientiertes Leistungsgesetz, das den Begriff der „Erziehungshilfen" in den Mittelpunkt stellt und die Eltern in ihren Erziehungsaufgaben unterstützen will. Es soll also nicht mehr kontrolliert und sanktioniert, sondern beraten und geholfen werden. Die Kinder- und Jugendhilfe hat allerdings nach wie vor keinen eigenen Erziehungsauftrag, wie etwa die Schule, sondern ergänzt und unterstützt die Erziehung in der Familie, die ihren grundsätzlichen Vorrang behält. Anspruchsberechtigt sind nicht die Kinder und Jugendlichen selbst, sondern deren Eltern; erstmals übrigens auch die ausländischen Eltern. Dabei sollen allerdings, wo immer möglich, die Bedürfnisse der Kinder und Jugendlichen im Mittelpunkt stehen. In Abhängigkeit von ihrem Entwicklungsstand sollen die Kinder und Jugendlichen gehört und an den sie betreffenden Entscheidungen der Jugendhilfe beteiligt werden. Neben diesen neuen und vorher im Jugendrecht unbekannten Aspekten finden sich im KJHG natürlich auch alle bereits bekannten Elemente der Jugendhilfe wieder: Der Trägerpluralismus, das Subsidiaritätsprinzip, die Verpflichtung des Staates zur finanziellen Unterstützung usw.

Für den Kindergarten – aber auch für die anderen Formen und Einrichtungen der öffentlichen Kleinkinderziehung – sind die §§ 22-26, der so genannte Dritte Abschnitt des KJHG, einschlägig. Anders als im RJWG

und in seinen diversen Novellen, erhält die öffentliche Kleinkinderziehung im KJHG erstmals ein eigenes Kapitel zugewiesen, was die schon
im Namen des Gesetzes anklingende gestiegene Wertigkeit des Kindesalters im größeren Ganzen der Kinder- und Jugendhilfe unterstreicht
(vgl. Münder & Tammen 2002). Im § 22 heißt es, das pädagogische Leis-
tungsangebot in den „Tageseinrichtungen" (d. i. die im Gesetz verwendete Sammelbezeichnung für Krippen, Horte und Kindergärten) sei „an
den Bedürfnissen der Kinder und ihrer Familien (zu) orientieren" und
die Eltern seien an den wesentlichen Entscheidungen, die die Tageseinrichtung betreffen, zu beteiligen. Im § 23 wird die Tagespflege, vom Gesetzgeber als ein den Tageseinrichtungen gleichrangiges Förderungsan-
gebot vorgesehen, abgehandelt. Der § 24 fordert den Aufbau eines lü-
ckenlosen Netzes an Tageseinrichtungen und legt das Recht eines jeden
Kindes auf den Besuch eines Kindergartens fest. § 25 sichert allen trä-
gerunabhängigen Elterninitiativen zur Betreuung von Kindern im vorschulischen Alter öffentliche Unterstützung zu. Das ist gegenüber dem
JWG neu und nimmt auf den durch die Eltern-Kind-Gruppen in Bewegung gekommenen Anbietermarkt Bezug. § 26 verweist zur Regelung
aller Detailfragen im Blick auf die praktische Ausgestaltung der Förderung von Kindern in Tageseinrichtungen auf Landesrecht. Schwerpunk-
te der Kindergartengesetze der Länder sind die Festlegung der Anforderungen an das Personal, der sächlichen Ausstattung, der Gruppengrößen,
der Eltern- und Kindermitwirkung, der Finanzierung. In fast allen Bundesländern sind in der Folgezeit spezielle Kindergartengesetze beziehungsweise Gesetze über Tageseinrichtungen für Kinder verabschiedet
worden.
Außerhalb dieses Dritten Abschnitts des KJHG sind die §§ 45 (Betriebserlaubnis), 46 (örtliche Prüfung), 47 (Meldepflicht) und 48 (Betriebsun-
tersagung) sowie insbesondere der § 80, der die Jugendhilfeplanung zum
Gegenstand hat, zu nennen. Das Planungserfordernis bezieht sich zwar
nicht unmittelbar oder gar ausschließlich auf den Kindergarten. Wenn
im § 80 aber festgestellt wird, Jugendhilfeplanung habe unter Berücksichtigung der „Wünsche, Bedürfnisse und Interessen" der jungen Menschen und ihrer Eltern zu erfolgen und ausdrücklich die Vereinbarkeit
von Familien- und Erwerbsarbeit als Zielperspektive genannt ist, dann
gibt dies natürlich auch der Kindergartenplanung die Richtung vor.
Seit seinem Inkrafttreten ist das KJHG verschiedentlich novelliert worden. Die für unseren Zusammenhang bedeutendste Novellierung erfolgte

im Mai 1993, trat 1996 in Kraft und betraf den § 24. Zwar hatten die Kindergartengesetze der Länder Sachsen, Sachsen-Anhalt und Thüringen bereits 1991 den Rechtsanspruch auf einen Kindergartenplatz festgelegt. In der überarbeiteten Fassung des § 24 KJHG wurde nun aber erstmals bundesjugendgesetzlich jedem Kind ab dem vollendeten dritten Lebensjahr bis zum Eintritt in die Schule ein Rechtsanspruch auf einen Kindergartenplatz zugesichert. 1990 war eine solche Regelung noch an der Unfähigkeit des Bundes, der Länder und der Gemeinden, sich über die Finanzierung dieses Anspruchs einig zu werden, gescheitert. Nun war wenige Jahre später doch noch eine fast zweihundertjährige Entwicklung an ihr Ende gekommen: die durchgreifende Vergesellschaftung und Institutionalisierung der frühkindlichen Erziehung in ganz Deutschland.

Interessant ist es zu sehen, welcher Motivlage sich diese Kodifizierung eines Rechtsanspruchs auf einen Kindergartenplatz verdankte. Und zwar handelte es sich um eine Gemengelage aus drei Motivbündeln (vgl. Liegle 2001): Einmal waren es frauenpolitische Argumente; Frauen verlangten nach Kindertageseinrichtungen, um Familien- und Berufsarbeit vereinbaren zu können. Hinzu kamen ökonomische Argumente. Die Wirtschaft hatte erkannt, welches Kapital die gut ausgebildeten jungen Mütter darstellten, auf deren Verfügbarkeit man nicht zugunsten mehr oder weniger ausgedehnter Familienphasen verzichten wollte. Schließlich ist noch ein demographisches Argument zu nennen. Nur wenn man den berufstätigen jungen Frauen einen Betreuungsplatz für ihr Kind in Aussicht zu stellen vermochte, glaubte man, deren Bereitschaft, Kinder zu bekommen, stärken zu können. Das Recht auf einen Kindergartenplatz ist deshalb auch zuerst im Schwangeren- und Familienhilfegesetz vom Juli 1992, das sich auf den reformierten § 218 StGB bezog, verankert worden, und sollte ab 1. Januar 1996 einklagbar sein. Wie noch zu zeigen sein wird, konnte die Bereitstellung eines Platzes in einer Kindertagesstätte für jedes Kind in Westdeutschland bis zum Jahr 2000 nur annäherungsweise, dafür aber in den neuen Bundesländern vollständig verwirklicht werden. Für die Bewohner(innen) der neuen Bundesländer bedeutete der Rechtsanspruch auf einen Kindergartenplatz allerdings keine Verbesserung gegenüber der Situation in der früheren DDR, die ja bereits das Prinzip einer vollständigen Deckung des Bedarfs gekannt hatte. Insofern als die unter drei Jahre alten Kinder von der gesetzlichen Garantie ausgenommen waren, bedeutete das Gesetz für diesen Teil der Bevölkerung sogar einen Rückschritt.

241

VORSCHULPÄDAGOGISCHE FORSCHUNG: ZUM BEISPIEL DAS DJI-PROJEKT „ORTE FÜR KINDER"

Als ein Beispiel für die in den 90er Jahren praktizierte anwendungsorientierte vorschulpädagogische Forschung soll hier das in den Jahren 1991 bis 1994 unter Federführung des Deutschen Jugendinstituts (DJI), München, durchgeführte Forschungs- und Entwicklungsprojekt „Orte für Kinder" stehen (vgl. Deutsches Jugendinstitut [1994]). In Erfüllung des Anspruchs einer „bedarfsgerechten" Weiterentwicklung des Kindergartens (vgl. Colberg-Schrader & Krug 1999; Erath & Amberger 2000) hatten die in dem Projekt zusammenarbeitenden Wissenschaftler(innen) und Praktiker(innen) den Auftrag erhalten, „neue Angebotsformen in traditionellen Kinderbetreuungseinrichtungen sowie in Initiativen und Selbsthilfeeinrichtungen zu erproben" (Ledig, Schneider & Zehnbauer 1996, 349).

Was unter „bedarfsgerecht" zu verstehen war, ergab sich aus der weiter fortgeschrittenen Pluralisierung der Lebenslagen der Kinder. Zwar wuchsen auch Mitte der 1990er Jahre noch mehr als 80% aller Kinder im Vorschulalter in so genannten Normalfamilien auf. Daneben aber waren die Stief- oder Zweitfamilie und die Ein-Eltern-Familie (in der Regel als Mutter-Kind-Familie) längst nichts Außergewöhnliches mehr – in den neuen Bundesländern mehr noch als im Westen. Auch hatte die mütterliche Erwerbstätigkeit weiter zugenommen. Waren Mütter von kleinen (das heißt unter sechs Jahre alten) Kindern 1980 zu 36% einer Berufstätigkeit nachgegangen, so waren es laut Statistischem Bundesamt im Jahre 2000 bereits knapp 52%. Kurzum: Familie war zu einem „Balanceakt" (Rerrich 1990) zwischen den eigenen, gewissermaßen privat verfügbaren Ressourcen und einem steigenden Hilfebedarf von außen geworden.

In allen Einzelprojekten des dezentral angelegten Gesamtprojekts „Orte für Kinder" kam deshalb der vorgängigen Erhebung der Bedarfslage und dem Planungsprozess grundlegende Bedeutung zu (siehe § 80 KJHG!). „Orte für Kinder" versuchte, solche Planungsprozesse exemplarisch und mustergültig zu praktizieren. So wurde der konkrete Betreuungsbedarf an den 14 Modellstandorten von allen Beteiligten gemeinsam – neben den Wissenschaftlern waren das die Eltern, die betroffenen Erzieherinnen und Behördenvertreter(innen) – mit Hilfe der Methoden der modernen Sozialforschung ermittelt. In Elterninterviews und Gesprächen mit

Kindern, mittels Fragebögen, Stadtteilbegehungen und Stadtteilkonfe-
renzen, durch die Auswertung der sozialdemographischen und ökonomischen Rahmendaten sowie per Evaluation der bestehenden Angebote
wurde der Ist-Zustand am jeweiligen Standort festgestellt – in der No-
menklatur späterer Jahre: es wurde eine „Sozialraumanalyse" durchgeführt – und mit den von den Eltern geäußerten Wünschen und Erwartungen an die Betreuung und Erziehung ihrer kleinen Kinder abgegli-
chen. In einem ebenfalls von allen Beteiligten gemeinsam getragenen
Prozess wurde sodann versucht, diese Wünsche in die Wirklichkeit umzusetzen.

Das konnte auf sehr verschiedene Weise geschehen, etwa dadurch, dass
sich eine Kindertagesstätte die in ihrem Einzugsgebiet vorhandenen frei-
en Angebote nutzbar zu machen versuchte, handele es sich um Sport-
vereine, Büchereien, Musikschulen, Kinderkulturinitiativen, Familien-
bildungsstätten, Mutter-Kind-Gruppen und Ähnliches mehr. „Öffnung"
und „Vernetzung" lauteten hier die Stichwörter. Die Kindertagesstätte
sollte sich alle denkbaren externen Ressourcen erschließen und sich ein-
fügen in ein weit gespanntes Netz familienunterstützender Maßnahmen.
Dafür konnte man sogar die Wissenschaft in Anspruch nehmen. Entwicklungspsychologen haben nämlich festgestellt, dass, wie wenige
Jahre später in einem Gutachten zitiert wurde, „Eltern, die über ein eng-
maschiges Netzwerk an Unterstützung verfügen … häufiger einen ge-
lassenen und sicheren Umgang mit ihren Kindern (pflegen)" als andere
Eltern (Bundesministerium … [1998], 113).

Den umgekehrten Weg, wenn auch letztlich mit demselben Ziel, beschritt
man im Fall des Kinderhauses in Kiel-Mettenhof. Dort wurde versucht,
die verschiedensten Hilfeeinrichtungen unter dem Dach eines „Kinderhauses" zusammenzuführen: darunter einen Kindergarten, einen Schüler-
hort, ein Elterncafé, eine Erwachsenenbildungseinrichtung, einen Treff-
punkt für Tagesmütter, eine Eltern-Kind-Initiative, eine Erziehungsbera-
tungsstelle, therapeutische Angebote usw. Hier gewann das Kinderhaus
Mittelpunktfunktion für das soziale und kulturelle Leben eines ganzen
Stadtteils; aus einem Ort für Kinder war so ein Ort für die ganze Nach-
barschaft geworden. Wie auch immer die Lösungen im Einzelfall aussa-
hen, wichtig war, dass sie möglichst nahe an der konkreten Bedürfnislage
der Familien und den Verhältnissen vor Ort angesiedelt waren.

Auch im Innern veränderten sich die Einrichtungen. So finden wir
durchweg die schon aus den 70er Jahren bekannte „Altersmischung" als

einen Versuch, „den Kindern etwas von der natürlichen Umwelt zurück (geben zu können), die auf Strassen und Plätzen verloren gegangen ist" (Krappmann & Peukert 1995, 7). Auch hoffte man, das immer wieder in Bezug auf die kleiner gewordenen Familien beklagte „Fehlen geschwisterlicher Lebensformen" (Wagner-Winterhager 1988, 635) auf diese Weise kompensieren zu können. Das führte zum Einbezug bisher nicht berücksichtigter Altersgruppen. Warum sollten nicht Kinder unter drei Jahren den Kindergarten besuchen können; warum sollte das eben eingeschulte Kind von heute auf morgen seine ihm vertraut gewordene Kindergruppe verlassen müssen? Hier fand es möglicherweise den nötigen Rückhalt und die nötige Sicherheit, um den Stress des Übertritts in die Grundschule bewältigen zu können. In manchen Fällen kamen Kinder zwischen zwei und zwölf Jahren in den Einrichtungen zusammen, die Grenzen zwischen Krippe, Kindergarten und Hort wurden fließend, ein Trend, der sich aufgrund der sinkenden Zahl von Kindergartenkindern (siehe unten) nach der Jahrtausendwende noch verstärkt hat und weiter verstärken dürfte.

Welche Raumkonzepte aber waren nötig, das war die nächste Frage, um ein befriedigendes Mit- und Nebeneinander zwischen Kindern unterschiedlichsten Alters zu ermöglichen? Fast überall hat man neue bauliche und Ausstattungsvarianten ausprobiert, solche, die eine flexible und phantasievolle Nutzung der Räume durch die Kinder boten. Durchaus in der Spur der Kinderladenbewegung der 60er und 70er und der Reggio-Pädagogik der 80er Jahre wurden jetzt Galerien, Rutschen, Höhlen, Nischen, Winkel, Ruheecken, Podeste, Spiegel usw. in die Raumgestaltung eingebracht. Werkstätten wurden eingerichtet, der Wechsel von Licht und Dunkel und die Transparenz der Räume spielten eine Rolle. Mit einem Wort: Der Kindergarten wurde zum „Erfahrungsraum" (Hermann & Wunschel 2002).

Aufgebrochen wurden auch die von vielen Eltern als zu starr empfundenen Öffnungszeiten, die sich immer noch all zu häufig an einem längst nicht mehr aktuellen Modell orientierten, welches hieß: Vormittags ein paar Stunden, nachmittags ein paar Stunden, dazwischen Mittagessen zu Hause. Die Wirklichkeit sah längst anders aus: Manche Kinder bedurften täglich nur weniger Stunden der Betreuung, andere nur an zwei oder drei Tagen in der Woche, dann aber möglichst von morgens bis abends; in wieder anderen Fällen waren die Eltern auf eine durchgängige Ganztagsbetreuung mit Mittagstisch angewiesen.

Für die 1990er Jahre und damit auch für das Projekt neu war die Qualitätsdiskussion, die 1999/2000 sogar in einer vom Bundesfamilienministerium ausgerufenen so genannten „nationalen Qualitätsinitiative im System der Tageseinrichtungen für Kinder" gipfelte. Zum einen war aufgrund empirischer Untersuchungen die an sich alte Erkenntnis erneut bekräftigt worden, dass die pädagogische Qualität der Einrichtung als mit entscheidend für die Entwicklung der Kinder anzusehen ist. Kinder in guten Einrichtungen schnitten im Blick auf ihre kognitive und soziale Entwicklung deutlich besser ab als Kinder in weniger guten Einrichtungen. Zum andern ist es naheliegend, dass für eine sich so sehr auf die realen Bedürfnisse der Familien einlassende Vorschulpädagogik das Qualitätsargument ein erhebliches Gewicht besaß. Und schließlich ließ sich unter dem Diktat der leeren öffentlichen Kassen die Betrachtung des Dienstleistungsangebots vorschulpädagogischer Einrichtungen auch unter ökonomischen Aspekten nicht länger umgehen. Von Kostenmanagement, Budgetverantwortung, Konkurrenz, Kundenorientierung, Wettbewerb usw., bis dato nur aus der Welt der profitorientierten Unternehmen bekannt, war jetzt auch in der vorschulpädagogischen Diskussion immer häufiger die Rede. Ob die für die Erziehung der kleinen Kinder eingesetzten finanziellen Mittel optimal angelegt seien, diese Frage war nicht mehr länger tabu. In letzter Konsequenz mündete die Qualitätsdebatte in der Forderung, die Qualität einer Tageseinrichtung als zu messende und zu zertifizierende Größe zu behandeln (Spieß & Tietze 2002). Die besondere Bedeutung des Projekts „Orte für Kinder", in das über Multiplikatorenkreise bundesweit weitere 75 Einrichtungen einbezogen waren, lag weniger in den einzelnen Innovationen, die es erbrachte; das meiste war schon vorher irgendwo praktiziert worden. „Orte für Kinder" aber hat die Wege zur Verwirklichung des Neuen dokumentiert und sein Gelingen für viele transparent und nachvollziehbar werden lassen.

DIDAKTISCHE DISKUSSIONEN: DER SITUATIONSANSATZ
AUF DEM PRÜFSTAND

Nachdem schon zu Beginn der 90er Jahre einer der „Väter" des Situationsansatzes „Problemzonen der Reform" und „Defizite und Desiderata" ausgemacht hatte (Zimmer 1992, 62), geriet der Situationsansatz Mitte des Jahrzehnts erneut in die Diskussion. Äußerer Anlass war ein Evaluationsauftrag, der an eine Forschergruppe der Freien Universität Berlin ergangen war. Zwischen 1992 und 1994 besuchte diese Gruppe 39 Kindertageseinrichtungen, die allesamt in den 70er Jahren am Erprobungsprogramm zum Situationsansatz teilgenommen hatten, sprach mit den Erzieherinnen, beobachtete die Kinder und führte regionale Hearings durch, um sich so ein Bild von der Realität des Situationsansatzes rund 20 Jahre nach seiner erstmaligen Verwirklichung machen zu können. Die Befunde waren ernüchternd (vgl. Zimmer, Preissing, Thiel, Heck & Krappmann 1997).

Wohl hatte sich der Situationsansatz in der Praxis, zumindest auf den ersten Blick, erfolgreich etablieren können. Fast jede der befragten Erzieherinnen hatte erklärt, sich in ihrer Arbeit am Situationsansatz zu orientieren. Auch darüber hinaus konnte die Forschergruppe Erfreuliches feststellen: In der fachschulischen Ausbildung, unter Fachberaterinnen und Fortbildnerinnen war der Situationsansatz zu einer festen Größe geworden. In Richtlinien und programmatischen Texten wurde durchgängig auf den Situationsansatz Bezug genommen. Eine Fülle von Literatur zum Situationsansatz war in den beiden Jahrzehnten erschienen. Noch in der zweiten Hälfte der 90er Jahre war eine Vielzahl praxisorientierter Publikationen zum Situationsansatz herausgekommen (zum Beispiel Krenz 1997; Stoll 1997). Selbst in einzelne Länder der Dritten Welt war der Situationsansatz „exportiert" worden. So weit also schien alles zum Besten zu stehen.

Zugleich aber waren die Defizite nicht zu übersehen. Nur in weniger als der Hälfte der besuchten Einrichtungen zeigten sich tatsächlich deutliche Spuren des Situationsansatzes. In allen anderen Einrichtungen war es um die Praxis des Situationsansatzes, in vielen Kindergärten darüber hinaus allgemein um die pädagogische Qualität trübe bestellt. Zudem hatte man in der Forschergruppe häufig beobachtet, wie von den Erzieherinnen als Arbeit nach dem Situationsansatz deklariert wurde, was tatsächlich mit bloßem Gewähren lassen, fehlenden Anforderungen an die Kinder, reiner Beliebigkeit oder unreflektierter Bedürfnisorientierung besser charakterisiert gewesen wäre. Von einer „Anlasspädagogik" war die Rede. Oder man fand an Stelle eigener didaktischer Anstrengungen den Situationsansatz auf das Abarbeiten vorgefertigter Materialien reduziert. Erzieherinnen aus den neuen Bundesländern, die nach der Wende in westdeutschen Einrichtungen den Situationsansatz hatten kennen lernen wollen, äußerten sich nicht selten befremdet über die planlosen

Verhältnisse, auf die sie bei ihren Besuchen gestoßen waren (vgl. Krug 1995, 138).

Vor diesem Hintergrund einer in vielen Fällen unbefriedigenden Realisierung des Situationsansatzes in den Einrichtungen (ganz zu schweigen von den Fällen, in denen nicht die geringsten Spuren einer Situationsorientierung zu entdecken gewesen waren) wurden in den darauf folgenden kritischen Diskussionen nun auch grundlegende Schwächen des Konzepts zur Sprache gebracht. So bemängelte man das Fehlen eines handhabbaren Instruments zur Identifikation von bildungsrelevanten „Situationen". Die Erzieherinnen hätten vielmehr größte Mühen, „herauszufinden, welche Ereignisse, Bedingungen und Veränderungen in Lebenssituationen Berücksichtigung finden sollten und welche nicht" (Larrá 1995, 104). Mit erheblichen Folgen für die praktische Arbeit, von denen die fehlende Kindgemäßheit (vgl. Bittner 1985) vieler „Situationen" noch eine der weniger gravierenden war. Geradezu von einer „Ausklammerung der Kinder" (Schäfer 1995) bei der Bestimmung der „Situationen" war vielmehr die Rede und davon, dass sich in vielen der „Situationen" zwar die Probleme und Sichtweisen der Erwachsenen, nicht aber die der Kinder spiegelten. Das hänge schon mit einem falschen Bild vom Kinde zusammen, wurde jetzt festgestellt. Sehen Drei- bis Sechsjährige in den Erwachsenen ihrer Umgebung tatsächlich Menschen, mit denen es „von gleich zu gleich die Definition von Situationen und ihre didaktische Bearbeitung auszuhandeln (gilt)", oder nicht doch viel mehr die überlegenen Beschützer, Versorger und allwissenden Erklärer, fragte Lothar Krappmann (1995, 117) kritisch. Von einem gleichberechtigten, herrschaftsfreien Dialog, wovon die Schöpfer des Situationsansatzes ausgegangen waren, könne man bei der Kind-Erwachsenen-Beziehung wohl kaum sprechen.

Schließlich fehle im Situationsansatz ein Gespür für die Bedeutung der Phantasie als Möglichkeit, auf kindgemäße Weise „Situationen" zu bewältigen. In diese Richtung zielte auch ein Einwand, der die starke Dominanz des sozialen Lernens kritisierte, was eine Beschränkung auf solche Themen mit sich bringe, die sich mit sozialen Situationen verbinden ließen. Das selbstvergessene Spiel des Kindes, das bloße Umgehen mit Sachen und Ähnliches mehr, das gerate gar nicht erst in den Wahrnehmungshorizont des Situationsansatzes. Etwas anders eingekleidet erschien die Kritik an der Vorherrschaft des Sozialen auch in der Kritik an der Praxis der Altersmischung in den Einrichtungen. Neuere Beiträge zur Sozialpsychologie des kleinen Kindes, die die Bedeutsamkeit eines Partners gleichen Entwicklungsstandes betonten, zwängen nämlich dazu, die Altersmischung, auf die der Situationsansatz gebaut hatte, um über die aus dem Zusammentreffen von Kindern unterschiedlichen Alters sich ergebenden Interaktions- und Aushandlungsprozesse die soziale Entwicklung der Kinder zu fördern, mit etwas anderen Augen zu sehen. Man wisse inzwischen aus einschlägigen Forschungen, dass im Umgang der Älteren mit den Jüngeren eben auch Kreativität erstickt, Entwicklungen abgewürgt und Identitätsbildung verhindert werden könne (vgl. Krappmann & Oswald 1995). Bedeutsam ist schließlich der Hinweis, der Situationsansatz steigere die Komplexität des erzieherischen Handelns, weil er das klassische Erzieherinnen-Kind-Verhältnis um das gesamte Umfeld der Kinder (einschließlich der Eltern) und der von ihnen besuchten Einrichtung erweitere. Das führe aber auf Seiten der Erzieherinnen nicht zu mehr Verhaltenssicherheit, wie eigentlich angestrebt, sondern zum Gegenteil, woraus sich die beobachtete Planlosigkeit im Vollzug des Situationsansatzes ebenfalls erklären lasse (vgl. Larrá 1995, 103).

Die aus diesen kritischen Einwänden resultierenden Empfehlungen lauteten aber nicht, den Situationsansatz über Bord zu werfen. Seine Bedeutung für eine kindzentrierte Elementarpädagogik blieb und bleibt unbestritten, insbesondere da sich seit den 80er und 90er Jahren auf schulpädagogischem Feld ganz ähnliche Tendenzen sehr erfolgreich hatten durchsetzen können (Projektunterricht, Praktisches Lernen, Community Education, Nachbarschaftsschule). Der Situationsansatz sollte vielmehr auf der Grundlage der vorgetragenen Kritik weiter entwickelt werden (vgl. dazu zum Beispiel Zimmer 1995; 2000). So sollten die Defizite zum Beispiel im Bereich des symbolischen und des ästhetischen Lernens angegangen werden, das sachbetonte Lernen neben dem sozialen Lernen stärker gewichtet, die exemplarische Entwicklung von Schlüsselsituationen auf dem Hintergrund der anders gearteten Kindheitserfahrungen der achtziger und neunziger Jahre fortgeschrieben werden, etwa im Blick auf das interkulturelle Lernen oder das Aufwachsen in neuen Familienkonstellationen.

Mitte der 90er Jahre wurden zwei überregionale Modellprojekte initiiert, die sich, jeweils bezogen auf eine ganz bestimmte Gruppe von Tageseinrichtungen, die Weiterentwicklung und Anpassung des Situationsansatzes vorgenommen hatten. „Katholische Tageseinrichtungen entwickeln sich weiter" hieß das eine Modellvorhaben. Das Projekt „Kinder-situationen", das vom Bundesfamilienministerium gefördert, von einer Projektgruppe an der Freien Universität Berlin zwischen 1993/94 und 1997 durchgeführt und von einer Wissenschaftlergruppe der Universität Landau auf seine Wirksamkeit hin untersucht wurde (vgl. Wolf u.a. 1999), unternahm es dagegen, den Situationsansatz auf die spezifischen Bedürfnisse der Kindertageseinrichtungen in den neuen Bundesländern und im Ostteil Berlins zu übertragen. Was beim Situationsansatz in den 70er Jahren noch vernachlässigt worden war, die Anwendung einer ge-zielten Implementationsstrategie, wurde hier von Anfang an mitbedacht. Deshalb wurde besonderer Wert gelegt auf ein breitgefächertes Netz-werk zwischen den am Modellversuch beteiligten Kindertagesstätten, den Trägerorganisationen, den Einrichtungen der Aus- und Fortbildung usw. (vgl. zum Beispiel Zimmer 1997). Auch bemühte man sich, die we-nigen vorhandenen Anknüpfungspunkte an die alten DDR-Kindergar-tenprogramme auszunutzen, um den Erzieherinnen das Vertrautwerden mit dem Situationsansatz zu erleichtern (vgl. Laewen 1997). Freilich mussten die Evaluator(inn)en später u.a. feststellen, dass sich die Kinder, deren Einrichtungen am Modell „Kindersituationen" teilgenommen hat-ten, nur in einer Hinsicht, nämlich im Blick auf Eigenaktivität und Selbstständigkeit in Spiel und Konfliktlösung, von den Kindern in Nor-maleinrichtungen unterschieden. Insbesondere hinsichtlich der Mitwir-kung der Kinder an der Planung ihres eigenen Kindergartenalltags waren keinerlei Effekte des Modellprogramms zu konstatieren gewesen (Wolf u.a. 1998).

KINDHEITSFORSCHUNG

In einer scharfen Wendung gegen das lange die Sozialisationsfor-schung, aber auch die kleinkindpädagogischen Diskussionen beherr-schende adaptive Sozialisationsmodell wurde in den 90er Jahren eine neue Vorstellung herrschend. Während die klassische Sozialisationsthe-orie gewissermaßen vom Ende des Sozialisationsprozesses her Kinder als „Werdende" und deren Entwicklung als Prozess der Internalisierung vorgegebener Strukturen beschrieb, versuchte man jetzt, diese Perspek-tive umzudrehen. Der konstruktivistischen Psychologie verpflichtet, wie sie von Jean Piaget und Lawrence Kohlberg vorgedacht worden war, wurden Kinder als aktive und kreative Aneigner und Gestalter ihrer Umwelt gesehen. In Begriffen wie „Kinderkultur", „Selbstsozialisation" oder „Selbstbildung" kam diese sich über eine Vielzahl theoretischer Beiträge und empirischer Forschungen zur so genannten „Kindheitsforschung" verdichtende Denkweise zum Ausdruck (vgl. Hurrelmann & Bründel 2003).

Grundlegend neu war das allerdings nicht. Zu erinnern ist zum Beispiel an die berühmte Studie der Geschwister Muchow aus den frühen 30er Jahren über den „Lebensraum des Großstadtkindes", in der es, wie Hans Muchow seinerzeit im Vorwort ausgeführt hat, darum gegangen war, zu beschreiben und zu verstehen, „wie das Kind seine Umgebung ‚Großstadt' zu seiner Umwelt umschafft" (Muchow & Muchow 1935, 7). Darin war das spätere Paradigma der Kindheitsforschung schon vorgedacht. Während die Untersuchung der Muchows in ihrer Zeit aber noch singulär geblieben war, kam es jetzt, in den 1990er Jahren, durch die Fülle der Publikationen zu einer umfassenden „Soziographie der Kindheit" (Qvortrup 1993, 116). Außerdem wechselte die Bezugsdisziplin. Waren die Muchows noch Psychologen gewesen, so wurden die Beiträge sechs Jahrzehnte später vorwiegend von Soziologen vorgelegt. Die Deutsche Gesellschaft für Soziologie war es auch, die ab 1994 in ihrer Arbeitsgruppe „Soziologie der Kindheit" diesen Bemühungen den notwendigen institutionellen Rückhalt im Wissenschaftsbetrieb zu verschaffen vermochte. Als einen der wenigen pädagogischen Beiträge zu dieser Diskussion kann man die Forschungen von Krappmann und Oswald zur Art der Sozialbeziehungen Berliner Grundschulkinder anführen. In den 1990er Jahren wurden zwei Handbücher vorgelegt, die den inzwischen erreichten Stand der „Kindheitsforschung" dokumentierten (vgl. Markefka & Nauck 1993; Behnken & Zinnecker 2001).

Auch für die Forschungspraxis hatte dieses Verständnis von Kindheit Folgen. Hier rückten die Kinder als Auskunftspersonen ganz ins Zentrum. In den Worten der Kindheitsforscherin Liselotte Wilk: „Die Sicht und das Erleben der Kinder, ihre aktuell erlebten Probleme, ihre Bedürfnisse, Wünsche und Interessen, ihr aktuelles Wohlbefinden bilden den Gegenstand der Betrachtung. Nur Kinder werden als kompetent angesehen, über all dies zu berichten" (in: Honig, Leu & Nissen 1996, 56). Also musste man die Kinder selbst zu Wort kommen lassen. Die Forschungsmethoden, die zur Anwendung kamen, waren deshalb die auf Verstehen und Sinndeutung subjektiver Äußerungen ausgelegten Methoden der qualitativen Sozialforschung: die (standardisierte und die offene) Befragung der Kinder; Gruppendiskussionen mit Kindern; deren (nicht)teilnehmende Beobachtung in ihren natürlichen Umwelten im Kindergarten und in der Schule, in der Familie, in der Gleichaltrigengruppe, auf dem Spielplatz; die Auswertung von Kindern verfasster Texte usw. (vgl. Honig, Lange & Leu 1999; Heinzel 2000). Hinzu kamen Gespräche mit den Bezugspersonen der Kinder, insbesondere mit den Eltern, und die Erhebung objektiver Daten. Die verschiedenen Untersuchungen, die auf diese Weise zur alltäglichen Lebenswelt der Kinder angestellt wurden (vgl. beispielhaft: Was tun Kinder …? [1992]), sollten sich am Ende zu einem großen regelmäßig fortzuschreibenden „Kindersurvey" zusammenfügen. Nauck & Bertram (1995), kurz darauf Zinnecker & Silbereisen (1996), schließlich noch Bucher (2001) haben erste solche Kindersurveys vorgelegt, die eine Fülle von Daten zu Themen wie Kinder und Familie, Kinder und Religion, Kinder und Freizeit, Kinder und Glück usw. auch unter regional vergleichenden Aspekten enthielten, und damit umfassend Auskunft gaben über die aktuellen Lebenslagen der Kinder – und zwar nicht aus der Sicht von Experten, wie das in den Familien- und Jugendberichten der Fall ist, sondern aus der Sicht der Kinder selbst (vgl. dazu auch Joos 2001)!

Der Institutionalisierung von Kindheit und damit auch dem Kindergarten gegenüber verhielt sich eine solche, das Eigenrecht und die Eigenwilligkeit der Kinder und deren aktive Rolle beim Aneignen von (sozialer) Umwelt betonende Position, wie sie die Kindheitsforschung vertrat, eher kritisch. In „organisierten Einrichtungen", die zwar den Eltern Entlastung verschafften, würden die Kinder nämlich, so lautete der Vorwurf, „den Prinzipien moderner Vergesellschaftung, insbesondere Trennungen ihrer Lebenssphären nach rationalen Gesichtspunkten, ausgesetzt", was ihren Bedürfnissen nicht entspreche (Zeiher 1996, 16). Kinder seien vielmehr an einem möglichst unverstellten Zugang zur Realität interessiert und darauf im Hinblick auf ihre gedeihliche Entwicklung auch angewiesen. Zuerst in „Orte für Kinder", dann in den Debatten um die Wiederverfügbarmachung öffentlicher Räume für Kinder und Jugendliche (zum Beispiel Tübinger Erklärung 1995) hat man derartige institutionenkritische Hinweise aufgegriffen und in die Gestaltung der Kindertagesstätten und ihres Umfeldes einzubringen versucht.

Der Kindergarten nach PISA

Im Frühjahr 2002 wurden die Ergebnisse des von der OECD in Paris ko-ordinierten Programme for International Student Assessment (PISA) in Deutschland bekannt und breit diskutiert (vgl. Deutsches PISA-Konsortium 2001). Die international vergleichende Untersuchung zum Beispiel des Leseverständnisses 15-jähriger Schüler(innen) hatte dabei nur unterdurchschnittliche Ergebnisse für die deutschen Teilnehmer(innen) erbracht. Besonders erschreckte der Umstand, dass ein hoher Anteil von Jugendlichen (23% aller 15-Jährigen) nur über äußerst schwache Lesekompetenzen verfügte. Das war deutlich mehr als im Mittel aller beteiligten OECD-Länder (18%), einer Ländergruppe, zu der keineswegs nur hoch entwickelte Industrieländer gehörten.

Bei der Ursachenforschung stieß man schnell auch auf den Kindergarten. „Die höchst intensive Lernzeit vor dem sechsten Lebensjahr" werde in Deutschland „bisher viel zu wenig genutzt", urteilte zum Beispiel der Leiter des Münchner Staatsinstituts für Frühpädagogik, Wassilios Fthenakis. Kindergarten und Schule dürften sich nicht als fremde Welten gegenüberstehen und mehr als bisher hätte die Förderung der Sprachkompetenz, des naturwissenschaftlichen Verständnisses und allgemein der kognitiven Fähigkeiten im Mittelpunkt der Kindergartenarbeit zu stehen. Ganz im Sinne dieser Forderungen legten das Bayerische Sozialministerium und das Münchner Staatsinstitut 2003 einen umfangreichen Bildungs- und Erziehungsplan für das Vorschulalter vor, an dem sich nach einer Erprobungsphase die bayerischen Kindertagesstätten orientieren sollten. In diesem Rahmenplan war viel von „Schlüsselqualifikationen", „Basiskompetenzen", dem Wissenserwerb, dem Lernen des Lernens („Vermittlung lernmethodischer Kompetenz"), der sprachlichen Förderung, der technischen und der mathematischen Bildung usw. die Rede (Bayerisches Staatsministerium … [2003]). Andernorts wurde im Sinne einer verstärkten Nutzung der „präventiven Bildungsressourcen des Kindergartens" (Fried 2002) über Möglichkeiten nachgedacht, beispielsweise die sprachlich-literarische Bildung der Kinder durch die Schaffung von Vorleseritualen, die Einrichtung von Bücherecken oder die Förderung des Sprachunterrichts bis hin zur Entwicklung von Sprachcurricula (insbesondere für Kinder ausländischer Eltern) zu fördern. Allgemein wird in Folge von PISA eine Relativierung offener Ansätze, wie zum Beispiel des Situationsansatzes, zugunsten curricularer Ansätze erwartet (zum Beispiel Roßbach 2003, 283).

In der Praxis stießen derartige Versuche einer stärkeren vorschulischen Ausrichtung des Kindergartens, die auch als Kritik an der bisherigen Arbeit der Erzieherinnen gelesen wurden, nicht nur auf Zustimmung. An die Debatten der 1970er Jahre, insbesondere um den funktionsorientierten Ansatz, fühlten sich viele erinnert. Das aber wollte man nicht: „Wir lassen uns nicht PISAcken!" (Töfflinger & Kuchen 2002) wurde versichert oder die Forderung erhoben: „Lasst die Vorschulmappen in den Schubladen" (Müller-Neuendorf 2002).

Eine gewisse Entlastung brachten die 2003 veröffentlichten ersten Ergebnisse der Internationalen Grundschulleseuntersuchung, kurz: IGLU (vgl. Bos 2003). Hier schnitt Deutschland deutlich besser ab als zuvor in der PISA-Untersuchung. Wenn aber das Leseverständnis der deutschen Viertklässler im internationalen Vergleich besser entwickelt war als wenige Jahre später am Ende der Sekundarstufe I, dann konnte die in den Kindergärten betriebene pädagogische Arbeit nicht für diesen Leistungsabfall verantwortlich gemacht werden.

DER KINDERGARTEN IN EUROPA

So wie die Anfänge der öffentlichen Kleinkinderziehung im übernationalen Zusammenhang zu sehen sind, so wird sich – wie das Bildungswesen allgemein – auch deren künftige Entwicklung im europäischen Rahmen vollziehen. Die Systeme der öffentlichen Kleinkinderziehung in den verschiedenen Ländern der Europäischen Union (EU) werden sich vermutlich einander angleichen. Da erscheint es als sinnvoll, die wichtigsten Merkmale der öffentlichen Kleinkinderziehung außerhalb Deutschlands, in Europa, überblicksartig ins Auge zu fassen (vgl. Europäische Kommission 1995; Oberhuemer & Ulich 1997).

Für alle Staaten der EU lässt sich ein erheblicher Ausbau des Systems der öffentlichen Kleinkinderziehung ab den mittleren 1960er Jahren feststellen. Seither hat in den meisten Ländern eine Verdoppelung oder gar Verdreifachung der Besuchsquoten bis auf heute nahezu 100% (bei den fünf- und sechsjährigen Kindern) stattgefunden. Allein Portugal mit knapp 50% fiel Mitte der 1990er Jahre noch aus diesem Rahmen. Dabei ist zu berücksichtigen, dass in einigen Ländern, zum Beispiel in den Niederlanden, in Irland und in Großbritannien, die Kinder bereits mit fünf Jahren zur Schule gehen beziehungsweise Vorschulklassen besu-

chen. In Luxemburg besteht ab dem vierten Lebensjahr eine Vorschul-
pflicht.

In den meisten EU-Staaten bilden die Einrichtungen der öffentlichen
Kleinkinderziehung inzwischen einen selbstverständlichen Teil des allgemeinen Bildungswesens mit einem mehr oder weniger engen Bezug
zur Primarschule (zum Beispiel durch die Vergabe der Lehrbefähigung
für die Primarschule auch an die Erzieher[innen]). Als besonders her-
vorstechende Beispiele für eine ausgeprägte vor-schulische Orientierung können die französischen und belgischen écoles maternelles dienen. Zuständig ist das nationale Bildungsministerium, das die Standards
der Elementarbildung vorgibt. Eine sozialpädagogische Orientierung
findet sich dagegen vor allem in Österreich und in den skandinavischen
Ländern. Hier ist der Kindergarten Teil des Sozialwesens.

Betrachtet man den Elementarbereich jedoch etwas genauer, so zeigt
sich in vielen Ländern der EU eine Aufteilung in Einrichtungen, die für
die Drei- und Vierjährigen vorgesehen sind, und in denen die vorschulische Orientierung noch eher verhalten ausfällt. Hier herrscht eine große Typenvielfalt, und auch private Anbieter kommen hier zum Zug.
Darauf bauen dann Einrichtungen für das letzte Jahr vor Schuleintritt
auf, in denen das Lernen der Kinder klar im Vordergrund steht und die
fast durchweg staatlich oder kommunal getragen sind. Eine Besuchs-
pflicht besteht (mit der erwähnten Ausnahme Luxemburgs) jedoch in
keinem Land der EU. Elternbeiträge werden ebenfalls nicht erhoben,
wenn, dann nur für die erwähnten privat getragenen Einrichtungen, die
Drei- und Vierjährige aufnehmen. Ganz eindeutig, und auch dies hängt
mit der vorschulischen Ausrichtung zumindest im letzten Jahr vor Schuleintritt zusammen, geht in den europäischen Ländern der Trend zur al-
tershomogenen Gruppe. Zu erwähnen ist noch, dass die Einrichtungen
fast durchwegs ganztägig geführt werden (Halbtagsbetrieb nur in Irland).

Die Sonderrolle, die die deutschen Einrichtungen im größeren europäischen Zusammenhang spielen, lässt sich vor diesem Hintergrund leicht
erkennen. Eine Sonderrolle spielt Deutschland auch im Blick auf die
Ausbildung. Dazu im folgenden Abschnitt Genaueres.

QUALIFIZIERUNG UND PROFESSIONALISIERUNG

Nach der Wende liefen die in der DDR getrennt geführten vorschulischen Ausbildungsgänge zur Krippenerzieherin und zur Kindergärtnerin aus, und es wurde in den neuen Bundesländern die Struktur des westdeutschen Ausbildungswesens übernommen (vgl. dazu die informative Übersicht in: von Derschau & Thiersch 1999, 15ff.). Die Ausbildung der Erzieherinnen fand also hinfort nach westdeutschem Muster durchgängig an Fachschulen (in Bayern: Fachakademien) für Sozialpädagogik statt. Die Chance, aus Anlass der Vereinigung der beiden deutschen Staaten die Erzieherinnenausbildung mit dem Ziel größerer Praxisnähe, einer zeitlichen Verlängerung oder gar ihrer Höherstufung auf Fachhochschulniveau (wie das zuletzt im 11. Kinder- und Jugendbericht gefordert worden ist) zu reformieren, wurde nicht genutzt. 2000 wurde eine neue KMK-Rahmenvereinbarung zur Erzieherinnen-Ausbildung verabschiedet, die die alte Vereinbarung von 1982 ablöste (abgedruckt in: Fthenakis & Oberhuemer 2002, 313ff.). Größere Veränderungen brachte die neue Rahmenvereinbarung nicht. An der seit den 1960er Jahren gültigen Idee einer sozialpädagogischen Breitbandausbildung („... in allen sozialpädagogischen Bereichen ...") wurde festgehalten.

Auffallend waren die Ost-West-Unterschiede im Grad der Professionalisierung. Erzieherinnen machten Ende der 90er Jahre im Osten 72%, im Westen aber nur 52% des Personals aus. 16% des Personals im Westen waren Kinderpflegerinnen, im Osten waren dies nur 1,4%. Ohne abgeschlossene Berufsausbildung (einschließlich der Praktikantinnen) waren in Westdeutschland 12,5% der in den Kindertagesstätten eingesetzten Kräfte tätig, in den neuen Bundesländern waren es nur 6,1% (Colberg-Schrader & Krug 1999, 147).

Hatte in der Bundesrepublik die Entwicklung des Fachschulwesens im Blick auf die quantitative Dimension Mitte der 1970er Jahre ihren Höhepunkt mit etwas mehr als 300 Einrichtungen erreicht – ein Stand, der in den 80er Jahren in etwa gehalten werden konnte –, so ergab sich erst nach dem Beitritt der DDR wieder eine bemerkenswerte Steigerung. Im Jahr 1992 wurden nämlich in Ost- und Westdeutschland zusammen 354 und 1994 gar 367 Fachschulen für Sozialpädagogik gezählt, was einer Steigerung um rund 22% entspricht. Mit der deutschen Einheit hatte sich erstmals seit dem Expansionsschub der 70er Jahre der Bestand an Schulen wieder deutlich erhöht. 87% der Fachschulen befanden sich in

255

den alten, 13% in den neuen Bundesländern. Hinzu kamen noch die 1994 insgesamt 283 Berufsfachschulen für Kinderpflege (vgl. Rauschenbach, Beher & Knauer 1995, 284ff.).

Interessante Unterschiede zwischen Ost und West gab es hinsichtlich der Trägerschaft der Ausbildungsstätten. Zwar befand sich auch in der alten Bundesrepublik bereits seit Mitte der 1970er Jahre die Mehrzahl der Fachschulen in öffentlicher Trägerschaft. Die privaten Träger können aber in den alten Bundesländern bis heute eine relativ starke Position behaupten. So befanden sich dort Mitte der 90er Jahre nur 58% der Schulen in öffentlicher Trägerschaft, in den neuen Bundesländern hingegen waren es 83%. Der hohe Anteil der öffentlichen Träger in den neuen Bundesländern rührt daher, dass nach der Wende die ehemals staatlichen Pädagogischen Fachschulen in kommunale Trägerschaft übergingen. Nur die fünf evangelischen und drei katholischen Seminare der alten DDR verblieben auch nach 1990 in konfessioneller Trägerschaft. Auch nach dem Ende der DDR blieb so der dort nach 1945 herbeigeführte Bruch mit der langen Tradition privaten Engagements in der Ausbildung lebendig. Bezogen auf ganz Deutschland bedeutete dies Mitte der 90er Jahre einen Anteil von 61% für die öffentlichen zu 39% für die privaten Träger. Unter den privaten Trägern wiederum dominieren mit fast 60% die katholischen Einrichtungen. Das Übergewicht der öffentlichen Träger in der Ausbildung ist auch deshalb bemerkenswert, weil bis heute fast zwei Drittel der Berufskräfte in Einrichtungen freier Träger tätig sind.

Für die neuen Bundesländer bedeutete die Anpassung an das Niveau der Bundesrepublik in struktureller Hinsicht eine Herabstufung. War die Kindergärtnerinnen-Ausbildung in der DDR der Lehrer(innen)Ausbildung für die schulische Unterstufe gleichgestellt, so erfolgte sie nunmehr auf Fachschulniveau (während die Grundschullehrer(innen)ausbildung an den Universitäten angesiedelt wurde). Nicht zuletzt an der Furcht vor erhöhten finanziellen Belastungen sowie am Widerwillen der privaten Träger, die um ihren Einfluss auf die Ausbildung fürchteten, war die längst anstehende Höherstufung der Erzieher(innen)ausbildung (West) auf Fachhochschulniveau wieder einmal gescheitert.

Betrachtet man das deutsche Ausbildungswesen im europäischen Vergleich, fällt auf, dass in fast allen Ländern der EU die Ausbildung der Erzieher(innen) auf Hochschulniveau angesiedelt ist. Das kann an der Universität sein, wie zum Beispiel in Frankreich und Griechenland, das kann an hochschulähnlichen eigenständigen Ausbildungseinrichtungen sein, wie zum Beispiel in Dänemark und in den Niederlanden. In einigen Ländern (Frankreich, Irland, Großbritannien, Niederlande) erhalten die so ausgebildeten Kräfte auch die Lehrberechtigung für den Primarbereich und entwickeln dementsprechend ein dem Lehrer angenähertes Berufsverständnis. Deutschland und Österreich sind im Übrigen die beiden einzigen Länder der EU, die lediglich den Abschluss der Sekundarstufe I als schulische Zugangsvoraussetzung zur Ausbildung verlangen. Zusammen mit dem Umstand, dass die deutsche Ausbildung nicht auf Hochschulniveau angesiedelt ist, führt das zu erheblichen Problemen bei der Anerkennung des Abschlusses und bei der Arbeitssuche im europäischen Ausland.

ZUR QUANTITATIVEN ENTWICKLUNG

Im Jahr 1998 gab es in Deutschland bei knapp 2,5 Millionen Plätzen für durchschnittlich knapp 90% der Kinder im Kindergartenalter einen Kindergartenplatz. Hinter dieser Durchschnittszahl verbergen sich allerdings erhebliche Unterschiede je nach Bundesland und nicht zuletzt ein gravierender Ost-West-Gegensatz (vgl. Deutsches Jugendinstitut 1998; Roßbach 2003). In den alten Ländern variierte der Versorgungsgrad zwischen 103,9% in Baden-Württemberg, 97,5% in Rheinland-Pfalz und 51,1% beziehungsweise 54,1% in Hamburg und Schleswig-Holstein. Während der Versorgungsgrad in den alten Bundesländern im Durchschnitt nur bei 86,8% lag, betrug er in den neuen Bundesländern 111,8%. Trotz des Rechtsanspruchs auf einen Kindergartenplatz fand Mitte der 90er Jahre in den alten Bundesländern also noch nicht jedes Kind in jeder Region einen Platz. In Ostdeutschland herrschte dagegen Überversorgung.

Sehr krass waren auch die Unterschiede hinsichtlich des Standards des Angebots: Nur 23% der Plätze in Kindertageseinrichtungen in den alten Bundesländern waren solche mit Ganztagsbetreuung, in den reinen Kindergärten waren es sogar nur 19%; in den neuen Bundesländern lag dieser Wert bei 98%, so dass hier schon von einem Normalangebot gesprochen werden kann. Immerhin kannte man zu Zeiten der DDR nur ein solches Vollzeitangebot.

Bemerkenswert sind die Perspektiven für die nächste Zukunft: Aufgrund der demographischen Entwicklung geht die Zahl der Kindergartenkinder schon seit 1998 um jährlich bis zu 2% zurück. Bis 2015, dem voraussichtlichen Tiefpunkt, wird die Zahl der Kindergartenkinder mutmaßlich um 25% geringer sein als 2004 (vgl. Honig in Fried u.a. 2003, 115). Über die Konsequenzen kann bislang nur spekuliert werden. Eine davon dürfte allerdings die einer weiter verstärkten Öffnung der Einrichtungen zugunsten jüngerer Kinder und älterer Kinder und damit der verstärkte Umbau des klassischen Kindergartens in eine Kindertagesstätte sein.

Auch bei der Entwicklung des Stellenmarktes für Erzieherinnen ist für die 1990er Jahre im Ost-West-Vergleich eine jeweils gegenläufige Entwicklung festzustellen. In den alten Bundesländern hat es eine Stellenvermehrung gegeben, die nicht zuletzt auf den Rechtsanspruch auf einen Kindergartenplatz zurückzuführen ist. Die Entwicklung in den neuen Bundesländern ist dagegen von einem massiven Stellenabbau geprägt. Konnte die DDR im letzten Jahr ihrer Existenz noch rund 72.800 Kindergärtnerinnen ausweisen, so waren es 1994 in den neuen Bundesländern nur noch deren knapp 49.000. In der zweiten Hälfte der 90er Jahre hat sich dieser Schrumpfungsprozess weiter fortgesetzt. Die Gründe hierfür sind in dem starken Geburtenrückgang nach der „Wende" – immerhin der stärkste Geburtenrückgang in der deutschen Geschichte! – um mehr als 50% zu suchen, sowie in der Abwanderung in die westlichen Bundesländer (fast eine Million Menschen in zehn Jahren!), in den leeren öffentlichen Kassen sowie in einer hohen Arbeitslosigkeit (arbeitslose Eltern melden ihre Kinder aus den Kindergärten ab). Zahlreiche Kindertageseinrichtungen wurden geschlossen. Allein zwischen 1990 und 1993 betrug der Abbau in den ostdeutschen Kommunen zwischen 10% und 30%, ein Trend, der sich danach weiter fortsetzte. Das hatte natürlich zur Folge, dass Personal entlassen werden musste, eine Entwicklung, die durch die verschiedentlich vereinbarte Reduktion der Wochenarbeitszeit nur unwesentlich abgemildert werden konnte. Immerhin wird der Bedarf an Kindergartenfachkräften aufgrund der inzwischen gestiegenen Geburtenzahlen ab 2005 in den ostdeutschen Bundesländern wieder ansteigen.

258

ZUSAMMENFASSUNG UND SCHLUSSBETRACHTUNG

Die vorschulpädagogische Entwicklung im letzten Jahrzehnt des 20. Jahrhunderts steht zunächst vor der großen Herausforderung, in den neuen Bundesländern den Übergang ins westdeutsche System der öffentlichen Kleinkinderziehung zu gestalten. Die große Chance, die sich mit der Wende ergibt, nämlich über die Vereinigung der Bildungs- und Erziehungssysteme beider deutscher Staaten zu einer Verbesserung des Gesamtsystems zu kommen, wird vertan. So hätte man das flächendeckende Angebot an Krippen und Kindergärten, das die DDR bietet, übernehmen können, wenn auch unter gleichberechtigter Beteiligung von Ost und West pädagogisch neu gestalten müssen. Auch hätte die Konfrontation mit dem DDR-Ausbildungssystem den Anstoß für die längst überfällige Höherstufung der westdeutschen Erzieher(innen)ausbildung bieten können. Den Einrichtungen in der ehemaligen DDR und ihren pädagogischen Fachkräften bleibt aber nur die Anpassung an Strukturen und Inhalte, die ihnen von Außen vorgegeben werden, das Arrangement mit dem westdeutschen Kindergarten. Das gilt hinsichtlich der vorschulpädagogischen Didaktik und Methodik, wie zum Beispiel für den in den 1990er Jahren aus diesem Grunde nicht zufällig erneut in die Diskussion kommenden Situationsansatz. Das gilt aber auch hinsichtlich der institutionellen Struktur, hinsichtlich der Trägerlandschaft und des rechtlichen Rahmens. So stellt zum Beispiel das noch vor der Vereinigung im Deutschen Bundestag verabschiedete, aber zuerst in den neuen Bundesländern in Kraft tretende Kinder- und Jugendhilfegesetz die Fortentwicklung des westdeutschen Jugendhilferechts dar.
Auf die Frage der 90er Jahre, die Frage nämlich, wie sich frühkindliche Erziehung angesichts veränderter Lebensentwürfe zwischen den Polen Familie und Institution optimal organisieren lässt, um „eine hohe Qualität der Erziehung und Betreuung in beiden Umwelten zu gewährleisten" (Liegle 1998, 31), bietet jedoch auch die westdeutsche Kindergartentradition keine schnelle Antwort. Der Glaube an die pädagogischen Programme, wie er die Reformdebatten der 1970er Jahre geprägt hat, ist trotz der neuerlichen engagierten Diskussionen um den Situationsansatz abgekühlt. Man weiß inzwischen, dass die Qualität der öffentlichen Kleinkinderziehung von einer Vielzahl von Faktoren abhängt, unter denen die pädagogischen Programme nur ein Aspekt unter mehreren sind. Diese neue, geweitete Perspektive findet in Schlagwörtern wie „Kultur

des Aufwachsens" (vgl. Krappmann 2001) oder einer „Politik für Kinder", wie sie der Wissenschaftliche Beirat beim Bundesfamilienministerium als Querschnittaufgabe für alle Politikfelder und politischen Ebenen konzipiert (vgl. Bundesministerium 1998), ihren Ausdruck. Nicht zuletzt geht es dabei auch um die materielle Besserstellung der Kinder und ihrer Eltern. Kinder sind eben nicht nur „die kleinen Könige der Warenwelt" (Müller 1997), der erwähnte Kinder- und Jugendbericht hebt vielmehr eine ganz andere, eine meist verdrängte Seite von Kindheit ins öffentliche Bewusstsein: das Problem der in Armut aufwachsenden Kinder. 1993 leben erschreckende 7% aller Kinder im Vorschulalter von Sozialhilfe, wobei vor allem die Kinder allein erziehender Mütter und Kinder in den neuen Bundesländern betroffen sind. In mehreren Studien kann gezeigt werden, dass die Bildungsbenachteiligung armer Kinder schon im Kindergarten beginnt, wo diese Kinder mehr als andere unter Ausgrenzung leiden, Verhaltensauffälligkeiten zeigen usw. So überrascht es nicht, wenn trotz der Einführung eines Erziehungsgeldes 1986 und der mehrfachen Erhöhung des Kindergelds in den 1990er Jahren, die Verbesserung ihrer finanziellen Lage ganz an der Spitze der Wünsche junger Eltern an die Politik steht. Weil jedoch vielfach erst das Vorhandensein einer außerfamilialen Betreuungseinrichtung die Erwerbstätigkeit der Eltern und damit die Verbesserung ihrer Einkommenssituation ermöglicht, wird Kindergartenentwicklung zur „familienpolitischen Herausforderung der 90er Jahre" (Fthenakis 1993).
In der Folge der Diskussionen der 90er Jahre entsteht eine vorschulpädagogische Landschaft großer Heterogenität. Da gibt es noch den klassischen Kindergarten als Halbtags- oder Ganztagseinrichtung. Da gibt es aber auch den Kindergarten, der zusammen mit der Krippe und dem Hort eine Kindertagesstätte bildet. Daneben finden wir Kinderhäuser, Waldkindergärten, Spielkreise, Mütterzentren, Eltern-Kind-Gruppen, die verschiedensten Integrationseinrichtungen und natürlich die schon klassischen Alternativen wie die Waldorfkindergärten und die Montessori-Einrichtungen. Ein Entwicklungs- und Implementationsprojekt wie „Orte für Kinder" unterstreicht und dokumentiert das Spezifische dieser vorschulpädagogischen Entwicklung: Die in ihrem lokalen Umfeld verankerte, auf die dort herrschenden Bedürfnislagen der Kinder und ihrer Eltern flexibel reagierende, die „bedarfsgerechte" und darum höchst unterschiedlich profilierte Einrichtung.
Neben den Eltern sind es vor allem die Kinder und deren spezifische Bedürfnisse und Interessen, die der Reform die Richtung vorgeben. Dass

Kinder und ihre Lebenswelten eine so hohe Wertigkeit genießen, ist nach den Kassandrarufen eines Neil Postman, der in den 80er Jahren schon das „Verschwinden der Kindheit" angezeigt hatte (vgl. Postman 1983), nicht unbedingt zu erwarten gewesen. Aber die sozialwissenschaftliche Kindheitsforschung entdeckt das Kind und seine Kindheit neu. An die Stelle eines aufklärerischen Bildes vom Kind, dass dieses als zu belehrendes und an vorgegebenen Inhalten sich systematisch abarbeitendes kleines Wesen sieht, wie es zum Beispiel in den 1970er Jahren dem Funktionsansatz zu Grunde gelegen hatte, transportiert die Kinderforschung eher das romantische Bild des sich selbst belehrenden und sich autonom und schöpferisch in seiner eigenen Welt bewegenden Kindes.

Das scheint im europäischen Ausland anders zu sein. Hier herrscht, zumindest im Blick auf die Fünf- und Sechsjährigen, die Vorschule. Der deutsche Kindergarten scheint dagegen mit seinen flexiblen Öffnungszeiten, seiner Altersmischung und der idealerweise engen Vernetzung mit der Lebenswelt der Kinder seine alte sozialpädagogische Orientierung wieder neu entdeckt zu haben. Ob sich das angesichts des skizzierten gesamteuropäischen Trends durchhalten lässt, muss vorerst offen bleiben. Nicht wenige Beiträge zur Debatte um die Folgen von PISA für die Kleinkinderziehung fordern auch in Deutschland eine stärkere Orientierung auf die Schule.

11. Literatur

Abel, W. (1978). Geschichte der deutschen Land- 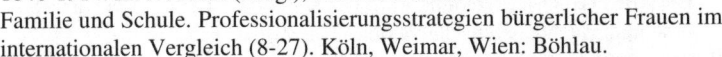 wirtschaft vom frühen Mittelalter bis zum 19. Jahrhundert (Deutsche Agrargeschichte, Bd. II.). Stuttgart: Eugen Ulmer.

Alefeld, Y.-P. (1995). Göttliche Kinder. Die Kindheitsideologie der Romantik. Paderborn, München: Schöningh.

Allen, A. T. (1991). Feminism and Motherhood in Germany, 1800-1914. New Brunswick, New Jersey: Rutgers University Press.

Allen, A. T. (1994). Öffentliche und private Mutterschaft: die internationale Kindergartenbewegung 1840-1914. In: J. Jacobi (Hrsg.), Frauen zwischen Familie und Schule. Professionalisierungsstrategien bürgerlicher Frauen im internationalen Vergleich (8-27). Köln, Weimar, Wien: Böhlau.

Ariès, Ph. (1975). Geschichte der Kindheit. München, Wien: Carl Hanser.

Avanesova, V. N. (1980). Die Erziehung in der gemischten Gruppe des Kindergartens. Berlin: Volk und Wissen.

Avineri, Sh. (1976). Hegels Theorie des modernen Staates. Frankfurt am Main: Suhrkamp.

Badinter, E. (1981). Die Mutterliebe. Geschichte eines Gefühls vom 17. Jahrhundert bis heute. München: Piper.

Bäumer, G. (1929). Die historischen und sozialen Voraussetzungen der Sozialpädagogik und die Entwicklung ihrer Theorie. In: Nohl, H. & Pallat, L. (Hrsg.), Handbuch der Pädagogik. Bd. 5 (3-17). Langensalza: Julius Beltz.

Barow-Bernstorff, E. u.a. (Hrsg.). (1986). Beiträge zur Geschichte der Vorschulerziehung. Berlin: Volk und Wissen.

Bayerisches Staatsministerium für Arbeit und Sozialordnung, Familie und Frauen & Staatsinstitut für Frühpädagogik München. (2003). Der Bayerische Bildungs- und Erziehungsplan für Kinder bis zur Einschulung in Tageseinrichtungen – 1. Entwurf. München.

Beeking, J. (1929). Grundriss der Kinder- und Jugendfürsorge. Mit einem Anhang der wichtigsten einschlägigen Gesetzestexte. Freiburg i. Br.: Herder.

Behnken, I. & Zinnecker, J. (Hrsg.). (2001). Kinder. Kindheit. Lebensgeschichte. Ein Handbuch. Seelze-Velber: Kallmeyer.

Benzing, R. (1941). Grundlagen der körperlichen und geistigen Erziehung des Kleinkindes im national-sozialistischen Kindergarten. Berlin: Franz Eher Nachf.

Berger, M. (1985). Recherchen zur Ausbildungssituation der Kindergärtnerin im Dritten Reich. Unsere Jugend, 40 (11), 433-442.

Berger, M. (1986). Vorschulerziehung im Nationalsozialismus. Recherchen zur Situation des Kindergartenwesens 1933-1945. Weinheim, Basel: Beltz.

Berger, M. (1990). 150 Jahre Kindergarten. Ein Brief an Friedrich Fröbel. Frankfurt am Main: Brandes & Apsel.

Berger, M. (1995). Frauen in der Geschichte des Kindergartens. Ein Handbuch. Frankfurt am Main: Brandes & Apsel.

Bernfeld, S. (1969). Antiautoritäre Erziehung und Psychoanalyse. 3 Bde. Hg. v. L. von Werder u. R. Wolff. Frankfurt am Main: März.

Bernstein, B. (1972). Studien zur sprachlichen Sozialisation. Düsseldorf: Schwann.

Die Bildungsanstalt für Kleinkinderpflegerinnen in Großheppach. (1863). Erster Bericht, von Wilhelmine Canz, Hausmutter. Stuttgart: G. Hasselbrink'sche Buchdruckerei.

Bittner, G. (1985). Was bedeutet „kindgemäß"? Entwicklungs- und tiefenpsychologische Gesichtspunkte zur Erziehung im Kindergarten. In: G. Bittner & E. Harms (Hrsg.), Erziehung in früher Kindheit. Pädagogische, psychologische und psychoanalytische Texte (321-339). München: Piper.

Blochmann, E. (1928). Der Kindergarten. In: Handbuch der Pädagogik. Hg. v. H. Nohl u. L. Pallat. Bd. IV (75-90). Langensalza: Julius Beltz.

Bloom, B. S. (1971). Stabilität und Veränderung menschlicher Merkmale. Weinheim, Basel: Beltz.

Boeckmann, B. (1993). Das Früherziehungssystem in der ehemaligen DDR. In: W. Tietze & H.-G. Rossbach (Hrsg.), Erfahrungsfelder in der frühen Kindheit. Bestandsaufnahme, Perspektiven (168-212). Freiburg i. Br.: Lambertus.

Bölling, R. (1983). Sozialgeschichte der deutschen Lehrer. Ein Überblick von 1800 bis zur Gegenwart. Göttingen: Vandenhoeck & Ruprecht.

Böning, H. (1985). Ulrich Bräker. Der Arme Mann aus dem Toggenburg. Leben, Werk und Zeitgeschichte. Königstein/Ts.: Athenäum.

Bollnow, O. F. (1977[3]). Die Pädagogik der deutschen Romantik. Von Arndt bis Fröbel. Stuttgart: Klett-Cotta.

Bookhagen, R. (1971). „Das Kind bilden wir!" Ein Beitrag zur Geschichte der evangelischen Kinderpflege in der Zeit des Nationalsozialismus. Die innere Mission, 7, 314-319.

Bookhagen, R. (1998). Die evangelische Kinderpflege und die Innere Mission in der Zeit des Nationalsozialismus. Mobilmachung der Gemeinden. Bd. I: 1933 bis 1937. Göttingen: Vandenhoeck & Ruprecht.

Borgmann, M. (1972). Der Deutsche Caritasverband im „Dritten Reich". In: 1897-1972. 75 Jahre Deutscher Caritasverband (92-99). Freiburg i. Br.: Deutscher Caritasverband.

Bornhak, H. (o. J.). Wilhelmine Cantz. Die Gründerin des Mutterhauses Groß-heppach. Ein Kampf für den persönlichen Gott. Stuttgart: Evangelischer Missionsverlag.

Bos, W. (Hrsg.). (2003). Erste Ergebnisse aus IGLU. Schülerleistungen am Ende der vierten Jahrgangsstufe im internationalen Vergleich. Münster: Waxmann.

Bott, G. (1971). Erziehung zum Ungehorsam. Kinderläden und die Praxis der antiautoritären Erziehung. Frankfurt am Main: März.

Botzenhart, M. (1985). Reform, Restauration, Krise. Deutschland 1789-1847. Frankfurt am Main: Suhrkamp.

Bräker, U. (1965). Lebensgeschichte und natürliche Ebentheuer des Armen Mannes im Tokkenburg (Vollständiger Nachdruck der Originalausgabe von 1789). München: Saur.

Bronfenbrenner, U. (1974). Wie wirksam ist kompensatorische Erziehung? Stuttgart: Ernst Klett.

Buch, M. (1932). Die pädagogischen und sozialpädagogischen Ideen Johann Friedrich Oberlins. Langensalza: Beltz.

Bucher, A. A. (2001). Was Kinder glücklich macht. Historische, psychologische und empirische Annäherungen an Kindheitsglück. Weinheim, München: Juventa.

Bühler, Ch. & Hetzer, H. (1929). Zur Geschichte der Kinderpsychologie. In: Beiträge zur Problemgeschichte der Psychologie. Festschrift zu Karl Bühlers 50. Geburtstag (204-224). Jena: Fischer.

Bund-Länder-Kommission für Bildungsplanung. (1976). Fünfjährige in Kindergärten, Vorklassen und Eingangsstufen. Bericht über eine Auswertung von Modellversuchen. Stuttgart: Ernst Klett.

Bundesministerium für Familie, Senioren, Frauen und Jugend. (Hrsg.). (1998). Kinder und ihre Kindheit in Deutschland (Schriftenreihe des BMfFSFJ, Bd. 154). Stuttgart u.a.: Kohlhammer.

Burger, K. (1998). „Denen von milder Gunst des Schicksals kein wohlgeordnetes Familienleben vergönnt war." Kleinkinderbewahranstalten und Kindergärten in Freiburg 1848-1945. Freiburg i. Br.: Lambertus.

Céleste, B. (1992). Les petits à la maternelle. Paris: Syros-Alternatives.

Charlton, M. (1992). Medienkindheit – Medienjugend. Eine Einführung in die aktuelle kommunikationswissenschaftliche Forschung. München: Quintessenz.

Chimani, L. (1832). Theoretisch-practischer Leitfaden für Lehrer und Kinder-Bewahranstalten. Enthaltend die Organisation derselben und die Gegenstände, welche und wie sie in denselben vorgenommen werden sollen. Wien: Pichler.

Christensen, N. (1962). Über das Wesen des Spiels. Ein Beitrag zur Theorie des Spiels. Volk und Wissen: Berlin.

Claessens, D. (1973). Kapitalismus als Kultur. Entstehung und Grundlagen der bürgerlichen Gesellschaft. Düsseldorf, Köln: Eugen Diederichs.

Colberg-Schrader, H. & von Derschau, D. (1991). Sozialisationsfeld Kindergarten. In: Neues Handbuch der Sozialisationsforschung. Hg. v. K. Hurrelmann u. D. Ulich (335-353). Weinheim, Basel: Beltz.

Colberg-Schrader, H. & Krug, M. (1999). Arbeitsfeld Kindergarten. Pädagogische Wege, Zukunftsentwürfe und berufliche Perspektiven. Weinheim, München: Juventa.

Comenius, J. A. (1960). Pampaedia. Lateinischer Text und deutsche Übersetzung. Hg. v. D. Tschizewskij in Gemeinschaft mit H. Geissler u. K. Schaller. Heidelberg: Quelle & Meyer.

Comenius, J. A. (1962). Informatorium der Mutterschul. Herausgegeben von Joachim Heubach. Heidelberg: Quelle & Meyer.

Conrad, G. (1982). Kind und Erzieher in der BRD und in der DDR. Würzburg: Königshausen + Neumann.

Cramer, C. (1980). Wilhemine Canz. In: Lebensbilder aus Schwaben und Franken. 14. Bd. (317-327). Stuttgart: Kommission für geschichtliche Landeskunde in Baden-Württemberg.

Dammann, H. & Prüser, H. (Hrsg.). (1981). Quellen zur Kleinkinderziehung. Die Entwicklung der Kleinkinderschule und des Kindergartens. München: Kösel.

Damrow. M. (1912). Verfassung und Erziehungsplan des Kindergartens. Langensalza: Hermann Beyer & Söhne.

von Derschau, D. & Thiersch, R. (1999). Überblick über die Ausbildungssituation im Bereich der Tagesbetreuung von Kindern. In: R. Thiersch, D. Höltershinken & K. Neumann (Hrsg.), Die Ausbildung der Erzieherinnen. Entwicklungstendenzen und Reformansätze (13-29). Weinheim, München: Juventa.

Deutscher Ausschuss für das Erziehungs- und Bildungswesen. (1966). Empfehlungen und Gutachten. Gesamtausgabe. Stuttgart: Ernst Klett.

Deutscher Bildungsrat. (1970). Empfehlungen der Bildungskommission. Strukturplan für das Bildungswesen. Stuttgart: Ernst Klett.

Deutscher Bildungsrat. (1973). Zur Einrichtung eines Modellprogramms für Curriculum-Entwicklung im Elementarbereich. Empfehlungen der Bildungskommission. Bonn: Deutscher Bildungsrat.

Deutsches Jugendinstitut. (Hrsg.). (1994). Orte für Kinder. Auf der Suche nach neuen Wegen in der Kinderbetreuung. München: Deutsches Jugendinstitut.

Deutsches Jugendinstitut. (Hrsg.). (1998). Tageseinrichtungen für Kinder. Pluralisierung von Angeboten. Zahlenspiegel. München: Deutsches Jugendinstitut.

Deutsches PISA-Konsortium. (Hrsg). (2001). PISA 2000. Basiskompetenzen von Schülerinnen und Schülern im internationalen Vergleich. Opladen: Leske + Budrich.

Dickinson, E. R. (1996). The Politics of German Child Welfare from the Empire to the Federal Republic. Cambridge/Mass., London: Harvard University Press.

Dietrich, U. (1990). Ein geachteter Beruf. Bisherige Ausbildung zur Erzieherin (DDR). Welt des Kindes, 6, 16-20.

Dirks, M. (1975). Art. Aufklärung. In: Lexikon der Kinder- und Jugendliteratur. Hg. v. K. Doderer. Bd. 1 (77-80). Weinheim, Basel: Beltz.

Doman, G. (1967). Wie kleine Kinder lesen lernen. Freiburg i. Br.: Hyperion.

Dreier, A. (1994). Was tut der Wind, wenn er nicht weht? Begegnung mit der Kleinkindpädagogik in Reggio Emilia. Berlin: FIPP.

Elsässer, M. (1984). Soziale Intentionen und Reformen des Robert Owen in der Frühzeit der Industrialisierung. Analyse seines Wirkens als Unternehmer, Sozialreformer, Genossenschafter, Frühsozialist, Erzieher und Wissenschaftler. Berlin: Duncker & Humblot.

Engelhard, D. & Michel, H. (1993). Entwicklungen in den Tageseinrichtungen der östlichen Bundesländer seit 1990. In: W. Tietze & H.-G. Rossbach (Hrsg.), Erfahrungsfelder in der frühen Kindheit. Bestandsaufnahme, Perspektiven (213-237). Freiburg i. Br.: Lambertus.

Engels, Fr. (1892). Die Lage der arbeitenden Klasse in England. Nach eigner Anschauung und authentischen Quellen. Stuttgart: J. H. W. Dietz.

Erath, P. & Amberger, C. (2000). Vom Kindergarten zum Kinderhaus. Bedarfsgerechte Weiterentwicklung in acht Schritten. München: Don Bosco.

Erning, G. (Hrsg.). (1976). Quellen zur Geschichte der öffentlichen Kleinkinderziehung. Von den ersten Bewahranstalten bis zur vorschulischen Erziehung der Gegenwart. Saarbrücken, Kastellaun: Universitäts- und Schulbuchverlag, Aloys Henn.

Erning, G. (1983). Abriss der quantitativen Entwicklung von Einrichtungen der öffentlichen Kleinkindererziehung (Bewahranstalten, Kleinkinderschulen, Kindergärten) in Deutschland bis ca. 1914. Pädagogische Rundschau, 37, 325-342.

Erning, G., Neumann, K. & Reyer, J. (1987). Geschichte des Kindergartens. 2 Bände. Freiburg i. Br.: Lambertus.

Europäische Kommission. (1995). Die Vorschulerziehung in der Europäischen Union. Ein Problemaufriss. Luxemburg: Amt für amtliche Veröffentlichungen der Europäischen Gemeinschaften.

Fassmann, I. M. (1996). Attraktivität Fröbelscher Ideen für jüdische Menschen. In: Dies., Jüdinnen in der deutschen Frauenbewegung 1865-1919 (129-222). Hildesheim, Zürich, New York: Olms.

Fischer, A. S. (1912). Der Kindergarten. Theoretisch-praktisches Handbuch. Wien, Leipzig: Alfred Hölder.

Fischer, A. (1992). Das Bildungssystem der DDR. Entwicklung, Umbruch und Neugestaltung seit 1989. Darmstadt: Wissenschaftliche Buchgesellschaft.

Flammer, A. (2002). Entwicklungstheorien. Psychologische Theorien der menschlichen Entwicklung. Bern u.a.: Huber.

Fleßner, H. (1981). Untertanenzucht oder Menschenerziehung? Zur Entwicklung öffentlicher Kleinkindererziehung auf dem Lande (1870-1924). Weinheim, Basel: Beltz.

Fliedner, Th. (o. J.). Collektenreise nach Holland und England: nebst einer aus-
führlichen Darstellung des Kirchen-, Schul-, Armen- und Gefängnissswe-
sens. Essen: Bädeker.

Flitner, A. (1967). Der Streit um die Vorschulerziehung. Zeitschrift für Pädagogik, 13 (5), 515-538.

Flitner, A. (1972). Spielen – Lernen. Praxis und Deutung des Kinderspiels.
München: Piper.

Fölsing. J. (1846). Geist der Kleinkindererziehung. Darmstadt: Leska.

Freud, S. (1961). Drei Abhandlungen zur Sexualtheorie. In: Ders., Gesammelte
Werke. Bd. 5: Werke aus den Jahren 1904/05 (27-146). Frankfurt am Main:
S. Fischer.

Freudenthal, M. (1978). Bürgerlicher Haushalt und bürgerliche Familie vom
Ende des 18. bis zum Ende des 19. Jahrhunderts. In: H. Rosenbaum (Hrsg.),
Seminar: Familie und Gesellschaftsstruktur. Materialien zu den sozioökono-
mischen Bedingungen von Familienstrukturen (375-398). Frankfurt am
Main: Suhrkamp.

Frevert, U. (1986). Frauen-Geschichte. Zwischen bürgerlicher Verbesserung
und neuer Weiblichkeit. Frankfurt am Main: Suhrkamp.

Fried, L. (2002). Präventive Bildungsressourcen des Kindergartens als Antwort
auf interindividuelle Differenzen bei Kindergartenkindern. In: L. Liegle &
R. Treptow (Hrsg.), Welten der Bildung in der Pädagogik der frühen Kindheit und in der Sozialpädagogik (339-348). Freiburg i. Br.: Lambertus.

Fried, L., Dippelhofer-Stiem, B., Honig, M.-S. & Liegle, L. (2003). Einführung
in die Pädagogik der frühen Kindheit. Weinheim, Basel, Berlin: Beltz.

Frieden, P. (1927). Das französische Bildungswesen in Geschichte und Gegenwart. Paderborn: Ferdinand Schöningh.

Fröbel, Fr. (1982[4]). Ausgewählte Schriften. Bd. 2: Die Menschenerziehung.
Hg. v. E. Hoffmann. Stuttgart: Klett-Cotta.

Fröbel, Fr. (1982a). „Kommt, lasst uns unsern Kindern leben!" Aus dem pädagogischen Werk eines Menschenerziehers. Eingeleitet, ausgewählt und erläutert v. R. Boldt, E. Knechtel u. H. König. Bd. III. Berlin: Volk und Wissen.

Fröbel, Fr. (1982b). Ausgewählte Schriften. Bd. 4: Die Spielgaben. Hg. v. E.
Hoffmann. Stuttgart: Klett-Cotta.

Friedrich Fröbel's gesammelte pädagogische Schriften. (1966). Hg. v. Dr.
Wichard Lange. Erste Abtheilung: Aus Fröbel's Leben und erstem Streben.
Neudruck der Ausgabe 1862. Osnabrück: Biblio.

Fröbel, H. & Pfaehler, D. (Hrsg.). (1982). Kommt, lasst uns unsern Kindern leben. Friedrich Fröbels Mutter- und Koselieder. Mit zwei Beiträgen über
Friedrich Fröbel und einem Quellenanhang. Bad Neustadt a. d. Saale: Mit-
teldeutsche Verlagsgesellschaft.

Fthenakis, W. E. (1993). Kinderbetreuung – eine familienpolitische Herausforderung der 90er Jahre. In: H. Bertram, W. E. Fthenakis & K. Hurrelmann
u.a., Familien: Lebensformen für Kinder (21-59). Weinheim, Basel: Beltz.

Fthenakis, W. E. & Oberhuemer, P. (Hrsg) (2002). Ausbildungsqualität. Strategiekonzepte zur Weiterentwicklung der Ausbildung von Erzieherinnen und Erziehern. Neuwied, Kriftel, Berlin: Luchterhand.

Galdikaité, M. (1927). Die innere und äußere Entwicklung des Kindergartens in Deutschland. Diss. München.

Gehring, J. (Hrsg.). (1929). Die evangelische Kinderpflege. Denkschrift zu ihrem 150jährigen Jubiläum. Langensalza, Berlin, Leipzig: Julius Beltz.

Gerhard, U. (1995). Unerhört. Die Geschichte der deutschen Frauenbewegung. Unter Mitarbeit von U. Wischermann. Reinbek bei Hamburg: Rowohlt.

Gerhardt, M. (1937). Theodor Fliedner. Ein Lebensbild. Zweiter Band. Düsseldorf: Buchhandlung der Diakonissen-Anstalt.

Gerstacker, R. & Zimmer, J. (1978). Der Situationsansatz in der Vorschulerziehung. In: R. Dollase (Hrsg.), Handbuch der Früh- und Vorschulpädagogik. Bd. 2. (189-205). Düsseldorf: Schwann.

Giel, K. (1979). Friedrich Fröbel (1782-1852). In: H. Scheuerl (Hrsg.), Klassiker der Pädagogik. Bd. 1 (249-269). München: C. H. Beck.

Gilbert, R. (1981). L'Enseignement maternel et specialisé. In: G. Avanzini (ed.), Histoire de la Pédagogie du 17e Siècle à nos Jours (239-248). Toulouse: Editions Privat.

Göhlich, M. (1997). Reggiopädagogik. Geschichte und Konzeption. In: Ders. (Hrsg.), Offener Unterricht, Community Education, Alternativschulpädagogik, Reggiopädagogik. Die neuen Reformpädagogiken. Geschichte, Konzeption, Praxis (184-196). Weinheim, Basel: Beltz.

Göttler, J. (1957). System der Pädagogik. Neu bearbeitet u. erweitert v. J. B. Westermayer. München, Kempten: Kösel.

Goldschmidt, H. (1918). Vom Kindergarten zur Hochschule für Frauen. Ein Rückblick auf die Anfänge der deutschen Frauenbewegung und das Erziehungswerk Friedrich Fröbels. Zeitschrift für Pädagogische Psychologie und Experimentelle Pädagogik, 19, 161-172.

Großmann, W. (1974). Vorschulerziehung. Historische Entwicklung und alternative Modelle. Köln: Kiepenheuer & Witsch.

Haarer, J. (1939). Mutter, erzähl uns von Adolf Hitler. Ein Buch zum Vorlesen, Nacherzählen und Selbstlesen für kleinere und größere Kinder. München, Berlin: J. F. Lehmanns.

Haarer, J. (1940). Die deutsche Mutter und ihr erstes Kind. München, Berlin: J. F. Lehmanns.

Hahn, H. (1929). Vom Ernst des Spielens. Eine zeitgemäße Betrachtung über Spielzeug und Spiel. Stuttgart: Waldorf-Schul & Spielzeug.

Hanschmann, A. B. (1874). Friedrich Fröbel. Die Entwicklung seiner Erziehungsidee in seinem Leben. Eisenach: Bacmeister.

Hart, W. (1983). Pauline Kergomard und die Entwicklung der Vorschulerziehung in Frankreich. Würzburg: Königshausen + Neumann.

Hasenclever, C. (1978). Jugendhilfe und Jugendgesetzgebung seit 1900. Göttingen: Vandenhoeck & Ruprecht.

Hausen, K. (1978). Die Polarisierung der „Geschlechtscharaktere" – eine Spiegelung der Dissoziation von Erwerbs- und Familienleben. In: H. Rosenbaum (Hrsg.), Seminar: Familie und Gesellschaftsstruktur. Materialien zu den sozioökonomischen Bedingungen von Familienformen (161-191). Frankfurt am Main: Suhrkamp.

Hebenstreit, S. (1980). Einführung in die Kindergartenpädagogik. Stuttgart: Ernst Klett.

Heck, A. (1995). Frühling, Sommer, Herbst und Winter – die alte und neue Beliebigkeit? Neue Sammlung, 35 (4), 57-64.

Hecker, H. & Muchow, M. (1927). Friedrich Fröbel und Maria Montessori. Mit einer Einleitung von Eduard Spranger. Leipzig: Quelle & Meyer.

Heerwart, E. (1906a). Art. „Kindergärten, ihre Ausbreitung". In: Encyklopädisches Handbuch der Pädagogik. Hg. v. W. Rein. Bd. 4 (881-890). Langensalza: Hermann Beyer & Söhne.

Heerwart, E. (1906b). Art. „Kindergarten-Vereine". In: Encyklopädisches Handbuch der Pädagogik. Hg. v. W. Rein. Bd. 4 (899f.). Langensalza: Hermann Beyer & Söhne.

Heiland, H. (1982). Friedrich Fröbel – in Selbstzeugnissen und Bilddokumenten. Reinbek bei Hamburg: Rowohlt.

Heiland, H. (1992). Fröbelbewegung und Fröbelforschung. Bedeutende Persönlichkeiten der Fröbelbewegung im 19. und 20. Jahrhundert (Beiträge der Fröbelforschung 3). Hildesheim, Zürich, New York: Olms.

Heiland, H. (1992a). Maria Montessori – mit Selbstzeugnissen und Bilddokumenten. Reinbek bei Hamburg: Rowohlt.

Heinemann, M. (1980). Evangelische Kindergärten im Nationalsozialismus. Von den Illusionen zum Abwehrkampf. In: M. Heinemann (Hrsg.), Erziehung und Schulung im Dritten Reich. Teil 1 (49-89). Stuttgart: Ernst Klett.

Heinzel. F. (Hrsg.). (2000). Methoden der Kindheitsforschung. Ein Überblick über Forschungszugänge zur kindlichen Perspektive. Weinheim, München: Juventa.

Henning, F.-W. (1993). Die Industrialisierung in Deutschland 1800 bis 1914. Paderborn: Ferdinand Schöningh.

Henriette Schrader-Breymann. (1930). Langensalza, Berlin, Leipzig: Julius Beltz.

Hentschel, V. (1983). Geschichte der deutschen Sozialpolitik (1880-1980). Soziale Sicherung und kollektives Arbeitsrecht. Frankfurt am Main: Suhrkamp.

Herbart, J. Fr. (1965). Allgemeine Pädagogik aus dem Zweck der Erziehung abgeleitet. Hg. v. H. Holstein. Bochum: Kamp.

Herbst, L. (1997). Das nationalsozialistische Deutschland 1933-1945. Die Entfesselung der Gewalt: Rassismus und Krieg. Darmstadt: Wissenschaftliche Buchgesellschaft.

Hermann, G. & Wunschel, G. (Hrsg.). (2002). Erfahrungsraum KITA. Anregende Orte für Kinder, Eltern und Erzieherinnen. Weinheim, Berlin, Basel: Beltz.

Hermann, G., Riedel, H., Schock, R. & Sommer, B. (1984). Das Auge schläft, bis es der Geist mit einer Frage weckt. Krippen und Kindergärten in Reggio/Emilia. Berlin: FIPP.

Hermanutz, L. (1977). Vorschulische Erziehung in katholischer Trägerschaft. Studie über die Entstehung und Entwicklung des katholischen Kindergartenwesens in Deutschland. Diss. Bamberg.

Herrmann, U. (1979). Die Pädagogik der Philanthropen. In: H. Scheuerl (Hrsg.), Klassiker der Pädagogik. 1. Bd. (135-158). München: C. H. Beck.

Herzberg-Lülf, I. (1981). Quantitativer Ausbau im Elementarbereich. In: D. v. Derschau (Hrsg.), Entwicklungen im Elementarbereich. Fragen und Probleme der qualitativen, quantitativen und rechtlichen Situation (Materialien zum Fünften Jugendbericht) (45-82). München: Deutsches Jugendinstitut.

von Heydebrand, C. (1958). Kindheit und Schicksal. Aus den Anfängen der Freien Waldorfschule. Stuttgart: Freies Geistesleben.

Höhn, E. (1959). Geschichte der Entwicklungspsychologie und ihrer wesentlichsten Ansätze. In: Handbuch der Psychologie. Hg. v. H. Thomae. Bd. 3 (21-45). Göttingen: Hogreve.

Höltershinken, D., Hoffmann, H. & Prüfer, G. (1997). Kindergarten und Kindergärtnerin in der DDR. Band 1 und 2. Neuwied, Kriftel, Berlin: Luchterhand.

Hoffmann, E. (1960). Der Kindergarten. In: W. Scheibe, (Hrsg.), Die Pädagogik im XX. Jahrhundert. Eine enzyklopädische Darstellung ihrer Grundfragen, geistigen Gehalte und Einrichtungen (264-274). Stuttgart: Ernst Klett.

Hoffmann, E. (1967). Der Anspruch des Kleinkindes auf Bildung. Antwort an H.-R. Lückert. Die Grundschule. Beiheft zu Westermanns Pädagogischen Beiträgen, 2, 17-32.

Hoffmann, H. (1968). Fröbels Beitrag zur Vorschulerziehung. Blätter des Pestalozzi-Fröbel-Verbandes, 19, 5, 132-150.

Hoffmann, H. (1994). Die Entwicklung des Kindergartens in der Sowjetischen Besatzungszone bis zur Gründung der DDR – Neuanfang zwischen Dogmatismus und Demokratisierung. In: H.-H. Krüger & W. Marotzki (Hrsg.), Pädagogik und Erziehungsalltag in der DDR. Zwischen Systemvorgaben und Pluralität (193-207). Opladen: Leske + Budrich.

Hofmann, K. (1978). Die Grundlegung der englischen Elementarerziehung im 19. Jahrhundert. Bildungs- und sozialgeschichtliche Entwicklungstendenzen im Kräftefeld von kirchlichen, staatlichen und restaurativ-reformistisch pädagogischen Einflüssen in England. Frankfurt am Main u.a.: Peter Lang.

Honig, M.-S., Leu, H. R. & Nissen, U. (Hrsg.) (1996). Kinder und Kindheit. Soziokulturelle Muster – sozialisationstheoretische Perspektiven. Weinheim, München: Juventa.

Honig, M.-S., Lange, A. & Leu, H.R. (1999). Aus der Perspektive von Kindern? Zur Methodologie der Kindheitsforschung. Weinheim, München: Juventa.

Hoof, D. (1977). Handbuch der Spieltheorie Fröbels. Untersuchungen und Materialien zum vorschulischen Lernen. Braunschweig: Westermann.

Hübener, J. (1888). Die christliche Kleinkinderschule. Ihre Geschichte und ihr gegenwärtiger Stand. Gotha: Friedrich Andreas Perthes.

Hurrelmann, K. & Bründel, H. (2003). Einführung in die Kindheitsforschung. Weinheim, Basel: Beltz.

Jacobi, J. (2002). Regine Jolberg. Sozialpädagogische Frauenbildung im 19. Jahrhundert zwischen Judentum und Pietismus. Neue Sammlung, 42, 2, 83-98.

Jedeschko, W. I. & Sochin, F. A. (Hrsg.). (1983). Vorschulpädagogik. Berlin: Volk und Wissen.

Jaeger, S. & Staeuble, I. (1978). Die gesellschaftliche Genese der Psychologie. Frankfurt am Main: Campus.

Jantke, C. & Hilger, D. (Hrsg.). (1965). Die Eigentumslosen. Der deutsche Pauperismus und die Emanzipationskrise in Darstellungen und Deutungen der zeitgenössischen Literatur. Freiburg, München: Alber.

Joos, M. (2001). Die soziale Lage der Kinder. Sozialberichterstattung über die Lebensverhältnisse von Kindern in Deutschland. Weinheim, München: Juventa.

Jugendwohlfahrtsgesetz nebst den Ausführungsgesetzen und Ausführungsvorschriften der deutschen Länder. (1953). Kommentar v. Dr. G. Potrykus. München, Berlin: Beck.

Kant, I. (1963). Schriften zur Pädagogik. Hg. v. H.H. Groothoff. Paderborn: Ferdinand Schöningh.

Kietz, G. (1966). Die Kindergärtnerin. Soziale Herkunft und Berufswahl. München: Kösel.

Kittel, E. (1957). Geschichte des Landes Lippe. Heimatchronik der Kreise Detmold und Lemgo. Köln: Archiv für deutsche Heimatpflege.

Klinksiek, D. (1982). Die Frau im NS-Staat (Vierteljahrshefte für Zeitgeschichte. Schriftenreihe 44). Stuttgart: Deutsche Verlags-Anstalt.

Knauf, T. (2000). Reggio-Pädagogik. Ein italienischer Beitrag zur konsequenten Kindorientierung in der Elementarerziehung. In: W. E. Fthenakis & M. Textor (Hrsg.), Pädagogische Ansätze im Kindergarten (181-201). Weinheim, Basel: Beltz.

Konrad, F.-M. (1997). Kindergarten oder Kinderhaus? Montessorirezeption und pädagogischer Diskurs in Deutschland bis 1939. Freiburg i. Br.: Lambertus.

Krappmann, L. (1995). Reicht der Situationsansatz? Nachträgliche und vorbereitende Gedanken zu Förderkonzepten im Elementarbereich. Neue Sammlung, 35 (4), 109-123.

Krappmann, L. (2001). Für eine Kultur des Aufwachsens. In: F.-M. Konrad (Hrsg.), Kindheit und Familie. Beiträge aus interdisziplinärer und kulturvergleichender Sicht (67-83). Münster u.a.: Waxmann.

Krappmann, L. & Oswald, H. (1995). Alltag der Schulkinder. Beobachtungen und Analysen von Interaktionen und Sozialbeziehungen. Weinheim, München: Juventa.

Krappmann, L. & Peukert, U. (Hrsg.). (1995). Altersgemischte Gruppen in Kindertagesstätten. Reflexionen und Praxisberichte zu einer neuen Betreuungsform. Freiburg i. Br.: Lambertus.

Kraul, M. (1991). Höhere Mädchenschulen. In: Handbuch der deutschen Bildungsgeschichte. Bd. IV: 1870-1918 (279-303). München: C.H. Beck.

Krenz, A. (1997). Der „Situationsorientierte Ansatz" im Kindergarten. Grundlagen und Praxis. Freiburg, Basel, Wien: Herder.

Krieck, E. (1935). Erziehung im nationalsozialistischen Staat. Berlin: Spaeth & Linde.

Kriedte, P., Medick, H. & Schlumbohm, J. (1977). Industrialisierung vor der Industrialisierung. Gewerbliche Warenproduktion auf dem Land in der Formationsperiode des Kapitalismus. Göttingen: Vandenhoeck & Ruprecht.

Krieg, E. (1987). Katholische Kleinkinderziehung im 19. Jahrhundert. Frankfurt am Main u.a.: Peter Lang.

Krieg, E. (1997). Zum Transfer des reggianischen Ansatzes in deutsche Kindertagesstätten und Grundschulen. In: M. Göhlich (Hrsg.), Offener Unterricht, Community Education, Alternativschulpädagogik, Reggiopädagogik (209-219). Weinheim, Basel: Beltz.

Krug, M. (1990). Sozialpolitik für Kinder. Theorie und Praxis der Sozialpädagogik, 1, 7-9.

Krug, M. (1995). Zwanzig Jahre alt und immer noch in der Diskussion. Situationsansatz – Antwort auf den Bildungsauftrag in der Jugendhilfe. Neue Sammlung, 35 (4), 125-140.

Kuczynski, J. (1958). Geschichte der Kinderarbeit in Deutschland 1750 bis 1939. 1. Band. Berlin (Ost): Neues Leben.

Kunkel, P.-Chr. (1999). Grundlagen des Jugendhilferechts. Systematische Darstellung für Studium und Praxis. Baden-Baden: Nomos.

Kuntze, M. A. (1952). Friedrich Fröbel. Sein Weg und sein Werk. Heidelberg: Quelle & Meyer.

Kurtz, J. W. (1976). John Frederic Oberlin. Boulder/Colorado: Westview Press.

Kuhrig, H. (1995[5]). „Mit den Frauen" – „Für die Frauen". Frauenpolitik und Frauenbewegung in der DDR. In: F. Hervé (Hrsg.), Geschichte der deutschen Frauenbewegung (209-248). Köln: PapyRossa.

Laewen, H.-J. (1997). Zur Situation des Situationsansatzes in den neuen Bundesländern. In: H.-J. Laewen, K. Neumann & J. Zimmer (Hrsg.), Der Situationsansatz – Vergangenheit und Zukunft. Theoretische Grundlagen und praktische Relevanz (179-186). Seelze-Velber: Kallmeyer.

Larrá, F. (1995). Komplexität und Kontingenz. Vermutungen zur Erfolglosigkeit des Situationsansatzes in der Praxis. Neue Sammlung, 35 (4), 99-107.

Ledig, M., Schneider, K. & Zehnbauer, A. (1996). „Orte für Kinder": Pluralisierung von Betreuungsformen – Öffnen von Institutionen. Zeitschrift für Pädagogik, 42 (3), 374-363.

Liebschner, J. (1991). Foundations of progressive education: The history of the National Froebel Society. Cambridge: Lutterworth.

Liegle, L. (1974). Sozialisationsforschung und Familienpolitik. Der Streit um das Projekt „Tagesmütter". Zeitschrift für Pädagogik, 20 (3), 427-445.

Liegle, L. (1986). Vorschulpädagogische Forschung in der DDR. In: S. Baske (Hrsg.), Erziehungswissenschaftliche Disziplinen und Forschungsschwerpunkte in der DDR (87-115). Berlin: Duncker & Humblot.

Liegle, L. (1988). Erziehung zur Anpassung. Das Beispiel der Deutschen Demokratischen Republik (DDR). Neue Sammlung, 28 (1), 35-48.

Liegle, L. (1998). Zwischen Familie und öffentlichen Institutionen. Perspektiven der Kinderbetreuung. Neue Praxis, 28 (1), 27-35.

Liegle, W. (1978). Curriculumkonzepte für die Kindergartenarbeit. In: Der Kindergarten. Handbuch für die Praxis. Hg. v. H. H. Mörsberger u.a. (19-46). Freiburg i. Br. u.a.: Herder.

Livi Bacci, M. (1999). Europa und seine Menschen. Eine Bevölkerungsgeschichte. München: C. H. Beck.

Locke, J. (1970). Gedanken über Erziehung. Stuttgart: Philipp Reclam Jun.

Lost, Ch. (1990). Viereinhalb Jahrzehnte Kindergarten in der DDR – und nun? Fröbelsches Erbe für den Kindergarten. Pädagogik und Schulalltag, 45 (12), 937-944.

Lückert, H.-R. (1967). Begabungsforschung und basale Bildungsförderung. Die Grundschule. Beiheft zu Westermanns Pädagogischen Beiträgen, 2, 3-16.

Lückert, H.-R. (1969). Lesen im Vorschulalter? Saarbrücken: Saarländischer Philologenverband.

Mäder, W. (1916). Robert Owen als Jugenderzieher. Diss. Phil. Erlangen: K. B. Hof- und Universitätsbuchdruckerei von Junge & Sohn.

Mann, B. (1992). Württemberg 1800-1866. In: Handbuch der baden-württembergischen Geschichte. 3. Bd. Im Auftrag der Kommission für geschichtliche Landeskunde herausgegeben v. H. Schwarzmaier (235-331). Stuttgart: Klett-Cotta.

Markefka, M. & Nauck, B. (Hrsg.). (1993). Handbuch der Kindheitsforschung. Neuwied u.a.: Luchterhand.

De Mause, L. (Hrsg.). (1980). Hört Ihr die Kinder weinen? Eine psychogenetische Geschichte der Kindheit. Frankfurt am Main: Suhrkamp.

Mayer, Ch. (1996). Zur Kategorie „Beruf" in der Bildungsgeschichte von Frauen im 18. und 19. Jahrhundert. In: E. Kleinau (Hrsg.), Frauen in pädagogischen Berufen. Bd. 1 (14-38). Bad Heilbrunn: Klinkhardt.

Mecke, H. (1907). Fröbelsche Pädagogik und Kinderforschung. Beiträge zur Kinderforschung und Heilerziehung. Beihefte zur Zeitschrift für Kinderforschung, 36, 1-14.

Meiwes, R. (2000). „Arbeiterinnen des Herrn". Katholische Frauenkongregationen im 19. Jahrhundert. Frankfurt am Main, New York: Campus.

Metzinger, A. (1993). Zur Geschichte der Erzieherausbildung. Quellen – Konzeptionen – Impulse – Innovationen. Frankfurt am Main u.a.: Peter Lang.

Montessori, M. (1913). Selbsttätige Erziehung im frühen Kindesalter. Nach den Grundsätzen der wissenschaftlichen Pädagogik methodisch dargelegt von Dr. Maria Montessori. Stuttgart: Hoffmann.

Muchow, M. (1927). Friedrich Fröbels kinder- und bildungspsychologische Anschauungen und die moderne Psychologie. Kindergarten. Monatsschrift für entwickelnde Erziehung in Familie, Kindergarten, Hort und Schule, 68, 165-179.

Muchow, M. (1949). Aus der Welt des Kindes. Beiträge zum Verständnis des Kindergarten- und Grundschulalters. Hg. im Auftrage des Pestalozzi-Fröbel-Verbandes von H. Muchow. Ravensburg: Maier.

Muchow, M. & Muchow, H. (1935). Der Lebensraum des Großstadtkindes. Hamburg: Martin Riegel.

Müller, B. (1989). Öffentliche Kleinkindererziehung im Deutschen Kaiserreich. Analysen zur Politik der Initiierung, Organisierung, Nationalisierung und Verstaatlichung vorschulischer Anstalten. Weinheim: Deutscher Studien Verlag.

Müller, M. (1929). Frauen im Dienste Fröbels (Wilhelmine Hoffmeister, Bertha von Marenholtz-Bülow, Henriette Schrader-Breymann, Henriette Goldschmidt). Leipzig: Meiner.

Müller, M. (1997). Die kleinen Könige der Warenwelt: Kinder im Visier der Werbung. Frankfurt am Main: Campus.

Müller-Neuendorf, M. (2002). Lasst die Vorschulmappen in den Schubladen. Welt des Kindes, 3, 23.

Münder, J. & Tammen, B. (2002). Einführung in das Kinder- und Jugendhilfegesetz KJHG/SGB VIII. Münster: Votum.

Nauck, B. & Bertram, H. (Hrsg.). (1995). Kinder in Deutschland. Lebensverhältnisse von Kindern im Regionalvergleich. Opladen: Leske + Budrich.

Nauck, B. & Joos, M. (1996). Wandel der familiären Lebensverhältnisse von Kindern in Ostdeutschland. In: Trommsdorff, G. (Hrsg.), Sozialisation und Entwicklung von Kindern vor und nach der Vereinigung (243-298). Opladen: Leske + Budrich.

Neuner, G. (1991). Pädagogische Wissenschaft in der DDR. Ein Rückblick auf Positionen und Restriktionen. Die Deutsche Schule, 280-295.

Neill, A. S. (1969). Theorie und Praxis der antiautoritären Erziehung. Das Beispiel Summerhill. Reinbek bei Hamburg: Rowohlt.

Nickel, H. & Schmidt-Denter, U. (1980). Sozialverhalten von Vorschulkindern. Konflikt, Kooperation und Spiel in institutionellen Gruppen. München, Basel: Ernst Reinhardt.

Oberhuemer, P. & Ulich, M. (Hrsg.). (1997). Kinderbetreuung in Europa. Tageseinrichtungen und pädagogisches Personal. Weinheim, Basel: Beltz.

Paterak, H. (1999). Institutionelle Früherziehung im Spannungsfeld normativer Familienmodelle und gesellschaftlicher Realität. Münster u.a.: Waxmann.

Paterson, A. (1906). Samuel Wilderspin und das „Infant System". Ein Beitrag zur Geschichte des englischen Schulwesens. Jena: Frommannsche Hofbuchdruckerei (Hermann Pohle).

Paul, J. (1963). Levana oder Erziehlehre. Besorgt von K. G. Fischer. Paderborn: Ferdinand Schöningh.

Paulsen, Fr. (1909). Die neue Organisation des höheren Mädchenschulwesens in Preußen. In: Ders. (Hrsg.), Richtlinien der jüngsten Bewegung im höheren Schulwesen Deutschlands. Gesammelte Aufsätze (125-148). Berlin: Reuther & Reichard.

Pestalozzi, J. H. (1924). Mutter und Kind. Eine Abhandlung in Briefen über die Erziehung kleiner Kinder. Hg. v. H. Lohner & W. Schohaus. Zürich, Leipzig: Grethlein.

Pestalozzi, J. H. (1956). Wie Gertrud ihre Kinder lehrt. Ein Versuch, den Müttern Anleitung zu geben, ihre Kinder selbst zu unterrichten, in Briefen. In: Pestalozzi. Grundlehren über Mensch, Staat und Erziehung. Seine Schriften in Auswahl. Hg. v. H. Barth (278-332). Stuttgart: Kröner.

Pestalozzi, J. H. (1975). Letters on early education addressed to J. P. Greaves. Esq. By Pestalozzi (1827). In: Pestalozzi. Sämtliche Werke. Kritische Ausgabe. Begründet u. herausgegeben v. A. Buchenau, E. Spranger & H. Stettbacher. Bd. 26 (45-142). Berlin, New York: Walter de Gruyter.

Pestalozzi-Fröbel-Verband. (Hrsg.). (1998). Die Geschichte des Pestalozzi-Fröbel-Verbandes. Ein Beitrag zur Entwicklung der Kleinkind- und Sozialpädagogik in Deutschland. Freiburg i. Br.: Lambertus.

Peukert, D. J. K. (1987). Die Weimarer Republik. Krisenjahre der Klassischen Moderne. Frankfurt am Main: Suhrkamp.

Postman, N. (1983). Das Verschwinden der Kindheit. Frankfurt am Main: S. Fischer.

Preuss-Lausitz, U. u.a. (1989). Kriegskinder – Konsumkinder – Krisenkinder. Sozialisationsgeschichte seit 1945. Weinheim, Basel: Beltz.

Priem, K. (1994). Die Geschichte der evangelischen Korrektionsinstitution Rettungshaus in Württemberg (1820-1918). Zur Sozialdisziplinierung verwahrloster Kinder. Köln u.a.: Böhlau.

Prüfer, J. (1923). Geschichte der Kleinkinderpädagogik (II. Auflage der „Kleinkinderpädagogik"). Leipzig, München: Otto Nemnich.

Prüfungsordnungen für Kindergärtnerinnen und Jugendleiterinnen zum Abschluß der Ausbildungskurse an Frauenschulen. (1911). Berlin: J. G. Cotta'sche Buchhandlung Nachfolger.

Psczolla, E. (1963). Louise Scheppler: Mitarbeiterin Oberlins. Witten: Luther.

Psczolla, E. (1979). Johann Friedrich Oberlin. 1740 bis 1826. Gütersloh: Mohn.

Quellen zur Geschichte der Vorschulerziehung. (1983). Zusammengestellt und eingeleitet von Margot Krecker. Berlin: Volk und Wissen.

Qvortrup, J. (1993). Die soziale Definition von Kindheit. In: M. Markefka & B. Nauck (Hrsg.), Handbuch der Kindheitsforschung (109-124). Neuwied: Luchterhand.

Ranke, J. Fr. (1879). Die Erziehung und Beschäftigung kleiner Kinder in Kleinkinderschulen und Familien. Elberfeld: Bädeker.

Rauschenbach, Th., Beher, K. & Knauer, D. (1995). Die Erzieherin. Ausbildung und Arbeitsmarkt. Weinheim, München: Juventa.

Rauscher, A. (Hrsg.). (1986). Religiös-kulturelle Bewegungen im deutschen Katholizismus seit 1800. Paderborn u.a.: Schöningh.

Recker, M.-L. (2002). Geschichte der Bundesrepublik Deutschland. München: C. H. Beck.

Die Reichsschulkonferenz in ihren Ergebnissen. (1920). Herausgegeben vom Zentralinstitut für Erziehung und Unterricht in Berlin. Leipzig: Quelle & Meyer.

Die Reichsschulkonferenz 1920. Ihre Vorgeschichte und Vorbereitung und ihre Verhandlungen. (1972). Amtlicher Bericht, erstattet vom Reichsministerium des Innern. Neudr. Glashütten i. Ts.: Auvermann.

Rerrich, M. S. (1990^2). Balanceakt Familie. Zwischen alten Leitbildern und neuen Lebensformen. Freiburg. i. Br.: Lambertus.

Reyer, J. (1985). Wenn die Mütter arbeiten gingen … Eine sozialhistorische Studie zur Entstehung der öffentlichen Kleinkinderziehung im 19. Jahrhundert in Deutschland. Köln: Pahl-Rugenstein.

Reyer, J. (1987). Entwicklung der Trägerstruktur in der öffentlichen Kleinkindererziehung. In: G. Erning, K. Neumann & J. Reyer (Hrsg.), Geschichte des Kindergartens. Band II (40-66). Freiburg i. Br.: Lambertus.

Reyer, J. (1987a). Friedrich Fröbel, der Beruf der Kindergärtnerin und die bürgerliche Frauenbewegung. Sozialpädagogische Blätter, 38, 36-46.

Reyer, J. (2001). Von der Anstalt zur „Lebensform". Die Reform des Kindergartens zwischen 1890 und 1930. In: F.-M. Konrad (Hrsg.), Kindheit und Familie. Beiträge aus interdisziplinärer und kulturvergleichender Sicht (23-50). Münster u.a.: Waxmann.

Reyer, J. & Müller, U. (1992). Eltern-Kind-Gruppen. Eine neue familiale Lebensform? Freiburg i. Br.: Lambertus.

Robinsohn, S. B. (1967). Bildungsreform als Revision des Curriculum. Neuwied, Berlin: Luchterhand.

Robison, H. F. & Spodek, B. (1971). Neue Wege im Kindergarten. Die Vorschule der Fünfjährigen. Freiburg i. Br.: Hyperion.

Römer, C. (1865). Kirchliche Geschichte Württembergs. Stuttgart: Evangelische Bücherstiftung.

Rolff, H.-G. & Zimmermann, P. (1985). Kindheit im Wandel. Eine Einführung in die Sozialisation im Kindesalter. Weinheim, Basel: Beltz.

Rosenmayr, L. (1978). Die menschlichen Lebensalter in Deutungsversuchen der europäischen Kulturgeschichte. In: Ders. (Hrsg.), Die menschlichen Lebensalter (23-79). München, Zürich: Piper.

Roßbach, H.-G. (2003). Vorschulische Erziehung. In: K. S. Cortina u.a. (Hrsg.), Das Bildungswesen in der Bundesrepublik Deutschland. Strukturen und Entwicklungen im Überblick (252-284). Reinbek bei Hamburg: Rowohlt.

Roth, H. (1969). Begabung und Lernen. Ergebnisse und Folgerungen neuer Forschungen. Stuttgart: Ernst Klett.

Rousseau, J.-J. (1978). Emil oder über die Erziehung. Paderborn: Ferdinand Schöningh.

Rudolph, F. (1992). Spielpädagogik im Umbruch. Zur Situation des Spiels in den Kindergärten der neuen Bundesländer. In: W. Großmann (Hrsg.), Kindergarten und Pädagogik. Grundlagentexte zur deutsch-deutschen Bestandsaufnahme (296-307). Weinheim, Basel: Beltz.

Rühle, O. (1911). Das proletarische Kind. Eine Monographie. München: Albert Langen.

Sachße, Ch. (1986). Mütterlichkeit als Beruf. Sozialarbeit, Sozialreform und Frauenbewegung 1871-1929. Frankfurt am Main: Suhrkamp.

Sass, J. & Jaeckel, M. (Hrsg.). (1996). Leben mit Kindern in einer veränderten Welt. Einstellungen und Lebensplanung von Eltern im Ost-West-Vergleich. München: Deutsches Jugendinstitut.

Sauer, P. (1995). Geschichte der Stadt Stuttgart. Bd. 3. Stuttgart u.a.: Kohlhammer.

Schäfer, G. E. (1995). Bemerkungen zur Bildungstheorie des Situationsansatzes. Neue Sammlung, 35 (4), 79-97.

Schauer, H. (1960). Frauen entdecken ihren Auftrag. Weibliche Diakonie im Wandel eines Jahrhunderts. Göttingen: Vandenhoeck & Ruprecht.

Schellhorn, W. (1999). Jugendhilferecht. Textausgabe des KJHG mit einer systematischen Darstellung. Neuwied, Kriftel: Luchterhand.

Scherpner, H. (1966). Geschichte der Jugendfürsorge. Göttingen: Vandenhoeck & Ruprecht.

Schieder, W. (1963). Anfänge der deutschen Arbeiterbewegung. Die Auslandsvereine im Jahrzehnt nach der Julirevolution von 1830. Stuttgart: Ernst Klett.

Schmalohr, E. (1973). Frühes Lesenlernen. Ein Beitrag zur Pädagogischen Psychologie und Curriculum-Entwicklung. Heidelberg: Quelle & Meyer.

Schmidt, H.-D. (1996). Erziehungsbedingungen in der DDR: Offizielle Programme, individuelle Praxis und die Rolle der Pädagogischen Psychologie und Entwicklungspsychologie. In: G. Trommsdorff (Hrsg.), Sozialisation und Entwicklung von Kindern vor und nach der Vereinigung (15-172). Opladen: Leske + Budrich.

Schneider, Fr. (1943). August Wilhelm Friedrich Fröbel und der Kindergarten. In: Ders. (Hrsg.), Geltung und Einfluss der deutschen Pädagogik im Ausland (105-131). München, Berlin: Oldenbourg.

Schneiders, W. (1995). Das Zeitalter der Aufklärung. In: Ders. (Hrsg.), Lexikon der Aufklärung. Deutschland und Europa (9-23). München: C. H. Beck.

Schraepler, E. (1972). Handwerkerbünde und Arbeitervereine 1830–1853. Die politische Tätigkeit deutscher Sozialisten von Wilhelm Weitling bis Karl Marx. Berlin: de Gruyter.

Schudrowitz, R. (1973). Pädagogischer Kindergartenbau. Stuttgart: Karl Krämer.

Schütze, Y. (1991). Die gute Mutter. Zur Geschichte des normativen Musters Mutterliebe. Bielefeld: Kleine.

Schwarz, G. (1997). „Wenn Mutti früh zur Arbeit geht ...". Mütter und Berufskarrieren. In: „Wenn Mutti früh zur Arbeit geht ...". Zur Geschichte des Kindergartens in der DDR (58-65). Berlin: Argon.

Schwerdt, D. (1973). Erziehung im Vorschulalter und das erziehungswissenschaftliche Interesse an der Pädagogik Fröbels. Überlegungen zum Studium der Pädagogik Friedrich Fröbels in pädagogischen und sozialpädagogischen Studiengängen. Blätter des Pestalozzi-Fröbel-Verbandes, 24, 33-36.

Situation und Perspektiven der Jugend. Problemlagen und gesellschaftliche Maßnahmen. (1982). Fünfter Jugendbericht der Bundesregierung. Von W. Hornstein u.a. Weinheim, Basel.

Silver, H. (1969). Robert Owen on Education. Cambridge: University Press.

Simon, H. (1925). Robert Owen. Sein Leben und seine Bedeutung für die Gegenwart. Jena: G. Fischer.

Skowronek, H. (Hrsg.). (1973). Umwelt und Begabung. Stuttgart: Ernst Klett.

Snyders, G. (1971). Die große Wende in der Pädagogik. Die Entdeckung des Kindes und die Revolution der Erziehung im 17. und 18. Jahrhundert in Frankreich. Paderborn: Schöningh.

Spieß, C. K. & Tietze, W. (2002). Qualitätssicherung in Kindertageseinrichtungen. Gründe, Anforderungen und Umsetzungsüberlegungen für ein Gütesiegel. Zeitschrift für Erziehungswissenschaft, 1, 139-162.

Staritz, D. (1996). Geschichte der DDR 1949–1990. Erweiterte Neuausgabe. Frankfurt am Main: Suhrkamp.

Steiner, R. (1990). Die Erziehung des Kindes – Die Methodik des Lehrens. Dornach/Schweiz: Rudolf Steiner Verlag.

Stern, Cl. & Stern, W. (1907). Kindersprache. Eine psychologische und sprachtheoretische Untersuchung. Leipzig: Barth.

Sticker, A. (Hrsg.). (1958). Theodor Fliedner: Quellen. Kindernot und Kinderhilfe (Quellenstücke aus dem Fliednerarchiv in Kaiserswerth). Witten/Ruhr: Luther-Verlag.

Sticker, A. (1961). Friederike Fliedner und die Anfänge der Frauendiakonie. Neukirchen: Neukirchener Verlag der Buchhandlung des Erziehungsvereins.

Stoehr, I. (1983). „Organisierte Mütterlichkeit". Zur Politik der Deutschen Frauenbewegung um 1900. In: K. Hausen (Hrsg.), Frauen suchen ihre Geschichte (221-249). München: C. H. Beck.

Stoll, S. (1997). Der Situationsansatz im Kindergarten. Möglichkeiten seiner Verwirklichung. Neuwied u.a.: Luchterhand.

Swift, J. (1984). Kleinkindererziehung in England. Geschichtliche Entwicklung und gegenwärtige Fragen. Würzburg: Königshausen + Neumann.

279

Thier-Schroeter, L. (1977). Friedrich Froebel – seine Spielgaben in den Kindergärten der Deutschen Demokratischen Republik. Berlin: Volk und Wissen.

Thiersch, R. (1999). Auch der kleine Goethe ging in den Kindergarten. Ein frühpädagogischer Beitrag zum Goethejahr und eine Anfrage an die Geschichte des Kindergartens. Theorie und Praxis der Sozialpädagogik, 5, 51-53.

Thränhardt, D. (1996). Geschichte der Bundesrepublik Deutschland 1949-1990. Frankfurt am Main: Suhrkamp.

Thurnwald, H. (1948). Gegenwartsprobleme Berliner Familien. Eine soziologische Untersuchung an 498 Familien. Berlin: Weidmannsche Verlagsbuchahndlung.

Töfflinger, I. & Kuchen, I. (2002). Wir lassen uns nicht „PISAcken"! Welt des Kindes, 3, 22.

Tübinger Erklärung „Kinder brauchen Stadt". (1995). Hg. von einer Fachgruppe bei der Stadt Tübingen. Tübingen: Stadt Tübingen.

Ullmann, H.-P. (1995). Das Deutsche Kaiserreich 1871-1918. Frankfurt am Main: Suhrkamp.

Ullrich, H. (1999). Das Kind als schöpferischer Ursprung. Studien zur Genese des romantischen Kindbildes und zu seiner Wirkung auf das pädagogische Denken. Bad Heilbrunn/Obb.: Klinkhardt.

Vieweger, G. (1973). Die Vorschulerziehung in der DDR. In: Kindergarten oder Vorklasse? Beiträge zur Elementarerziehung. Eingeleitet und ausgewählt von Ilse Pichottka (23-79). München: Deutscher Taschenbuchverlag.

Vogt, H. (1969). Bildung und Erziehung in der DDR. Sozialistisch-industriegesellschaftliche Curriculum-Reform in Kindergarten, Schule und Berufsbildung. Stuttgart: Ernst Klett.

Voß, J. (1937). Geschichte der Berliner Fröbelbewegung. Weimar: Hermann Böhlaus Nachfolger.

Wagner-Winterhager, L. (1988). Erziehung durch Alleinerziehende. Der Wandel der Familienstrukturen und seine Folgen für Erziehung und Bildung von Kindern und Jugendlichen als Gegenstand öffentlichen Interesses. Zeitschrift für Pädagogik 34 (5), 641-656.

Waterkamp, D. (1987). Handbuch zum Bildungswesen der DDR. Berlin: Berlin-Verlag.

Was tun Kinder am Nachmittag? Ergebnisse einer empirischen Studie zur mittleren Kindheit. (1992). München: Deutsches Jugendinstitut.

Weber, E. (1969). The Kindergarten. Its Encounter with educational Thought in America. New York: Teachers College Press.

Weber-Kellermann, I. (1974). Die deutsche Familie. Versuch einer Sozialgeschichte. Frankfurt am Main: Suhrkamp.

Wehler, H.-U. (1987). Deutsche Gesellschaftsgeschichte. Bd.1. München: C. H. Beck.

Weller, A. (1979). Sozialgeschichte Südwestdeutschlands – unter besonderer Berücksichtigung der sozialen und karitativen Arbeit vom späten Mittelalter bis zur Gegenwart. Stuttgart: Konrad Theiss.

Weller, K. & Weller, A. (1975). Württembergische Geschichte im südwestdeutschen Raum. Stuttgart, Aalen: Konrad Theiss.

Wiesner, R. (1998). Das Kinder- und Jugendhilfegesetz und seine Bedeutung für Kinder. In: Kinder in Tageseinrichtungen (91-96). Seelze-Velber: Kallmeyer.

Wilderspin, S. (1828). Über die frühzeitige Erziehung der Kinder und die englischen Klein-Kinderschulen: oder Bemerkungen über die Wichtigkeit, die kleinen Kinder der Armen im Alter von anderthalb bis sieben Jahren zu erziehen, nebst einer Darstellung der Spitalfielder Klein-Kinder-Schule und des daselbst eingeführten Erziehungssystems. Aus dem Englischen v. J. Wertheimer. Wien: Gerold.

Wilhelm, Th. (1977). Pädagogik der Gegenwart. Stuttgart: Kröner.

Willmann, O. (1898). Pädagogik, katholische. In: Encyclopädisches Handbuch der Pädagogik. Hg. v. W. Rein. 5. Bd. (170-177). Langensalza: Julius Beltz.

Wirth, J. G. (1838). Über Kleinkinder-Bewahranstalten: Eine Anleitung zur Errichtung solcher Anstalten so wie zur Behandlung der in denselben vorkommenden Lehrgegenstände, Handarbeiten, Spiele und sonstigen Vorgänge. Im Anhange Mittheilungen über Einführung der Bewahranstalten auf dem Lande und über Errichtung von Vorschulen für Kindsmägde, dann geschichtliche Notizen über die Kleinkinderbewahr-Anstalten in Augsburg. Augsburg: Selbstverlag.

Wirth, J. G. (1840). Die Kinderstube. Ein Buch für Mütter und Kindsmägde. Augsburg: Lampart.

Wolf, B., Becker, P. & Conrad, S. (Hrsg.). (1999). Der Situationsansatz in der Evaluation. Ergebnisse der externen empirischen Evaluation des Modellvorhabens „Kindersituationen". Landau: Empirische Pädagogik.

Wolf, B., Becker, P., Conrad, S. & Jäger, R. S. (1998). Macht sich „Kindersituationen" bei Kindern bemerkbar? Der Situationsansatz in der Evaluation. Empirische Pädagogik, 12 (3), 271-295.

Wolff, R. (1992). Nach Auschwitz. Antiautoritäre Kinderladenbewegung oder die Erziehung der Erzieher. In: K. E. Beller (Hrsg.), Berlin und pädagogische Reformen. Brennpunkte der individuellen und historischen Entwicklung (71-80). Berlin: Colloquium.

Wolffheim, N. (1966). Psychoanalyse und Kindergarten – und andere Arbeiten zur Kinderpsychologie. Hg. v. G. Biermann. München, Basel: Ernst Reinhardt.

Wolters, R. (1998). Der Deutsche Fröbel-Verband im Nationalsozialismus. In: Pestalozzi-Fröbel-Verband (Hrsg.), Die Geschichte des Pestalozzi-Fröbel-Verbandes. Ein Beitrag zur Entwicklung der Kleinkind- und Sozialpädagogik in Deutschland (87-128). Freiburg i. Br.: Lambertus.

Zeiher, H. (1996). Von Natur aus Außenseiter oder gesellschaftlich marginalisiert? In: H. Zeiher, P. Büchner & J. Zinnecker (Hrsg.), Kinder als Außenseiter? Umbrüche in der gesellschaftlichen Wahrnehmung von Kindern und Kindheit (7-27). Weinheim, München: Juventa.

Zeiher, H. J. & Zeiher, H. (1994). Orte und Zeiten der Kinder. Soziales Leben im Alltag von Großstadtkindern. Weinheim, München: Juventa.

Zimmer, D. E. (1975). Der Streit um die Intelligenz. IQ: ererbt oder erworben? München: Carl Hanser.

Zimmer, J. (1985). Der Situationsansatz als Bezugsrahmen der Kindergartenreform. In: Enzyklopädie Erziehungswissenschaft. Bd. 6. (21-28). Stuttgart: Klett-Cotta.

Zimmer, J. (1991). Wenn nicht jetzt, wann dann? Visionen von einer zweiten Reform. Welt des Kindes, 3, 7-10.

Zimmer, J. (1992). Die Kindergartenreform der 70er und die Kinder der 90er Jahre. In: K. E. Beller (Hrsg.), Berlin und pädagogische Reformen. Brennpunkte der individuellen und historischen Entwicklung (43-70). Berlin: Colloquium.

Zimmer, J. (1995). Vom Aufbruch und Abbruch. Über einige Desiderata der westdeutschen Kindergartenreform und des Situationsansatzes. Neue Sammlung, 35 (4), 3-38.

Zimmer, J. (1997). Das Projekt „Kindersituationen" in den neuen Bundesländern. In: H.-J. Laewen, K. Neumann & J. Zimmer (Hrsg.), Der Situationsansatz – Vergangenheit und Zukunft. Theoretische Grundlagen und praktische Relevanz (147-153). Seelze-Velber: Kallmeyer.

Zimmer, J. (2000). Der Situationsansatz in der Diskussion und Weiterentwicklung. In: W. E. Fthenakis & M. Textor (Hrsg.), Pädagogische Ansätze im Kindergarten (94-112). Weinheim, Basel: Beltz.

Zimmer, J., Preissing, Ch., Thiel, Th., Heck, A. & Krappmann, L. (1997). Kindergärten auf dem Prüfstand. Dem Situationsansatz auf der Spur. Abschlussbericht zum Projekt „Zur Evaluation des Erprobungsprogramms". Seelze-Velber: Kallmeyer.

Zinnecker, J. (1990). Vom Straßenkind zum verhäuslichten Kind. Kindheitsgeschichte im Prozeß der Zivilisation. In: I. Behnken (Hrsg.), Stadtgesellschaft und Kindheit im Prozeß der Zivilisation (142-162). Opladen: Leske+Budrich.

Zinnecker, J. & Silbereisen, R. K. (1996). Kindheit in Deutschland. Aktueller Survey über Kinder und ihre Eltern. Weinheim, München: Juventa.

Zorell, E. (1964). Kindergärtnerinnen, Hortnerinnen, Jugendleiterinnen. In: Handbuch der Erziehungsberatung. Hg. v. H.-R. Lückert. Bd. II (844-861). München, Basel: Ernst Reinhardt.

Zwei Jahrzehnte Bildungspolitik in der Sowjetzone Deutschlands. (1966). Dokumente. Herausgegeben und erläutert von Siegfried Baske und Martha Engelbert. 2 Bände. Heidelberg: Quelle & Meyer.

Zwerger, B. (1980). Bewahranstalt – Kleinkinderschule – Kindergarten. Aspekte nichtfamilialer Kleinkinderziehung in Deutschland im 19. Jahrhundert. Weinheim, Basel: Beltz.

12. Anhang

HINWEISE ZUR AUSEINANDERSETZUNG MIT DER
GESCHICHTE DER ÖFFENTLICHEN
KLEINKINDERZIEHUNG

Literaturhinweise

Die folgenden Bücher sind chronologisch nach
dem Jahr ihres erstmaligen Erscheinens geordnet. Sollten sie weitere Auflagen erlebt haben, ist
dies ebenfalls vermerkt. Die meisten der genannten Werke sind nicht mehr im Buchhandel erhält-
lich, sondern müssen im Bedarfsfall über Bibliotheken beschafft werden.

Gesamtdarstellungen

„Gesamtdarstellungen" bieten jeweils eine abgeschlossene Darstellung
der Geschichte der öffentlichen Kleinkinderziehung in Deutschland von
den Anfängen bis zum Erscheinungszeitpunkt des jeweiligen Buches.

*Gehring, J. (1929). Die evangelische Kinderpflege. Denkschrift zu ih-
rem 150-jährigen Jubiläum im Auftrag der Reichskonferenz für evangelische Kinderpflege. Langensalza, Berlin, Leipzig: Julius Beltz.*
Auf den Seiten 10-189 eine gute Darstellung der Geschichte der öffentlichen Kleinkinderziehung – insbesondere der in evangelischer Trägerschaft – bis ans Ende des 19. Jahrhunderts.

*Hoffmann, E. (1971). Vorschulerziehung in Deutschland. Historische
Entwicklung im Abriss. Witten: Luther.*
Die Autorin, Erika Hoffmann, ist eine der einflussreichsten Persönlichkeiten der Kindergartenbewegung und eine wichtige Fröbel-Forscherin
gewesen. Ihr sehr knapp gehaltenes Buch (circa 100 Seiten) ist durch die
neuere Forschung in manchem überholt und kann deshalb nur noch als
erste Information dienen. Dafür aber eignet es sich sehr gut, denn es ist

mit seinen zahlreichen kurzen Kapiteln übersichtlich gegliedert. Eine umfangreiche Zeittafel zur Geschichte der Vorschulerziehung befindet sich am Ende des Buches.

Heinsohn, G. (1974). Vorschulerziehung in der bürgerlichen Gesellschaft. Geschichte, Funktion, aktuelle Lage. Frankfurt am Main: Fischer.
Der Autor vertritt eine unorthodox materialistische Geschichtsauffassung und erklärt die öffentlichen Kleinkinderziehung in Kindergarten und Bewahranstalt von ihren Anfängen bis in die 1970er Jahre aus der jeweiligen ökonomischen Verfassung der Gesellschaft heraus.

Grossmann, W. (1974). Vorschulerziehung. Historische Entwicklung und alternative Modelle. Köln: Kiepenheuer & Witsch.

Grossmann, W. (1987; 1994). KinderGarten. Eine historisch-systematische Einführung in seine Entwicklung und Pädagogik. Weinheim, Basel: Beltz.

Aden-Grossmann, W. (2002). Kindergarten. Eine Einführung in seine Entwicklung und Pädagogik. Weinheim, Basel: Beltz.

Die drei Bände derselben Autorin enthalten eine Mischung aus ausgewählten Aspekten der Geschichte des Kindergartens und der Darstellung „alternativer" vorschulpädagogischer Ansätze (Montessori, Psychoanalyse, antiautoritäre Pädagogik usw.).

Erning, G., Neumann, K. & Reyer, J. (Hrsg.). (1987). Geschichte des Kindergartens. Band I: Entstehung und Entwicklung der öffentlichen Kleinkinderziehung in Deutschland von den Anfängen bis zur Gegenwart. Band II: Institutionelle Aspekte, systematische Perspektiven, Entwicklungsverläufe. Freiburg i. Br.: Lambertus.
Umfassende, wissenschaftlichen Ansprüchen genügende Darstellung der Geschichte des Kindergartens. Zur schnellen und überblicksartigen Orientierung eignet sich der knapp gehaltene erste Band (circa 120 Seiten). Im umfangreicheren zweiten Band werden spezielle Aspekte (quantitative Entwicklung; Trägerstruktur, Ausbildung usw.) in historisch-systematischen Längsschnitten abgehandelt.

Quellensammlungen

„Quellensammlungen" meint im Folgenden die Sammlung von Texten unterschiedlichster Art zu Fragen der (meist, aber nicht immer, öffentlichen) Kleinkinderziehung aus den verschiedensten geschichtlichen Epochen. Die Auseinandersetzung mit Originaltexten ist zu einer lebendigen Anschauung der jeweiligen Epoche in der geschichtlichen Entwicklung der öffentlichen Kleinkinderziehung unerlässlich.

Quellen der Geschichte der Kleinkinderziehung. (1913). Zusammenge-stellt von Johannes Prüfer (Diesterwegs deutsche Schulausgaben, Nr. 28). Frankfurt am Main, Berlin: Diesterweg.
Der Band, zusammengestellt von dem renommiertesten Fröbel-Experten im ersten Drittel des 20. Jahrhunderts, sammelt Auszüge aus Schriften so genannter „Klassiker" der Kleinkinderziehung von Comenius über Pestalozzi bis zu Fröbel u.a. Es geht also nicht in erster Linie um die Erziehung in Kindergarten und Kinderbewahranstalt, sondern um das, was im ersten Kapitel des vorliegenden Buches unter dem Stichwort „Konzepte der Kleinkinderziehung" behandelt worden ist.

Gehring, J. (1929). Die evangelische Kinderpflege. Denkschrift zu ihrem 150-jährigen Jubiläum im Auftrag der Reichskonferenz für evangelische Kinderpflege. Langensalza, Berlin, Leipzig: Julius Beltz.
Keine Quellensammlung im eigentlichen Sinne. Jedoch finden sich immer wieder größere Quellenauszüge in den Text der Darstellung eingestreut. Das hat den Vorteil, dass die Quellen damit erklärt und in ihren zeitgeschichtlichen Zusammenhang eingeordnet sind.

Kleinkinderpädagogik in Deutschland im Zeitalter der Aufklärung. (1955). Ausgewählt, eingeleitet und erläutert von Günter Ulbricht. Berlin: Volk und Wissen.
Quellensammlung eines DDR-Erziehungshistorikers; enthält Auszüge aus kleinkind-pädagogischen Texten der Aufklärungspädagogen Basedow, Campe, Stuve, Blasche, Heusinger und Tiedemann.

Aus der Geschichte der Kleinkinderziehung. Quellentexte. (1959 u. ö.). Zusammengestellt und eingeleitet von Margot Krecker. Berlin: Volk und Wissen.

In mehreren Auflagen erschienene Quellensammlung einer DDR-Erziehungshistorikerin. Enthält Quellentexte zur Kleinkinderziehung von der menschlichen Frühgeschichte über Antike und Mittelalter bis in die 50er Jahre des 20. Jahrhunderts. Die Texte aus dem 20. Jahrhundert betreffen fast ausschließlich sozialistische beziehungsweise marxistische Pädagog(inn)en.

Erning, G. (Hrsg.). (1976). Quellen zur Geschichte der öffentlichen Kleinkinderziehung. Von den ersten Bewahranstalten bis zur vorschulischen Erziehung der Gegenwart. Saarbrücken, Kastellaun: Universitäts- und Schulbuchverlag, Aloys Henn.
Repräsentative Auswahl an Texten zur öffentlichen Kleinkinderziehung von Friedrich Oberlin bis zu den Bildungsreformdiskussionen in der Bundesrepublik der 1970er Jahre.

Quellen zur Kleinkinderziehung. Die Entwicklung der Kleinkinderschule und des Kindergartens. (1981). Herausgegeben von Elisabeth Dammann und Helga Prüser. München: Kösel.
Umfangreiche Sammlung einschlägiger Quellentexte aus dem 19. und 20. Jahrhundert. Nicht historisch-chronologisch, sondern systematisch nach Sachgruppen geordnet.

Bilddokumentationen

Eine besondere Art der Quellensammlung stellen Bilddokumentationen zur Geschichte der öffentlichen Kleinkinderziehung dar. Häufig kann erst mit Hilfe bildlicher Darstellungen ein konkretes Bild vom Geschehen in den Einrichtungen gewonnen werden. Allerdings sprechen Bilder nie für sich. Sie bedürfen stets der erklärenden „Einrahmung" durch den Text und eignen sich daher zwar gut als ergänzendes Medium, aber kaum zum Selbststudium.

Erning, G. (1987). Bilder aus dem Kindergarten. Bilddokumente zur geschichtlichen Entwicklung der öffentlichen Kleinkinderziehung in Deutschland. Freiburg i. Br.: Lambertus.
Sammlung von Bilddokumenten aus der Geschichte des Kindergartens seit dem frühen 19. Jahrhundert. Vom Herausgeber ausführlich eingeleitet und kommentiert.

286

Beachte auch abschließend die Hinweise auf das Bildarchiv an der Universität Bamberg!

Darstellungen zu ausgewählten Einzelaspekten

In den folgenden genannten Werken behandeln die Autor(inn)en jeweils einen speziellen Aspekt der Geschichte der Vorschulerziehung in Deutschland.

(Konfessionelle) Trägerschaft

Gehring, J. (1929). Die evangelische Kinderpflege. Denkschrift zu ihrem 150-jährigen Jubiläum ... Langensalza: Julius Beltz.
Siehe oben.

Hermanutz, L. (1977). Vorschulische Erziehung in katholischer Trägerschaft. Bamberg: Diss. Phil.
Umfassende Darstellung der vorschulischen Erziehung in katholischer Trägerschaft. Obwohl als Dissertation abgefasst, ist der Text flüssig und gut lesbar geschrieben.

Krieg, E. (1987). Katholische Kleinkinderziehung im 19. Jahrhundert. Frankfurt am Main u.a.: Peter Lang.
Darstellung, die ein starkes Gewicht auf die Entwicklung des deutschen Katholizismus im 19. Jahrhundert (insbesondere seiner sozialen Ideen) und die katholische Pädagogik im Kontext der Lehren der Kirche legt.

Ausbildung

Metzinger, A. (1993). Zur Geschichte der Erzieherausbildung. Quellen – Konzepte – Impulse – Innovationen. Frankfurt am Main u.a.: Peter Lang.
Bringt inhaltlich zwar nichts, was die oben erwähnten Gesamtdarstellungen zur Geschichte der öffentlichen Kleinkinderziehung nicht auch enthalten würden, erzählt aber diese Geschichte unter dem Gesichtspunkt der Ausbildung für das Berufsfeld Bewahranstalt / Kindergarten / KITA.

Verband

Pestalozzi-Fröbel-Verband. (Hrsg.). (1998). Die Geschichte des Pesta-lozzi-Fröbel-Verbandes. Ein Beitrag zur Entwicklung der Kleinkind-und Sozialpädagogik in Deutschland. Freiburg i. Br.: Lambertus.
Sechs Autorinnen erzählen in sechs Kapiteln die Geschichte des Pesta-lozzi-Fröbel-Verbands von der Gründung 1873 bis in die 90er Jahre des 20. Jahrhunderts.

Lokalgeschichtliche Darstellung

Burger, E. (1998). „Denen von milder Gunst des Schicksals kein wohl-geordnetes Familienleben vergönnt war." Kleinkinderbewahranstalten und Kindergärten in Freiburg 1848–1945. Freiburg i. Br.: Lambertus.
Vieles wird erst so richtig verständlich, konkret und anschaulich, wenn man es auf der lokalen Ebene dargestellt findet. Nicht zuletzt zeigt sich dann, wie vielgestaltig die Entwicklung im Einzelnen gewesen ist. Kaum eine Anstalt hat der anderen im Blick auf ihre Gründungsge-schichte, die Trägerschaft, die Finanzierung, die pädagogische Praxis usw. völlig geglichen.

Geschichte der Kindheit

Ariès, Ph. (1975). Geschichte der Kindheit. München, Wien: Carl Hanser.
Der „Klassiker" der historischen Kindheitsforschung. An Hand franzö-sischer Quellen beschreibt der Autor die Entstehung einer eigenständi-gen Wahrnehmung von Kindheit sowie den Verlust von Freiheitsräu-men, den die Kinder nach Meinung Ariès' durch die daraus folgende Pä-dagogisierung dieses Lebensabschnitts erfahren hätten.

de Mause, L. (Hrsg.). (1977). Hört ihr die Kinder weinen. Eine psycho-genetische Geschichte der Kindheit. Frankfurt a. M.: Suhrkamp.
Hinzuweisen ist vor allem auf den Einführungstext, in dem der Heraus-geber die anschließend in den Einzelbeiträgen zu belegende These zu begründen versucht, das Verhältnis der Erwachsenen – darunter beson-ders der Eltern – zu den Kindern habe sich erst allmählich in einem lang-andauernden historischen Prozess seit der Antike bis in die Gegenwart aus einem kalt-ablehnenden in ein liebevolles und emotional enges Ver-hältnis gewandelt.

Johansen, E. M. (1978). Betrogene Kinder. Eine Sozialgeschichte der Kindheit. Frankfurt am Main: Fischer.

Die Lebensverhältnisse der Kinder des Volkes vom 16. Jahrhundert ausgehend bis ins 20. Jahrhundert werden sehr anschaulich und unter systematischen Gesichtspunkten aufbereitet (Wohnen, Arbeit, Spielen usw.). Keine wissenschaftliche, eher eine journalistisch gemachte Arbeit.

Martin, J. & Arnold, K. (Hrsg.). (1986). Zur Sozialgeschichte der Kindheit. Freiburg i. Br., München: Alber.

Die Geschichte der Kindheit von der Antike bis in die Gegenwart in zahlreichen Einzelbeiträgen renommierter Wissenschaftler. Es werden auch ausgewählte außereuropäische Kulturen berücksichtigt.

Viel über die Kinder in der Geschichte erfährt man auch in Untersuchungen zur Geschichte der Familie. Deshalb im Folgenden dazu einige Hinweise.

Geschichte der Familie

Shorter, E. (1977). Die Geburt der modernen Familie. Reinbek b. Hamburg: Rowohlt.

Flüssig geschriebene Darstellung des Übergangs von der vormodernen großen Haushaltsfamilie zur modernen Kleinfamilie im 18. und beginnenden 19. Jahrhundert. Der Wandel der Geschlechterrollen, das Aufkommen der Liebesheirat und Ähnliches mehr wird geschildert.

Rosenbaum, H. (1982). Formen der Familie. Untersuchungen zum Zusammenhang von Familienverhältnissen, Sozialstruktur und sozialem Wandel in der deutschen Gesellschaft des 19. Jahrhunderts. Frankfurt a. M.: Suhrkamp.

Ausführliche und sehr detailreiche wissenschaftliche Untersuchung der Herausbildung der klassischen Familientypen der bäuerlichen, der bürgerlichen, der proletarischen Familie und der Familie im Handwerk in ihren entscheidenden Konstitutionsphasen im 19. Jahrhundert.

Gestrich A. (1999). Geschichte der Familie im 19. und 20. Jahrhundert. München: Oldenbourg.

Nicht zu umfangreiche Darstellung der Geschichte der Familie in den letzten zwei Jahrhunderten mit Schwerpunkt auf dem deutschen Sprachraum. Gut lesbar geschrieben – auf dem aktuellen Stand der Forschung.

Gestrich, A., Krause, J.-U. & Mitterauer, M. (2003). Geschichte der Familie. Stuttgart: Kröner.
Außerordentlich breit angelegte, kulturgeschichtlich fokussierte wissenschaftliche Darstellung der Geschichte der Familie in Europa von der griechisch-römischen Antike bis in die Gegenwart.

Museen, Dokumentationszentren

Ein tieferes Verständnis für die Geschichte der öffentlichen Kleinkinderziehung stellt sich oftmals erst nach dem Kontakt mit materiellen Zeitzeugen her. Das ist der Ort des Museums und der Dokumentationsstätte. Im Folgenden sind exemplarisch vier solcher Einrichtungen genannt. Dabei wurde versucht, eine gewisse regionale Ausgewogenheit herzustellen, aber auch einen Querschnitt durch die unterschiedlichen Epochen und Themenfelder zu bieten. So sind mit Waldersbach und Bad Blankenburg das 18. und das 19. Jahrhundert und zwei Klassiker der öffentlichen Kleinkinderziehung vertreten. In Bruchsal steht die konfessionelle Kleinkinderziehung im Vordergrund und in Groß Glienicke das 20. Jahrhundert.

Fröbelmuseum Bad Blankenburg

In der Fröbel-Stadt Bad Blankenburg in Thüringen gibt es eine ganze Reihe von Orten, die an Fröbels Wirken erinnern, darunter auch ein komplett eingerichteter Fröbel-Kindergarten. Hingewiesen werden soll an dieser Stelle auf das seit 1982 bestehende „Fröbelmuseum", das in jenem Gebäude untergebracht ist, in dem Fröbel 1839 seine erste „Spiel- und Beschäftigungsanstalt" eingerichtet und in den Folgejahren seine Spielgaben entwickelt hat. Im Besitz des Museums befindet sich ein beträchtlicher Teil des handschriftlichen Nachlasses Fröbels und seiner Mitarbeiter. Zudem ist das Inventar von Fröbels Blankenburger Wohnung aus dem Jahre 1846 erhalten geblieben, was die Rekonstruktion seines Wohn- und Arbeitszimmers mit Möbeln aus seinem Besitz hat möglich werden lassen. Zum Angebot des Museums gehören Führungen, die Demonstration der Fröbelschen Gaben im Kindergartenzimmer des Museums, wo sich die Kinder im Flechten, Falten, Schneiden und Formen üben können.

Adresse: Friedrich-Fröbel-Museum, Johannisgasse 4, 07422 Bad Blankenburg, Tel.: 036741/2565.

Öffnungszeiten: Tägl. außer Sonntag und Montag 10-12 u. 13-17 Uhr.

Homepage: www.bad-blankenburg.de/contents/tourismus/froebel/froebelmuseum/inhalt.htm oder www.heidecksburg.de/froebelmuseum.htm

Deutsches Kindergartenmuseum Bruchsal

Seit 1988 zeigt das Deutsche Kindergartenmuseum eine Sammlung rund um die Entwicklung des Kindergartens. Trägerin ist die Fachschule für Sozialpädagogik „Sancta Maria" in Bruchsal, die vom Orden der Gengenbacher Franziskanerinnen, einem Orden mit langer Kindergartentradition, betrieben wird. Das Museum befindet sich in den Räumen der Fachschule. Auf drei Stockwerken werden zum Beispiel die Spiel- und Arbeitsmaterialien Fröbels und Montessoris, alte Instrumente und Kinderbücher, altes Spielzeug, Spiel- und Bastelmaterial, Zeitzeugen zur religiösen Bildung (Gebetbücher, Schutzengelfiguren), Geräte und Ausstattungsgegenstände für den Innen- und Außenbereich aus den unterschiedlichsten Epochen sowie pädagogische Ausbildungsliteratur gezeigt. So wird der Wandel der Kleinkindpädagogik über die Zeiten hinweg dokumentiert. Angeschlossen ist ein Archiv, das vor allem die Geschichte der Ausbildung dokumentiert.

Adresse: Caritas-Verband Bruchsal e.V., Kindergartenmuseum, Friedhofstr. 11, 76646 Bruchsal, Tel.: 07251/8008-0; Fax: 07251/8008-50.

E-mail: info@caritas-bruchsal.de

Homepage: www.caritas-bruchsal.de/home/start.htm

Öffnungszeiten: Jederzeit nach Vereinbarung.

Kita-Museum Berlin

In der Nähe Berlins liegt das Kita-Museum, das Dauerausstellungen zeigt zu den Themen: Vorschulerziehung in der DDR, Geschichte der Kinderladenbewegung in der Bundesrepublik, alternative vorschulpädagogische Modelle (Waldorf-, Montessori-, Reggio-Pädagogik). Daneben gibt es temporäre Ausstellungen zum Beispiel zur Horterziehung in der DDR, zur Familienerziehung usw. Darüber hinaus ist das Museum als überregionales pädagogisches Zentrum des Landes Brandenburg an-

erkannt und bietet ein breit gefächertes Fortbildungsangebot für Erzieherinnen und Familien. Über die jeweils aktuellen Programme kann man
sich im Kita-Museum informieren.

Adresse: Museum Kindertagesstätten in Deutschland – Kita-Museum,
Seeburger Chaussee 2, 14476 Groß Glienicke; Tel.: 033201/40847;
Fax.: 033201/50411.

E-mail: info@kita-museum.de

Homepage: www.kita-museum.de/museum-kindergarten.html

Öffnungszeiten: Dienstag und Donnerstag 12-17 Uhr und nach Vereinbarung.

Musée Jean Frédéric Oberlin Waldersbach/Frankreich

Im ehemaligen Wohnhaus Oberlins in Waldersbach in den Vogesen besteht das Oberlin-Museum. Das Konzept des Museums ist auf Aktivität
angelegt. Deshalb sollen die Exponate, die Schriften, die Gegenstände,
die Oberlin selbst hergestellt oder mit denen er experimentiert hat, nicht
nur betrachtet werden. Die Museumsmacher wünschen sich vielmehr
neben dem rezeptiven auch einen aktiven, einen handelnd-experimen-
tellen, einen spielerischen Umgang mit den Dingen. So werden zum
Beispiel Farben auf pflanzlicher Basis hergestellt, es kann im Garten gearbeitet werden usw. Die jeweiligen jahreszeitabhängigen Programm-
angebote richten sich insbesondere an Kinder. Führungen in deutscher
Sprache werden angeboten.

Adresse: Musée Oberlin, 25 montée Oberlin, F-67130 Waldersbach;
Tel.: 0033-388973027; Fax: 0033-388973221.

E-mail: oberlin@musee-oberlin.com

Homepage: www.musee-oberlin.com/pagefr.shtml

Öffnungszeiten: An allen Tagen außer Montags 10-12 Uhr u. 14-18 Uhr.

Bildarchiv zur Geschichte der öffentlichen Kleinkinderziehung

Seit 1985 befindet sich am Lehrstuhl für Elementar- und Familienpäd-
agogik der Universität Bamberg unter der Leitung von Günther Erning
ein „Bildarchiv zur Geschichte der öffentlichen Kleinkinderziehung"
im Aufbau. Inzwischen ist ein Bestand von rund 8.000 Bildern vorhanden. Schwerpunktmäßig bezieht sich der Bestand auf Motive aus der
Geschichte des Kindergartens einschließlich seiner Neben- und Vorfor-
men. Auch zu Krippe und Hort sind Abbildungen vorhanden. Meist han-

delt es sich um Photographien, was erkennen lässt, dass der zeitliche Schwerpunkt im 20. Jahrhundert liegt. Aber auch die Epochen davor sind durch Zeichnungen, Holzstiche, Lithographien und Gemälde gut erschlossen.

Anfragen werden jederzeit gerne beantwortet (guenter.erning@ppp.uni-bamberg.de).

Weitere Informationen auf der Homepage des Lehrstuhls (www.uni-bamberg.de/ppp/).

Der Autor

Franz-Michael Konrad, geb. 1954, Professor für Historische und Vergleichende Pädagogik an der Katholischen Universität Eichstätt-Ingolstadt.